当代大学生体育运动理论与综合技能培养研究

主　编　丁振宾　朱晓亚　罗丽俊
副主编　陈　陈　刘　冰　金　鑫

吉林科学技术出版社

图书在版编目（CIP）数据

当代大学生体育运动理论与综合技能培养研究 / 丁振宾，朱晓亚，罗丽俊主编 . —— 长春：吉林科学技术出版社，2023.7

ISBN 978 - 7 - 5744 - 0827 - 2

Ⅰ. ①当… Ⅱ. ①丁… ②朱… ③罗… Ⅲ. ①大学生—体育运动—研究 Ⅳ. ①G807.4

中国国家版本馆 CIP 数据核字（2023）第 177113 号

当代大学生体育运动理论与综合技能培养研究

主　　编　丁振宾　朱晓亚　罗丽俊
出版人　宛　霞
责任编辑　鲁　梦
封面设计　木　子
制　　版　北京星月纬图文化传播有限责任公司
幅面尺寸　185mm×260mm
开　　本　16
字　　数　629 千字
印　　张　25.25
印　　数　1–1500 册
版　　次　2023年7月第1版
印　　次　2024年2月第1次印刷

出　　版　吉林科学技术出版社
发　　行　吉林科学技术出版社
地　　址　长春市福祉大路5788号
邮　　编　130118
发行部电话/传真　0431-81629529 81629530 81629531
　　　　　　　　　　81629532 81629533 81629534
储运部电话　0431-86059116
编辑部电话　0431-81629518
印　　刷　三河市嵩川印刷有限公司

书　　号　ISBN 978-7-5744-0827-2
定　　价　152.00元

前　　言

体育是我国教育事业的有机组成部分，而学校体育又是我国体育事业的重要组成部分。大学生体育是一门把身体发展、思想品德教育、文化科学教育、生活和劳技教育、心智开发等寓于身体活动之中并使其有机结合的基础教育课程；是加强大学生爱国主义和集体主义教育、磨炼坚强意志、培养良好品德的重要途径；是促进大学生全面发展的重要方式，对大学生思想品德、智力发育、审美素质的形成都具有不可替代的重要作用。

随着我国社会经济的快速发展和人们物质生活水平的提高，社会竞争日益激烈，人们的生活节奏和工作节奏不断加快，越来越多的人认识到保持强健的体魄和健康的心态的重要性，这也就使得越来越多的有识之士认识到体育这一学科的重要性。作为祖国现代化建设的栋梁之才，大学生肩负着我国 21 世纪伟大复兴的历史重任。在新时代，造就"有理想、有道德、有文化、有纪律"的德、智、体、美、劳全面发展的社会主义事业的建设者和接班人则是高校工作的主要内容。

基于此，本书以《全国普通高等学校体育课程教学指导纲要》和《学生体质健康标准》为依据，以"育人为本、健康第一，面向艰苦行业，促进终身锻炼"为宗旨，认真落实深化教育改革，全面推动素质教育和"健康第一"的指导思想。全书共分为理论和实践两个部分。在理论部分中，主要从大学生体育运动的基础理论、学科基础、监督与管理及效果衡量与评价四个角度展开分析；实践部分，通过相关实践应用对大学生喜爱的田径运动、足球、篮球、排球、乒乓球、羽毛球、网球、游泳项目的运动技能进行培养。本书力求内容准确、新颖，融科学性、时代性、知识性、可读性于一体；图文并茂、通俗易懂，能够使学生学有所得、练有所获，进一步拓展大学体育运动理论的认识深度和广度，提高学生身心健康水平，促进大学生"终身体育"观念的形成。本书汲取了当今体育科学及有关基础理论的新成果、新观念，并参考了相关的体育运动训练书籍、教材等，力求内容具有先进性、时代性、针对性和灵活性，达到全面提高大学生综合技能水平的目的。

本书由丁振宾、朱晓亚、罗丽俊主编，陈陈、刘冰、金鑫任副主编，具体编写分工如下：

丁振宾（大连民族大学）第一章、第二章、第九章、第十章；

朱晓亚（商丘学院）第三章、第十一章；

罗丽俊（内蒙古警察职业学院）第六章、第七章；

陈陈（阜阳师范大学）第四章第一二节、第八章；

刘冰（河南中医药大学）第五章、第十二章第一二节；

金鑫（河南工业职业技术学院）第四章第三节、第十二章第三节；

最后由丁振宾、朱晓亚、罗丽俊串编、统稿与定稿。

在本书的编写过程中，我们参考和引用了大量的参考文献和研究成果，在此表示由衷的感谢，并感谢所有对本书给予支持的各界人士。由于编者的水平有限，书中难免会出现错漏之处，敬请各位专家和读者提出宝贵意见，以便日后修订和完善。

编　者

2023 年 6 月

目 录

第一章 当代大学生体育运动基础理论解析

第一节 当代大学生体育运动的基本概念

一、体育运动的概念

（一）体育运动的发展历程

体育运动是随着人类社会的发展而产生和发展的。原始人类在为生存而同自然界进行的斗争的过程中，发展了走、跑、跳、投掷、攀登、游泳及其他各种技能。这些原始人类的生产和生活技能与现代人的体育运动，都是身体的活动，其区别在于前者主要用以谋生，后者主要用以锻炼身体。体育运动作为一个专门的科学领域，是在人类社会长期的实践中，随着社会生活和生产的不断发展而逐步建立和发展起来的。它受一定的社会、政治及经济的影响与制约，也为一定的社会、政治及经济服务。在漫长的原始社会中，人类生活在极其艰苦的条件下，只能靠采集、狩猎、捕鱼等方法来获取各种食物，在繁重的生产劳动过程、搏击野兽和部落之间的斗争中，不断地增进自己的体力和智力，发展了走、跑、跳跃、投掷、攀登、爬越、游水与攻防、格斗等生活技能。人类的这些活动，可以说是人类最初的体育运动形态。

随着生产工具的改进，生产力水平不断提高，劳动技能日益复杂化，社会生产的物品增多，人们的衣食生活有了一定的改善。在这样的条件下，为了适应整个社会生产生活的需要，使社会物质生产和社会生活能够延续发展，年长者会在劳动生产过程和日常生活中向年青一代传授各种经验和技能，这便是人类最初的教育。原始社会的教育主要都是一些生产技能的传授，而这些生产技能又多是极其笨重的体力劳动。这种以身体活动为主要手段的教育，其中就包含了体育运动的因素。可见，原始的教育活动与体育运动是很难孑然分开的。这是人类教育的萌芽，也是体育运动的萌芽。

此外，在原始社会条件下，体育运动的萌芽与人类当时的各项社会活动，如劳动、教育、军事、娱乐、医疗、卫生等都有十分密切的联系。为了对付同类的袭击或参与部落之间的各种冲突，出现了各种格斗活动；为了表达和抒发内心的各种感情，便出现了一些集体的舞蹈和游戏；为了同疾病做斗争，在长期的社会实践中，人们逐渐认识到一定的身体活动具有防治疾病的作用，从而产生了原始的医疗体操。这些活动都与体育运动的起源有紧密的联系，成为体育运动发展和演变的基础。

奴隶制的建立，拉开了人类文明史的序幕，尤其是工具的运用，极大地提高了生产力水平，同时引起了生产关系的变革，也为体育运动的初步形成提供了物质条件和社会条件。由于生产方式和生活条件的改变，人类社会对体育运动的需要也发生了变化，逐渐形成了对体育运动广泛而具体的需要，体育运动所表现出来的运动形式也相对独立和丰富，这也标志着民族传统体育运动的初步形成。随着社会的发展，战争此起彼伏，军事斗争成为推动体育运动发展的重要动力，体育运动也成为最重要的教育内容。体育运动在为军事、文化、教育和奴隶主阶级的享乐生活服务等方面，显示出了它的社会职能。

在封建社会，体育运动的发展与奴隶社会相比，有了长足的进展。这一时期运动项目和参加体育运动的人数日益增多，体育运动的范围和规模扩大，内容日益丰富，运动技术水平得到很大程度的提高，体育运动项目也更加多样化与规范化，体育运动竞技状况空前兴盛。到了封建社会后期，体育运动的发展在组织程度上有了空前的提高。在体育运动理论方面，汇集积累了大量的资料，其中主要是养生术和养生思想；在思想观念上，文武双全成为封建社会衡量人才的重要标准；军事武艺在社会活动中越来越显露出它的重要性。因此，体育运动备受统治阶级的重视，这对当时体育运动的发展，起到了很大的推动作用。

生产力的巨大飞跃给人类社会生活带来了深刻的影响和变化，而资本主义社会把生产私有制的社会形态推向顶峰。随着物质生活水平的相对提高，体育运动具有广泛的社会需要，并得到迅速发展，体育运动科学开始形成独立的学科体系。

社会主义社会力求把每个社会成员都培养成德、智、体、美全面发展的人才。由于体育运动是全面发展人才培养的重要内容与手段，因此社会对体育运动不断地提出新的要求。正是出于这种不断丰富发展的社会需要，使体育运动从早期的增强生存能力发展到丰富、美化人们的生活，再到全面发展人才的培养。随着生产的发展，文明的进步，社会的前进，体育运动的社会需要必将提出更多更新的要求，从而来推动体育运动朝着更加光辉的前景走去。

（二）体育运动的基本概念

对于"体育运动"这一概念的认识，同样经历了一个较为漫长的认识过程。

体育运动是人类社会的实践活动，早在原始社会时期就已产生萌芽。然而"体育运动"一词出现却较晚。据史料记载，最早使用"体育运动"一词的是18世纪的法国人，他们在论述儿童身体教育问题的论文中首先应用了"体育运动"一词。之前，世界各国对体育运动的称谓都各不相同。

古希腊作为西方现代体育运动的发源地，早期应用"体操"一词来称呼当时人们所进行的所有身体活动操练，如拳击、跳跃、奔跑、投掷和角力等。而在我国古代，常用"养生""导引""武术"等名词来称呼类似于体育运动的事物。自1760年在法国的有关学术专刊上首次出现"体育运动（Physical education）"一词后，1762年法国著名教育家、文学家卢梭又出版了一本名为《爱弥尔》的书，书中用"体育运动"一词描述了对爱弥尔的身体教育过程。由于这本书激烈地批判了当时的教会教育，因而在世界范围引起了很大的反响，于是"体育运动"一词很快在欧美国家传开。到19世纪，世界上教育发达的国家开始普遍使用"体育运动"一词。由于当时我国还处在闭关自守的封闭状态，直到1894年前后，德国和瑞典的体操开始传入中国，我国才正式使用"体操"来表示体育运动的含义。1904年，清朝政府批准颁布执行《奏定学堂章程》，其中明文规定各级各类学校要开设体操课。同年，基督教青年会干事饶伯森在京津各校宣传"西洋体育运动"时，把"体育运动"一词带到了中国。在经过了"体育运动"和"体操"并用时期后，1923年，北洋政府在新学制课程标准中公布的《中小学课程纲要草案》里，正式把"体操课"改为"体育运动课"。从此，"体育运动"一词在我国逐渐取代"体操"并被广泛应用。

"体育运动"一词最早的含义是指教育过程中的一个专门领域。刚传入我国时，是作为教育的一部分出现的，是指身体的教育，即一种与维持和发展身体各种活动有关的教育过程。作为标志学校教育中身体教育的专门用语的"体育运动"与国际上理解的"体育运动"（Physical Education）是完全一致的。

当社会进入 20 世纪 50 年代后，随着世界经济、文化、科学技术的迅速发展和人民生活水平的日益提高，体育运动已不再只是教育的一个重要组成部分，它从学校走入社会，走进了千家万户，逐渐成为人们日常生活中改善人们生活方式、提高人们生活能力的积极因素。现如今，体育运动的内涵不断丰富，外延不断扩大，其概念及特征如下：

1. 体育运动（广义体育运动）

根据我国体育运动的现状和语言习惯，广义上的体育运动是以身体练习为基本手段，以全面发展身体、增进健康、增强体质、提高运动技术水平、丰富社会文化生活为目的的一种社会活动。体育运动也是一种社会现象，它是人类文化的组成部分，受一定社会的政治、经济影响，又为一定社会的政治、经济服务。

2. 体育运动教育（狭义体育运动）

狭义上的体育运动教育是指一个通过身体活动来增强体质和健康、传授锻炼身体的知识和方法，是有目的、有计划、有组织地培养道德和意志品质的教育过程。它是教育的组成部分，是培养全面发展人才的一个方面。

3. 竞技运动

在国外，竞技运动又被称为"精英体育运动"。竞技运动是指在最大限度地挖掘和发挥个人或者集体在体能、心理、智力等方面潜力的基础上，提高竞技能力水平，以创造优异运动成绩为目的的训练和竞赛。竞技运动的特点包括充分调动和发挥运动员的体力、智力、心理等方面的潜力；激烈的对抗性和竞赛性；参加者有充沛的体力和高超的技艺；遵循统一的规则竞赛，具有国际性，其成绩具有公认性、娱乐性。总的来说，它令人振奋、催人奋进，极易吸引广大观众，在活跃社会文化生活、振奋民族精神、提高国际威望、促进民族团结、增进友谊等方面越来越显示出它的重要影响和特殊功能。

当今世界所开展的竞技运动项目是社会历史的产物。奥运会是人类历史上最伟大的体育运动盛会，以奥林匹克为核心的世界竞技体育运动主导了体育运动的发展，是当代体育运动的主体。

早在公元前 700 多年的古希腊时代就出现了赛跑、投掷、角力等项目，发展至今已有数百种之多。普遍开展的项目有田径、体操、篮球、排球、足球、乒乓球、羽毛球、举重、游泳、自行车等。各国、各地区都有自己特殊的民族传统项目，如中华的武术及东南亚地区的藤球、卡巴迪等。

4. 大众体育运动

大众体育运动亦称社会体育运动、群众体育运动，是为了娱乐身心、增强体质、防治疾病和培养体育运动后备人才，在社会上广泛开展的体育运动的总称，包括职工体育运动、农民体育运动、社区体育运动、老年人体育运动、妇女体育运动、伤残人体育运动等。其主要形式有锻炼小组、运动队、辅导站、体育运动之家、体育活动中心、体育运动俱乐部、棋社，以及个人自由体育运动等。

它是学校体育运动的延伸。参加对象主要为一般民众，活动领域遍及家庭，乃至整个社会，所以堪称是活动内容最广、表现形式最新、趣味性最强、参加人数最多的一项群众性体育活动。大众体育运动作为社会文明的有机整体，集娱乐和健身为一体，不仅是广大人民群众强身健体的有效手段，还是人们丰富社会文化生活的有效方式，属于全面建设小康社会的重要内容。世界大众体育运动的发展速度出乎人们的预料，终身体育运动的理念为越来越多的人所接受。

开展这类群众体育活动，应该注意遵循因人、因地、因时制宜和业余、自愿、小型、多样、文明的原则。广泛开展群众性体育运动，积极发挥体育运动的社会功能是提高民族素质和完成体育运动任务的重要途径。

5. 娱乐体育运动

身体娱乐，亦称娱乐体育运动，是以休闲、娱乐、发展兴趣爱好、培养审美能力为目的而进行的身体活动。它能使人在身体和精神上得到休息和调整，有助于增强身心健康，是活跃个人社会文化生活的重要活动，具有业余性、消遣性、文娱性等特点。内容一般有球类游戏、活动性游戏、旅游、棋类游戏与传统民族体育运动等。按活动的组织方式，可分为个人的、家庭的、集体的；按活动条件，可分为室内的、室外的；按竞争性，可分为竞赛性的和非竞赛性的；按经营方式，可分为商业性的和非商业性的；按参加活动的方式，可分为观赏性活动和运动性活动。

6. 医疗体育运动

医疗体育运动是指运用体育运动手段治疗某些疾病与创伤，以及恢复和改善肌体功能的一种医疗方法。与其他治疗方法相比，其特点有：

（1）它是一种主动疗法，要求患者主动参加治疗过程，通过锻炼治疗疾病。

（2）它是一种全身治疗，通过神经、神经反射机制改善全身机能，达到增强体质、提高抵抗力的目的。

（3）它是一种自然疗法，利用人类固有的自然功能（运动）作为治疗手段，一般不受时间、地点、设备条件的限制。通常采用医疗体操、慢跑、散步、自行车、气功、太极拳和特制的运动器械（如托力器、自动跑台等），以及日光浴、空气浴、水浴等作为治疗手段，因人而异、持之以恒、循序渐进，并配合药物或手术治疗和心理疏导。两千多年前已用"导引""养生"作为防治疾病的手段，后又不断发展，已成为中国运动医学的重要组成部分之一。

二、高校体育运动的概述

（一）高等体育运动的基本概述

高等学校的体育运动，它属于教育学和体育运动学下的学科层次，应充分体现体育运动和教育的共同属性。一方面，高校体育运动是学校教育的重要组成部分，其目的应与学校教育的总目标相一致；另一方面，高校体育运动又是体育运动的一个重要方面，它应该充分体现体育运动的属性，即以运动和身体练习为基本手段，提高人的机能，增强人的体质，促进身心健康，促使大学生全面发展。所以，高校体育运动的目的就是以运动和身体练习为基本手段，对大学生机体进行科学的培育，在提高人的生物潜能、心理潜能的过程中，有效促进德、智、体、美、劳的全面发展，达到身心健康、全面发展的教育总目的。

（二）高校体育运动形势

1. 素质教育与高校体育运动

中共中央国务院《关于深化教育改革全面推进素质教育的决定》（以下简称《决定》）的颁布和"学校教育要贯彻健康第一的指导思想"的提出，标志着我国的素质教育进入了整体推进阶段。

（1）素质教育的基本要求

素质教育通常指"基本素质教育"，即为人生做准备的公民教育，使受教育者学会做人、学会学习和学会生活。素质教育的主要内容是提高学生的全面素质，紧密结合社会和人的发展需要，注重发挥人的智力潜能，发展个性心理素质。人的素质是在先天遗传和后天获得的基础上形成的。素质是人的智力、体质、品德和才能的综合表现，是体现人的身心发展水平、质量和功能的基本因素，这包括思想道德素质、科学文化素质、劳动与工作技能素质和自身心理素质。

现今，素质教育是我国教育发展和改革的主流。其目的在于将受教育者培养为有理想、有道德、有文化、有纪律的社会主义公民。应该讲，从"应试教育"转变为"素质教育"是世界教育革新的共同趋势，是飞快发展的社会要求所决定的。素质教育有三大特征：

①主体性：素质教育是弘扬人的主体性，注重开发人的智力潜能，注重形成人的精神力量的教育。这一特征恰是相对"应试教育"缺乏人格教育而言的。

②全体性：素质教育是面向全体学生的。它应使每一位受教育者均能在其天赋的容许范围内得到充分的发展。就此而言，素质教育也是"差异"性教育，也体现了"受教育机会人人平等"的原则。

③全面性：素质教育要求人要全面发展。它要求学生德、智、体、美、劳并重，人的生理、心理和文化素质得到全面发展。

（2）高校体育运动与素质教育的关系

高校体育运动是高等教育的重要组成部分，高校体育运动正在从知识传授型教育向素质型教育转变。传统的高校体育运动偏重于竞技方面，无论是对训练内容和运动项目的选择，还是对教法、考试内容、考核标准等方面的要求，都偏重于对人体的生物潜能运动素质的挖掘，这不利于青年的全面健康成长。在训练中，偏重于对知识传授、动作规范的追求，不重视能力和意识的培养；只重视对"乖"和"听话"品质的培养，束缚了青年人个性的形成，限制了其思维的发展。

高校体育运动应当充分发挥体育运动教育的多功能性，遵循素质教育的要点，对学生进行全面培养，使受教育者具有高尚的思想道德情操、丰富的体育运动科学知识、较强的体育运动能力、良好的身体和心理素质以及健康的个性。

高校体育运动不仅应注重增强学生体质的短期目标，而且还应注重学生对未来"发展"和"享受"长远目标的需求。注重体育运动的科学性、系统性和长期性，积极培养学生体育运动参与意识、体育运动消费意识、体育运动欣赏意识，形成自主体育运动的习惯，树立终身体育运动思想。

高校体育运动还应当重视体育运动教育的全体性，让每个学生都学习体育运动，参与体育运动。注重学生的个性化发展，因材施教，发展学生的个人体育运动兴趣和爱好，帮助学生形成个人体育运动特长。尤其对那些身体比较弱、体育运动兴趣不高、没有体育运动专长的学生，要从思想上启发他们，从制度上要求他们，从方法上帮助他们，使之全面提高体育运动素质和能力。

2. 高校体育运动的发展方向

随着"健康第一"和"终身体育运动"思想的提出，新的健康观念正在使高校体育运动的训练目标、训练方法以及考核内容和方式发生变化。

（1）体育运动指导思想——健康第一

高校体育运动正在从单纯地追求体制的发展和技术的传习，转变为新的健康观指导下的体育运动教育，其指导思想为第三次教代会提出的"健康第一"。

高校体育运动逐渐把其教育的最终目标确定为培养适应现代化生产和生活的人，要完成这一体育运动教育的育人宗旨，必须树立"健康第一"的指导思想。

（2）体育运动目标——培养适应现代化生产和生活的人

体育运动训练为完成这一任务服务，需要在两个方面转向：

①在目标的空间上，从单纯追求学生的外在技能水平转移到全面追求学生的身心协调发展，即打破以往的以运动技术传授为主线的训练体系，建立起合理的运动实践手段，全面完成增强体质、发展身体活动能力和锻炼习惯的统一协调的新训练体系。

②在目标的时间上，体育运动训练既要完成在校期间增进学生生长发育、培养技能、传授知识的任务，还要培养学生爱好体育运动的能力和意识，为学生终身参加体育运动打下基础。

（3）体育运动内容——丰富多彩

在训练内容方面继续强调要打破以竞技运动项目（特别是以运动技术结构）为主线的训练体系，改变把"素材"当作教材的错误观。从育人的角度出发，全面结合体育运动文化的显性教材意义（健身和技能培养的功能）和潜性教材意义（对人的社会化，人格培养和情感的作用）。训练内容的丰富将大大提高学生对体育运动项目的选择性，进而增强学生的学习兴趣。

（4）体育运动方法——灵活多样

体育运动训练方法的研究一直是高校体育运动的研究课题之一，目前高校体育运动训练方法正向多样化发展。教法的改进主要分三个方面：

①改变过去只强调教师在训练过程的主导作用而忽视学生在教育过程的主体地位的现象，采用有利于学生理解原理、掌握技术和体验乐趣的新型训练方法。

②改变过去过分强调组织纪律性的呆板训练方法，实现课堂上不拘泥于形式的整齐划一，强调体育运动教育的参与性、娱乐性，降低学习难度，采用多种形式的教法，使快乐体育运动这一思想进入课堂，让学生在运动中体验快乐。

③改变过去"千人一法"的训练模式，注意学生的个性发展，因材施教，培养学生的创造性思维。

（5）体育运动组织形式——全员化

高校体育运动过去只重视体育运动课堂教学，忽视了学生课外活动的重要性。目前高校体育运动正在向全校园体育运动教育的方向发展，即在重视课堂教学的同时，重视学生的课外体育运动，把其列入整体体育运动教育的范畴。鼓励学生自主进行体育运动，养成锻炼习惯，树立终身体育运动思想。同时，改变体育运动教育总是体育教师的任务这一现象，调动其他各个方面的积极性，使体育运动教育全园化。

（6）体育运动考核方式——科学化

高校体育运动的考试方式正在从过去以运动技能的好坏、运动素质的高低来评价学生的方式，改变为从能力、参与、健康等方面对学生进行考核。从单一的评价转向全面的综合质量评价，强化普及教育，淡化技术技能评定。

（7）俱乐部正在成为学生体育运动的主要载体

各种体育运动俱乐部和体育运动协会在各大高校中方兴未艾。体育运动俱乐部以其灵活的组织形式吸引有浓厚兴趣的学生长期参与体育运动，是高校学生今后课外锻炼的主要形式。体育运动俱乐部具有以下功能：

①为学生提供一个体育运动的场所。

②为学生提供一个社交的地方。

③为学生提供一个学习、提高体育运动技能的课堂。

④组织训练，提高运动技术水平，参加校内、外各级比赛。

⑤组织校内、外各级各类体育运动比赛。

（8）高校体育运动与社会体育运动接轨

高校体育运动越来越重视将体育运动训练与学生的生活和课外活动相联系，重视体育运动训练与生活体育运动、社会体育运动的联系，主要表现在以下几方面：

①体育运动的内容逐渐向社区体育运动内容靠拢。

②非场地型的野外型活动日益受到重视。

③自由表现类项目受到重视。

④体育运动与现在、未来生活的结合日益受到重视。

第二节　当代大学生体育运动的功能和地位

一、高校体育运动的功能

体育运动的功能是指体育运动在人类的发展和社会的进步中所产生的效益和功能状况。对它的了解，有助于我们更深入地认识体育运动对社会发展和人类生活的重要性。由于其复杂的社会性和自身的特点，体育运动的功能概括起来主要有以下几点：

（一）健身功能

1. 体育运动对增强体质的作用

"生命在于运动"，这是一句众所周知的名言。科学和实践早已证明，体育运动是促进人体发育、增强体质、增进健康、促进人体形态健美、陶冶情操、丰富文化生活的主要手段和方法。同时，它对促进人体新陈代谢、增强体质、延长寿命以及加强社会主义精神文明建设也有不可忽视的作用。

2. 体育运动对促进身体正常生长发育的作用

体育运动是促进身体生长发育的有效手段，它通过人为控制机体负荷、刺激身体各种感受器官、增强身体各组织器官的机能，达到促进生长发育的目的。这是一种积极的刺激反射行为，与繁重的单一劳动不同，它通过各组织器官、系统的协调工作来达到增强体质的目的，而不会造成单一组织的过度疲劳，避免对单一器官的损害。从人体生命全过程中不同年龄的同化与异化作用，以及新陈代谢的不同变化来看，人体总的发展规律是不可改变的，但变化的速度是可以调节和控制的。通过体育运动，将进一步促进机体新陈代谢的加强，有助于机体的健康发育和成长，同时避免疾病和畸形的产生。实践证明，同样年龄和性别的人中，经常锻炼的人，其身高要比不经常锻炼的人高4～10cm，身体也更结实、健壮。因此，大学生应抓住人生中这一黄金阶段，积极参与体育运动，并持之以恒，那样不仅体质增强，对自己身体的生长发育也将起到促进作用，为未来幸福生活打下良好的身体基础。

3. 体育运动对增进身体机能的作用

人体是由大量的细胞构成，在长期的生长过程中，这些细胞逐渐高度分化，具有不同的特殊结构和功能，组合成为具有不同功能的各类器官和系统，如神经系统、内分泌系统、循环系统、呼吸系统、消化系统、运动系统、泌尿系统、生殖系统中八大系统。人体是一个完整、统一的有机体，各器官系统相互制约、互相促进，无论从事任何一项活动，都会对各种器官系统的机能产生影响。例如，大脑是神经系统的主要器官，大脑皮质是人类神经活动的主宰，它的机能状态对身体各器官生理病理过程起决定性作用。通过体育锻炼可使中枢神经系统引导部分大脑皮质的兴奋性增强，抑制加深，使兴奋和抑制更加集中，从而改善神经过程的均衡性与灵活性。不仅提高了大脑的分析综合能力，保证了机体适应外界环境变化的能力，同时还促进了中枢神经系统对内脏器官的调节作用。因此，经常参加体育运动，能够促进身体机能的全面发展。

（二）健心功能

体育运动可以陶冶情操，影响人的个性发展，对心理素质的发展也有着明显的促进作用。长期从事各种体育运动练习，可以锻炼人的意志品质、催人奋发进取、提高组织纪律和集体观念、协调人际关系、提高人的心理调节能力，从而给人带来欢愉、轻松的心情。

高校学生存在着诸多的心理障碍和心理疾病，这是学校、家庭和社会教育共同关注的问题。因此，在学校教育中，需要各学科教师的共同努力。但学校体育运动在帮助学生克服心理障碍，提高学生素质方面都有着其他教育所无法替代的特殊作用。例如，如何对待困难与挫折、成功与失败、个人与集体，如何控制自己的情绪、调整自己的心态等方面，在体育运动中都表现得极其生动和鲜明，具体和真实。这种知、情、意、行的高度统一和及时反馈，正是学校体育运动的重要特征。因此，学校体育运动对培养学生的自尊自信、坚韧不拔、沉着勇敢、开拓进取与自律能力等心理品质都具有特殊作用。

（三）寓教于乐的教育功能

体育运动的教育功能是体育运动派生的最基本功能，就体育运动教育功能所起作用的广泛性而言，它对人类社会产生的影响是体育运动其他功能所无法比拟的。世界各国的社会制度、政治观念、宗教信仰和意识形态不尽相同，然而都很重视体育运动在教育中的独特作用。体育运动的教育功能主要表现在两个方面，一是在社会中的教育作用，二是在学校教育中的作用。

1. 体育运动在社会中的教育作用

体育运动具有活动性、竞争性、技艺性、群聚性、礼仪性和国际性等特点，这使得它在振奋民族精神、激发爱国热情、培养社会公德方面，具有特殊的社会教育意义。当人们置身于竞赛场中，庄严的赛前礼仪形式、紧张激烈的竞赛对抗氛围、令人叫绝的精湛技艺和竞赛胜负结果等自然而然地激起人们的荣誉感、集体观念、民族意识和进取精神。这种借助体育运动所诱发出的社会情感教育，它产生的社会影响和社会教育作用是难以估量的。例如，中国女排在奥运会、世锦赛、世界杯等国际级大赛中连续五次夺冠时，中国人民无不欢欣鼓舞。又如，当宣布中国成功申办 2008 年奥运会的时候，全国人民为之欢呼，焕发出浓厚的爱国主义激情。这些体育运动大事都是很好的社会教育。

2. 体育运动在学校教育中的作用

体育运动自问世以来，人们最先看到的就是体育运动能够帮助人强身健体，并将体育运动归纳为学校教育的重要内容，为培养全面发展的人才服务。中国古代教育家孔子就提出在教育中要学习"六艺"，即"礼、乐、射、御、书、数"，而其中的射、御就是指现今的体育运动技能和运动。可见，早在两千多年前，孔子已将体育运动列为学校教育的重要组成部分。作为一种教育思想，古希腊的大哲学家亚里士多德曾率先提出，体育运动、德育、智育是相互联系的整体，体育运动应先于智育。亚里士多德认为，只有健全的身体才能有健全的智力。"德智皆寓于体"的教育思想一直流传至今，世界各国政府无不重视体育运动在学校教育中的作用和地位。

实践证明，体育运动在学校教育中的多功能性是其他学科所不具备的，因此体育运动在学校教育中拥有不可替代的作用。培养学生在未来担任社会角色所必备的体育运动素养，以适应未来社会工作和生活的需要，这是体育运动在学校发挥教育作用的主要使命。同时，还对受教育者进行思想政治、道德观念、意志品质和自身发展的多方面教育。学校体育运动采用体育运动训练、课外体育运动和课余运动训练等组织形式，使学生获得科学锻炼的体育运动理论知识，掌握必要的运动技能，学会科学锻炼身体的方法，提高运动实践能力，养成系统从事体育运动的习惯，树立终身体育运动思想。

综上所述，为适应现代社会发展的需要，学校体育运动要强调培养学生政治思想、道德观念、意志品质和自身发展的多方面教育作用。同时，还要在如何培养终身从事体育运动的兴趣、爱好，以及树立终身体育运动思想方面下功夫。

（四）娱乐功能

体育运动的娱乐功能较早被人类认识和利用，"娱乐身心"就较明确地说明了体育运动的娱乐功能。原始社会，当体育运动初具雏形，人们就在渔猎闲暇时进行游戏和嬉戏活动，借以消除疲劳、宣泄情感，潜意识地利用了体育运动的娱乐功能。体育运动形成早期，即古代开展民族和民间体育运动阶段，一些娱乐消遣的身体活动、游戏，通常在节日庆典、宗教仪式和技艺表演中出现，它对丰富和调节人的生活起着重要作用。欧洲文艺复兴时期，新兴资产者和人文主义者以"改善和提高人类生活"为宗旨，亦曾大力提倡开展娱乐消遣活动，且利用多种体育运动娱乐手段，广泛开展社交活动。以竞争体育运动为主体的奥林匹克运动，人们最先偏重的也正是"畅心所欲"的娱乐作用。

我国改革开放以来，人民的物质生活质量日益提高，精神生活也开始受到重视，人们的体育运动和文化生活日渐丰富。现代大都市生活让人远离大自然，而从事体育运动，如游泳、爬山、越野跑等不仅调节了紧张的生活，还使人们重返大自然，在大自然中陶冶情趣。此外，从事一些惊险体育运动项目——攀岩、蹦极和汽车越野等，不仅挑战了大自然，还挑战了人体自身极限，从中体验了人生价值与乐趣。现今，我国人民的"全民健身"计划正在实施，人们正寻找适合中国国情的最佳体育运动娱乐方式，以便更好、更快地消除学习、工作中的疲劳，使心境、情绪调整到最佳状态，以净化情感、享受生活乐趣，达到健康与长寿的目的。

欣赏高水平体育运动比赛，已经成为人们日常娱乐消遣的重要组成部分。人们会经常欣赏体育运动比赛与表演，诸如体操、艺术体操、跳水和花样游泳等充满运动美感的项目，从中得到美的艺术感受与享受，同时也受到一定的美学教育。

英国一位学者说："不能教会学生支配余暇时间的教育是一种不完整的教育。"所以，我们要发展一种符合中国国情，以体育运动方式为主要内容的消遣娱乐方式，并要对全社会，特别是对大学生进行闲暇消遣、体育运动娱乐的教育，使之真正成为能适应社会发展的全面人才。

（五）政治功能

1. 体育运动能够提供一个为国增光，提高民族和国家的威望及国际地位的途径

随着竞技体育运动的发展，竞技场被称为"没有炮火的金牌争夺之战场"。例如，历史上我们的国人曾被侮辱为"东亚病夫"，国家的威望因此大受贬损。在中华人民共和国成立后，我国在亚运会上先后连续七届获得金牌第一，成为亚洲第一体育运动强国。2008年，我国运动员在第28届以"同一个世界，同一个梦想"为主题的北京奥运会上取得金牌51块，银牌21块，铜牌28块，共计100枚奖牌，金牌总数跃居世界第一，奖牌总数跃居世界第二，极大地提高了中华民族的国际地位，扩大了中国在世界上的影响。

2. 加强爱国主义教育，增强民族凝聚力

在当代，一次国际体育运动大赛会像巨石击水一样，在国民心中产生巨大的冲击波，使百万人甚至整个民族、国家沸腾起来，使民族精神得到升华，爱国激情得到激发，为国家的腾飞、民族的昌盛提供了难以估量的精神力量。

3. 改善和促进国家间的关系，增进友谊

体育运动可以促进各国人民相互了解，尤其是现代体育运动的国际化，使体育运动成为国家间重要的交往手段。运动员被称为"穿着运动衣的外交家""和平的使者"和"外交先行官"。例如，我国用"乒乓外交"与美国建立了友好关系，从而实现了运动员的互访，为中美建交创造了条件，被人们称为"用小球转动了地球"。

（六）经济功能

体育运动的经济功能是近期被认识和开发的社会功能，它是由体育运动与经济的互相促进作用所决定的。经济学家认为，劳动生产力提高是社会经济发展的重要标志，尤其在对生产力的价值进行评价时，人的素质是最主要的衡量标准。此外，身体素质显得至关重要，世界各国都格外重视体育运动对发展劳动者体力的作用，以期降低发病率，借以达到促进社会生产力发展的目的。这表明，体育运动的经济功能最初是由体育运动本身的发展，间接通过提高国民身体素质，再转化为劳动生产力。

体育运动发展对国民经济的促进作用，在高度发展的商品经济社会具有明显表现。伴随体育社会化、娱乐化和终身化程度的不断提高，为满足体育运动人口不断扩大的需要，各种运动器材，体育运动场地设施，体育运动用品的生产、建设和供应，乃至体育运动健身、体育运动娱乐和体育运动旅游业都在迅速发展，并在国民经济中逐渐形成一个庞大的体育运动产业。

竞技体育运动和商品经济的联系更为密切。一场精彩的体育运动比赛可以吸引成千上万的观众，直接获取颇为丰厚的门票收入。比如在 2003 年初，中国有关方面以 150 万美金的巨资邀请 2002 年世界杯足球赛的冠军队——巴西队，在广州同新组建的中国国家足球队进行比赛，由于组织者的成功经营，举办这场比赛净获纯利润人民币 800 万元！

举办一些大型运动会，如奥运会、世界杯赛和世界锦标赛等，可以带动一个国家的经济发展。从 1984 年洛杉矶奥运会开始，举办大型运动会就不再是赔钱的买卖，而可以给一个国家带来巨大的商机。举办大型运动会，除了可以从门票、电视转播权、发行邮票、纪念币、彩票、收纳广告费、印刷宣传品等方面直接获得收入外，还间接带动旅游业、商业、交通、电信和新闻出版等行业的发展，从中得到相当可观的经济效益。

（七）军事功能

体育运动的军事功能主要源于战争和士兵进行身体训练的需要。从史前时代部落间为争夺土地、牧场和血亲复仇引起的暴力冲突，到原始社会末期以掠夺财产为目的的奴隶战争，都不断推动着武器的演进。这不仅为以后的健身活动提供了丰富的运动器材，也促使人们积极从事与军事操练相关的身体训练。进入封建社会以后，统治者为争夺领地而频繁引起战争，促使体育运动和军事的结合变得愈加亲密。

随着资本主义的发展，西方体育运动经"文艺复兴"时期和宗教改革运动，把跑、跳、投掷、摔跤等活动引入学校，要求学生掌握军事生活所必需的基本技能。在近代西方体育运动形成的初期，由欧洲教育改革推出的传统体操，以它极具军事实用价值的体育运动形式风靡欧洲。这种身体运动对培养动作技能、行动整齐、掌握当时流行的线形作战方法极为有利，在美国南北战争及普法战争中发挥了重要的作用。

现代社会，由于尖端武器的发展，更需要人们在短期内掌握复杂的军事技能，并能有效地加以应用，这就要求人的精神和身体能力能够得到最大限度内的动员。为此，不仅要进行全面的体力训练，还必须掌握军事需要的专门技巧，如游泳、爬山、攀登、滑雪、划船、跳伞、摔跤、格斗、擒拿、拳击及队列操练等。同时，随着部队机动性的提高和新的战略战术的运用，体育运动和军事结合的项目不断涌现，促使专门为军事服务的"军事体育运动"应运而生。

二、高校体育运动的地位

体育运动是全面发展教育的有机组成部分，是高等教育的基本内容。它与德育、智育、美育紧密配合，肩负着为社会培养全面发展高层次人才的历史使命。高校体育运动是实现社会体育运动、终身体育运动的基础，有条件的高校可组建高水平运动队或各种运动俱乐部，以提高体育运动的普及程度和竞技运动水平。

（一）体育运动与高等教育

高校体育运动在高校教育中的地位和作用，是由高校体育运动结构和功能及社会发展对高校体育运动的要求所决定的。高校体育运动既是高校教育的重要内容，也是高校教育的重要手段。缺少体育运动，教育将是不完整的教育，也就承担不了对人的整体素质教育的重任。同样，体育运动必须与德、智、美育相配合，才能共同完成培养全面发展的人的任务。

1. 体育运动与德育

德育是教育者按照一定的社会要求，有计划、有目的地对受教育者施加影响和教育，使他们养成所期望的品德。其内容包括人们的政治态度、世界观及道德品质等。体育运动作为教育的组成部分，与德育的关系非常密切本身就具有教育性。它通过有计划、有组织地进行体育运动课程、课外活动，对学生进行爱国主义、集体主义和社会主义教育，培养学生热爱集体、服从组织、遵守纪律、团结协作、勇敢顽强等精神品质。高校体育运动自身的特点，决定了体育运动有助于大学生良好的思想品德和道德行为的形成。在体育运动中，运动知识和健康知识教育包含着丰富的思想内容，具有品格教育的行为指向性与规范性，为进行各种教育活动提供可能性。因此，在高校体育运动中，对大学生进行思想品德教育，是体育运动训练责无旁贷的任务。

2. 体育运动与智育

体育运动为智力开发提供良好的物质基础，是提高智力的重要手段。人的智力发展是建立在大脑这个物质基础之上的，这是因为人的智力水平与其大脑的物质结构和机能状况有着密切关系。坚持经常性体育运动，能够增强人的体质，促进大脑发育。适宜的运动可提高大脑对疲劳的耐受力，使人的视觉、听觉等感觉器官更加敏锐，大脑神经细胞反应更加迅速，分析、综合能力加强。智力的发展和提高，要求体力也得到相应发展，而身体素质的提高，又会改善进行智力活动的条件，对大学生的学习和工作能力产生积极的影响。

3. 体育运动与美育

美育的目标在于完善个体审美心理结构，通过审美感知力、想象力、理解力及审美趣味和审美理想的培养来塑造情感和心灵。审美心理结构与人的体质结构属于人的本质的不同层次，具有不同的规律和特点，但二者又存在着密切关系。体育运动侧重身体的锻炼，而美育则注重心灵的雕塑。人的体质结构是审美心理结构的物质基础，因而体质结构的改善，会直接影响审美心理的健康发展。身体各部分的骨骼和肌肉都得到均衡、协调的发展。通过体育运动，身体活动表现得协调、灵敏，并具有较快的速度和较好的耐力，促使人获得身体强壮健美、精神饱满、精力充沛的整体形象。此外，还可培养学生的姿态美、仪表美、心灵美，以及提高学生感受美、鉴赏美、表现美、创造美的能力。充分发挥美的形式对学生身心健康的重要作用，以获得体育运动及美育对身心健康的积极作用。

（二）体育运动与健康教育

体育运动与健康教育是密不可分的完整的教育过程。体育运动要与卫生相结合，指的是在发展身体、增强体质的过程中，必须讲究卫生，保障运动安全。不讲究卫生的体育运动，不仅达不到锻炼的目的，甚至还会引发伤害事故，损害健康。

（三）体育运动与终身体育运动

终身体育运动一般是指人在一生中所进行的身体锻炼和各种体育运动教育的总和，即从人的生命开始到生命结束都要从适应环境与个人需要出发，进行体育运动，以取得学习、工作和生活的物质条件。终身体育运动是终身教育的组成部分，终身体育运动思想一方面反映了在现代社会的飞速发展下，社会生产方式和生活方式对人体质量的需求；另一方面也反映了现代文明给人体健康带来了某些不良影响。人们要适应高速度、高强度、快节奏的工作节奏与现代文明对人体提出的挑战，必须积极主动地进行终身体育运动。

总之，我国的教育实践证明，高校体育的主要任务是培养身心健康发展的高级专门人才，从而适应社会的需要和发展。体育教育既是学校教育的重要内容，又是高校教育的重要手段。它不仅对增强大学生体质，促进大学生身心全面发展具有重要的作用，而且对培养大学生的现代意识和精神，促进大学生个性发展也具有重要的作用。

第三节 当代大学生体育运动的目标和任务

高校体育运动的目标由条件目标、过程目标和效果目标组成。一般把效果目标作为衡量目标完成的最终标准，本节阐述的高校体育运动总目标，主要指效果目标。

一、确定我国高校体育运动目标的依据

（一）社会需要

社会需要主要体现在对高校培养人才的规格及质量要求上。一方面，科学技术的发展，已经深刻地改变了人类物质生产、精神生活及日常生活节奏。世界正处在激烈的国际竞争和新技术革命的挑战时代，世界范围的经济竞争、综合国力竞争，很大程度上是科技和人才的竞争，而这归根到底也是教育的竞争。因此，高校体育运动必须与德育、智育紧密配合，为我国"四化"建设培养更多有理想、有道德、有文化、有纪律并且拥有强健体魄的一代新人提供服务。另一方面，由于生产力的不断提高，现代社会对人的整体素质的要求及人们对健康的生活方式的要求越来越高。与此同时，现代社会也给人类健康带来很多不利影响，使得人们对健身、娱乐等活动的要求越来越迫切，群众性的体育运动也因此更为普及。这就要求高校体育运动既要有效地锻炼学生的身体，还要把有体育运动才能的学生组织起来加以训练，使他们成为社会体育运动的骨干。

（二）大学生身心发展特点

大学生是高校体育运动的主体。提高体育运动效果，必须根据大学生身心发展的规律进行体育运动。由于大学生的身心发展特点既不同于儿童或少年，也不同于成年人，因此高校体育运动工作的实践活动，如对体育运动内容的选择、安排和组织形式，以及锻炼、训练手段等，都必须针对大学生身心发展的特点和学习、生活等具体条件来进行。因此，大学生身心发展的特点是确定高校体育运动目标的生理和心理依据。

二、高校体育运动目标体系

确定高校体育运动目标的工作，必须结合我国的国情，从实际出发，根据不同层次、性质及类别的高校来进行，要反映现代高校体育运动的发展趋势，并认真吸取国外高校体育运动的先进理论与实践经验，建立起具有中国特色的高校体育运动目标体系。

（一）高校体育运动的总体目标

培养大学生的体育运动意识，提高体育运动能力，促进身心素质的全面发展，使之日益成为社会主义现代化建设所需要的高层次合格人才。

（二）普通高校体育运动的具体效果目标

1. 掌握体育运动和卫生保健的基本知识和技能，正确认识体育运动对人类及当代社会的重要意义和作用，增强大学生的体育运动意识，学会选择符合个体兴趣和需要的科学运动原理和方法，养成经常运动的习惯，提高体育运动能力，为终身坚持体育运动奠定良好的基础。

2. 有效增强大学生的体质，促进身心健康发展，达到《大学生体育运动合格标准》中规定的指标和规格要求。

3. 通过体育运动对学生进行思想政治和道德及意志品质教育，不断加强主体性教育、体育运动审美教育，促进大学生的个性发展。

4. 对具有运动才能的学生进行课余训练，并适当地组织比赛提高他们的运动技术水平，满足他们对运动竞技的需求，为社会体育运动培养骨干人才，促进全民健身运动的开展。有条件的院校可组织高水平运动队和俱乐部，参加国际大赛，为国争光。

三、高校体育运动的任务

为了顺利达到大学体育运动的目的，应完成下列基本任务：

（一）增进学生身心健康，增强学生的体质

体质是人体的质量，它是在人体遗传和变异的基础上所表现出来的，在形态和机能上有相对稳定的固有特性。体质包括体格、体能和适应能力等几个方面。其中，体格是人体的形态结构，包括人体生长发育水平、身体整体指数与比例和身体姿势。体能是人体各器官系统机能在肌肉活动中表现出来的能力，包括身体素质和身体基本活动能力。适应能力是指人体在适应外界环境中表现的机能能力，包括对外界环境的适应能力和对疾病的抵抗能力。

生理和心理健康构成身心健康。生理健康的标志是身体发育正常、机体各器官功能健全、体质强壮、对疾病有较强的抵抗力、对外部刺激有较强的适应能力。心理健康的标志是情绪稳定、行为协调、思维敏捷、意志坚定、对社会和生活中偶发和突发变故表现出较高的自控能力。生理和心理健康有密切的内在联系，并互为影响。学生机体正常的发育及强健的体质，对心理方面的发展必然有着积极的影响。而具有良好的心理素质，也必然对机体生理上的发育、发展产生良好的作用。

大学体育运动是促进学生身心健康发展最积极、最有效的手段，应根据大学生的生理、心理特点，有针对性地进行训练，培养和提高大学生对体育运动的认识和兴趣；教导学生掌握终生坚持锻炼的技能，养成经常自觉坚持体育运动的习惯，促使学生在学校这一期间奠定良好的理论和身体基础。

（二）掌握一定的运动技能

为了适应终身体育运动的需要，需要培养学生体育运动的能力和习惯。

通过体育运动训练，着眼于开发学生的智力与能力，传授体育运动知识、技能，使其掌握

科学的锻炼方法、手段，具有一定的运动能力，并能自觉锻炼、自我体质评价，以达到终身受益的目的是大学体育运动的重要任务。

体育运动的基本知识包括常用的运动生理、解剖的基本知识，锻炼的原理、原则和方法，体育运动与保健，自我监督与评价等方面的基本知识，以及常见、常用运动项目的基本理论和技术等。在体育运动过程中，学生通过了解其基本知识，可以合理地根据运动的客观规律，科学地进行锻炼。运动能力的含义是指对诸项运动技术、技能掌握的熟练程度。由于运动项目不同，诸项运动能力的表现也各不相同。运动能力的培养，主要是通过体育运动训练以及课外体育运动和运动竞赛的反复实践，以达到熟练掌握的程度。

学生是否具有一定的运动能力，对其能否自行锻炼和坚持经常运动至关重要。运动习惯的养成，一般取决于下列几个因素：一是对体育运动与健康的定义及生产生活、社会的价值有正确的认识，而这对其是否能自觉运动起决定性的作用；二是对运动技术、能力的掌握程度。能否坚持经常自觉地从事体育运动，很大程度上依赖于对某项运动的兴趣和爱好，只有对该项运动具有一定的运动能力，才能产生进一步的兴趣和爱好；三是生理上形成生物节律，通过组织、动员、引导和建立合理的规章制度，使学生每天按时出早操和进行体育运动，经过长年坚持，形成稳固的条件反射，能自觉地进行运动。机制在标准、数量上的要求，有利于学生自觉锻炼习惯的形成。运动习惯的养成，不仅能提高学生在校期间的生活质量，而且对他们毕业后走向社会，以旺盛的精力投入工作，同样具有十分重要的意义。

（三）提高学生运动技术水平，加强国际体育运动交往，为国争光

自我国改革开放以来，高等学校与国际交往日益增多。大学体育运动向人文主义回归，意味着各国大学之间在校际沟通方面，促进了大学生对不同国家、不同文化的理解，并建立起了深厚的友谊。在这一时期，大学体育运动将超越分歧、冲突，将全世界的大学生紧密地团结起来。为此，国家教委在近几年采取部分高校试办高水平运动队的办法，在天津、辽宁、江苏和广东建立了大学生体育运动训练基地。随着高等学校体育运动的物质条件得到日益改善，促使高等学校运动技术水平在普及基础上逐步提高。

此外，开展体育运动训练，发展大学生的体育运动才能，提高运动技术水平，为国家培养高水平的体育运动人才，是高校体育运动教育的任务之一，也是把我国建设成为体育运动强国的一项战略举措。高校要在广泛开展群众性体育运动的基础上，对部分体育运动基础较好，并有一定专项运动才能的学生进行有计划、有组织的运动训练，不断提高他们的专项运动技术水平。这样不仅培养了体育运动骨干，带动学校大众体育运动的开展，丰富校园文化生活，同时又能为国家培养竞技育体育运动的后备人才。

（四）对学生进行心理品德教育，培养学生勇敢、顽强的进取精神

体育运动是对学生进行心理、品德教育最活泼、最生动、最有效的形式之一。大学体育运动是一个有目的、有计划、有组织的教育过程。由于许多体育运动都是以团队、集体形式进行的，这有利于增强学生的组织纪律性和集体主义观念。在竞赛中，既有强烈的竞争气氛，又有严格的规则约束，而规则既是行为的准则，又是品德的规范，这有利于增强学生的竞争意识，培养学生遵纪守法、公平竞争的观念和团结协作、公正无私、勇敢顽强、拼搏进取等优秀品质。

第四节　当代大学生体育运动的困惑与路径

一、新时代我国高校体育运动训练的困境

1. 体育运动训练场地

由于各地区经济发展水平的不同，我国部分地区的高校普遍存在体育运动经费不足、训练场地简陋、运动设施陈旧的问题。造成以上问题的原因主要有以下两点：

一是由于高校自身教育资金紧张，很难为体育运动训练投入大量的资金，致使场馆建设和设施建设迟迟得不到落实。很多高校体育运动专项经费投入还不到学校总经费投入的 6%，甚至部分高校的体育运动年度经费总额不足 6 万元，而这些经费不仅要用于体育运动训练设施的改善和维护，还要维持学校运动会、体育运动俱乐部及各类体育运动竞赛活动。可见，如此甚微的体育运动经费投入与体育运动经费投入中的大型体育运动场馆建设形成了鲜明的反差。此外，高校领导对学校体育运动工作持"说起来重要，做起来次要，忙起来不要"的工作态度，也在很大程度上影响了高校体育运动场地器材设施建设。

导致高校体育运动经费支出不足的因素是多方面的。其一，高校缺乏政府的扶持力度；其二，在不少高校课程比重当中，体育运动处于薄弱地位，在这方面的开支比较少；其三，高校体育运动缺乏自我造血能力。

二是由于我国传统教育理念和考试形式对体育运动的不重视，认为投入资金建设的场馆和设施并没有得到充分利用，造成体育运动训练环境的不完善。近几年来，特别是国家提出全民健身计划之后，高校体育运动训练场馆和设施的建设已经相对完善，但后续维护和更新的费用较大，高校也很少在这方面进行有计划地资金投入，造成场馆设施闲置荒废，损坏得不到修复。教师和学生没有合适的场地和设备进行体育运动训练，也就慢慢造成校园体育运动训练水平的降低。

2. 体育运动项目

普通高校体育运动主要是以公共必修课和公共选修课形式设置的体育课程，一般包括田径类及各类球类运动，如篮球、足球、网球、排球等，而新兴体育运动项目却很少在体育运动课程中呈现。基于此，多数学生对此都持不满意态度，认为体育运动课程应增加滑板、跆拳道、瑜伽等课程。在与部分高校体育教师的交流中我们还了解到，高校体育教师在体育运动课程建设中缺乏动力，对于课程开展的效果缺乏评估，同时这些学校的体育运动训练方法不够创新。除此之外，我们还了解到高校体育教师在体育运动训练中，班级授课制是其主要运用的体育训练形式为，这种单一的训练形式难以满足体育运动训练形式改革的现实需求。因此，高校体育教师应转变体育运动训练观念，采取分层教学、分组教学、俱乐部教学等多种形式来实施学校体育运动训练工作。

3. 体育教师

在高校扩招过程中，由于高校体育教师队伍力量比较薄弱，导致这种现状的因素是多方面的。

（1）高校聘用的体育教师人数不能满足现实需求。调查发现，高校中体育教师所占总教师

人数的比例偏低，个别学校甚至出现一个体育运动教师要承担一个年级的体育运动课程的现象。由此可知，体育教师人员编制不足阻碍了高校体育运动训练的正常实施。此外，高校近些年来的生源扩招进一步加剧了师生比例。

（2）高校体育教师缺乏在职培训机会，培训频次不高。一方面是因为高校领导不重视，没有给予相应的资金支持；另一方面在于高校体育教师工作任务重，没有时间外出参加各种培训和学习。

（3）高校体育教师职称结构不合理，正教授和副教授所占比重很低。调查中，我们了解到多数高校的体育教师副教授人数少，正教授更是凤毛麟角。高校体育教师职称上不去，也在很大程度上影响了他们的工作积极性和工作热情，这无疑也会削弱他们参与体育运动教育工作的激情，进而影响体育运动训练的质量。

（4）高校体育运动师资力量中学历高的比重少。主要表现在高校体育运动博士人数很少，可以说几乎没有，而本科毕业人数比重较大，硕士生人数尚待进一步提高。

4. 学生个体

高校体育运动训练的主体是学生，无论是课上还是课外，学生是否主动参与是高校体育运动训练开展的一个重要问题。

一方面，大学生对课外体育运动的认识并不全面。针对课外体育运动，不管是从体育运动类型上看，还是体育运动的时间上看，都存在一些问题。针对这一问题，在河北省的一项调查发现，22.4%的大学生认为"很重要"，他们大多数人能够认识到课外体育运动的保健功能，但是并没有认识到大学生课外体育运动对丰富校园文化的作用。在课外体育运动内容上，只有20.2%的大学生参与体育运动，且参与项目多集中在跑步与散步（23.7%），参加频度最高的是每周 2~3 次（48.8%），并且其中只有 20.8%的大学生每次参加体育运动时间在 60min 以上。另外一项在大学生高年级的调查发现，高年级在体育运动课程中止后，与低年级的身体素质相比，有 29.9%的学生感到略有下降，17.8%的学生是明显下降。由此可见，由于缺乏对运动重要性的充分认识和良好的运动习惯，大学生课外体育运动作为一项自愿的活动形式，在运动时间和频率上都没有得到保障。尤其在我国北方的冬季，由于室外温度较低，学生参加课外体育运动的积极性受到较为恶劣自然条件的影响，在时间上和频率上更是难以保障。

另一方面，由于性别、性格和身体条件等因素的影响，学生在参与体育运动训练过程中会有不同的表现，比如男生喜欢参加球类运动，女生喜欢参加不太激烈的运动，肥胖的学生不喜欢参加长跑类运动等。

在开展体育运动时，如果没有充分考虑学生的个体差异，只是按照统一的体育运动标准进行训练，很容易造成学生的受伤或积极性降低等问题。比如在进行投掷类体育运动训练时，如果不对肥胖学生进行区分，就很容易造成由于身体原因的运动损伤。如果让女生参加足球、篮球等团队竞技项目，则会出现由于兴趣不大而对体育运动训练产生抗拒心理的问题。这些学生个体差异引起的问题最终都会影响高校体育运动训练活动的有序开展。

5. 课外体育运动训练没有得到重视

高校体育运动训练的主要活动是在体育运动课程训练中开展的，但学生在课余时间进行的体育运动训练却一直得不到重视。国家规定每学期开设的体育运动课程学时不得少于 32 学时，但实际上，这 32 学时在整个学期的教学学时中占比很低，导致上述问题的原因有五个：

一是课外体育运动的问题研究尚未成为研究热点问题之一。体育运动学者对高校体育运动的研究多偏重课程等热点问题，而往往忽视课外体育运动的研究，导致高校课外体育运动发展缺乏理论支持与引导。课外体育运动的形式内容和评价方式也与当代大学生身心发展不相适应，因而造成民办高校课外体育运动的实施流于形式。

二是高校并未制定有效的课外体育运动实施文件。

三是高校体育运动社团与体育运动俱乐部等组织在课外体育运动实施中未能起到桥梁和引导作用。课外体育运动实施的随意性现象在部分民办高校中层出不穷。

四是课程内容为难度较高的体育运动技能或相关联理论知识，学生无法在课上完成，从而需要在课余时间进行额外训练。

五是课余时间的体育运动训练受到了学生个体差异的影响，部分学生很喜欢和积极投入到课余时间体育运动训练活动中，但一些学生没有认识到课余体育运动训练的重要性，没有长期坚持训练。

6. 学生体质健康测试乱象丛生

高校学生体质健康测试中时常会出现"疑难杂症"，主要表现在以下几个方面：

（1）认知模糊，缺乏理解。具体而言，民办高校学生对体质健康测试的认知不足。有些学生对体质健康测试的重要性认识不清，认为体质健康测试工作是一份多余的工作，有些学生甚至不知道肺活量测试指标反映了人体的何种机能。

（2）执行主体积极性与主动性不高。造成这一现象的主要原因在于高校体质健康测试工作投入的经费比较少，很多高校体质健康测试工作直接安排在体育运动课堂上，这样一来，体育教师参与体质健康测试工作就成了义务劳动，无疑会削弱高校体育教师参与体质健康测试工作的积极性。

（3）测试对象动作不规范，舞弊现象频发。调查发现，在体质健康测试中，有的学生为了取得较好的成绩，在1000m跑或800m跑中偷懒，甚至少跑一圈。

（4）体质健康测试仪器损坏或不精确问题。调查发现，一些学生在体质健康测试中由于对测试仪器不了解，往往会做出一些不符合测试仪器操作的行为而造成仪器破损，这样无疑会影响测试成绩。此外，体质健康测试仪器若自身存在精度问题，也会影响学生的体质健康测试成绩。

（5）体测数据问题。譬如，体质健康测试中数据重复问题、随意更改测试成绩问题、漏测成绩结果的随意添加现象等。

7. 高校体育运动管理落后

高校体育运动管理主要包括体育运动训练活动管理和课外体育运动管理，在管理中前者会受到更多关注，后者往往被忽视。其实在高校体育运动中课外体育运动占有重要的地位，其重要性具体表现为，大学阶段的学习自由度很大，学生可自由支配的时间更多。现有体育运动训练活动时间只有前两年，在后两年甚至更长时间里学生体育运动将主要通过课外体育运动来实现。相对于大学体育运动课，高校学生倾向于参加自由度更高、竞争更加激烈、自我展示更加充分的课外体育运动。

我国高校体育运动现有管理模式是我国现有师资、场地、学生和教育行政部门相关政策等各要素共同作用的结果，具有一定合理性。但是，所谓"合理"是指在现有软硬件条件下，该管理模式能够达到国家对高校学生参与体育运动数量上的要求，而从质量的角度考量就很难达到高校体育运动对大学生体质健康促进和综合素质培养的目的。高等教育普及化后，将出现人均场地面积进一步缩小、师资进一步缺乏及教育理念的转变等问题。如果高校体育运动继续按照现有管理模式进行管理，不仅无法满足基本"量"上的要求，而且还可能出现无法协调体育运动训练活动和课外体育运动的关系问题、无法满足普及化阶段学生对于体育运动日益增加的需求和无法实现高校体育运动功能扩大化与多元化的目标等问题。

8. 高等体育运动资源短缺

在高等教育普及化阶段，我国高等教育总规模应当达到约 5 000 万人，按照我国现有 2 845 所各类高校来计算，普及化阶段每所高校将增加 3 500 余名学生；如果按 2015 年高校数量 12% 增长的速度来计算，到普及化阶段每所高校将增加近 2 000 名学生，学生人数的增长将加剧高校体育运动资源短缺的问题。学生参与体育运动最直接的资源是体育运动场地，体育运动场地的缺乏也是高校体育运动资源缺乏的最直接体现。从目前的情况来看，我国高校生人均场地面积为 $3.82m^2$，并未达到教育部提出的高校生人均场地面积应达到 $4.7m^2$（室外）$+0.3m^2$（室内）的国家标准，全国仅有江苏省达到了生均场地面积的要求。据统计，包括湖北省、山东省、黑龙江省、吉林省、山西省、河南省等各地区高校场地面积均有较大欠缺，其中高等教育相对落后的海南省高校生人均体育运动场地面积欠缺最为严重，仅为 $3.44m^2$。标准田径场、篮球场和排球场是目前，我国高校目前最为欠缺的三类场地。

另外，高等教育普及化对应高校体育运动资源需求增大的问题还体现在了设施设备更新经费、体育运动开展经费和训练科研经费等诸多方面。虽然目前很多高校的经费投入逐年增加，他们通过扩大校园面积来满足学生人数不断增加的需要，但在经费投入和校园扩建过程中往往首先投入和建设的是教室、宿舍和食堂等设施，而体育运动经费的投入和场地设施的建设往往滞后，甚至出现缩水和取消建设的情况。

9. 高校体育运动竞赛活动供给形式单一化

校园体育运动竞赛活动的开展是校园体育运动文化形成的重要路径，丰富多样的体育运动竞赛组织形式是校园体育运动文化营造的必要举措。国务院颁布的《关于强化学校体育运动促进学生身心健康全面发展的意见》明确指出，广泛开展课余体育运动，建立常态化的课余体育运动竞赛工作机制，组织形式多样的体育运动竞赛活动，通过体育运动竞赛活动吸引广大学生积极参与体育运动。

但实际情况是，校园体育运动竞赛活动存在数量少、质量低、形式单一等问题，主要表现为：

（1）多数高校每年在 5～6 月举办一次校运会，而校运会所参赛的学生基本都来自不同学院的精英运动员，并且一名运动员身兼多个项目，而作为观众的学生主要以大一学生为主，大二和大三学生除参赛运动员外，其他学生要进行正常的上课。

（2）各地区每两年举办一次市田径运动会，每四年举办一次省大学生运动会。由于赛事举办方多属于地方政府或学校主管部门，为了应付比赛、节省经费支出，学校大多象征性地选拔个别运动员进行参赛。

（3）部分高校除了举办校运会之外，还组织了其他相关的体育运动比赛或体育运动节，但这些比赛面向的参赛群体基本都是大一的新生，以至于较多的学校直接将体育运动竞赛活动命名为"新生杯"体育运动比赛。

另外，一项面向山西省 6 所高校学生所做的体育运动竞赛满意度的调查数据显示，半数学生认为当前体育运动竞赛的开展数量和项目设置难以满足学生需求，大多学生认为体育运动竞赛活动的组织缺乏所需的场地和设施，还有部分学生认为参加体育运动竞赛活动缺乏相关教师的辅导。

10. 高校公共体育运动训练边缘化现象严重

公共体育运动训练是高校人才培养的组成部分，是提升学生健康素质的重要途径，更肩负着新时代提升学生人力资本的重要使命。但受传统应试教育思想观念的影响和制约，高校在招收学生时只注重对学生文化课成绩的考察，就业单位在选聘优秀毕业生时也主要以文化课成绩和科研能力作为聘用的评价指标，对学生的体质健康水平和运动技能掌握情况相对比较漠视。此外，现有的高校排名评价标准和体系，主要围绕以科研为核心的指标进行评价，导致学校在资源和经费分配问题上偏重于具有专业学科或能够提升学校排名的领域，进一步造成高校体育运动学科发展的不受重视这一现象。这种"唯分数"的教育理念和"唯科研"的评价体系，导致了体育运动训练在高职院校的发展中处于边缘化。2016 年教育部发市的《高校体育运动工作专项调查报告》数据显示，63.48％的普通本科学校建立了体育运动工作评价考核机制，56.60％的学校能为大一、大二学生提供不少于 144 学时的体育运动课，而仅有 54.81％的高职院校建立了体育运动工作评价考核机制。值得注意的是，此次教育部在调查过程中所选择的评价标准都是《高等学校体育运动工作基本标准》中的最低指标。

二、新时代体育运动的应对对策

1. 深化体育运动课程与训练改革，提高训练质量

推动高校体育运动课程与训练改革的突破口可以从以下方面着手：第一，优化学校体育运动课程结构。高校体育运动课程主要以必修课为主，应增加选修课、活动课等课程，使高校体育运动课程结构更加合理化、人性化；第二，增加学校体育运动课程内容。高校体育运动课程内容以篮球、足球、排球、田径等现代竞技体育运动内容为主，应增加瑜伽、啦啦操、滑板等课程内容，使课程内容更加丰富；第三，打破传统体育运动训练方法的束缚，创新体育运动训练方法。转变讲解法、示范法、完整法等传统训练方法，以案例、启发、情境等方法为主导，以提升高校体育运动训练水平；第四，转变体育运动训练组织形式。改变以往较为单一的训练组织形式，应以分群、分类及个性化的训练组织形成作为高校体育运动教学的主导。

2. 加大师资培训，提升其专业化水平

"教育大计，教师为本。"高校体育教师是搞好高校学校体育运动的主力军，因此，推动高校学校体育运动发展就必须提高高校体育教师的教学水平。其主要手段大致分为以下三种：

第一，学校领导应该重视体育教师的培训教育。让更多体育教师参与各类学习培训的同时，鼓励体育教师自学。

第二，体育教师要以身作则，养成终身学习的习惯。高校体育运动师资培训工作的效果如何取决于他们的学习意识和态度。因此，高校体育教师要养成终身学习的习惯，不仅可以通过参加各种实践教育培训来提高自身业务能力，也可以通过远程网络教育系统来学习专业理论知识。

第三，建立体育教师专业能力考评机制与奖励机制。有了考核与评价这种激励与约束机制，高校体育教师就会主动参与专业能力的培训，这无疑将极大提升高校体育教师的专业化水平。

除此之外，还要提高教师的地位，教师应该对每一位同学负责，通过自己专业的体育运动知识和专业的体育运动技能对学生进行正确的引导。不能让学生过于自主，所以要提高教师在教育中的主导性。教师在安排课程时要根据学生的兴趣来设定，并结合学生的实际情况来安排活动，通过一些具有挑战竞技的活动来提高学生的兴趣。学生要积极地配合教师，懂得来上体育运动课的真正目的，这样才能自身主动地投入到学习中。师生之间共同的活动有利于师生关系的发展，从而使得师生在愉快的教学氛围下共同活动、共同发展。

3. 要让学生充分落实体育运动精神

教师在课堂上通过对体育运动的解说和展示，加深学生对体育运动的认识，唤起学生内心对体育运动的渴望，真正实现学生达到体育运动终身的目标。教师要尊重每个学生的特点，与他们友好交谈，让学生带着愉快的心情参与体育运动，并且也需要教师采取一些合理的方式来克服学生怕苦怕累的问题。教师也可以让学生自己来设定一个计划，每天按照计划来锻炼身心，使得学生把运动当成一种习惯，最终让学生真正可以落实到体育运动的精神。

4. 增加体育运动经费投入，改善体育运动训练环境

高校学校场地的逐步改善，需要学校经费的持续投入。学校体育运动场地器材设施建设需要大量的资金做后盾，没有足够的资金支持，想要搞好场地器材设施建设只能是纸上谈兵。正所谓"巧妇难为无米之炊"，高校领导即便重视学校体育运动场地器材设施的建设，但因资金不足往往只能望而却步。高校体育运动教育经费短缺，体育运动教育环境欠佳，都在很大程度上制约了高校学校体育运动的健康发展。

具体可以从以下几个方面着手：

（1）重视高校教学质量提升，争取政府财政投入。高校要重视学校内涵式发展，不断优化学科专业结构，建立健全现代大学制度，实现高校的跨越式发展。

（2）重视与企业间的合作，汲取企业资金养分。

（3）发挥校友会的资源优势，以校友会的名誉吸收资金支持。在高校学校体育运动教育的发展过程中，除依靠高校自身投入外，如何为高校筹集更多的体育运动教育经费和争取更多的外界财力支撑，是一个不可规避的问题。其中，高校校友中不乏企业老板和成功人士，这类校友拥有财力资源，因而可以通过组织校庆活动，鼓励校友捐款、捐物，为高校学校体育运动资源的优化贡献力量。

5. 加强体育运动场地设施建设，改善硬件条件

加强高校体育场地设施建设应从以下几个方面抓起：

（1）新建体育运动场馆。调查中我们发现，高校综合型体育运动场馆少，尤其是缺乏游泳馆。因此，修建新型多功能综合型体育运动场馆非常必要。

（2）旧体育运动场馆的翻新与扩建。高校中一些体育运动场馆由于修建年限较长，在修建时没有充分考虑体育运动的多元化需求，导致这些体育运动场馆的功能比较单一。由此可见，对旧体育运动场馆进行翻新和扩建非常必要，并且可以减少新建体育运动场馆所需大量资金的投入。

（3）购置体质健康监测设备与仪器。教育部要求各类学校每年进行一次学生体质健康监测，然而多数学校的体质健康测试采取的传统测试方法。

6. 强化课外体育运动实施，完善校内外一体化健身模式

高校课外体育运动实施情况不尽如人意，要改变这种现状，就必须强化高校课外体育运动的实施，建立校内外一体化健身模式。强化高校课外体育运动的实施可从以下几个方面来执行：

（1）时间保障。高校领导要严格按政府相关文件的要求执行，确保高校学生每天 1 小时课外体育运动的时间。

（2）竞赛保障。能够保证教育竞赛的定期开展。在高校体育运动举办方面，除了常规体育运动开展之外，还应建立各单项体育运动竞赛制度，让学生能够参与各种体育运动竞赛活动。

（3）组织保障。重视体育运动组织建设。体育运动俱乐部和体育运动社团是校体育运动组织的基本单元。因此，加强高校体育运动俱乐部和体育运动社团的建设非常必要，这必将为高校课外体育运动的实施提供组织基础。

（4）资金保障。课外体育运动的组织与参与需要有一定的经费投入，因此高校应增加对课外体育运动的投入，以确保高校课外体育运动的顺利开展。

7. 规范体质健康测试工作，促进监测服务体系建设

规范高校学生体质健康测试工作，促进高校学生体质监测服务体系建设无疑是一项重要的工作。具体可以从以下几个方面着手：

（1）宣传引导。通过校园海报、横幅标语、校园网等多种途径进行学生体质健康监测工作的宣传引导。

（2）给予测试工作人员额外报酬。高校体育教师是参与学生体质健康监测工作的主要力量，若高校体育教师对学生体质健康测试工作积极性不高、态度消极，其主要原因在于高校没有给予参与教师额外报酬，让参与学生体质测试这项工作成了义务劳动。因此，增强体质测试的经费投入，有利于鼓励体育教师参与体质健康测试工作。

（3）规范测试动作，避免违规测试。体质健康测试工作有着相应的程序，学生进行体质健康测试必须在教师的指导下规范进行，否则必然会影响体质健康测试的成绩。

（4）增加投入，购置和维护学生体质健康测试仪器，确保体质健康测试仪器的正常使用。

（5）建立高校体质健康监测服务站。学生体质健康监测服务中心可以为学生提供体质健康测试、评价、干预等服务，使学生体质健康测试更加科学化、实用化，而不是单纯地给学生提供测试数据。

第二章　当代大学生体育运动的学科基础

体育运动训练科学基础是现代体育运动训练理论构架的学科基石，是体育运动训练实践应用的基础理论，是教练员和相关人员从事体育运动训练的科学依据。体育运动训练科学基础所涉及的学科类型很广，几乎所有社会科学、自然科学、生物科学等学科的理论知识都可视之为体育运动训练的科学基础。本章基于现实需要，选择性地选取与体育运动训练高度相关的生理、教育、工程和军事基础理论，将其作为体育运动训练的科学基础，旨在为大学生全面认识和掌握体育运动训练过程科学规律提供依据。

第一节　体育运动的生理学基础

体育运动训练的生理学基础主要是由相关运动生理学的基本知识、基本理论组成。这里我们有选择性地介绍能量代谢、血液循环、骨骼肌肉与神经控制的基本理论和知识，同时有针对性地阐述运动适应与运动应激的生理机制与特点。这些内容都与体育运动训练的素质提高、技能形成、负荷安排、参赛准备密切相关。其中，认识能量代谢、血液循环、骨骼肌肉和中枢神经系统，旨在深刻认识和理解体育运动训练的主要任务、具体内容、训练方法和负荷安排。

体育运动训练是人体各器官系统协调配合所完成的，同时体育运动训练可以对各器官系统的活动产生良好影响。为此，了解人体各主要器官系统的结构与功能，能有效指导大学生科学地从事体育运动训练，这也是大学生实现终身健康的基本前提与保障。

一、能量代谢与血液循环

（一）能量代谢系统特点

1. ATP-CP 代谢系统

三磷酸腺苷简称 ATP，是肌肉活动时直接供能的化学能量物质，是人体内最为重要的"高能"化合物。ATP 主要储存在机体细胞之内，其中，肌肉细胞中的 ATP 含量最多。除 ATP 之外，其他形式的化学能都必须转变为 ATP 的能量结构方能供肌肉收缩之用。

ATP-CP 代谢系统又称为磷酸盐系统。其中 CP 也是高能量磷酸化合物，并储藏在肌肉细胞内，分解时可释放出大量能量供给 ATP 再合成使用；CP 释放的能量使 ADP 和无机磷酸再合成为 ATP；每 1 摩尔质量 CP 的分解能再合成 1 摩尔质量的 ATP；ATP 和 CP 合称为磷酸盐；肌肉中存储的磷酸盐总量不多，男子约有 0.6 摩尔质量，女子约有 0.3 摩尔质量。显然，利用此系统所能提供的能量是极为有限的。据研究，人体如以最快的速度持续运动几秒时，肌肉中的磷酸盐（ATP、CP）即已耗尽。但是磷酸盐系统的用途，对于从事短程疾跑、跳跃、投掷、踢摔等各种只需几秒钟即可完成的各种技能，具有极大的作用，它不仅是这些活动方式的主要能源，而且直接影响着运动成绩的水平。

2. 乳酸代谢系统

在竞技运动和训练中，乳酸代谢系统的作用是极为重要的，特别是持续最大速率从事 1～3 分钟的运动，如 400 米和 800 米跑，大部分需要依赖乳酸代谢系统提供的能量。而在较长时间持续运动的最后阶段，乳酸代谢系统的供能作用也是突出的。

乳酸代谢系统又称无氧代谢系统，是在缺氧状态下，代谢系统中糖的分解所产生的能量，可使 ATP 得以生成。当肌糖原一部分被分解时，其代谢产物为乳酸，故又称之为乳酸代谢系统。当肌肉和血液中的乳酸积累到一定程度时，可致使肌肉产生暂时性疲劳。肌糖原在无氧状态下释放能量供 ATP 再合成，其数量远不如有氧状态下的 ATP 合成数量。

3. 有氧代谢系统

有氧代谢系统又称有氧供能系统。研究发现，机体有氧代谢条件下同等量的肌糖原全部分解后的代谢产物只是二氧化碳和水，所释放的能量可制造 13 倍于无氧状态下合成的 ATP。机体有氧代谢场所和无氧代谢场所一样，均在肌肉细胞内，但是有氧代谢的具体场所仅限于细胞的线粒体内。换言之，肌肉纤维细胞里面的线粒体是有氧代谢状态下 ATP 生成或还原的场所，故细胞内的线粒体被称为人体运动的"发电厂"。显然，肌细胞内线粒体数量的多少，将直接关系到有氧代谢的水平。经研究发现，不同的肌纤维类型与线粒体的数目之间密切相关。通常情况下，红肌纤维内的线粒体数目远比白肌纤维多得多。显然，这项研究不仅有助于提高科学训练的针对性，而且也为科学选材提供了生理依据。

有氧代谢系统的另一特性与代谢物质的种类有关，如脂肪、蛋白质、肌糖原是能量代谢的物质基础。在有氧状态下，三者都可通过分解释能供 ATP 合成。其中，256 克的脂肪分解，能产生 130 摩尔质量的 ATP。显然，长时间运动时（有氧状态下），肌糖原和脂肪是生成 ATP 能量的主要能源，蛋白质只在脂肪逐渐耗尽之时开始启用。有氧代谢系统不仅可使肌糖原、脂肪分解释能供 ATP 合成，并且代谢产物不会成为导致身体疲劳的物质。因此，有氧代谢系统是长时间耐力运动的基础。运动员有氧代谢水平直接影响着耐力运动成绩。

（二）血液循环系统特点

氧气是 ATP 能量产生或再生的重要条件。氧气必须从空气中输送到肌肉细胞中的线粒体里供 ATP 合成。氧气由空气进入线粒体需涉及两大系统的工作，即呼吸系统和血液循环系统。为简洁起见，我们称之为心肺系统，一旦有新鲜空气进入肺泡，空气与血液之间的氧与二氧化碳的交换就开始进行。这就是第一阶段的气体交换，交换的位置在肺泡血管膜上。肺泡血管膜是一层极薄的组织层，主要功能是将肺泡中的空气与肺泡微血管中的血液隔开。第二阶段为血液和骨骼肌组织间的气体交换，即在组织微血管膜上进行。气体从第一阶段到第二阶段的交换，受着多种因素的影响。从训练的角度看，主要受红细胞数量和血色素含量，以及肌肉中微细血管数量和微血管的密度等因素制约。

血液以两种方式输送氧气及二氧化碳，一种是溶解于血液中，另一种是与血液进行化学结合。

在正常状态下，氧气溶于血液中的含量并不多，因此氧气的输送主要采用第二种方式。大部分的氧气与红细胞的血红蛋白做化学的结合被输送。氧气与血红蛋白的结合，随着血液的流动，由血管动脉经微动脉、再经毛细血管，最后到达气体交换的第二阶段位置，进入细胞的腺粒体。采用心率测量方法估算运动员的心血管系统功能，分析运动强度，是运动训练实践中常用的简易手段。优秀运动员与正常人每搏输出量和心率具有显著差异。一般来讲，安静状态下，一般人每搏输出量为 70～80 毫升，心率为 65～80 次；优秀选手每搏输出量为 100～110 毫升，心率为 50～60 次。最大强度下一般人每搏输出量可达 120 毫升，优秀选手可达 170 毫升。运动时，血液分配发生了显著变化，其中最大强度运动时肌肉可获得 85%，而安静时仅为 15%。

运动时血液的改变主要受两种因素的影响，一是因肾、肝、皮肤等的动脉血管收缩而变细；二是供应骨骼肌的动脉血管和骨骼肌内的毛细血管的扩张。正是这种生理性的变化，才确保骨骼肌内能输入大量带氧的血液。

耐力运动或耐力训练中，人体所需的 ATP 主要取自有氧代谢系统。因此，输氧系统的功能是非常重要的。其中最大耗氧量、最大耗氧量利用率是两项重要指标，最大耗氧量有 93% 受先天遗传影响，故最大耗氧量利用率可作为评定运动强度的指标。最大耗氧量利用率与乳酸生成关系密切。

一般状况下，非运动员在 60% VO_2 max 时，乳酸聚集显著上升；优秀耐力选手接近 80% VO_2 max 时，乳酸才开始聚集。实践中，人们往往利用最大耗氧量利用率与乳酸生成的密切关系，通过测试乳酸浓度来了解人体的输氧能力。一般认为，人体在逐渐增加强度的运动中，将乳酸开始迅速增加的临界点称为"乳酸域"，当乳酸浓度在 4～36 毫克摩尔/升时称为"无氧域"。在训练中，在相同的无氧域值范围内，运动强度越大，说明氧的输入功能越强；利用率越大，有氧代谢水平越高。

（三）主要项目代谢特点

通常情况下，对于不同运动项目的能量代谢特点，均以运动（训练）的有效负荷的作业时间为讨论的基础。作业时间是指实际运动（训练）所需的时间，如篮球运动上下半时各为 20 分钟，总计为 40 分钟，所需的能量自然涉及有氧和无氧代谢系统。

某项运动最强负荷阶段的作业时间称为有效负荷的作业时间，如某些项目看似作业时间较长，通过瞬间的许多技能，如急停、跳跃、疾跑中完成关键分值，而且这些技能的完成是在无氧状态下进行的。例如，篮球、足球、排球运动的比赛时间，看似能量代谢系统属于有氧代谢供能为主，但是具体到个人的有效攻防技术的作业强度，通常属于以无氧代谢供能为主。显然，我们必须从本质上深刻认识球类运动能量代谢供能特点。虽然运动项目不同，但是运动作业负荷强度变化不大，且不同运动项目的负荷强度具有相对的相似性，如田径径赛、游泳、划船、自行车、速度滑冰等运动。因此，我们通过持续作业时间可以较容易看出这些项目的能量代谢供能特点。如田径 1500 米跑与 400 米游泳的作业时间大体相近，800 米跑、200 米游泳的作业时间大体相似。故可由此判断，有效作业时间相同的不同周期性运动项目，其能量代谢特点具有高度的相似性和同类性。

在篮球、足球、手球等球类运动中，能量代谢系统提供 ATP 的百分比也与实际竞技时间有关。而且这三个球类运动项目，表面像是有氧代谢供能为主，实质则为以无氧代谢供能为主的项目。另外，有效作业时间愈短，无氧供能的强度愈高。

乳酸代谢系统供能效率与作业时间、作业强度密切相关，并有显著差异。导致这一差别的原因有两点，即高强度运动中，乳酸代谢系统不能马上代谢，它需要一点时间才能正常启动。因此，高强度的初始阶段，乳酸代谢系统无法提供能量供 ATP 再次合成；较高强度活动时间后，乳酸代谢系统参与工作时产生的乳酸的大量堆积导致肌肉疲劳，降低了运动强度，使得有氧代谢供能的比例增大。因此，在实际训练和运动中纯粹以乳酸代谢供能的形式并不多见，而是多与其他两个代谢系统中任一系统相互作用。

二、骨骼肌肉与神经控制

（一）骨骼肌的收缩机制

骨骼肌具有收缩能力，它所表现的收缩力在特定范畴内受两种条件控制，一是引起收缩的运动单位参与数量，二是神经冲动传导的强度。骨骼肌的纤维具有收缩功能，人体的肌纤维分为红肌和白肌两种，红肌的收缩速度较慢，耐力较好，可维持长时间的收缩；白肌的收缩速度快力量大，但容易产生疲劳。肌腱的韧性很大，能随强有力的牵拉力将力传递给骨，肌肉肌腱附着于骨上。

肌肉的生理特性包括兴奋性、传导性和收缩性。肌肉对内外环境刺激产生的能力称肌肉的兴奋性。肌肉在其收缩前，先产生兴奋，在一定生理范围内，肌肉的兴奋性越高，肌肉收缩时产生的力量就越大。肌纤维某点产生兴奋后可将兴奋传播至整个肌纤维，这种特性称为肌肉的传导性。肌肉接受刺激产生兴奋后，可使肌纤维收缩，这种特性称为肌肉的传导性。肌肉接受刺激产生兴奋后，可使肌纤维收缩，这一特性称为肌肉的收缩性。肌肉的收缩过程非常复杂，简单地说，肌肉的收缩是肌肉蛋白质相互作用的结果。

运动神经纤维起于中枢神经系统，并进入骨骼肌到它所支配的肌纤维。神经纤维的末端分成许多分支，每一分支与一条肌纤维相连。当神经元传导神经冲动时，此冲动传遍该神经元的神经纤维分支，并到达该运动单位的所有肌纤维，从而引起该运动单位所有肌纤维一起收缩。运动单位的肌纤维并不集结在一起，而是分散在整块肌肉的各处。因此，单一的运动单位收缩时，可使整块肌群出现轻微收缩。如有更多运动单位收缩，则其肌肉产生更大的张力。运动单位是骨骼肌的基本作用单位。当一运动单位神经元受刺激时，此单位所有肌纤维全部发生收缩。如该单位有许多肌纤维，则其收缩力强。因此，肌肉的收缩力因参加收缩运动单位的多少或因运动单位的大小而不同。中枢神经系统超过刺激阈的神经冲动传至神经肌肉接头处的运动终板时，则释放出一种叫作乙酰胆碱的化学物质，造成细胞膜的去极化和钙离子的快速流入，引起运动单位所辖肌纤维的兴奋而引起收缩。肌肉收缩实际上是由肌球蛋白丝和肌动蛋白丝交互作用的结果。此作用使肌动蛋白丝向肌球蛋白丝接近，造成肌纤维缩短。至于这种交互作用是如何形成的，这里暂不讨论。简言之，肌纤维缩短是由肌动蛋白丝与肌球蛋白丝之间的横桥产生滑动、钩接引起的，ATP 为横桥活动的供给能量。一般来说，肌肉产生的张力减低，说明肌肉缩短速度增加，原因是当肌动蛋白丝滑过时横桥只有一段时间可用以钩接，如果收缩速度增加，参加横桥数目将会减少，因而使张力降低。

（二）肌肉收缩基本类型

骨骼肌肌肉收缩有四种基本类型：等张收缩、等长收缩、离心收缩和等动收缩。

1. 等张收缩（又称向心收缩）

等张收缩是运动员肌肉最常见的一种收缩方式，其特点是产生张力时肌肉收短。所有举起重物运动的动作几乎都是此种收缩的结果。等张收缩时，关节活动的各个角度，其产生的张力不同，在任一关节活动范围内，肌肉等张收缩，导致物体产生位移所需的张力，随关节角度的变化而发生变化。其中最弱一点的关节角度，肌肉需要做最大收缩。因此，在进行等张力量的训练时，关节活动的各个角度的肌肉并不都能受到充分训练，这就是等张收缩力量训练的缺点之一。

2. 等长收缩（又称静力收缩）

肌肉产生张力时，肌肉长度不变。如伸直手提一重物，并静止不动，就是该收缩形式的结果。

3. 离心收缩

它是一种与等张收缩相反的收缩形式，故称离心收缩。肌肉以离心方式收缩时，肌肉产生张力，并被拉张，如引体向上时的下降动作就是如此。

4. 等动收缩

等动收缩是指在一定速度下，肌肉在全活动关节范围内的最大收缩。等动收缩与等张收缩虽然都是向心收缩，但二者并不一样。区别的重要标志在于前者收缩的各个关节角度的张力始终最大，且动作速度不变；后者收缩的各个关节角度的张力始终变化，且动作速度发生变化。显然，采取类似等动收缩方式训练有助于提高小肌肉群和弱肌肉群力量。

（三）快、慢缩运动单位

运动单位可分为快肌收缩和慢肌收缩运动单位，又称快缩单位和慢缩单位。两种运动单位具有完全不同的功能特性，并对竞技运动有其各自的重要意义。快肌收缩和慢肌收缩运动单位的各自特点是，快缩单位的无氧代谢能力要比慢缩单位的无氧代谢能力大得多。尽管快、慢缩单位都含有使 ATP-CP 代谢系统发生作用的酶，但是前者中酶的作用约为后者中酶的作用的 3 倍；同样，两种运动单位中的糖解化酶，快肌运动单位中此酶的作用要比慢肌运动单位高达两倍以上。因此，从生物化学的角度上看，快缩单位最适宜短距离的径赛、田赛、游泳、速滑和球类运动等；相反，慢缩单位的有氧代谢能力远比快缩单位大得多，机体慢缩单位含量较多的人更适宜中长距离的游泳、划船和径赛长距离项目。

快肌纤维产生最大张力所需时间约为慢肌纤维的 1/3。造成如此差异的主要原因是快缩单位具有较大的无氧代谢能力；快缩单位中运动神经元的神经纤维直径较粗，神经冲动的传导速度较快。因此，肌肉的收缩速度愈快，速度方面的运动能力则愈明显，说明人体肌肉中快肌纤维的比例愈高。

快肌收缩单位的收缩力量要比慢肌收缩单位大得多。造成两者之间这种差异的主要原因是快肌纤维比慢肌纤维的直径粗，并且快缩单位所含的肌纤维数目要比慢缩单位的肌纤维数目多。因此，人体肌肉收缩力量愈大，快肌纤维的比例就愈高，其人体最大力量方面所表现出来的运动能力则愈明显。相对来说，由于慢缩单位的有氧代谢能力远比快缩单位大得多，故而能够表现出较高的力量耐力的运动能力。

快肌纤维要比慢肌纤维更易疲劳。其原因是快肌纤维对糖代谢的要求高，但是有氧代谢能力较差，人体最快速度运动几秒后的持续活动，需要依赖无氧状态下的糖分解释能供其继续做功。这样，体内势必会产生大量乳酸并逐渐聚集，从而限制快肌纤维工作，导致快肌纤维先于慢肌纤维产生疲劳。

慢肌疲劳的发生多在长时间耐力训练或运动之后。它的发生并非由于乳酸堆积所致，主要原因是血糖的极度降低、肝糖的耗尽、体内的大量失水、身体电解质的丧失、体温的升高等。当然，负荷强度超大的运动训练之后，人体都有肌肉酸痛的体验。造成肌肉酸痛的主要原因是：肌纤维微细组织受到拉伤、局部的肌肉痉挛使血液供应减少等。因此，运动员在进行运动之前务必充分做好准备活动阶段的拉伸练习。

（四）中枢神经控制机制

人体运动除了由运动神经元冲动的传导而产生外，还受全身感觉器官传来冲动的影响和制约，更受高级神经中枢的控制，其中肌肉感觉器官的诱导作用十分明显。人体中，最为重要的两种肌肉感觉器为肌梭和高尔基腱器，二者合一被称为肌肉感觉器官。正是由于肌肉感觉器官的存在，中枢神经系统才有可能实现对运动活动的控制。机体的随意运动只有在神经系统对骨骼肌的支配保持完整的条件下才能发生，而且必须受大脑皮质的控制。大脑皮质控制躯体运动的部位称为皮质运动区。在脑的大脑皮质上有两个含有特殊化神经元区域，此等区域受刺激时能引起各种运动活动，而每一区域都可以引起特定的活动模式。第一区域为主要区域，第二区域为运动前区，两区共同控制着人体的行为。

通常情况下，第一区域（主要运动区）又称"技能学习区"。人体运动的各部分动作模式都以不同的方式内存于这一区域中各自的小区，并有机链接，这种链接可以使人体活动或运动达到微细化的协调程度；第二区域（主要运动前区）又称"运动技能储存区"。中枢神经系统的另一类运动神经元位于此区。由于此区运动神经元与小脑连接，而小脑又负责人体肌群活动的协调性，因此它对形成自动化的活动技能尤为重要。大脑皮质运动区对躯体运动的调节，是通过锥体系和锥体外系下传而实现的。由此可见，肌肉感觉器官随时将肌肉获悉的外在信息传递到大脑中枢神经的运动区域，大脑中枢神经运动区域通过锥体系和锥体外系传出神经冲动，使人体能够做出各种复杂的协调动作或运动行为。

运动技能的形成原理是神经传导连接机制。由于其原理复杂，这里不做详细说明。现举例说明运动技能形成的神经通路。例如，初学网球的正手击球，此动作学习过程由大脑皮质运动区中"技能学习区"负责，从"技能学习区"发出的反应冲动经锥体到达位于脊髓中的低级运动神经元，然后传达到所做动作的各个运动单位；而后又从肌肉感觉器官（肌梭、高基腱梭）使大脑获得感觉信息，并经过大脑、小脑共同协调动作。一旦学会这一击球动作，此种活动模式就较少需要意识的控制而化为一种模式储存在运动前区，即"运动技能储存区"。运动技能一旦储于"运动技能储存区"，这种技能才能称为"自动化的技能"，这对于形成多种技能并使之自动化尤为重要。

三、运动适应与运动应激

（一）运动适应生理机制

适应是生物适合环境条件生长的特性，是生物活动的基本规律之一。适应是指为避免环境的改变所引起的损伤，机体细胞、组织或器官发生的代谢功能和结构的相应改变过程。

运动适应是指运动员通过长期不间断训练，机体各项竞技能力不断发生与创造优异运动成绩相匹配的生物适应过程，是运动训练的重要生理基础。从根本上说，运动训练过程就是生物改造的过程。运动适应的直接目的就是通过科学训练，提高或降低各个系统、组织、器官和细胞对刺激的感应阈，同时可以增强机体代偿机能。运动适应表现形态主要体现在体能、技能和心智能力三个方面。换言之，经过长期系统的训练，体能方面表现的运动适应为，当承受负荷强度较大的训练和比赛时，机体通常表现为能量代谢、肌肉收缩、神经支配等机能"节省化"。形态结构往往呈现心肌增厚或心腔增大、细胞活性物质增多、骨骼密度增强等系列生物适应变化，各个运动素质普遍增强。技能方面表现的运动适应为，技术动作合理规范，动作流畅节奏明快，技术应用得心应手，战术预判合理准确，战术配合娴熟巧妙。心智方面表现的运动适应为，情感敏锐细腻准确，情绪能够善于自控，比赛关注能力特强，意志品质坚定坚强，善于解读比赛进程，比赛思维能力较好。当然，体能和技能、心智能力的运动适应还有很多具体表现及其现象。

运动适应源于运动负荷（训练负荷）的刺激和恢复过程的效果。负荷是指载体所承受的刺激或压力。其中，运动负荷是以身体练习为基本手段对运动员有机体施加刺激，也就是人体在运动训练中所能完成的生理机能反应和心理状态反应的量或范围；而训练负荷是指训练活动加之于人体生理上和心理上的负荷。因此，没有负荷就没有训练，反之亦然。训练过程的任何形式的负荷均含有量和强度。量反映负荷刺激的大小，指标有次数、时间距离、重量等；强度是指负荷的刺激程度，指标有速度、远度、高度、负重量、难度等。一般来说，具有一定负荷的练习都有一定的强度，有一定强度的练习都含一定的量。因此，负荷强度和负荷量的组合关系通常呈反比例关系，即强度大时量要小，反之亦然。

（二）运动适应主要特性

运动适应的主要特性集中表现为普遍性、特殊性、异时性、连续性等方面。运动适应的普遍性是指机体在形态、机能、素质、技术、战术、心理和智力等方面都能发生运动适应现象。

运动训练中任何训练手段的负荷刺激，均可使得各种器官系统和竞技能力产生变化，这就是运动适应普遍性的作用。运动适应的特殊性是指不同性质的运动负荷或练习，可引起特殊的适应性变化，如力量负荷和耐力负荷训练产生的运动适应是截然不同的。不同性质的运动负荷引起机体能源物质的消耗及其后的超量恢复程度也有所不同，如速度性负荷和耐力性负荷肌肉能源物质消耗不同。

运动技术和运动战术所引起的适应过程有其特殊性，不同专项技术特征决定了运动适应的特殊性特征。运动适应的异时性是指机体各器官系统对训练负荷的刺激存在着不同的适应时间。一般而言，机能的变化先于结构的适应性变化；神经、肌肉、腺体的理化状况发生变化最早；中枢神经系统比其他系统发生运动适应更早；运动器官比内脏器官较易较早发生适应，而运动素质的适应往往早于技术运动适应。运动适应的连续性是指机体运动适应的产生和发展是一个连续的过程，因此机体的全面适应必须以渐进积累的方式形成。如果训练有所间断，那么运动适应有可能消退，甚至影响机体全面运动适应的形成。负荷和适应的关系是通过不断的训练过程，逐步产生新的适应，从而促使竞技能力不断提高，最后形成最佳的竞技状态的。因此，需要辩证地提高负荷，使机体不断产生新的运动适应。换言之，不断产生新的运动适应，是通过施加具有不同运动负荷性质的不同训练方法及其训练手段完成的。这些方法应用的目的就是打破机体内环境的相对平衡，使之发生向较高机能水平的转化，并能在适应运动负荷的基础上重新获得新的相对平衡。

运动适应新的相对平衡的表现，就是竞技能力的提高、最佳竞技状态的形成、运动损伤的防备等。运动适应新的相对平衡与辩证处理负荷和恢复的关系密切相关，负荷和恢复的辩证统一是产生新的运动适应的重要条件。同时，负荷导致机能暂时下降或出现疲劳，而负荷后的科学恢复可以促使机体超量恢复。显然，负荷后的适宜恢复手段和恢复时间，可以在机体产生超量恢复的基础上产生新的运动适应，因此我们必须深刻地认识和掌握负荷与恢复的辩证关系。

（三）运动应激生理机制

应激是指机体在受到一定强度的应激源（躯体或心理刺激）作用时所出现的全身性非特异性适应反应。适度应激有利于机体在变化的环境中维持自身状态，提高机体应对不利环境的能力。但是，过度应激容易发生机能、行为和心理的不良反应，如血压升高、肌肉紧张、脉搏和呼吸加快、手心出汗、手足发冷、萎靡不振、紧张性头疼、胃痛、低热、食欲不振、尿频、休息欠佳、难入睡或易醒等机能问题；或工作能力下降、失误增加、判断能力下降、健忘、思维突然停顿、关注力下降、走神、缺乏创造性、缺乏朝气、兴趣减退的行为问题；或急躁不安、紧张、恐惧、焦虑、抑郁、冲动、自残自责、多疑、怨天尤人等心理问题。认识应激原理和不良的应激现象的目的就是充分掌握运动应激机制。

根据应激源的性质，可将应激分为生理应激和心理应激。生理应激的应激源受理化和生物因素影响，而心理应激的应激源受心理和社会因素影响。应激时，还可出现其他多种神经内分泌的变化，它们是代谢和器官功能变化的基础，同时还会引起体温升高、血糖升高、补体增高、外周血吞噬细胞数目增多和活性增强等非特异性免疫反应。心理应激的主要反应特点是适度的心理应激可引起积极的心理反应，提高个体的警觉水平，有利于集中注意力，提高判断和应对能力。显然，适度的应激与过度的应激（低度应激）特点、现象完全不同。生理应激和心理应激既具有各自特点，又具有密切关联。所谓运动应激，是指在训练前或在参加重大赛事之前或过程中的紧张反应状态，这种紧张反应状态来源于社会、生理和心理因素的共同刺激作用。人体参加运动训练和重大赛事时的生理应激反应，是糖皮质激素、儿茶酚胺、生长激素、抗利尿激素、胰岛素、胰高血糖素、雄性激素等都会发生一系列的变化，从而促进血管对儿茶酚胺的敏感性的提高，促进胰高血糖素、甲状腺素、降钙素、肾素、EPO 分泌，促进或抑制糖原、脂肪分解蛋白质合成等，促进肾小管收缩、泌尿减少等。由于应激的生理机制与交感—肾上腺髓质系统和下丘脑—垂体—肾上腺皮质系统密切相关，因此社会和心理因素对运动应激的强度和深度的影响更大。神经内分泌系统直接受到来自社会压力或心理刺激的作用，影响着运动应激的反应程度。

（四）运动应激基本特征

运动应激分为警觉阶段的应激、抗阻阶段的应激和衰竭阶段的应激，是根据比赛时运动员不同阶段的运动应激表现划分的。

警觉阶段的应激表现是参赛精力旺盛，专项体力充沛，技术感知灵敏，求战欲望强烈，神经系统兴奋。

抗阻阶段的应激表现是持续保持比赛关注能力，各种竞技能力高度协调，比赛斗志坚忍不拔，取胜信念坚定不移，关键环节感知清晰等。

衰竭阶段的应激表现是已知败象无法逆转，运动能力大幅下降，身体疲惫感觉骤增，技术、战术频频失误。

影响各个阶段的因素可分两类，一类是涉及比赛地点、气候、交通、器材、设备、场馆和对手及裁判等客观因素；另一类是训练水平、队内和谐程度及队员伤病、疲劳状态、自控力和竞技状态等主观因素。

适宜的运动应激可以表现出多方面的特点。其中，物质代谢系统表现为糖代谢表现为糖原分解及糖异生增强，出现应激性高血糖和应激性糖尿；脂肪代谢表现为脂肪分解增强，脂肪氧化成为主要能源；蛋白质表现为分解代谢增强，可出现负氮平衡。因此，代谢变化的总体趋势是分解增强、合成减少、代谢率升高。内分泌的系统表现为肾上腺素适度增加，可引起心理专注程度升高。运动应激具有双重性特点，应激过度则会引起焦虑、害怕、胆怯与愤怒；应激不足则会引起抑郁、厌食和自残等现象，这些都是影响运动训练或运动参赛的不良因素。多年训练已使机体产生运动适应，因此形成适宜的运动应激至关重要，要求运动员具备良好抵御不良社会和心理因素的能力。

为了能够产生适宜的运动应激，通常采用四步程序模式方法。一是要求运动员避免情绪波动，积极放松心态，保持较强信心，这种方法称为情绪控制。情绪控制最为关键的是让运动员在复杂比赛环境迅速、准确地认知、决策和反应。二是信息过滤。要求运动员保留可用信息，剔除无益信息或封闭无益信息渠道，让运动员尽量卸掉心理负荷，不受不良信息干预。三是认知反应。要求运动员做到知己知彼，认真分析比赛对手的强弱之处，扬长避短，提出具体对策和措施。赛前三步程序的目的是帮助运动员明确参赛目标、排除不良干扰和制定参赛对策，从而产生强烈取胜的适宜运动应激。四是行为应答。基于前三步程序，通过具体行动验证合理的对策，增强或强化比赛中的适宜运动应激。

第二节　体育运动的心理学基础

一、体育运动的心理效应

（一）体育运动与情绪

所谓情绪，主要是指人对事物态度的一种体验，同时也是人的需要是否得到满足的一种反映。一般情况下，体育运动影响心理健康的最主要指标为情绪状态。实验研究表明，无论是坚持长期锻炼，还是进行一次性体育活动，都能对人的情绪产生良好的影响。

人们早已注意到，身体锻炼能够产生良好的情绪体验。一项对 123 名学生的调查发现，体育运动是"流畅体验"的主要来源。观察也表明，在许多体育运动活动中，会出现一种类似"跑步者高潮"那样的"体育运动快感"。当它出现时，往往会使运动者感觉自身与情境融为一体，身体轻松，忘却自我，充满活力，超越时空障碍。也有研究证实，心理自我良好感与体育运动活动呈正相关的关系。在自我感受和评价方面，积极参加运动的人比不参与运动的人更积极，其中女子比男子的相关程度更高。在现实生活中，学生们也可以通过参与体育运动进行改善和调节自己的情绪状态。

（二）体育运动与意志品质

意志品质是在克服困难的过程中培养和表现出来的，是一个人的果断性、自制力、坚忍性以及勇敢顽强和主动独立等精神。"明确目的"和"克服困难"是培养意志品质极其必要的条件，而健身锻炼活动同时具备上述两个条件。人们在健身锻炼活动中，要不断克服气候条件的变化，动作的难度或意外的障碍等客观困难及胆怯和畏惧心理，疲劳或运动损伤等主观困难，这就需要足够坚定的意志力量。只有不断地克服这些困难，才能逐步养成身体锻炼的习惯。对于青少年来说，健身锻炼是对其进行意志品质教育的一种重要而有效的手段。

（三）体育运动与兴趣

人们对体育运动的兴趣是参加体育运动动机产生的重要主观原因，是对身体锻炼所形成的一种个性意识倾向。活动兴趣的产生，既与人们对体育活动目的的认识直接相关，也与活动所具有的外部特征有联系。对于青少年和儿童来说，活动本身的趣味性是引起兴趣的直接因素，而兴趣又是他们保持健身锻炼热情的促进因素；老年人对体育运动活动的兴趣，则更多地建立在对活动目的的本质认识上。国内外的心理调查表明，大中小学生对趣味性、娱乐性、竞争性和对抗性较强的体育活动具有较高的倾向性。培养兴趣的因素同样适用于成年人、老年人的健身锻炼，对他们的兴趣培养也不能忽视。兴趣是形成习惯的一个主要的内在因素，而良好生活方式的确立需要靠习惯来维持。要实现终身体育锻炼，就必须从小养成习惯，良好的体育运动习惯可以使人终身受益。体育运动的习惯可以形成稳固的条件反射，促使机体的内分泌腺准时地参与活动，使人产生参加体育运动的生理要求。

二、体育运动对人格的影响

（一）体育运动对人生观和价值观的影响

人生观和价值观是人看待、了解自然社会和社会现象的基本观点，是个体行为调节与控制的参照系。

通过各种体育活动或是在体育比赛过程中，运动员要辩证思考、公正观察，遵从事物的客观规律对问题进行分析，运用自己的智慧、技巧找出解决问题的方法，凭借自己的实力和人格理念、体育精神战胜活动中遇到的困难，取得最好的成绩。因此，体育运动在引导树立科学的世界观、人生观、价值观，激发他们的学习兴趣，正确树立人生目标，端正人生的航向，去追求不同的目标方面具有重要作用。

（二）体育运动对个性发展的影响

运动员在不同类型的体育活动中，必须学会尊重别人、尊重自己，建立正确的道德观，养成良好的个人行为和道德风尚。

体育活动在培养人的自尊、自爱、自强不息、积极参与的过程中，要遵循青少年身心发展的客观规律，从主体出发，充分发挥个人的体育特长，重视的主动参与，挖掘个体潜能，发展个性品质，强调民主合作，从而促进个性的最优发展。

（三）体育活动对意志力培养的影响

体育活动具有育人的作用，它通过培养人们情感、意志、毅力、信念来实现这一目标。在体育活动中，通过正确、规范、优美的技术动作，激发人们的学习兴趣和活动的欲望，增加他们对活动的决心，培养他们吃苦耐劳、不怕困难、不怕失败的意志品质和顽强的毅力。这就要求运动者身体力行，全身心投入到锻炼中去。在疲劳时要咬紧牙关，坚持到底；在遇到困难时坚忍不拔，持之以恒；在失败时不气馁，顽强拼搏；在胜利时不骄傲自满，冷静对待，从而获得健全的道德力量。

（四）体育运动对凝聚力的培养与对正确行为习惯养成的影响

体育运动是在严格的规则约束下进行的健康文明活动，人们由于共同的价值取向和群体意识，为了集体利益、集体荣誉而紧密团结凝聚在一起，如足球、篮球等项目活动。体育运动具有严格的规则与行为规范，人们在体育运动过程中要遵守规则、遵守纪律、辨别是非、尊重事实；支持对的、好的，批评和摒弃错的、坏的。通过体育活动约束人们的思想和行为，加强人们组织性教育。如在体育游戏中，人们必须按照约定的规则进行活动，这样就使人们养成自觉地遵守社会制度的习惯，从而培养人们爱憎分明的人格精神。

三、体育运动对社会适应能力的影响

（一）体育活动有利于增进交流

在人们日常生活中，体育交流是一种重要的交往手段，也是人们参与社会的一种最简单有效的活动方式。在体育活动中，人们不仅可以锻炼身体，而且可以发展人际关系。由于体育参与比较简单易行，又具有经常性，因此参与体育运动常被视作一种衡量社会参与程度的标志。

首先，在体育运动的参与过程中，所有人通过体育竞技的公平手段来获胜，他们在体育运动中处于相对平等的地位。体育文化的本质是不论是在游戏还是在竞赛中，人们都需要尊重自己和他人，在社会关系中诚实待人。在这样一种条件下，所有人可以敞开心扉，真诚地进行沟通与交流。

其次，体育运动向人们灌输着乐观主义的精神，鼓励人们要有拼搏精神，要有责任感，要有一种渴望提高和成功获胜的愿望；通过体育活动的参与，用自己的努力感染别人，赢得别人的尊重，同时也改变自身的精神状态。

最后，体育运动都有着严格的规则与比赛制度，体育运动的这种特质贯穿于运动训练与比赛活动中，成为每个参与者所信守的原则。它完善了人们的言行和人格，改善了家庭成员的关系，使家庭更加融洽，形成了相互尊重和友好相处的人际关系。

（二）体育活动有助于人际关系的提高

重视采用体育运动方式，培养和增强人际交往能力。一个人的生活品质的好坏，沟通能力以及与他人关系的状况是最主要的影响因素。一个人事业的成功、生活的丰富离不开与别人稳定情感关系的建立和维持。影响人际关系改善的主要因素有沟通能力、对身体语言的理解和使用能力、自我意识水平和移情能力等。其中，体育运动对影响人际关系改善的主要因素具有直接作用。

首先，在体育运动与体育教学中，老师的讲解、示范以及参与者的不断练习实践着每一个技术动作。因此，经常参与体育运动，时时存在对动作技术纠正的沟通，处处存在相互练习中自我完善的沟通，同时还存在相互配合的默契沟通。这种沟通不仅具有直观性、及时性和准确性，而且也是主动性沟通、注意力集中性沟通和信息交流充分性沟通的典型体现，对提高人的沟通能力，形成良好的人际关系，均会产生积极的影响。

其次，现代社会，人与人之间的关系往往表现得非常含蓄，甚至表现为虚伪，自我意识水平在制约人际关系中的作用是具有针对性的。在集体类体育活动中，老师或教练的评价是阶段性的，观众的评说又带有滞后性，只有每个队员随时随地进行自我意识的体会，改进动作技术，调整比赛战术，与同伴协作和配合，完成训练任务，通过体育运动所形成的自我意识行为运用到社会交往中，可以了解自己的真实一面和别人对自己言行的真实情况的反映，提高自身的社交技能。因此，体育运动有助于自我意识水平的改善和提高，增强社交能力。

最后，体育运动有助于运动者增强对身体语言的理解与使用能力。身体语言是人际沟通的有效方式之一，是社交过程中必须具备的能力。体育对提高人的身体语言表达能力是无法比拟的。即使是普通的体育运动，也有助于参与者协调性和柔韧性的提高，使参与者在练习中寻找美的身姿，体会到动作外观与内涵的统一。所以，体育运动可以发展自己的身体语言，使之在社会人际交往中发挥重要作用。

（三）体育运动有助于社会需要个性的养成

体育的重要功能之一是培养运动员社会需要的个性，并胜任相应的社会角色。个性是指个人在其生理和心理素质的基础上，在一定社会环境条件下，通过实践锻炼和陶冶，逐步形成的观念、态度、习惯和行为。它是一个人比较稳定的心理、生理素质和社会行为特征的总和，是一个人能否适应社会或能否被社会接受的关键因素。体育活动对人的个性的形成具有重要的影响作用。

首先，体育活动调整人的个性形成。体育运动需要体力、智力、行为与情感的参与，同时还要求人们有较高的体能与技能。因此，人们在每次体育运动中，都会接近和突破自己的极限。正是由于这一过程，又使得每一名运动者在锻炼过程中有许多机会发现自己个性中的优秀部分，找到自己的不足，从而决定采用何种方式发展自己的个性。

其次，体育运动约束人的个性形成。每一名参加体育运动尤其是集体项目的运动者，都不同程度地接受团队活动的约束、限制、激励和督促，使每一名运动者适应群体的需要，这其中包括技术、技能、精神。在团队活动中，优异者将得到赞扬和激励；反之，则会受到贬斥和忽视。

再次，体育运动有助于增强人们的情感体验。体育运动丰富着人们的情感要素，激励着参与者以高度的责任感达到与同伴合作的目的；以执着的追求感，竭尽体力、技术与全部能力，去实现自己奋斗的目标；以约定俗成的道德规范着人们的行为；以复杂而快速的转移感，让人们领略成功的欢欣和失败的痛苦。体育运动给人们带来了复杂多样的情感体验，顺应了现代人对情感的多方面的需求。

最后，体育运动还有助于人们积极向上个性的形成。运动者在自我意识的调整下，所表现出的主动、积极、自觉的锻炼需求是体育活动对参与者个性形成所起的作用。这必须依靠日复一日、年复一年重复的努力与持久的练习，在艰苦磨炼中，提高自己运动的技能水平与战术水平。这种拼搏、顽强、进取的精神，对个性的形成与发展具有重要的意义。

（四）体育活动有助于协作意识的形成

协作就是凝聚集体的力量，协同配合、齐心协力。协作意识是体育意识的基本内容之一，是体育比赛的精髓所在。协作意识的形成必须通过参与练习、比赛等活动，不断地磨炼，才能在潜移默化中逐步培养与增强，并使之"生活化"，进而融入学习和工作中，逐渐改善运动者的社会适应性。

一些体育运动具有集体性的特点，这为培养运动者的群体精神和协作意识提供了有利条件，而它的形成和保持取决于每一个成员是否具有强烈的协作意识和群体精神。现代社会协作日益紧密，因此协作意识的高低、协作能力的强弱是影响个体事业能否成功的重要因素。接力项目都是在同伴的配合下进行的，只靠个人技术、个人的拼搏是不够的，必须遵循有序性、有机关联性等规律，通过全体队员之间的默契合作、齐心协力，并运用周密娴熟的竞技战术，才能使这个集体协作运转良好，获得整体效益，达到比赛所期望的目标。

（五）体育活动有助于竞争意识与竞争手段的提高

现代社会竞争日趋激烈，人们为了求生存、求发展，必须培养自己的竞争意识，具备应有的竞争手段。而体育运动正是可以培养人们适应社会需要的竞争意识和竞争手段的一种活动。

首先，在体育比赛中，所有运动员都要经过严格的训练，不断提高自己的身体技能、心理素质和战术意识，并具备把握机遇的能力，才能取得比赛的胜利，没有任何人可以不劳而获。因此，每一名运动员优胜的结果都来自强大的实力与刻苦训练，这也说明艰苦的努力是获得比赛胜利的唯一的正确途径。

其次，任何体育竞争都讲规则，无论是比赛还是游戏，都是在严格的规则和比赛制度的约束下进行的，它不承认除个人身体、心理以外的任何不平等性。从这个意义上讲，体育竞赛教育每一名运动员必须养成公平竞争的意识，并以公平的竞争方式应对人生中一次又一次的竞争。

最后，体育竞赛有助于增强个体对挫折的承受能力。挫折即个体的行为遇到障碍或干扰，致使自己的动机和目的无法实现时所产生的情绪。在体育运动中，小到游戏，大到奥运会，体育竞赛具有一定的残酷性，它们无不以强健体魄、增进心理健康和追逐胜利为目标。只有经过无数次的失败，才有可能取得最后的成功。这是体育竞争内在的规律性，即成功和胜利只是相对的、暂时的，而挫折和失败是普遍的、经常的。因此，积极参与体育运动，可以提高自身应对失败和挫折的能力。

（六）体育活动有助于增强人们胜任社会角色的能力

社会结构是由各负其责的多种特定权利、义务和行为规范的人员组成，每一个社会角色都具有相关的行为期望与规范。体育运动能为人们学习社会角色提供优越的环境和适宜的条件，以及提供尝试社会角色的机会。

不同的个体因在体育活动的社会关系中具有不同的地位，而形成了各自不同的角色。每个角色都有竞争获胜、因获胜而受嘉奖以及按照规则进行技术动作行为的权利，也有遵守体育规范、道德规范和技术规范的义务。群体内的每一种角色或每一个位置，又都是相互关联的。实现群体目标的前提是每个成员的能力被群体其他成员所接受，同时也对每个角色能力的提高进行检验和督促，使每个成员能够在群体的关系中获得信赖，并决定每个角色所处的地位。通过体育角色的学习，可以使练习者懂得"社会角色是与人们的某种社会地位、身份相一致的一整套权利、义务的规范与行为模式"；也可使练习者体会到通过个人努力可以成功扮演各种社会角色，从而认识到人的主观努力是改变其社会地位的重要途径。

总而言之，一个人不断社会化的过程就是社会适应的过程。从生物意义上讲，人作为具有社会属性的人，在与他人的交往和互动中逐渐形成自我概念，必须适应社会的变化，不断协调人际关系；面对各种冲突，要学会妥协和顺应、合作与竞争；要学习和体验社会角色，学会承受各种挫折；学习各种规则和价值观。这种学习和不断调适的过程就是个体适应社会，不断提高社会适应能力的过程。

体育活动本身所具有的竞争与协同、胜利与失败、求胜欲望与规则限制、强烈的情绪体验与复杂的互动关系等特殊性及各种矛盾特征，使得体育活动在促进个体社会化、提高社会适应能力等方面具有不可替代的特殊功能和作用。

第三节 体育运动的教育与竞略基础

一、体育运动训练的教育基础

"教育"一词源于拉丁文 educate，其本义为"引出"或"导出"，意思是通过一定的手段，把某种本来潜在于身体和心灵内部的东西引发出来。教育从广义上说，泛指以影响人的身心发展为直接目的的社会实践活动。因此，运动训练也是一个教育过程。教育思想具有自觉、理性、宏观、抽象和系统性等特征。教育观念具有自发、感性、微观、具体和概况性的特征。毋庸置疑，我们必须始终以正确的教育思想作为指导运动训练的理论基础。

（一）全面教育与创新教育

1. 全面性的教育思想

全面性的教育思想主要是根据竞技运动是人类一项社会活动的性质而提出的。当然，竞技运动所具有的身体的运动性、对抗的激烈性、运动的极限性、技艺的难美性、竞争的博弈性等基本特征，也要求教练员和运动员必须具有全面性思维。由于从事竞技运动活动的主体主要是教练员和运动员，因此针对教练员和运动员的全面性素质教育十分重要。当前，许多优秀运动员和运动队在比赛中所表现出来的素质水平值得称赞，但是某些项目或部分运动队（员）在平时训练和比赛中暴露出来的过低的文化基础、过窄的职业教育和过强的功利主义现象等，应当说是触目惊心，某些现象甚至已经越过道德底线，触及法律红线，给专项运动发展带来严重的负面影响。显然，积极强化全面性素质教育意义重大。

所谓素质，是先天遗传和后天养成的人的综合的、内在的、整体的身心品质，它是人的发展要素的总和，也是人的发展基础和基本条件。从广义上讲，人的素质实质上主要包括政治素质、思想素质、道德素质、法律素质、科技素质、创新素质、人文素质、心理素质、身体素质等。其中，政治素质、思想素质决定着人的发展方向；道德素质、法律素质制约着人的行为规范；科技素质、创新素质引导着人的发展速度；人文素质、心理素质、身体素质规定着人的基本属性。相对而言，教练员和运动员的思想素质、道德素质、人文素质、心理素质的教育，是素质教育的核心内容。素质教育就是要求在运动训练实践中，促进教练员和运动员形成良好的素质条件，从而为科学从事竞技运动训练奠定基础。

运动员是教育对象的主体，因此素质教育的重点应该是对运动员的全面素质教育，应以提高高尚的人格精神为核心，以身心健康为前提，以人文教育和科学教育为两翼，注重对运动员创新意识和创新能力的培养。其中，高尚的人格精神主要是指人类社会倡导的人格品质、人格特征、生活作风、行为准则；健康的身心状况主要是指竞技运动和运动训练所必需的身体素质和心理状态；系统的人文教育和科学教育主要是指能够掌握与竞技运动或与未来职业有关的科学文化知识；创新意识和创新能力的培养则是指通过不断攀登竞技运动的高峰而获得的意识与能力。显然，对运动员进行全面素质教育的目的，是形成符合社会需要的素质结构，培养人格完善、全面发展、适应社会不断发展的专门人才。

（1）我们必须高度重视运动员的思想素质和道德素质教育。

良好的思想素质和道德素质教育，可以帮助运动员树立正确的人生观、价值观，防止和抵制各种腐朽思想的侵袭，可以建立和谐的社会人际关系和养成良好的伦理道德品质。

（2）我们必须高度重视运动员的人文素质和心理素质教育。

适宜的人文素质和心理素质教育，可以帮助运动员形成优良的人文精神和素养，获得各种干扰因素的处理能力，保持稳定成熟的健康心理，形成良好的个性心理品质。

（3）我们必须高度关注运动员的文化素质和科技素质教育。

系统的文化素质和科技素质教育可以帮助运动员掌握丰富的文化知识，建立和形成正确的思维方式和方法，提高发现问题和解决问题的各种能力，认识和掌握训练的各种科学方法工具。

2. 创造性的教育思想

创造性的教育思想主要是根据竞技运动是人类的一项竞争活动的方式而提出的。当然，运动训练所具有的运动训练任务和内容的专门性、运动训练方法和手段的多样性、运动训练结构和过程的系统性、运动训练适应与过程的长期性、有机体承担运动负荷的极限性、运动训练实施与监评的定量性、运动训练器材与仪器的科学性、运动训练环境与氛围的适宜性等八种特点，也要求教练员和运动员必须具有创造性思维，从而实现竞技运动的跨越式发展。实践证明，竞技运动各种优异运动成绩的取得和各项世界运动纪录的不断更新，实质上就是运动训练不断创新的结果；任何一位优秀运动员的成长经历和一支优秀运动队的发展历程，实际上就是竞技运动的运动训练过程不断创新的历程。

创新是竞技运动发展的灵魂。竞技运动优势项目的保持、基础项目的发展、落后项目的奋进，无不需要以创新精神作为支柱，无不需要以创新能力作为基础。因此，在竞技运动的训练过程中，教练员和运动员的创新意识、创新精神和创新能力至关重要。竞技运动和运动训练的创新内容主要体现在思维创新、理论创新、方法创新、技术创新和能力创新五个方面。其中，思维创新是指以新颖独创的不按常规思维的，甚至超常规或反常规的视角思考问题，提出与众不同的解决方案，从而产生新颖的有社会意义的思维成果；理论创新是对原有理论体系或框架的新突破，对原有理论和方法的新发展，对理论禁区和未知领域的新探索。只有思维创新和理论创新，才能做到方法、技术和能力方面的创新。

随着现代科学理论和科学技术的不断引入，竞技运动训练和竞赛理论、技术、方法、手段、工具、材料等有关方面，正在发生着日新月异的变化。其中，竞技运动的科学训练理论和技术正处于既高度分化又高度综合的阶段。因此，教练员、运动员不仅需要注重学习和掌握各种相关的专业知识和专业技能，更重要的是要善于不断开展技术创新、方法创新和理论创新的实践活动。其中，认识和掌握运动训练的相关科学理论知识，诸如运动训练的生理基础、工程基础等，有效掌握和应用运动训练的相关科学应用技术，诸如运动训练的数理统计、影像分析等都是非常重要的。可见，创新思维的形成和培养，是一个需要不断激励创新精神、强化创新意识、培育创新素质和提高创新本领的系统工程。

（1）我们必须高度重视运动员文化学习和技能学习的教育。

良好的文化学习和技能学习的教育，不仅可以帮助运动员夯实良好的文化和技术基础，掌握系统的理论知识，还有助于形成和建立良好的运动技能和专项技能，再现训练精华、成功经验的景况。

（2）我们必须高度注意运动员创新意识和创新精神的教育。

科学的创新意识和创新精神的教育，可以帮助运动员建立完整的理论体系，能动性地激活运动员的悟性和灵感，形成超前意识的创造思维，获得独立自主训练的能力。

（3）我们必须高度关注运动员创新能力和实践能力的教育。

有效的创新能力和实践能力教育，可以帮助运动员提高专项分析和应用能力，科学地掌握专项创新途径和方法，形成和建立创新思维的知识链条，获得训练创新和比赛创新的体验。

（二）民主教育与纪律教育

1. 民主性的教育思想

民主性的教育思想主要是根据竞技运动是人类一项教育手段的功能而提出的。当然，运动训练过程需要贯彻自觉性、积极性、针对性、互动性等训练原则，同样要求教练员和运动员必须具有民主性的施教和受教思想。长期以来，由于某些运动项目的专项特点和竞技运动的功利主义作祟，我们司空见惯的权威式训练，已经养成教练员处于运动训练中的绝对权威和绝对主导地位，运动员一直处于受迫式的教育对象状态，被动接受训练，甚至处于受某些体罚性训练的从属地位。从某种意义上讲，这种简单的、逼迫式的方式，对于基础训练阶段和专项初级阶段运动员的运动成绩提高，可能具有某种作用，但这种"独裁"的训练理念和粗暴方式，非常容易造成严重损害运动员身心健康的恶果。

提倡民主性的教育思想是由教练员和运动员之间"训"与"练"的关系所定的。运动训练过程中，教练员起主导作用，运动员起主体作用。教练员的主导作用主要表现为"施教"和"施控"。"施教"的意思是向运动员传授运动知识和技术，指导运动员进行独立的训练，全面关心运动员的人格发展；"施控"的意思是通过各种质量监控手段，确保运动员达到训练目标的监控过程。运动员的主体作用是指进行能动、积极、主动、自觉和创造性的训练，直至创造优异运动成绩。显然，"训"与"练"是一种相互依存的关系，这种关系具有积极和消极的双重性。积极的双边关系应当表现为教练员的主导作用有利于促进运动员独立性、创造性的健康发展，运动员也能够积极地发挥主观能动性。

提出民主性的教育思想是人类文明社会持续科学发展的需要。众所周知，今天的人类文明社会是人类社会不断进步的结果，是人类发展历史的必然结果。文明社会的重要标志就是社会的民主特征，民主社会的创建就是创造"公平世界"的社会秩序。竞技运动之所以能够广泛受到世人所爱，不仅源于竞技运动鲜活的竞争场面，更重要的是竞技运动所倡导的公平、公正、公开的思想，承载着我们创造公平世界的理想。因此，尽管教练员和运动员身份不同，但是两者的人格是平等的。显而易见，民主性的教育思想在于提示我们，竞技运动是一项独特的民有、民治、民享的教育领域。我们应该共同爱护这一教育资源，共同维护这一教育环境，共同享受这一教育过程，共同发挥这一教育作用。

倡导民主性的教育思想是促进个性发展、提供创新环境的需要。个性是创造性的前提，创造性是个性的体现。竞技运动的各种表现，本质上讲就是鼓励运动员在规则范围之内，循规蹈矩地张扬个性和表现创造。可见，民主教育思想与竞技运动表现之间具有重要的密切关联。民主性的教育思想是充满爱心、人性、人情和人道的教育思想，是尊重个性、尊重差异、尊重创造的教育思想，是尊重自由、尊重内心、尊重思想、尊重感情的教育思想，是尊重平等、尊重法治、尊重人格和人权的教育思想。显然，如何通过不断深入挖掘身心潜力的运动训练过程，实施民主性教育思想下的教育方式、方法和手段，是一项严肃复杂的现实课题。因此，我们必须积极探索贯彻民主性教育思想的路径。

2. 纪律性的教育思想

纪律性的教育思想主要是根据竞技运动是人类的一项法制教育的工具而提出的。竞技运动说到底是一种零和思维下的身体活动游戏，是具有规则性、竞争性、挑战性的各种身体竞技活动项目的统称。竞技运动的竞赛规则就是竞技行为的规范文本，因此纪律性的教育思想就是倡导必须严格遵循规则的教育思想。竞争是人类天性使然，竞争是社会进步的动力。竞技运动赋予人类文明的重要贡献是提供惊心动魄的竞争形式、身心健康的发展手段与和平对抗的竞争规则。竞技运动的竞赛规则提供了竞技对抗的竞争法则，竞技运动的规则客观上规范了竞技者的行为方式，约束了参与者的不轨行为。因此，通过竞技运动的训练过程能够提高遵纪守法的意识。

竞技运动竞赛规则的制定具有鲜明的价值取向。实际上，这种价值取向的终极目标是服务于构建一个人类和谐、相互尊重、团结友爱的社会，即营造一个公平、公正和光明的文明世界。这一价值理念始终作为现代竞技运动竞赛规则制定和修改的法理依据。尽管所有运动项目的竞赛规则都由毫无生气的若干条款组成框架，文字的陈述和语义都是单调的明确表述。但是，竞赛规则要求一切都必须公平、公正的正义理念是不容置疑、不容挑战的。现代竞技运动的发展过程，就是竞赛规则的不断演变过程；竞赛规则的不断演变，就是为了适应日益发展的竞技运动的需求，更是为了彰显竞技运动竞赛规则的价值理念。所以，科学制定规则是促进竞技运动发展，乃至社会一切活动领域发展的前提条件。

竞技运动竞赛规则的制定具有严格的规范与要求。竞赛规则的普适性，要求比赛行为具有统一标准和正义尺度，以便做到"规则面前人人平等"；竞赛规则的针对性，要求竞技规则不断适应日益变化的竞技运动发展需要；竞赛规则的公平性，要求竞赛规则必须满足竞赛条款的严谨、执法裁判的公正和参赛各方的合法；竞赛规则的规范性，要求防范自定规则、商定规则引发的不公结果，提供公平竞争的正义条款和法理依据；竞赛规则的操作性，要求竞赛规则的各个条款语义清晰、内涵准确、标准统一、便于操作。总的来说，竞赛规则的普适性、针对性、公平性、规范性和操作性是制定严谨规则的主要依据，而严谨地制定竞赛规则是严格执行规则、严肃规范行为的重要依据。

规则的正义制定是促进人类社会文明行为的前提，规则的公正执行是维持人类社会秩序的基石，规则的科学修改是适应人类社会发展的需要。因此，遵纪守法地按照竞技运动竞赛规则活动，就是维护社会文明、社会秩序和社会发展的行为。竞技运动规则的严格执行，往往渗透在运动训练的组织纪律、运动竞赛的战术纪律和日常生活的作息制度等方面。显然，纪律性的教育思想应该成为运动训练和竞赛的各种行为准则，纪律性的教育思想应该成为深刻挖掘竞技能力潜力和创造优异运动成绩的思想基础。因此，我们必须大力倡导训练和竞赛中严肃纪律的思想，坚决维护和执行符合正义的各种规则制度，通过竞技运动所倡导的"公平、公正、公开"活动理念，积极创造公平世界的"理想王国"。

（三）职业教育与终身教育

1. 职业性的教育思想

职业性的教育思想主要是根据竞技运动是人类一项身体行为的职业而提出的。竞技运动通常分为学校体育竞技运动、社会体育竞技运动和竞技体育竞技运动三个层次。显然，这里所说的身体行为的职业指的是竞技体育领域内高水平的竞技运动，又称职业性竞技运动。这类运动已经发展成为具有欣赏价值、商品价值和经济价值的竞技项目，如美国 NBA 职业篮球运动等。目前，职业性竞技运动项目已经成为一种运动员终生的职业，国际上已有不少单项运动的联合会下属专门的组织机构从事职业竞技运动管理，如世界拳击协会（The World Boxing Association，简称 WBA）等。显然，职业性教育对于竞技运动的职业运动员来说是一份十分重要的工作，也是我国竞技运动项目走向职业化道路的关键一环。

职业性的教育思想对于职业运动员来讲意义重大。职业性的竞技运动本身不像其他行业那样与人类物质生活密切相关。职业性的竞技运动不仅属于一种艺术形态，而且属于一种零和思维下的游戏形态。对于竞技双方而言，竞技的任何一方都有非赢即输的可能，这是零和游戏的规则规定；对于观赛观众而言，参赛双方的竞技表现则有双赢或共输的可能，这是艺术市场的规则规定。消极的竞技比赛纵然可以分出胜败结果，但是这样的比赛缺乏欣赏性，从而失去商品性和价值性，进而导致竞技项目逐渐失去市场，职业选手最终失去了职业。因此，职业性竞技运动不仅具有零和游戏特征，而且具有市场游戏特点。因此，职业性教育思想的贯彻对于职业竞技运动的发展何等重要。

职业性的教育思想具有丰富的内容或内涵。一般来说，职业性与专业性紧密相关，专业性是职业性的基础，职业性是专业性的纵深。其中，竞技运动的专业性特点，不仅表现在竞技运动活动方面，具有卓越的体能、高超的技能和聪慧的心智要素，而且表现在竞技运动理论方面，具有相关的知识、系统的理论和多样的应用能力；竞技运动的职业性特点，不仅表现在竞赛过程拼搏向上的意志品质、流畅多变的攻防变化和高难动作的技艺表演等方面，而且还表现在赛场上下公众场合的言谈举止、参赛服饰的艺术搭配和观众态度的互动效果等方面。职业竞技运动奉献的产品既是人类运动的文明记录，也是人类艺术的文明形态，更是人类传承的文明精神。因此，我们必须高度重视竞技运动的职业教育思想。

职业性的教育思想的贯彻不能仅仅依靠教练员本人的主导作用。西方职业竞技运动的成功经验证明：职业教育思想始终纳入职业竞技运动的规划与实践范畴之内。一个优秀的职业运动员都有一支职业教练团队作为支撑。一支优秀的团队运动项目都有体能、技能和心理教练，同时还有生理监控师、技术摄像师、战术分析师、心理咨询师和装备服务师，主教练或总教练只是这支团队的 CEO 而已。高水平的职业队通常每周一次集中学习理论，除了专业理论之外，学习内容可谓包罗万象，甚至还涉及赛事举办地区的王室礼仪、首脑会见、媒体沟通等方面。如有可能，还要学习广告形象设计。总之，凡是涉及竞技运动职业领域的一切，都应纳入竞技运动职业教育思想的内容体系。

2. 终身性的教育思想

终身性的教育思想主要是根据竞技运动是人类一项造福终身的活动而提出的。竞技运动并不全是学校体育、社会体育、竞技体育三者共有的唯一发展手段，但是确实是需要共同依靠的发展工具。三种体育范畴内的同一竞技运动项目如有不同，那也就是竞技运动发展所依赖的平台、水平和目的不同而已。我国学校体育的竞技运动是以促进学生身体发育、掌握运动基本技能、活跃校园体育氛围等为首任；我国社会体育的竞技运动是以促进人际交往、增强机能体质、活跃社会文化生活等为目标；我国竞技体育的竞技运动则以不断深入挖掘自身生理和心理的潜力，并在高水平竞赛中创造优异成绩为目的。可见，竞技运动具有显著的层次性特征，因此也就客观地决定了终身体育教育思想的土壤。

终身性的教育思想与人的终身运动理念有关。现代人类的运动形态尽管花样繁多，但是实际上是由日常性、行业性、健身性、表达性和竞技性五种活动类型组成。其中，鉴于运动素质的时空维度、运动技术的技艺难度、运动战术的娴熟程度、运动心理的表现强度等因素的比较，毋庸置疑，竞技运动应该属于人类活动复杂程度的最高层次。由此可见，学习和掌握竞技运动某一项目的运动技能，对于提高终身运动的质量和终生生活的质量有百益而无一害。终身性的教育思想还在于提高科学从事竞技运动的保护意识。由于从事竞技运动需要不断挖掘自身的身心潜力和承担相对较大的负荷强度，这就难免造成机体器官或功能部分损伤。因此，终身教育思想有助于强化机体防护意识。

终身性的教育思想对于从事竞技运动的践行者还有一层重要意义。竞技运动毕竟属于年轻人的主要身体运动，从事职业性竞技运动的运动员，到达一定年龄之后都要面临职业转型问题。因此，优秀职业运动员在役期间无不重视未来职业的选择和学习。至于从事非职业性竞技运动或处于非职业化竞技运动阶段的运动者来说，更是十分注重培养某一领域的文化学习和技能。例如，入选日本男足国奥队的选手，几乎都由日本某些大学的学生组成，专业的高等教育过程、适宜的校园集体生活和有效的足球全面训练，促使日本男足的运动训练与高等教育融为一体，同时吸引了大批高校的科研人员参与日本足球的发展。显然，高等教育与高级训练的高度结合为终身教育思想的落实奠定了坚实的基础。

终身性的教育思想是联合国教科文组织自成立以来多次倡导的重要教育理念，许多国家为此构建了终身教育体制。伴随着我国竞技运动的发展，我国各级体育部门出台了多种强制性的培训计划。例如，我国教练员的晋升必须具有任职期间的岗位培训证书，以此作为职称申报的资格条件；甚至承担我国竞技运动后备人才培养的业余体校教练或传统体育学校的体育教师，也必须接受四年一次的轮训。许多欧美体育强国更是构建了自己独特的终身教育制度，如美国许多教练员都具有本科以上学历和教练员资质双重身份。除此之外，教练员职业的细化使得终身教育领域不断扩大，如"运动师""体能教练""心理咨询师"等资质的设置和等级考试制度，就是服务于终身教育体制下的新型职业岗位。

（四）培养目标与教育模式

1. 科学确定培养目标

一般认为，教育目的是国家对于人才培养预期达到的行为结果；教育目标是指预期达到的教育结果具有量化特征的指标体系；培养目标则是某类教育领域的具体标准。显然，它们各有其义。其中，教育目的与培养目标是抽象与具体的关系。教育目的是对所有接受教育者提出的较为概括和抽象的要求；培养目标是围绕教育目的和针对特定对象所做出的具体、明确的规定；教育目标则是培养目标各个方面变化的定量化指标的集合。培养目标与管理目标不同，管理目标是指"管理组织系统在一定时期内预期达到的目的和收到的成果"，它关心的是人、财、物、职、权、责的运行机制和有效程度，管理目标的制定要依据培养目标，并为促成培养目标的全面实现起着服务保证作用。

运动训练是教育的一种特殊形式。尽管运动训练本身具有特殊专门的规律，但是它的过程仍然具有教育的基本规律特征。由此可见，竞技运动的运动训练过程，必须遵循教育过程的一般规律。根据对教育的上述几个概念演绎，我们不难看出竞技运动的训练目的、训练目标、培养目标、管理目标是有根本区别的。一般认为，我国竞技运动的训练目的十分明确。但是，竞技运动的培养目标确有分类分层的特点，如学校体育与竞技体育的竞技运动培养目标并不相同；即便是竞技体育的竞技运动，不同训练阶段的培养目标也是不同的；自然，各个阶段训练目标和培养模式更是不同的。由此可见，优秀选手的培养通过不同训练阶段训练任务的不断完成和培养目标的逐步落实而实现。

科学地确定培养目标的意义十分重大。运动员培养目标的确定不仅使训练目的具体化，重要的是不同训练阶段的训练大纲、训练目标、训练结构和训练内容的制定有了明确依据。换言之，整个训练过程不同阶段训练大纲的制定、训练内容的选择、训练课程的设计、训练目标的确定都必须围绕不同阶段的培养目标深入展开。同样，运动员培养目标的确定，也是各个不同类型组织机构布署训练工作的前提条件、开展服务工作的重要依据、检查服务质量的主要尺度。运动员培养目标的科学确定还为教练员监控训练过程提供了科学依据。实际上，运动员培养目标也是训练质量监控的终极指标，这种终极指标决定了质量监控的过程指标体系。显然，科学转化和分解培养目标有助于提高训练质量监控的效果。

2. 科学设计培养模式

教育思想是教育的方向，人才培养是教育的核心，教育结构是教育的基础，教育体制是教育的条件和保障，由此构成教育模式。运动员培养模式是根据特定的训练思想、训练方针、训练理论、训练目的和训练任务，为实现培养目标而采取的具有系统性和规范性的制度、机制和措施的总和。培养模式的内容包括培养目标、基本规格、培养过程和评价体系等要素。其中，培养目标是根本，它是依据不同类型、不同层次项目的实际，确定相应的任务和要求；基本规格是主体，它明确规定培养对象应具有的知识、能力、素质和运动成绩；培养过程是关键，它由过程规划、过程实施和过程监控组成；评价体系是保障，它决定了实施过程和结果的检查质量，从而保证培养目标的实现。

运动训练的培养模式贯穿于整个训练过程。专项大纲模式、训练计划模式、训练内容结构、教学组织形式、训练方法手段、训练培养途径等要素，组成了相互联系、互相影响的系统。其中，专项大纲模式主要有专门大纲模式和全面大纲模式，专门大纲模式强调专项的针对性，全面大纲模式强调专项的全面性。通常情况下，前者用于专项提高阶段和成绩保持阶段，后者用于基础训练阶段和专项初级阶段。训练计划模式主要有刚性计划模式和弹性计划模式，而刚性计划模式主要强调标准统一的整体训练，弹性计划模式主要强调因人而异的个体训练。通常情况下，刚性计划模式用于基础训练阶段、专项初级阶段和集体项目训练；弹性计划模式主要用于专项提高阶段、成绩保持阶段和个人攻坚项目的训练。

运动训练的培养模式不容忽视的重要构成部分是训练内容体系。运动训练内容体系由机能训练、素质训练、技术训练、战术训练、心理训练和智力训练等主要内容组成。这些内容本身不仅具有各自的系统特点，而且是竞技能力的具体要素。训练内容体系主要考虑的是各项训练内容、竞技能力与训练过程的时空搭配。科学的时空搭配决定了运动训练的进程。毋庸置疑，运动训练内容体系的构建历来就是运动训练规划的难点和重点。非训练培养途径是指训练课以外的各种学习、实践活动，也称"隐性训练"，是智力训练的重要途径。因此，我们应该加强引导，使之成为培养过程的有机组成部分。另外，培养模式应该包含管理，管理工作是培养过程科学、合理、有效、经济的重要保障。

二、体育运动训练的竞略基础

竞略是竞技运动的战略、战役和战术的统称。由于竞技运动的活动形态与军事活动具有强烈的相似性，因此本节主要从军事理论的角度，讨论竞技运动的战略、战役和战术的理论基础，旨在为运动训练提供相应的理论依据。其中，竞技战略与战略规划是竞技运动科学筹划的理论基础；竞技战役与战役指挥是运动竞赛科学谋划的行动指南；竞技战术与临场指挥是参赛指挥的智慧表现。这三者既是竞技运动谋略的科学依据，又是运动训练的竞略基础。

（一）竞技战略与战略规划

1. 竞技战略理论基础

战略的初意是指战争全局的计划和策略指导，战略的引申含义是指决定全局的总体策略。通常情况下，对竞技运动总体形势的评估分析；竞技运动的政治、经济、社会、科学等因素的国际形势分析；奥林匹克运动项目增减趋势的分析；竞技运动发展战略的方针、任务、方向、目标的确定；发展战略阶段划分及其任务、指标、措施的确定；运动项目发展的区域划分和后备人才建设的研究；项目总体发展对策与措施研究；运动项目训练基地布局与设置的研究；竞技运动人才培养和科技支撑的计划研究；竞技运动战略资源的储备与利用研究；竞技运动理论建设和技术的研发研究；竞技训练工程体系的研究、竞技运动战略指挥系统的组建和完善研究等，都是现代竞技运动战略研究的主要问题。

竞技运动战略主要是由战略目的、战略方针、战略力量和战略措施等基本要素共同构成的。其中，战略目的是战略规划和战略行动所要达到的结果，往往包含战略目标。战略目标是体现战略目的的具体指标，是制定和实施战略的主要依据；而战略目的的确定必须考虑战略形势和国家利益。战略方针是指导全局的行动纲领和制定战略计划的基本依据，规定战略任务、战略重点、战略方向、战略布局。战略力量主要包括项目布局、人才梯队建设规模、科教支撑、经费概算等内容。当然，竞技运动的战略力量要与全民健身战略协调发展，同时要与国家总体力量相适应。战略措施是实现战略目的的根本保障，是实现全局战略目的各种有效方法和步骤的总和。

竞技运动战略的基本特性主要表现为全局性、方向性、对抗性、预见性和谋略性五个方面。其中，全局性主要体现高层的全局谋划与决策水平，强调空间方面能够调动各方力量，时间方面能够指导整个过程；方向性主要反映国家根本利益的发展方向，强调战略发展的重点和重心；对抗性主要体现竞技运动发展的竞争规律，强调遵循竞争法则和竞争意识；预见性主要反映战略决策的前提和条件作用，强调现实分析、过程推演和结果预测的科学性；谋略性主要提出实现全局整体目标的主要策略和措施，强调深谋远虑的全局谋划和智谋取胜的具体措施。竞技运动战略的对抗性、谋略性特征是战略的根本特征，因此我们有必要深刻地认识竞技运动战略的基本特性。

2. 竞技运动战略规划

竞技运动战略规划是指通过战略构思，将竞技运动的战略目的、战略方针、战略力量和战略措施的具体内容，以文字形式表达的一种正式文本。竞技运动战略规划的制定往往需要经历三个阶段方可正式通过。具体表现如下：

第一阶段：研究和确定战略目的、战略方针和战略力量。这是任何竞技运动管理机构都必须认真分析和论证的主要内容。其中，战略目的中的战略目标是重点。

第二阶段：研究和确定实现战略目的或目标的战略措施。这是整个战略规划设计的重点。其中，实现战略目的的战略措施应包括各种政策、机制、路径、方法、手段的具体内容和流程。

第三阶段：战略规划分类撰写之后，以统一撰稿形成完整文本。此稿需要通过内部再次研讨修改后，提交高层组织审议通过才算批准。

省市一级的从事竞技体育或竞技项目的管理机构，通常制定的竞技运动战略规划可分两类：一类是《竞技运动战略发展规划》，另一类是《专项运动战略发展规划》。前者由政府职能部门负责制定，后者由单项运动管理单位负责制定。

通常情况下，《竞技运动战略发展规划》的撰写体例要求如下：

（1）形势分析：①历届全运会成绩；②近届成绩详析；③主要对手情况；④国家体育总局政策简析。

（2）战略思想。

（3）战略任务。

（4）战略目标：①总体目标；②成绩目标；③发展目标。

（5）战略对策。

这一规划的重点是战略目标和战略对策。其中，战略目标中的竞技运动成绩目标和阶段发展目标，以及战略对策中的各项具体措施更是重中之重。《竞技运动战略发展规划》一旦经由政府批准就具有法规属性。

经由单项运动组织负责制定的《专项运动战略发展规划》属于项目战略发展规划。相对来说，《专项运动战略发展规划》的撰写体例同《竞技运动战略发展规划》相似。但是，《专项运动战略发展规划》更为具体，更为重要。可以说，它是《竞技运动战略发展规划》的重要组成部分和延伸内容。因此，各个专项组织无不重视《专项运动战略发展规划》的研制与应用。日本男排曾以参加 1964 年东京奥运会为契机，而制定的日本男排 10 年发展战略规划，指导日本男排先后获得 1964 年、1968 年、1972 年奥运男排的第三、第二和冠军。同样，美国男排曾以参加 1984 年洛杉矶奥运会为契机，制定了 8 年战略发展规划，结果先后获得 1984 年、1988 年奥运冠军。可见，专项运动战略发展规划的科学制定与执行何等重要。

（二）竞技战役与战役指挥

1. 竞技战役理论基础

战役理论是研究战役规律、指导战役实践的理论。战役理论位于战略理论与战术理论之间，是军事理论的重要组成部分。军事理论认为，战役是战争的一个局部，由多个具体战斗组成并受战斗成败直接影响，直接服务、影响和受制于战争全局。所谓战役是指在一定空间和时间内进行的一系列大小战斗的总和。类比可知，奥运会、许多专项运动的联赛类似战役。专项运动的联赛同样只是奥运会的一个局部，同样须由多场比赛组成。因此，专项运动的联赛可以称之为竞技战役。所谓竞技战役，是指专项运动在竞赛规则和规程规定的一定时空范围内所进行的系列赛事的总和。这一概念提出的重要意义在于可以借鉴军事科学的战役理论指导运动实践。

竞技战役可以借鉴并加以修改的主要原则是：根据客观情况，选定相应作战方法的原则；精心筹划，周密做好战役准备的原则；适时隐蔽，建立有利于战役对阵的原则；灵活机动，务必保持战役主动的原则；各方协调，持续保持准确协同的原则；信息有效，形成高效战役指挥的原则；强化思想，鼓舞参赛人员斗志的原则；重视科医，确保全员参赛能力的原则；善用赛隙，积极休整战役军团的原则；等等。应该说，竞技战役原则几乎涵盖了所有专项联赛式"会战"必须应用的基本战役原则。这些原则涉及战役对策、战役准备、战役动员、战役对阵、战役指挥、战役战法、战役力量、战役保障、战役间歇等方面的内容。显然，掌握这些原则对于运动员创造优异成绩十分重要。

由于专项竞赛规则、成绩计分方法不同，因而影响竞技战役的因素各不相同。影响竞技战役的重要因素很多，但是竞技的比赛地点、时间轮次、场间、对手和打法是主要变化要素，同样应是战役指挥的重点。其中，尽快熟悉赛场和适应赛时是战役参赛前的重要准备；比赛轮次是由赛制决定，淘汰、循环、混合和预赛的赛制直接影响轮次或场次；场间则由不同专项的竞赛规则规定，如摔跤场次间歇时间大约为 2 小时之内，足球场次间歇时间至少为 24 小时；竞技对手则由初期抽签、后期对阵决定。因此，科学掌握战役的各个要素是创造优异运动成绩的制胜法宝。

2. 竞技运动战役指挥

竞技战役理念、原则和要素概括起来可以称之为竞技战役制胜原理。教练员之所以历来重视战役赛事的系列准备，就是源于对竞技战役制胜原理的认识。竞赛规则不同，各个项群战役指挥的方法亦不相同。最能反映竞技战役原理作用的就是集体球类项目，如足球世界杯最后进入决赛的两支队伍，应该说都是历经残酷的小组单循环和淘汰赛的优秀队伍，最终无论他们的胜负如何，他们的战役经历就是遵循竞技战役制胜原理的经历。曾经多次打进决赛的德国队就是如此，他们每次战役都有详细的总体方案，每场比赛都有几套具体战法预案。德国队严谨、细致的战役准备和战役过程，甚至具体到了挂在赛场休息室墙上的毛巾和换洗的服装，犹如列兵排队，其战役指挥准备的细致程度可见一斑。

竞技战役原则是对抗性项群各个项目参加重大比赛的重要战役原则。这类项群由于赛制复杂、参赛人数众多，加之成绩计分方式和竞赛规则不同，因而战役的比赛场数较多。所以，科学地应用竞技战役原则是取得最终胜利的关键。例如，2004 年雅典奥运会中国女排最终问鼎的"雅典奥运战役"之路，就是典型的灵活应用竞技战役原则取胜之路。通过相关网页的视频我们不难发现，当时的主帅陈忠和已将竞技战役原则领悟到了极致。回溯小组赛中国队以 2：3 负于古巴队和半决赛 3：2 逆转取胜古巴队的艰苦之战，以及中国队与俄罗斯队决赛在先负两局最终 3：2 实现逆转的惊天之作，都能看出主教练在战役对策、战役准备、战役动员、战役对阵、战役战法、战役力量、战役间歇等方面的优秀组织、分析和指挥能力。

（三）竞技战术与临场指挥

1. 竞技战术理论基础

如果说奥运会或全运会的赛会是一场"战争"，如果说参加赛会的系列赛事是一次"战役"，那么运动员所进行的每场、每局比赛就是一场"战斗"；如果说制定竞技战略是为打好一场竞技"战争"，制定竞技战役是为了打好一场竞技"战役"，那么制定竞技战术就是为了打好一场竞技"战斗"。显然，竞技战术的制定主要针对每场比赛的竞技。竞技战术又称运动战术，是指根据竞赛规则，为战胜对手或取得理想成绩而采取的各种谋略和行动的总称。其中，"谋略"是指赛前预谋和临场策略；"行动"是指贯彻赛前预谋和临场策略的行为方式。运动战术是由战术观念、思想、原则、意识、知识、方案、形式和行动等内容组成的，内容多样性、形式多样性和运用多变性是战术的主要特征。

关于竞技战术理论，具体如下：战术观念是指战术训练和比赛实践所形成的有关战术思想；战术指导思想是指在战术观念的作用下，根据不同比赛彼此竞技能力的具体情况所提出的有关参赛的战役、战术或一场赛事的行动思路；战术原则是制定具体参赛方案、实施战术计划的基本准则；战术意识是指运动员临场支配自己行动的思维活动过程；战术知识是指比赛战术理论与实践运用经验的知识的总和，是掌握和运用具体战术的理论基础；战术方案的制定水平，往往取决于战术知识的广度和深度的掌握水平；战术形式是指战术活动中具有相对稳定形态的行动方式，如篮球战术中的掩护、盯人、联防等形式；战术行动是指为达到特定战术目的而采用的应变运动技术、变异组合技术或相应技术动作及其各种变化。

竞技战术的形成是各种技术动作变异组合的过程，或是人与人时空范畴下技术效果的组合过程，是运动员个人战术行为和集体战术配合的综合体现。因此，运动战术行为不仅取决于单个队员的实力基础，还有赖于集体智慧和团结协作的密切程度。竞技战役原则是竞技战术谋划的理论基础，竞技战术原则是竞技战术谋略的理论依据。球类运动的竞技战术原则主要包括按战术结构设计战术、按攻守平衡设计战术、按独特风格设计战术、按灵活多变设计战术、按对策方法设计战术等原则。而球类运动比赛实际上也是一种智力竞赛，其中时间与空间、形式与变化、动态与静态、局部与整体、集体与个人、串联与衔接、主动与被动、攻防与进退、筹划与诡奇、有序与无序这十种战术观念十分重要。

2. 竞技运动临场指挥

竞技运动临场指挥是指，教练员在比赛过程中根据比赛进程的情况对运动员进行调整的方法和手段的总和，主要表现在每场赛事的过程指挥。竞技运动临场指挥是以战役指挥目的作为指挥依据，也是战役指挥的具体体现。如前所述，战役指挥必须考虑如下问题，如竞赛规则与竞赛规程和赛制问题、主场、客场和裁判特点问题、优选对手和战术保密问题、战力布局和实力分配问题及赛事之间的训练安排问题等。但需要注意的是，临场指挥必须根据即将到来的赛事情况做到具体赛事具体分析。通常来讲，富有经验的教练员确定某场赛事目标之后，会相应制定一套比赛和若干个比赛预案作为临场指挥依据，然后根据比赛方案要求将各项任务和环节要求布置给相应助手，或在相应环节中加以演练并执行。

竞技运动临场指挥的要素主要是四个，即教练员、运动员、指挥手段、指挥信息。其中，教练员就是指挥者。集体项目中，除教练员之外，具有威信的指挥者还有队长、核心球员；运动员是作战指挥的主要客体，也称为指挥对象。运动员主要职能是以执行者的身份，按照教练员的意图创造性地完成作战任务。指挥手段是指挥活动中所运用的工具及方法，而竞赛中的指挥手段有语言分析法、肢体语言法、赛前指挥法和赛中指挥法。指挥信息是实施作战指挥活动所需要的情报、指令、报告和资料等的统称，而竞技运动临场指挥信息主要是指指挥者传出的信息和信息意图。因此，我们必须掌握教练员指挥的时限性、运动员执行的灵活性、指挥手段的有效性和指挥信息的准确性等方面的特征。

竞技运动临场指挥的主要工具是语言、手势、表情等视觉和听觉信号，这些信号对于集体项目临场指挥意义重大。集体项目的教练员必须在训练中对各种战术动作和配合形式做出信号规定，通过信号依次培养运动员在竞技战术的运用，做到形式融通、语言贯通、心灵相通。其中，竞技战术的心灵相通是根本，语言贯通是媒介，形式融通是表象。事实证明，多年来，我国球类项目成功聘请的外籍教练甚少的原因之一，就是"教"与"练"的语言贯通出现障碍，很多运动员由于不懂外语或翻译不懂战术，从而出现沟通障碍；这种障碍甚至严重误解教练员的临场指挥，进而导致全队陷入战术行动混乱或战术应用僵化的窘境。可见，指挥信息的通识性是非常重要的。

第三章 当代大学生体育运动的监督与管理

第一节 体育运动的监督理论体系

一、质量监控体系设计的原则

（一）全员性原则

人才培养是学校的基本任务，教学工作是学校的中心工作，教学质量离不开全体师生员工的共同努力，其中领导是关键，职能部门是核心，系部、教研室和教师是基础和保证，学生则是教学的主体。因此，人人既是质量监控体系中的一部分，也可能是被监控的对象，只是在质量监控体系中，由于所处的位置不同而变换成不同的角色。

（二）系统性原则

教学质量涉及教师、学生、教学设施和设备、教材，还与学校定位、培养目标和管理等有关，是一个系统共同作用的结果，由学校、系部、职能部门、教研室和班级等所构成的多层次、纵横交叉的网络是一个完整的高校教学管理系统。因此，监控体系的设计必须贯彻系统性原则。

（三）全过程性原则

教学质量是在教学实施过程中形成的，不是靠最后的评价检查出来的。因此，质量监控体系应能对教学的全过程进行监控，做到事先监控准备过程、事中监控实施过程、事后监控整改过程，然后进入下一个循环的监控过程。

（四）可行性原则

在设计质量监控体系时，必须特别注意其可行性。具体如下：一是时间上可行，不需耗费过多的时间和精力；二是财力上可行，尽量避免花费较多的经费；三是操作上可行，有较明确、便于操作的监控标准；四是效果上可行，易于为广大师生员工所接受。

（五）质量中心原则

教学全面质量控制与管理包括学生入学至毕业离校整个期间的学习、生活及就业等方面的管理，其中教学质量管理处于中心地位。脱离教学质量而进行管理，就有可能为管理而管理，把管理自身当作追求的目标。因而，教学质量全面管理要求以提高教学质量为出发点与检验管理效果的依据，所采用的管理措施、所制定的管理规章都应当围绕提高教学质量这一中心。为了保证和提高教学质量，需要明确质量管理目标，制度的建立、措施的采用都应以达在目标为前提。因此，教学质量管理要求过程管理与目标管理相结合，通过采取各种方法、措施与手段，使过程与目标都能得到管理。

（六）权变性原则

不同的情景要采取不同的管理措施，因此管理不存在一个固定的模式，基于这一点，管理学界提出了权变理论。权变理论认为，管理者不必追求普遍适用的、一成不变的管理理论和管理方法，而应从实际出发，根据环境和内外部条件的变化，因地制宜地进行管理才能达到预期的目标。因此，高等教育管理者应深入实际，积累经验，针对不同情况灵活处理。如针对课堂教学中个别教师教学效果差的现象而采用学生选老师的方法，就是对教与学中的"教"实现权变管理的一个例子。

（七）预警控制的原则

预警控制方法必须基于合格的教学与教学管理及学生所犯错误最少的目的。它强调的是通过提高教学、管理人员及学生的素质，监督并控制教与学过程中双方犯错误的可能，及时预警从而提高系统及其产出的质量。在现代教学中，教学质量和系统内的人员——包括教师、思想政治工作者、教学管理人员及学生的素质有相当密切的联系。尤其是教师、思想政治工作者及教学管理人员不仅要专业过硬，还要具备扎实的教育理论和良好的素养，对学生学习过程中即将发生的与教学秩序及教学质量有关的突发及违规事件要有前瞻性，以便能事先找出潜在的质量偏差并采取适当的措施避免偏差，从而培养学生素养、提高教学质量。具体到控制机理上，即不能仅用一个系统的输出作为反馈，而要以衡量这种输出作为控制手段，适当引入前馈控制，以保证教育系统的质量。

（八）有效点控制原则

影响教学质量的因素是多方面的，不可能也不需要对每一个因素都加以控制，特别是很多因素根本就不可能控制。如学生的学习态度，肯定会影响最终的学习质量，我们可以通过校园文化、思想工作等影响学生的学习态度，这是可控因素。但诸如学习环境、学习条件，学校只能尽力改善与提高，而不能作为控制点；再如学生本身的聪明才智等，它们也直接影响学习质量，也是无法控制的。因此，教学质量控制所选择的控制点应当是关键性的。这里面有一个前提和两层含义，前提是控制点必须具有可控性，两层含义是指影响因素或是教育活动中的限制性因素，或是明显有利的因素。

（九）控制效率原则

控制效率原则也被称为及时控制原则，具有两层含义，其一是质量问题要及时被发现，另一层则是发现问题后能得到快速的纠正。在实际操作中，提高质量应该是持续的努力，并且组织体系内部分工明确，落实到人，才能保证控制的效率。尤其对影响学生学位、学历、退学等重大事件，作为教学管理部门应能及时控制，尽量将发生的可能降到最小。

二、高校内部监控体育运动建设的理论

监控是指参与监控的双方或多方相互作用，使被监控者保持稳定的运动状态，以达到监控目的的过程。教育质量监控是指通过人才主体和社会有关部门的密切配合，实现人才成长环境的优化，加快人才成长速度，达到人才发展目标。而在人才成长的全过程中，对影响其成长的诸因素和各个环节不断地进行积极、自觉的计划、监察、评价、反馈、控制和调节。高校教学质量监控体系可以分为外部教学质量监控体系和内部教学质量监控体系，本书只对高校内部教学质量监控体系进行研究，即高校自身建构的教学质量监控体系，监控的主体和客体都是高校自身。现代高等教育质量观、教育控制理论和全面质量管理理论可以为构建高校内部教学质量监控体系提供理论指导。

（一）现代高等教育质量观

高等教育教学质量是高校的生命线，是高等学校发展的永恒主题。教育质量观是对教育教学工作和受教育者质量的基本看法，是人们在特定的社会条件下的教育价值选择。它是教育思想的基本范畴之一，是一个综合性的概念，包含了教育质量的定义及标准、质量观的特点及其变革与发展等多方面的内容。高等教育质量观是人们对高等教育教学活动的系统评判标准。分析有关高等教育质量观的研究可以发现，由于研究者的出发点不同或研究方法的不同，高等教育质量观也多种多样。了解这些不同的代表性观点，对我们理解高等学校教育教学质量的内涵、标准及其评价，建构科学、有效的教学质量监控体系，具有重要作用。

1. 适应性质量观

适应性质量观源于工商管理的质量理念，指的是产品满足用户需要的程度。这种质量观认为，高等教育质量体现在高等教育所提供的产品和服务应满足社会和个人需要的程度、满足高等教育自身发展需要的程度上。根据高等教育满足需要对象的不同，适应性质量观可分为内适性质量观、外适性质量观和个适性质量观，具体表现如下。

内适性质量观以学校为中心，强调学校系统的内在逻辑和对真理的追求，又称为学术质量观。这种质量观强调大学的学术价值，主张大学教学内容的高深性，决定着大学要从事学术研究，培养学术精英。

外适性质量观以市场为中心，以社会需求和市场需求为导向，又称为需求导向观。这种质量观强调高等教育要满足社会发展的需要，主张大学教学内容要紧跟社会需求、满足社会需求，大学应当为国家和所在地区的经济和社会发展提供直接服务。

个适性质量观以学生为中心，强调满足受教育者的个体发展需要，体现了以人为本的人文精神，又称为人本质量观。它主要指大学教学内容要能最大限度地服务学生个性发展、满足学生的多样化需要。

2. 多样化质量观

目前我国高等教育已经步入了大众化阶段，社会经济对人才规格和层次需求的多样化、学习者学习需求的差异化及办学主体和形式的多样化，必然导致高等教育走向多样化。高等教育的这种多样化，必然需要有与之相适应的多样化的高等教育质量观。

3. 特色化质量观

高等学校的特色是高等教育质量的重要标志，是学校生存和发展的重要基石。高等教育的质量应当是特色纷呈、多种多样的，不同层次、不同类型的高校应当创办出自身的个性和特点。

4. 发展质量观

发展质量观的观点可以概括为以下四层含义：一是发展是质量的基础和前提。没有数量就没有质量，没有质量的数量等于没有数量。因此，只有发展到一定的数量，才能谈质量。鉴于我国高等教育发展落后的现实，发展必须成为高等教育事业的首要任务，为此必须要树立发展质量观。二是要用发展的眼光看待质量问题，通过发展来解决发展中遇到的高等教育质量问题。三是质量观是相对的，是变化发展的，因此要从特定的实际环境特点出发，而不能因循守旧，一成不变地看待质量问题。四是渐进性的质量观，就是用发展的观点看质量，不断提高与不断发展就是质量的提升。根据发展质量观的要求，高等学校必须将服务和促进师生的发展作为出发点和落脚点，以发展的眼光和发展的办法，不断创新教学质量评价与监督模式，实现学校的可持续发展。

5. 整体质量观

整体质量观的内容包括两个方面：一是高等学校人才培养的整体质量观；二是高等教育所有功能、职责的整体质量观。人才培养的整体质量观就是以全面素质为特征的一般基本质量，是各层次、各类型高等教育人才的共性质量。而从高等教育的所有功能和活动的角度来考察教育质量，是一种更为宏观的整体的质量观。我国高等教育从世界发达国家高等教育发展的经验以及联合国教科文组织有关高等教育发展的三个文件中受到启发，从宏观系统角度形成了树立整体质量观的理念。这种质量观强调高等教育质量是一个"多层面的概念"，不仅包括高等教育的产品，也包括高等教育的"所有功能和活动"。我们评价高等学校的教学活动也必须着眼整体，进行多层面、多角度、多主体的评价和监督。

综上所述，构建高校内部教学质量监控体系应当以科学的质量观作为指导思想，教学质量的监控应当能够符合适应性、多样化、特色化、发展的、整体的质量观要求。本文中所构建的教学质量监控体系就是以满足发展的社会需求为目标，以发展的眼光和办法，以高校自身的特点为出发点，建立多元化评价主体的教学质量监控体系，并采用两线协同并行的特殊模式对教学质量实施过程监控。

（二）教育控制理论

教育控制论是控制论的教育学应用，是用控制论的理论和方法研究教育控制现象的一个学科。教育控制论的观点很多，与本书相关的理论观点主要有：

1. 教育的可控制性

教育是一种可控制的现象，因此教育是控制论的研究对象。教育控制现象是教育系统中的控制现象，是教育系统在控制的作用下，改变其运动状态以达到教育目的的过程。教育不仅可以控制，而且通过控制在策划、过程、功能和效果上实现最优化，即选择最优方案，实行最优控制，以达到在同等条件下的最优结果。

2. 负反馈机制的闭环控制系统

教育控制论认为，具有负反馈调节机制的闭环控制系统是一种能以系统最佳状态为目标，不断优化自身状态，使之趋向目标的稳态系统。因此，高校教育质量管理应构建具有负反馈调节机制的闭环控制系统模式，即教育状态、信息评估、信息反馈、控制体系之间相互作用、相互联系、整体互动的闭环控制运行系统。

3. 教育控制系统的结构

教育控制论指出，教育的控制结构有以下几种，如图 3-1 所示。

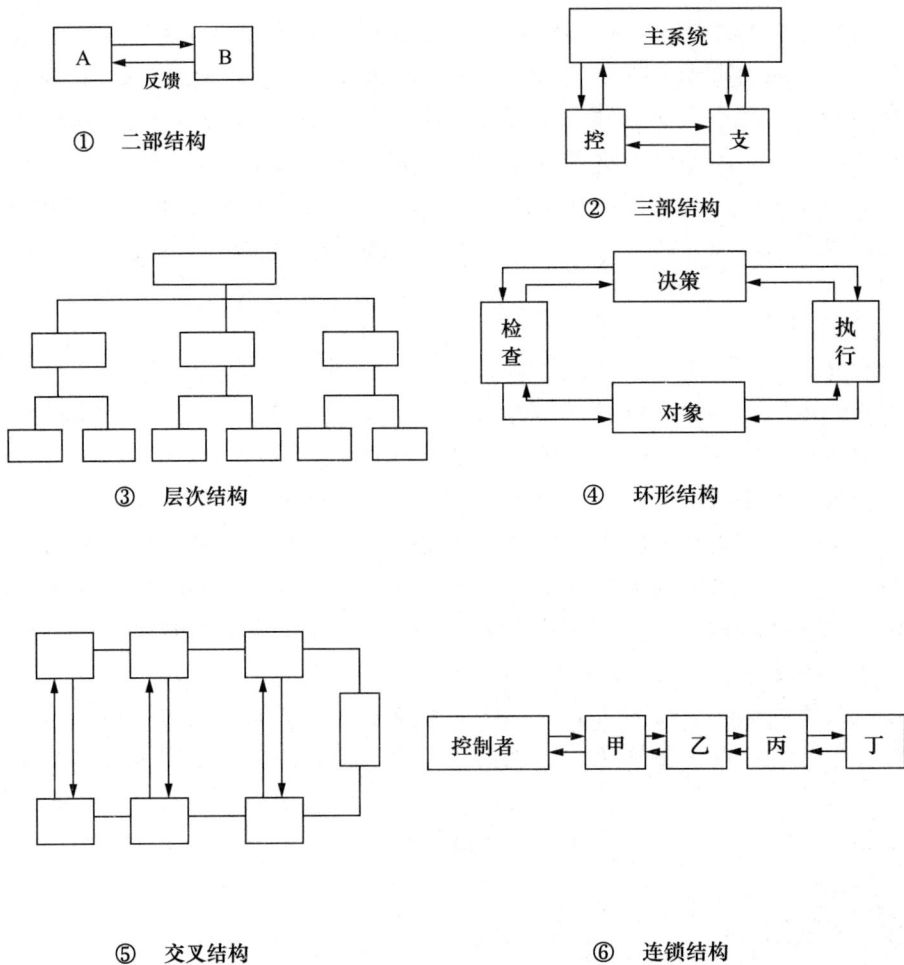

① 二部结构

② 三部结构

③ 层次结构

④ 环形结构

⑤ 交叉结构

⑥ 连锁结构

图 3-1 教育的控制结构图

（三）全面质量管理理论

全面质量管理指一个组织以产品或服务的质量为核心，为了提高和保证产品或服务的质量，组织全体人员和有关部门综合运用现代科学和管理技术成果，控制影响质量的全部过程和各种因素，建立一套科学的、高效的质量体系，提供让用户满意的产品或服务的系统的管理活动。

近年来，全面质量管理理论开始应用到教育领域，一些研究者认为全面质量管理理论要应用到教育界即教学全面质量管理。湖北大学黄兆龙教授认为，教学全面质量管理就是学校为保证和提高学生质量，以预防控制、主动创造和提高学生质量为主要目的，运用系统工程的思想和方法论，组织全校师生员工和社会公众同心协力，综合运用科学的教学行政管理工作、现代教学技术手段和科学管理方法，建立严密的教学质量保证体系，科学合理地开发被教育者的智力和能力，研究和创造学生质量，直至输送优质的人才教学管理思想和体系。温州大学全力老师对教学全面质量管理作了如下定义，即教学全面质量管理是对学生德智体几方面，以及教学过程的多个因素、多个环节的全员性管理，是教师、学生、教学辅助人员、教学管理人员及所有为教学服务的人员参加并接受管理的全面性管理，是对招生过程、计划过程、教学运行过程、辅助教学工作过程和考试过程的全过程质量管理。教学全面质量管理具有全面性、全员性和全过程的特点。程凤春在《教学全面质量管理》一书中提到，教学全面质量管理的基本要素包括顾客导向、过程管理、持续改进、全员参与、领导和战略和教学质量管理体系。

1. 全面质量管理理论的主要观点

全面质量管理的观点很多，与本书相关的核心观点主要有：

（1）质量是企业的生命。质量是企业生存的根本，企业应当将质量作为企业经营的第一内容，给予足够的重视并投入相应的人力、物力来确保产品质量的不断提高。同样，教学质量就是学校的生命。

（2）质量管理的"三全"性。全面质量管理的精髓就是"三全"性，所谓"三全"，一是指管理内容和管理方法的全面性，既管理产品质量又管理产品市场质量；二是管理范围的全程性，包括从生产到使用的全过程，对于产品质量的控制应当从生产的全过程进行；三是全员性，即企业全体成员参与的全员质量管理。

（3）企业为消费者服务。随着市场经济的发展，市场上消费者拥有绝对的选择权，产品必须符合消费者的要求才能销售出去。因此，全面质量管理的中心思想是为消费者服务，而不是为标准服务。

（4）质量控制以自检为主。在全面质量管理过程中，对质量的控制以自检为主，这就需要在生产过程中树立强烈的自我质量意识，要随时发现问题、反映问题、解决问题。

（5）运用数据说明质量问题。全面质量管理具有科学性和严谨性，要求用数据来证明质量的好坏，而不是靠人员的感觉。只有真实的统计数据，如客户的满意程度、产品销售量和对市场的占有率等，才能够说明产品质量的优劣。

2. 基于全面质量管理的高校教学质量监控观念

全面质量管理理论是兴起于企业管理中的管理理念，其中的一些观点在教学质量管理中也值得借鉴。全面质量管理思想在高校教学质量监控体系建设中的应用主要体现在以下几个方面：

（1）树立"以消费者满意为中心"的高校教学质量观。全面质量管理中，主张以顾客为导向，产品要根据顾客的要求进行改进。同样，高校教学质量控制中也应当引进这种理念。教学面对的顾客是多样的，包括学生、家长和社会，所以教学质量应当以学生、家长和社会的需求为导向，按照他们的要求做出改进。

（2）树立"质量持续提高"的高校教学质量观。前进的过程是渐进的，不可能一蹴而就，因而教学质量的监控和提高需要持续改进。事实表明，影响高等教育质量的因素是多种多样的，而且这些因素本身也在不断地变化，高等教育的动态性质和影响效应的复杂态势，决定了高校必须致力于教学质量的持续提高。在这个提高的过程中，教学质量监控工作人员应当不断收集信息，总结经验，以便改进下一步的工作。只有不断学习，不断地领会新思想、新政策，才能使教学质量监控工作与时俱进，从而真正地促进教学质量的提高。

3. 构建"全方位"的质量监控模式

影响教学质量的因素是多样的，从主体上来讲，包括教学管理人员、教师和学生；从教学过程来讲，包括学生的入学考试、各学期的课堂教学、期中考试、期末考试及毕业设计等环节；从对教学质量的监控形式来讲，可分为教学过程中的监控和教学过程外的监控。因此，对教学质量的监控应当涉及影响教学质量的全面因素，对教学质量进行全方位控制。

4. 构建"全员参与"的质量监控模式

教学质量监控体系的建构及成功运行除了需要教学评估和督导人员的尽心尽力外，还需要校领导的支持、各职能部门和各学院的合作与顾客的帮助。校领导应当从思想上重视教学质量，重视教学质量监控工作。职能部门和各学院只有积极地合作，教学质量监控部门才能顺利进行信息的采集和反馈。学生是直接的受教育者，目前的教学质量监控体系往往忽视了学生的要求，导致学生只是以一种盲目接受的心态对待教学质量的监控手段，并未引起他们的真正关心。因此，教学质量监控体系的建构也应当鼓励学生的参与，如建立学生的反馈机制，在每个班级选一位教学督导学生成员，负责本班教学情况的反馈工作。对于家长，学校应当在每个期末给家长寄发学生学习情况的家长书，让家长填写意见和建议以获得家长的需求分析。对于社会，学校应当根据毕业学生信息的反馈来进行了解，如学生就业情况、单位需求等。全员参与是组织获得效益最大值的前提。

5. 构建"全过程"的质量监控模式

现行的教学评价大多是在学期末对学生进行考试，而对过程的控制并不重视。由于学生的主观因素往往会对评教结果的真实性产生影响，学生评教也多是在课程结束之后。在教学质量控制中，应当注重过程的质量监控，将教学质量监控贯穿于教学过程始终。全面质量管理理论对本研究的借鉴意义主要体现在以下几个方面：

（1）两线协同并行的教学质量监控体系以顾客为中心，根据顾客的需求制定教育目标、评价指标和整改方案。在教育领域的顾客特指学生、家长和社会用人单位。

（2）实现对教学质量的全面监控，即对于教学质量的监控贯穿学生培养的整个过程，包括学生从入学到毕业的入学考试、学期考试、毕业设计、实践教学等环节，也包括每个学期学习过程中的课堂评价、期中考试、期末考试等环节，还要包括教师专业发展的各个环节，如教师的招聘、培训、评价、激励和保障。

（3）对教学质量的监控主体多元化，不仅有教学教务管理人员，还包括教师、学生、教学督导人员、家长和社会用人部门等，真正实现对教学质量控制的全方位和全过程监控。

三、质量监控体系的框架

质量监控体系由监控内容、监控标准、监控机构和监控方法组成。监控内容涉及影响教学质量的方方面面，可以按学生进校——培养过程——毕业就业的顺序确定监控层面，而这些监控层面应该是对教学质量影响较大的教学条件、教学过程和教学环节。为便于操作，还可把每一个监控层面分解为若干个质量监控点。对每一个质量监控点，应该确定监控标准，并由监控机构（可以是各种组织和人员）通过一定的监控方法来实施监控（如图3-2所示）。

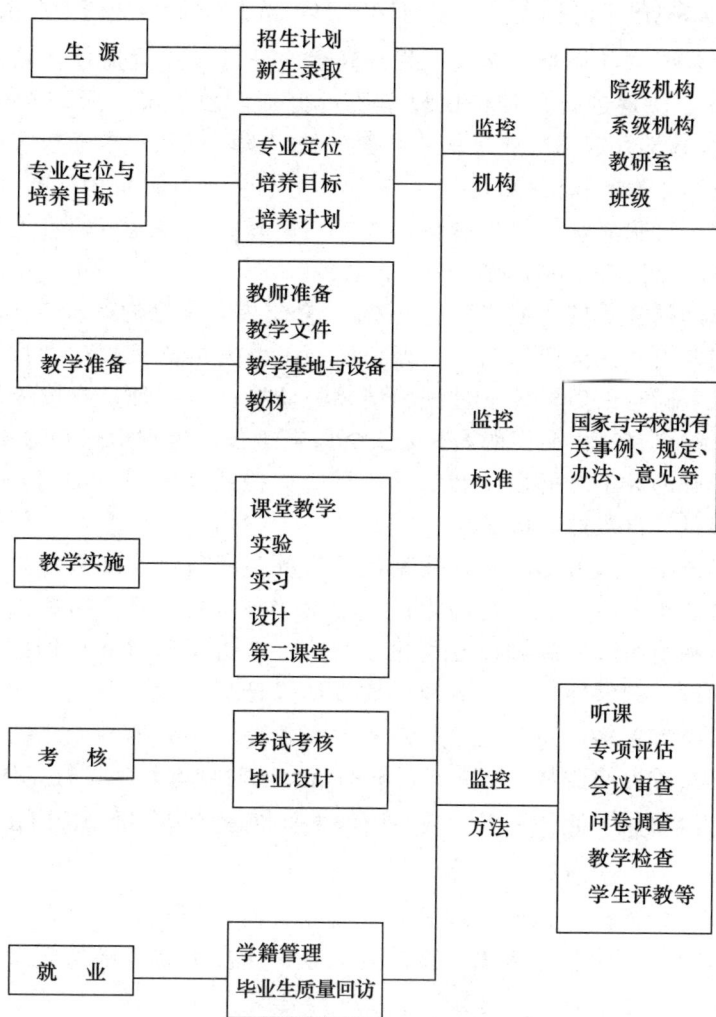

图 3-2　教学质量监控体系图

第二节　体育运动的监督组织与实施

一、高校内部教学质量监控体系的现状及存在问题

　　教学质量监控体系是高校教学管理体系的重要组成部分，是全面提高教学质量的重要保证。长期以来，我国高校的内部教学质量监控工作，绝大部分是由教学运行机构（即教学管理部门）承担的。自国家开展评估以来，全国许多高校陆续建立起了独立于教学运行机构的评估监督机构，以此分担教学质量监控任务，逐步形成了各具特色的内部教学质量监控体系。由教学运行部门负责质量监控的"自监控"模式和由评估监督机构负责质量监控的"他监控"模式各有利弊，但建构"自监控"和"他监控"两线协同并行教学质量监控体系是实现教学质量全面监控的有益探索。

（一）教学运行系统"自监控"：我国高校内部教学质量监控体系的主流

目前，教学运行系统"自监控"模式是我国高校内部教学质量监控体系的主流，大多数高校采用这一方式对教学质量进行监控，使教学质量得到有效保障。所谓教学运行系统"自监控"，是指由学校各级教学管理部门或机构，如教务处、学院（系）教学管理办公室等组成的教学运行系统（以下简称"教务部门"），在组织教学运行与管理的过程中对教学质量进行的监控。在这个体系中，教学运行系统既是教学质量标准的制定者、教学运行的管理者，同时也是教学运行过程及教学质量的监控者，因此称之为"自监控"。

作为我国高校内部教学质量监控体系的主流，"自监控"常见的运行模式有以下两种：一种是教学质量的控制主要由教务部门来负责，即相同的工作人员既负责教学计划的制定、教学过程的组织实施和管理，同时也负责教学过程和结果的监控；另一种是在校级教务部门内设置专门负责教学质量监督的科室，由专门的人员来负责监督工作。这种形式相对于前一种形式来讲，质量监控工作有了明确的分工，但由于和教学运行机构仍然处于同一部门，功能重叠，任务交叉，从根本上讲依旧是"自监控"模式。

在"自监控"模式中，教务部门始终扮演着至关重要的角色，既是教学工作的组织者，也是教学质量的监督者。正是由于这一特殊角色，使得"自监控"具有一些优点的同时也暴露出了一些缺点。其优点在组织、实施和监督的主体合一，节省了监督和反馈的时间，在发现问题的同时能迅速解决问题，能够便捷、有效地使监督结果指导教学过程进行改进。缺点在于主体合一使得监督的结果带有更多的主观色彩，难免出现偏差，导致监控结果的不科学性。除此之外，教学管理任务的繁重也使监督人员缺乏足够的精力同时做好教学运行工作和教学监控工作。

（二）评估监督系统"他监控"：我国高校内部教学质量监控体系不可或缺的组成部分

在实际运行过程中，高校工作者发现了"自监控"模式的很多弊端，一些高校开始尝试采用新的监控方式。目前，评估监督系统"他监控"模式是我国高校内部教学质量监控体系的新萌芽，部分高校开始采用这一方式来对教学质量进行监控。

所谓评估监督系统"他监控"，是指在教务部门之外独立设置教学评估与督导部门，由专职评估监督系统对教学运行过程及教学质量进行监控。该系统扮演着教学运行系统之外的教学质量监控角色，因此称之为"他监控"。随着国家评估工作的深入，越来越多的高校开始在教务部门之外设置评估监督机构来对教学质量进行监控。

"他监控"作为我国高校内部教学质量监控体系的新萌芽，目前各高校对该种性质的机构命名各不相同，有的称教学督导团，有的称教学督导组，有的称教学评估与督导办公室，最常见的命名是教学督导办公室。较为常见的运行模式包括宏观协调指导型的教学督导委员会模式、督学和督导分工协作的职能处室模式、专业院（系）所属的教学督导组织模式及校与院两级教学督导组织模式。

"他监控"模式的优点很多，例如可以避免"自监控"中的主观因素影响，使评价结果更客观、真实，同时还可以分担教学运行部门的质量监控任务，扩大监控的范围和内容，使得监控更加全面，有利于形成信息反馈的闭环系统，促使教学运行更加高效。

但是，评估监督机构毕竟是近十年才发展起来的新生事物，是我国高校在教学质量监控工作改革过程中的产物，尚处于探索阶段，还存在不少需要进一步完善的地方，如组织机构定位不具体，工作机制不健全，与教务部门之间的沟通、反馈机制还不科学等。因此，加强对这一新生事物的研究，是一项重要而紧迫的任务。

（三）我国高校内部教学质量监控体系存在的问题

目前，关于我国高校内部教学质量监控体系存在的问题，可以将其归结为以下几个方面：

1. 组织机构设置不明确

目前，我国高校还没有建立一个能够有效代表学校进行教学质量监控工作的权威性工作机构。大部分高校仍然由教务部门实施教学质量评价和监控，部门高校成立了专门的教学质量监控与评价机构，但是也没有规范为大部分高校一致认可的机构名称，某些高校则是由多个机构联合对教学质量实施监控。除此之外，目前仍有一些高校，主要是民办大学还没有设立专门的机构对教学质量进行监控，只有一些随机的质量监控和评价行为。

2. 教务部门既充当"运动员"又充当"裁判员"的双重角色

目前，大多数高校还是将教务处作为教学质量监督的主要机构，或在教务处下设一个质量监督科室，但本质上并没有区别。教务处作为教学运行的决策部门，在教学运行过程中既扮演了运动员的角色又扮演了裁判员的角色。繁重的日常管理工作会降低教务部门的工作效率，双重身份会造成因主观因素影响过多而带来的判断失误。教务处应该从教学质量监控中解脱出来，由相对独立的机构来专门负责教学质量。当然，这并不意味着教务部门可以对教学质量放手不管。

3. 教学督导工作运行不畅

教学督导工作的运行不畅，主要表现在以下三个方面：

一是教学质量督导的监控力度有限。目前大多数高校都是通过督导的方式来对教学质量进行监控的，教学督导组织要么独立运行，要么在学校教务处下设督导办公室，督导人员大多是退休的老教师。督导的存在和积极运作对于高校教学质量的监督作用是显而易见的，但是伴随着高校规模的逐步扩大，督导工作加重，而督导人员有限，常规性督导很难展开，就需要教学运行部门在教学过程当中对教学质量进行自主监控。

二是督导工作和教学运行的完全分离，造成了监控结果不能及时反馈给教学运行部门，降低了信息的利用率。同样，一味地强调"他监控"，忽视"自监控"也会导致部分信息丢失。

三是督导工作机械重复，效率不高。当前督导工作任务繁重，有些督导人员身兼数职，精力有限，往往与被评人员缺乏交流，导致教学质量监控工作重结果而轻过程，"督"和"导"严重脱节。

4. 部门之间缺少协同合作

在教学质量的责权认识上，很多高校管理人员还存在认识误区，往往认为教学质量完全是教务处或评估督导部门单方面的责任。这种错误的认识导致学校各部门之间缺少协同合作，即使是教务处和评估监督部门之间也存在这样的误解。评估监督部门的存在使得教务部门如释重负，忽略了作为教学运行的决策部门对教学质量具有不可推卸的责任，教学运行和评估监督部门缺乏交流，从而导致监控信息不能够及时反馈。

5. 信息反馈没有形成闭合的环状结构

现行的高校内部教学质量监控体系构成都是不全面的，无论是教务处下设的督导机构，还是独立运行的评估监督机构，都没有使信息反馈形成闭合的环状结构，都是不符合控制论中的控制原则的。按照教育控制论的要求，在教学运行的过程中需要有"自监控"，在教学运行的外部应该有专门的机构负责教学质量的"他监控"。因此，现行的模式中任何一种单线运行的监控体系构成都是不全面的，只有将教学运行和评估监督结合起来，才能使教学质量的监控达到最优化。

6. 教学质量监控人员缺乏专业素质

教学质量监控人员应该具有教育学、管理学、心理学等专业性的知识。目前高校中从事教学质量监控工作的人员中，真正具有这方面专业知识背景的人还不多，绝大部分工作人员知识构成单一，甚至有一些工作人员"半路出家"，没有经过严格的专业知识和专项技能训练。

7. 相关的研究还不够成熟

随着对教学质量的关注程度越来越高，高等教育工作者也发表了很多相关的文章。这些文章主要是理论层次的研究，具体实施方案不多，往往只是停留在引用或叙述水平上，理论和实践没有很好地紧密结合起来。如果理论得不到实践的检验，那么就起不到促进教学质量提高的效果。因此，相关研究还有待进一步展开。

二、"自监控"与"他监控"协同并行体系的构建

协同并行的高校内部教学质量监控体系涉及了很多相关的概念，主要包括高校教育质量、内部教学质量监控体系及"自监控""他监控"等相关概念。其中，把握概念是构建体系的基础。

（一）协同并行的内部教学质量监控体系的相关概念

了解高校教学质量和教学质量监控体系的概念是我们构建科学教学质量监控体系的基础。只有对概念有了正确、清晰的了解，才能够把握原则，构建科学有效的组织体系。

1. 高等教育质量的相关概念

关于高等教育质量的概念，学者的界定是多样的。如瑞典学者胡森认为，高等教育质量就是人们期望高等学校给学生带来的变化不仅仅局限在认识领域。美国学者塞姆尔认为，高等教育质量的指标主要意味着"丰富的资源"，包括较多的专业、巨大的图书馆藏、一定数量的知名学者等指标。英国学者戈林认为，有关高等教育质量的界定主要从五个角度进行，其一是把质量与提供独特而特殊的产品及服务联系在一起，隐含排他性的特点；其二是把质量与预定规格和标准的一致性作为依据，使不同类型的学校可能设定不同的质量标准；其三强调以高等学校达到目的的程度为标准，把判断质量的尺度定义为是否符合标准；其四是把质量定义在实现高等学校办学目标的有效性上，具体标准是以高等学校是否具有明确的办学理念和使命的表述为特征；其五是把质量定义为高等学校能否满足顾客，即学生、家长、政府和社会的需求。1998年，联合国教科文组织在《21世纪的高等教育：展望和行动》中指出，高等教育的质量是一个多层面的概念，包括高等教育的所有功能和活动，如教学与学术计划、研究与学术成就、教学人员、学生、校舍、设施设备、社会服务和学术环境等，同时还要注意本民族的文化价值和本国的情况。

以上的定义表述不尽相同，但是或多或少地涵盖了共同的信息，即质量是"事物的特性满

足其价值主体需要的程度"，那么教育教学质量就可以表述为"教育教学的特性满足教学价值主体需要的程度"，教育质量是"教育活动满足人与社会两方面需求的程度"，教学质量是"教学活动满足人与社会两方面需求的程度"。

2. 内部教学质量监控体系的相关概念

监控是指参与监控的双方或多方相互作用，使被监控者保持某种相对稳定的运动状态，以达到监控目的的过程。质量监控是指按照一定的标准，由特定的部门对教学质量进行监督、控制和调节的行为过程，本文的教学质量监控指的是高校内部的质量监控行为。教学质量监控是指监控者通过人才主体和社会有关部门密切配合，为了实现人才成长环境的优化，加快人才成长速度，达到人才发展目标，而在人才成长的全过程中，对影响其成长的诸要素和各个环节不断地进行积极、自觉的计划、监察、评价、反馈、控制和调节的过程。因此，教学质量监控体系是以实现教学质量监控为目的，通过对影响教学质量的诸多因素进行控制来实现目标的系统整体。

教学质量监控体系分为内部教学质量监控体系和外部教学质量监控体系两种类型。

高校外部教学质量监控体系是由高等学校外部实施的质量监控系统，主要职能是领导、组织、实施、协调高等教育鉴定活动和监督高校内部教学质量保障活动。

高校内部教学质量监控体系是高校自身的教学质量监控体系，主要职能是负责高等学校的质量保障，因学校不同而具有不同的特色。其中，"自监控"和"他监控"是两种基本质量保障形式。"自监控"是指教学运行系统，即教务部门对教学运行过程及教学质量进行的监控，"他监控"即评估监督系统对教学质量进行监控的系统。该系统扮演着教学运行体系之外的教学质量监控角色。

教学质量监控的主体有政府、社会和高校自身。政府主要通过政府立法、资助、评估、政策等一系列手段对高等教育质量进行宏观监控，以满足国家、社会和个人的高等教育需求。社会主要是通过民间组织建立的不同监控机构对高等教育的师资、设施及学生就业情况进行监控，给国家决策提供依据。高校自身作为监控主体，对学校实行的是内部教学质量监控，学校的自我监控，主要是通过高校自身成立约束组织，如学术委员会、教学委员会、教学督导组等，特点是自主性强、针对性强、效果显著。

评估系统是指由领导指挥系统、信息收集系统、教师发展监控系统和评价反馈系统共同构成的高校内部对教学质量实行"他监控"的质量监控系统。评估是按照一定的标准对客观事物进行观察并作出价值判断的过程。在教育领域，评估即教育评估，是根据教育目标和标准对教育工作做出价值判断并改进工作的过程。按照教育评估的主体不同，可以分为以教育部为主体的国家评估和以高校自身为主体的自评估。

（二）协同并行的内部教学质量监控体系总体设计

协同并行的教学质量监控体系包含两个相互独立又协同合作的子系统，分别是教学运行系统和评估监督系统。教学运行系统又划分为决策系统、执行系统和实施系统，评估监督系统划分为领导指挥系统、信息收集系统、教师发展监控系统和评价反馈系统，其中信息收集系统又有三个下属子系统，分别为自评估系统、教学督导系统和顾客需求分析系统。"自监控"和"他监控"两线独立运行的同时协同合作，共同为提高教学质量服务。协同并行的教学质量监控体系总体设计结构如图 3-3 所示。

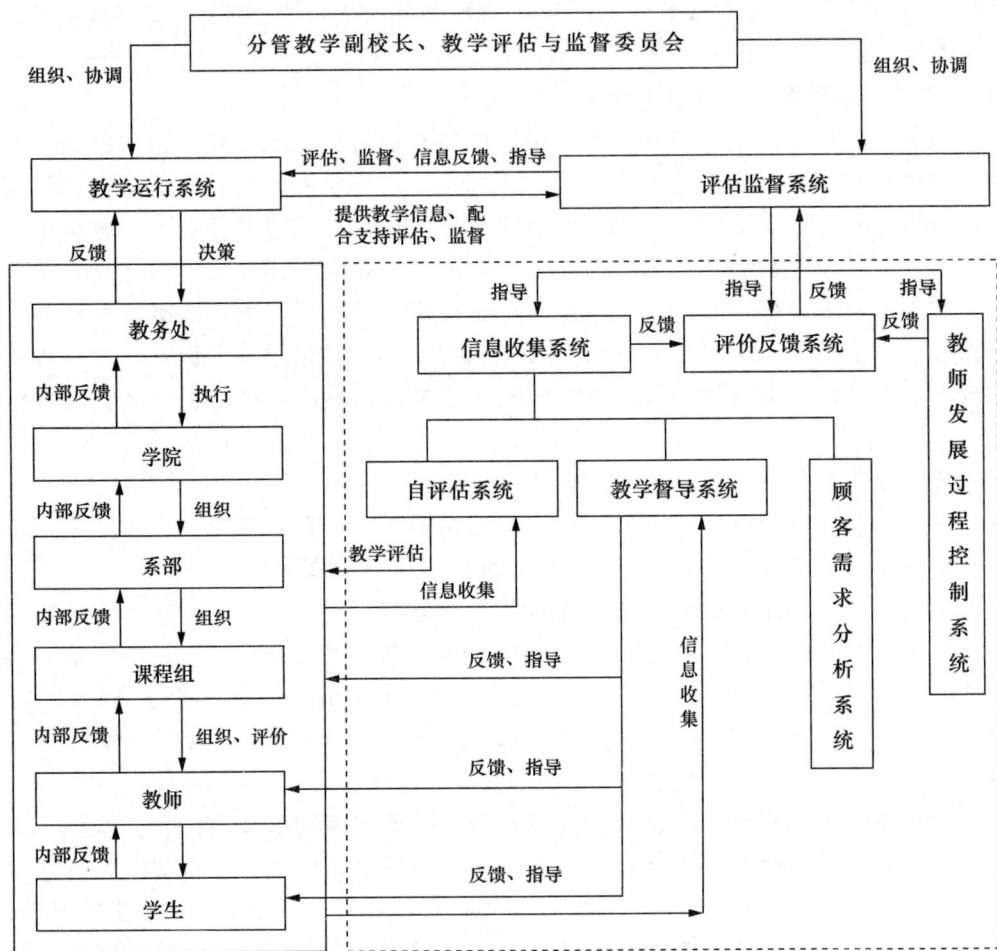

图 3-3　教学运行与评估监督协同并行的教学质量监控体系

（三）协同并行的内部教学质量监控体系的系统构成及运行模式

1."自监控"的系统构成及运行模式——教学运行系统对教学质量的监控

"自监控"是教学运行系统对教学质量的监控，它的系统构成和运行模式如下所述：

（1）"自监控"的系统构成

在"自监控"系统中，按照行为主体性质和工作内容的不同可分为三个子系统，分别是决策系统、执行系统和实施系统，各子系统之间的关系，如图 3-4 所示。

其中，各子系统的机构设置和功能如下：

①决策系统：决策系统的主体是教务处。教务处是学校教学管理的职能部门，在监控体系中对教学工作进行计划、组织、检查、管理、指导。除此之外，教务处还负有教学质量监控的责任，在教学运行过程中随时对教学质量进行自控，积极支持和配合评估监督部门的工作，对监控和评估中出现的问题及时整改。

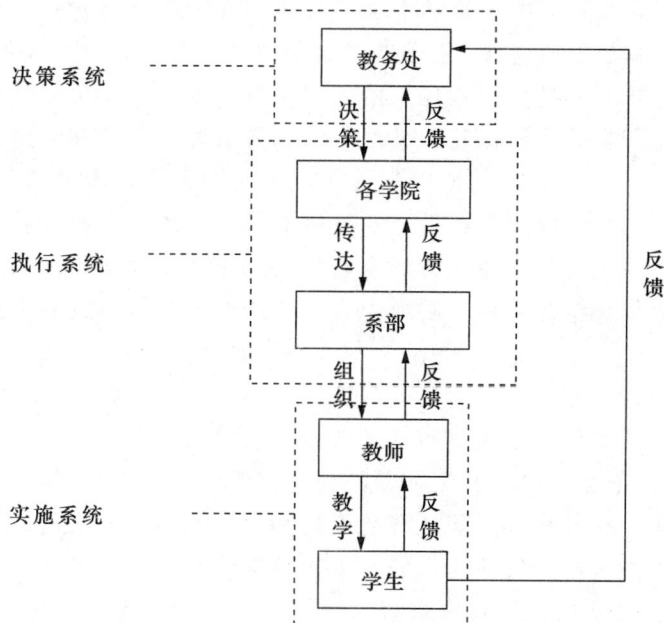

图 3-4 "自监控"系统构成

②执行系统：执行系统的主体是院（系）。院（系）是学校教育教学基层单位，既是实施人才培养的教育教学实体，又是实施"自监控"的主体，它的工作状态和质量，直接关系到教学质量和人才培养质量，在教学质量监控体系的"自监控"中占有重要地位。

③实施系统：实施系统的主体是教师和学生。教师和学生作为教学过程的主体对教学质量有直接影响。他们既是教学决策的实施者也是教学质量的最直接监控者，负责在教学的过程中发现有关教学质量的问题，并及时反馈给上级部门。

（2）"自监控"的运行模式

"自监控"的运行包括教务处的决策和整改、院（系）的监督和反馈、教学过程中的及时反馈。具体运行模式为：

①教务处的决策和整改——从根源上对教学质量进行控制。教务处对教学质量的监控主要表现在对教学质量形成的基础性和宏观性控制。具体操作如下：制定学校各项教学工作质量标准或规范；制定教师教学工作规范并监督实施；制定学校教师专业发展、专业建设、课程建设、教学基地建设等教学基本建设规划，并负责提出专项评估计划；组织制定和建立保障教学质量的规章制度和管理文件；参与制定学校教学工作评估方案及指标体系；负责为评监部门提供评教、评学的有关数据，并确保其准确性；根据教学质量监控中发现的问题，制定整改措施和建设方案。除此之外，组织和实施一些专项建设项目也是教务处对教学质量进行监控的常用措施，如教学团队、精品课程、品牌专业、教学示范中心建设等。

②院（系）的监督和反馈——准确有效地监督和反馈信息。院（系）对教学质量的监控主要表现在对教学计划和规章制度的传达、对本学院教学质量的过程监督和对监控结果的反馈。具体操作如下：根据学校下达的教学评估文件和教务部门的决策来部署本单位的教学工作，确保学校教学安排和改革政策得到有效贯彻落实；负责对本单位教师教学质量随机监控，自行完

成教学质量的过程监控；负责对本单位学生学习状态和效果做出评价；对于本单位内发现的问题及时上报教务处，并提出修改建议；接受学校评估与督导部门的检查与指导工作。

③教师和学生的建议——教学过程控制的及时反馈。教学和学生是教和学的主体，他们作为"自监控"的主体作用主要体现在教学过程中的自身监控。教师和学生在教学过程中察觉到存在的问题，可以随时向学院反馈，经学院商讨确定一致意见，向教务部门提出建议。

教学运行系统所有的主体构成了该系统的有机整体，主体之间的互相配合是实现教学质量监控的前提。教学运行系统"自监控"的顺利开展要基于民主的环境，人人平等，人人有发言权，这样才能使每个个体都将提高教学质量作为自己应尽的义务，在教学运行过程中形成自我监控机制。

④"质量工程"专项监控和学生信息员制度。2003年3月，教育部为进一步对教学质量进行监控，启动了高等学校本科教学质量与教学改革工程（以下简称"质量工程"）。实施"质量工程"的目的是为了推进改革和实现优质资源共享，按照"分类指导、鼓励特色、重在改革"的原则，加强内涵建设，提升我国高等教育的质量和整体实力。该工程的建设主要包括整个高等教育的人才培养模式的改革、教学内容的改革、教学体系的改革及怎样提高在校大学生的质量问题四个方面。结合当前情况，高校质量工程将分批启动，先启动高等学校精品课程建设、大学英语教学改革、高等学校教学名师奖和高等学校教学评估四件主要工作。伴随着国家高等学校本科教学质量与教学改革工程的工作开展，各高校也开始通过申报、审核、上报的方式，对学校的教学团队建设、精品课程建设、双语课程建设、品牌专业建设、创新性实验计划、实验教学示范中心建设等进行专项建设。在这个过程中，教务部门通过对建设对象的遴选、立项评审、建设过程定期检查汇报等形式，很大程度上实现了对教学过程及教学质量的重点监控。

学生信息员的聘任、培训和管理由教务部门负责。学生信息员聘任工作应每年进行一次，采取各学院推荐和学生本人自荐的方式，信息员按年级每个专业设1~3名，由教务部门统一管理。聘任的学生信息员必须有较强的责任心，办事公正，学习成绩优良，有一定的计算机应用能力，有较强的组织协调能力、语言和文字表达能力，以及一定的号召力。学生信息员的管理和培训工作全部由学校教务处负责，同时实行分级管理制度，即各学院成立学生信息站，由信息站站长负责本院学生信息工作的日常管理。教务处定期举办学习班，向学生信息员传达国家和省里及学校的各项方针政策。信息员定期向教务处和教学指导小组反馈教学情况，以此获得进行教学质量改进所必需的监控信息。

2."他监控"的系统构成及运行模式—评估监督系统对教学质量的监控

"他监控"是评估监督部门对教学质量的监控，它的系统构成和运行模式如下：

（1）"他监控"的系统构成

在"他监控"系统中，按照工作性质的不同可以划分为四个子系统，分别是领导指挥系统、信息收集系统、教师发展监控系统和评价反馈系统。各个子系统的机构设置和功能如下：

①领导指挥系统：领导指挥系统是由教学副校长直接领导的教学评估与监督委员会作为运行载体，下设教学评估与督导办公室，督导办公室下设各个学院的教学指导小组。领导指挥系统是教学质量监控的指挥所，正确的决策是整个教学质量监控体系得以有效运行的基本保证。领导指挥系统的机构设置如图3-5所示。

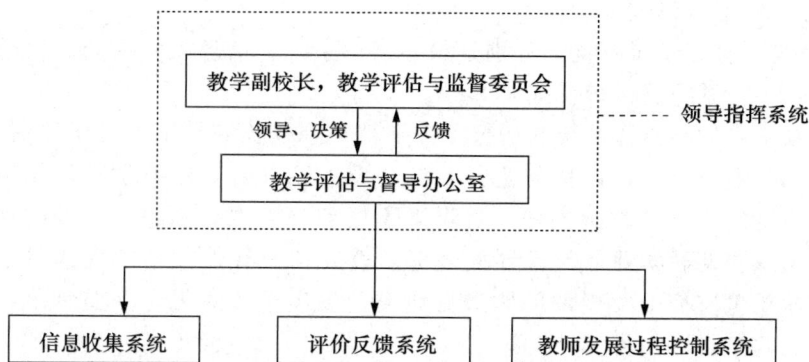

图 3-5 "他监控"中的领导指挥系统

②信息收集系统：信息收集系统的系统构成如图 3-6 所示。

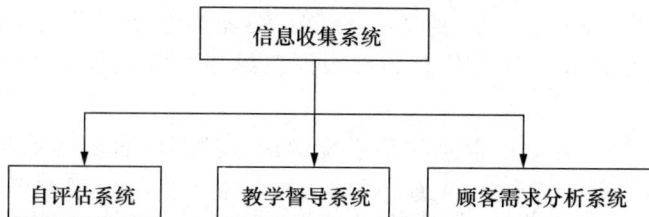

图 3-6 "他监控"中的信息收集系统

信息收集系统是"他监控"中的主要组成部分，在教学质量监控中扮演着举足轻重的角色，信息的收集范围和收集方式至关重要。信息是做出评价的依据，信息收集的来源应当为教学质量的监控服务，因此收集的来源应当涉及影响教学质量的要素，涉及教学过程的始终，除此之外，还应考虑到学校作为一种面向社会、面向家长的服务机构所承担的"顾客需求"。根据信息收集方式的不同，可以将信息收集系统划分为以下几个子系统：

a. 自评估系统——教学质量的总结性评价；

b. 教学督导系统——教学质量的过程性评价；

c. 顾客需求分析系统——社会、家长和学生对教学质量的监控。

其中，自评估的主体是教学评估与监督委员会，教学督导的主体是教学评估与督导办公室，顾客需求分析的主体是教学评估与督导办公室和各学院教学指导小组，客体是学生、家长和用人单位。

③针对教师发展的过程监控系统：教师在教学过程中承担着重要的角色，教师的质量直接决定了教学质量。针对教师发展的过程监控，可以根据教师从入校开始的工作流程进行质量监控，即招聘、培训、评价、激励和保障五个方面，监控主体是各学院教学指导小组，客体是各学院教师。

④评价反馈系统：评价和反馈是教学质量监控工作价值体现的关键。评价和反馈系统的主体是各学院督导小组、教学评估与督导办公室，客体是教学运行部门，如教务处、各个学院，评价和反馈的内容是评估和督导所获得的信息及在教学质量监控过程中发现的问题。

（2）"他监控"的运行模式

"他监控"系统包括四个子系统，分别是领导指挥系统、信息收集系统、教师发展监控系统和评价反馈系统，各子系统的运行模式如下：

①领导指挥系统：领导指挥系统的运行主体是教学副校长领导下的教学评估与监督委员会、教学评估与督导办公室。其中，评估与监督委员会设主席一名，由教学副校长担任，设委员七名，主要由经验丰富的退休老教师担任，负责以下任务，如领导和组织全校的评教、评管、评学、评建工作；组织协调教学评估与督导办公室、教务处及其他教学管理部门在监控体系中的工作关系；对教学质量监控中发现的问题进行研究，提出整改意见，并监督落实；根据评估情况讨论评估结论，起草自评报告。

教学评估与督导办公室是校级的评估监督机构，业务上接受教学评估与监督委员会指导。设主任一名，专职工作人员五到六名，多为具有长期经验的、德高望重的退休教师。教学评估与监督办公室的主要职责有：负责教学质量监控体系的运行工作，组织实施学校的质量管理工作；指导各学院教学指导小组的工作；收集、存储、分析教学质量监控信息，组织研究有效的教学质量管理技术和方法；处理评估信息和发布评估结果；制定教学质量监控年度工作计划，提交年度工作总结。

②信息收集系统："他监控"中信息收集系统的运行按照信息收集的不同方式分为自评估、教学督导系统和顾客需求分析系统。因此，"他监控"中信息收集系统可以划分为以下三个子系统：

a. 自评估系统：高校自评估，即学校内部评估。《普通高等学校教育评估暂行规定》中对学校内部评估作了如下定义，即学校内部评估是学校内部自行组织实施的自我评估，是加强学校管理的重要手段，也是各级人民政府及其教育行政部门组织的普通高等学校教育评估工作的基础，其目的是通过自我评估，不断提高办学水平和教育质量，主动适应社会主义建设需要。在某种意义上可以说，自评估是一个特别有效的教学质量监控信息收集途径。

b. 教学督导系统：教学督导是学校依法对教学工作进行的监督、检查、评估和指导，其职责是对教学质量、教学管理和教学秩序进行检查与调研，对教学过程的各个环节实施监督和指导。

随着国家和社会对教学质量问题重视程度的提高，高校也陆续建立起了教学质量监控部门，最常见的教学质量监控形式就是教学督导。2000年，武汉理工大学就成立了独立建制的、接受校长和分管教学副校长直接领导的处级教学督导机构，称为教学督导办公室。南京航空航天大学的教学督导工作有更长的实践经历，早在20世纪90年代初就成立了学校层面的一级教学指导小组，对各学院的教学质量进行管理，之后随着质量中心工作的下移，转为实施三级管理模式，即学校层面成立教学指导小组，学院层面设教学指导小组，系级设教学督导员。直至2003年开始实行现行模式，即校级成立教学评估与督导办公室，具体指导院级的教学指导小组。从长期的实践来看，教学督导机构对于教学质量的提高起到了积极推动的作用。教学督导系统已经成为学校收集教学质量信息的重要渠道。

c. 顾客需求分析系统——来自学生、家长和社会的监控：教学质量监控体系中的顾客需求分析系统体现了全员参与和以顾客为中心的理念。学生、家长和社会用人单位都是高校的顾客，他们的需求和意见应当作为教学质量监控工作的一个重要组成部分。顾客需求分析系统包括学生、家长和社会用人单位三个教学质量信息来源。

学生：实施学生评教和学生信息员制度是获得学生意见和建议的两种常见方式。学生评教是学生对教师及教学质量进行监控的方式，学生信息员制度是学生作为高校的主要顾客之一所提供的需求来源方式。

家长：获取家长的意见可以通过电话会谈和寄送成绩单的方式。学院教学指导小组应当有专门的人员负责每年度的家长电话会谈，通过交谈的方式让家长了解学院的教学情况、学生的学习情况、教学的改进情况及学生就业情况等信息，同时征求学生家长的建议。寄送成绩单能够让家长更清楚地了解学生的学习情况，在成绩单中应当由辅导员填写学生在校的平时表现。

社会：学院教学指导小组中还应当有专门人员负责与用人单位的沟通工作。沟通的内容主要包括对学生就业后的跟踪调查和用人单位对学生规格、层次及知识结构的需求等，这些信息对于指导教务部门优化培养方案、改进教学管理、提高教学质量具有重要作用。

③教师发展监控系统的运行模式：教师在教学过程中承担着重要的角色，教师的质量直接决定了教学质量。梅贻琦先生曾经说过："所谓大学者，非谓有大楼也，有大师之谓也。"哈佛大学前校长科南特也曾说过："大学的荣誉不在于它的校舍和人数，而在于一代一代的教师的质量，一个学校要站得住，教师一定要出色。"可见教师对于教学质量的重要性。为保障和提高教师的专业水平，可以根据教师入校开始的工作流程，从招聘、培训、评价、激励和保障五个方面对教师质量进行监控。

④评价反馈系统：该部分是教学质量得以提高的关键环节，也是"自监控"与"他监控"协同合作的体现。此部分内容在"自监控"与"他监控"的协同合作中有详细介绍，在此不多做描述。

3. "自监控"与"他监控"的协同合作

"自监控"和"他监控"的协同合作是教学运行和评估监督两线协同并行的教学质量监控体系，区别于单线运行教学质量监控体系的显著特征。"自监控"和"他监控"的协同合作要通过合理的机构设置、组织的明确分工、有效的制度体系和具体的工作内容来实现。

（1）"自监控"和"他监控"协同合作的组织保障

"自监控"和"他监控"协同合作的组织保障需要建立合理的组织机构，明确规定各自的分工及职责，这是一个重要前提。"自监控"和"他监控"协同合作的机构设置以及各个机构之间的关系如下图 3-7 所示。

教学评估与监督委员会由教学副校长直接领导，负责协调教务处和教学评估与督导办公室的协同合作。协同合作的过程中涉及的"自监控"部门是教务处和各个学院，"他监控"部门是教学评估与督导办公室和各个学院的教学指导小组。教务处和教学评估与督导办公室由教学评估与监督委员会领导，相互之间合作的工作内容包括对教学质量信息的评价和反馈、质量工程中的专项监控、学生信息员制度等。学院、教师和学生属于"自监控"，各学院教学指导小组属于"他监控"，他们之间的协同合作主要体现在教学指导小组及时向学院反馈监督过程中发现的问题，并经过两者的共同商定制定改进措施，教学指导小组通过跟教师和学生的交流获取教师和学生对教学质量的看法和建议。学院和教学指导小组协同合作的工作内容包括课堂教学质量、教师教学水平、学生学习状态等的直接反馈。

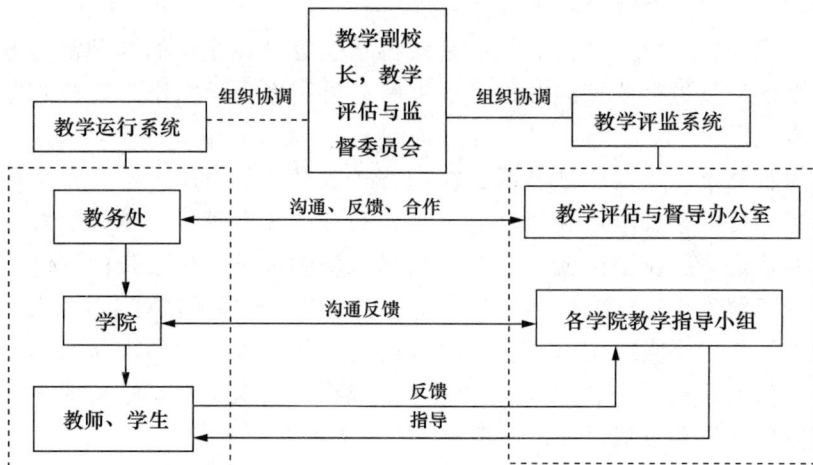

图 3-7　"自监控"和"他监控"的协同合作模式

（2）"自监控"和"他监控"协同合作的组织形式

协同合作的组织形式主要有会议、研讨会、座谈会。教务处和教学评估与督导办公室的协同合作是通过定期召开的会议形式来开展，各学院和教学指导小组之间协同合作的组织形式主要是定期开展的研讨会、交流会及不定期的随时反馈，而教学指导小组和教师、学生之间的协作组织形式主要是不定期开展的座谈会。

（3）"自监控"和"他监控"协同合作的制度体系

协同合作的制度体系是保证"自监控"和"他监控"顺利开展的前提。这些制度体系包括两个部分，一是关于教学质量评价与监控体制方面的制度规定，二是教学质量管理方面的日常工作条例。工作条例中应当明确教务处和教学评估与督导办公室定期交流的时间、形式，以及交流、合作的效果评价办法等，并明确规定各自的职责分工。在职责分工中，应当清楚地说明教务处、教学评估与督导办公室、各学院及各学院教学指导小组协同合作的工作内容和范围。

在日常工作条例方面，应明确以下事宜：每学期初由教学评估与监督委员会组织召开会议，教务处和教学评估与督导办公室主要领导、具体从事教学质量管理的相关工作人员参加，对本学期的教学质量监控工作做出计划和安排；每学期末召开会议，对本学期的教学质量监控工作做出总结，教务处和教学评估与督导办公室对教学质量监控信息进行交流，共同提出整改方案。教学指导小组在每学期与学院领导进行不定期交流不低于两次，与教师、学生开展的座谈会不低于三次。

在各机构的职责规定方面，教学评估与监督委员会的职责是负责协调教务处和教学评估与督导办公室在教学质量监控体系中的关系；负责教务处和教学评估与督导办公室信息反馈交流会议的组织工作；负责教务处和教学评估与督导办公室之间协同合作的监督工作；负责审议教学系列的质量标准、评估方案、指标体系及标准；负责审议教务处和教学评估与督导办公室共同商议并提交的有关教学整改建设的建议。教务处的职责是负责制定学校教师专业发展、专业建设、课程建设、教学基地建设等教学基本建设规划，并提出专项评估计划；负责为评估部门提供评教、评学活动的有关数据；根据评估监督部门在教学质量监控中发现的问题，制定整改措施和建设方案，并监督实施；负责教学质量工程中材料的收集、整理、审核和上报。总的来说，教学评估与督导办公室负责对教学质量监控和评估中发现的问题进行研究，反馈给教务处，并提出整改的建议；教务处根据评估情况，起草评估报告，提交给学校教学评估与监督委员会。

各学院教学指导小组负责对教学质量进行过程监控，将监督结果和发现的问题随时反馈给学院，提出改进建议，并监督整改工作；将专项督导的结果和教学过程中发现的重大问题反馈给教学评估与督导办公室和教务处，并提出建议；定期和学院领导进行交流，组织学院教师开展研讨会，组织学生座谈会，了解教师和学生的情况。各学院负责在教学过程中将发现的问题反馈给教务处；负责定期与教学指导小组进行交流，获取教学质量监控信息，并接收教学指导小组的建议，对教学过程做出整改。

（4）"自监控"和"他监控"协同合作的工作内容及工作方式

"自监控"和"他监控"协同合作的工作内容和工作方式主要体现在"质量工程"专项监控中的协同合作、教学质量监控过程中的协同合作及评价和反馈过程中的协同合作。

①"质量工程"专项监控中的协同合作：各学院负责将材料筛选并上报教务处，教务处审核后交由评估监督部门进行评价，评价合格后方可上报更高一级。通过教务部门和评估监督部门对这些模块的共同建设，切实提高教师、学生和课程的质量，为教学质量的提高做出了贡献。其中各个项目建设目标如下：

教学团队：通过国家级教学团队的建设，改革教学内容和方法，开发教学资源，促进教学研讨和经验交流，推进教学工作的传、帮、带相结合，提高中青年教师的教学水平；探索教学团队在组织架构、运行机制、监督约束机制等方面的运行模式，为兄弟院校培训教师提供可推广、借鉴的示范性经验。

精品课程：应当建立科学完善的教学大纲，精品化、立体化的教材体系，完整规范的教学档案，科学系统的管理制度和充分满足教学需要的教学资源等。建立科学的评价指标体系，并依据办学主体自身发展需求和社会需求、课程发展特征和世界教育趋势、课程改革方向和教育政策等，对课程建设指标体系进行调整，有助于实现监管过程和验收指标的双重动态管理，明确精品课程质量的时代特征，确保课程的创新性、先进性、科学性、系统性、整体性、适用性及示范性。

双语课程：双语教学示范课程的建设内容包括双语师资的培训与培养、聘请国外教师和专家来华讲学、先进双语教材的引进与建设、双语教学方法的改革与实践、优秀双语教学课件的制作、双语教学经验的总结等。其目的在于鼓励高等学校积极利用现代教育技术手段，共享相关教学资源，以发挥示范辐射作用，鼓励各高校利用示范课程的资源和经验，不断提高本校的双语教学质量，逐步形成与国际先进教学理念和教学方法接轨的、符合中国实际的双语课程教学模式，为全面提高我国高等教育教学质量做出新成绩。

特色专业：科学确定专业培养目标、合理构建课程体系、深入改革教学内容、努力强化师资队伍建设、大力加强实践和动手能力培养，旨在根据国家经济、科技、社会发展对高素质人才的需求，引导不同层次、类型的高校根据自己的办学定位，确定自己的个性化发展目标，发挥已有的专业优势，办出自己的专业特色。

创新性实验计划：鼓励高等学校从学生进入大学开始，就为学生配备导师，积极探索建立大学生尽早参与科学研究的制度。由学生和导师共同拟定研究性学习或创新性实验的研究课题，并在导师指导下，组成研究团队，利用课余时间，自主进行研究性学习，自主进行实验方法的设计、组织设备和材料、实施实验、数据分析处理、总结报告等工作，以培养学生发现、分析和解决问题的能力。旨在探索以问题和课题为核心的教学模式改革，倡导以学生为主体的创新性实验改革，调动学生的主动性、积极性和创造性，使学生在本科阶段得到创新性科学研究的运动，培养科研的能力和创新的兴趣。

实验教学示范中心建设：加快实验教学改革，探索创新性实验教学模式，凝练优质实验教学资源，开展培训、交流和合作，增强示范辐射能力，不断开拓创新，为全国高等学校实验教学提供示范。

②教学质量监控过程中的协同合作：教学质量监控过程中的系统合作主要表现为各学院教学指导小组和教学运行机构的良性互动。各学院是教学运行系统的执行机构，教学指导小组是评估监督系统在各个学院的执行机构，两者的良性互动是"自监控"和"他监控"协同合作的重要体现。在日常工作中，教学指导小组一方面对教学过程的质量要素进行监督、引导，另一方面，将依据听课、巡视、检查、座谈等形式获得的与质量管理目标有偏差的信息，及时向教学运行系统的执行机构反馈。学院作为执行机构，应根据反馈的信息，及时采取措施，纠正偏差，这样才能在过程中实现对教学质量的动态监控。

③评价和反馈过程中的协同合作：信息评价工作运行的主体是教学评估与督导办公室，主要任务是对信息的处理和反馈。这一阶段的工作质量和效果，直接关系到教学质量监控的功能发挥，关系到教学质量能否提高。信息评价工作主要包括评价结果的检验、分析诊断问题和撰写评价报告三方面内容。

第三节　体育运动的管理理论与实施

一、高校体育运动管理的概念

高校体育运动既是学校教育的重要组成部分，又是体育运动管理的重要分支。所谓高校体育运动管理，就是高校体育运动的管理者通过一定方式整合资源，以实现高校体育运动目标的一种活动。

我国学校体育运动的根本目标是增强学生体质、促进学生身心健康，培养学生的终身体育运动意识及能力，使其成为德智体美劳全面发展的社会主义事业建设人才。高校体育运动目标可以划分出一定的层次，而高校体育运动目标的结构及层次反映出高校体育运动的目标体系，即不同目标共同配合，以实现高校体育运动的总目标。通过对高校体育运动各项工作的管理，就可以逐步实现上述高校体育运动的不同目标。因此，进行高校体育运动管理，其重要目标及任务就在于通过各种管理职能合理地整合资源，发挥资源利用的最大价值，以保证各项学校体育运动目标的实现。

我国高校体育运动管理的任务包括：明确学校体育运动工作开展的指导思想和学校体育运动发展目标；建立和健全学校体育运动的各级管理机构，制定一整套管理法规并明确有关管理机构和人员的管理职责；科学地制定学校体育运动管理的各种计划和文件，使之适应学校体育运动发展的需求；合理地组织并管理学校体育运动各方面、各环节的活动，确保各项活动低耗、高效地顺利实施；协调学校体育运动各管理部门和学校体育运动内、外部的各种关系，为学校体育运动工作的顺利开展提供必要的物质技术和创造良好的育人环境；定期和不定期地对学校体育运动管理工作进行检查评估，促进体育运动教学质量的不断提高和学生体质的不断增强。

二、高校体育运动管理的原则

学校体育运动管理的原则主要包括整体性原则、计划性原则、导向性原则和可控性原则。

（一）整体性原则

高校体育运动管理是学校教育管理的一个组成部分，它要为实现学校管理目标服务，将学生培养成全面发展的社会主义建设人才。高校体育运动管理应该围绕这一目标开展各种工作，这样才能真正摆正高校体育运动管理的位置。在这一过程中，既要防止片面夸大体育运动在学校教育中的作用，又要充分发挥体育运动在发展学生身体、增强体质，培养学生意志品质，形成良好校风，活跃校园文化生活中的作用。此外，还要从整体上协调好学校体育运动工作的各方面关系，正确处理体育运动教学、课余体育运动训练、体育运动及运动竞赛之间相互联系、相互制约的关系，充分发挥它们的作用。

（二）计划性原则

高校体育运动计划是指对学校工作的具体安排及规划。高校体育运动计划管理要求对高校体育运动整个系统做出全面的部署，从宏观管理到微观管理，统一计划并实施。在宏观上要以《学校体育运动工作条例》为准则，提出实施细则，明确完成任务的具体措施。在微观上要明确高校体育运动各方面的具体任务及责任，根据学校的实际情况及学校整体管理的要求，制订全面实施计划并加以贯彻落实。计划是管理过程的首要环节，无论制定哪一方面的计划都应该遵循规律。例如，体育运动教学工作计划，先是制订全年教学工作计划，其次是制订学期教学工作计划，再制订单元教学计划，最后编写教案，然后执行和实施。可以说，没有计划，就无法完成任务。

（三）导向性原则

高校体育运动管理的目标在于完成国家赋予的"育人"重要任务。国家对青少年及大学生提出了德智体美劳全面发展的要求，根据这一目标，学校应结合各个时期的工作重点，提出不同阶段的工作目标。因此，作为子系统的高校体育运动管理系统必须依据各级政府及有关部门所制定的阶段发展规划，结合每一时期（阶段）本地区高校体育运动发展水平，制定出相应的措施及办法。

（四）可控性原则

可控性原则就是指在实施目标过程中，通过不断检查、评估和控制，保证整个系统顺利地开展工作。高校体育运动管理的控制主要通过检查评估去执行，通过检查、评估发现实施目标过程中哪些工作得到贯彻落实，哪些工作在执行中出现问题，哪些方面需要做出修改或促进。评估结果及意见反馈到决策部门后，要及时对出现的问题加以修正，使原定目标更能切合实际。例如，在体育运动教学中，教师按预定的方法组织学生练习，在练习过程中，教师通过学生的练习作初步评价，根据学生掌握的情况及时调整或改变教学方法，以便更好地完成预定的教学目标。

三、高校体育运动管理的特点

（一）教育性

高校体育运动具有教育的重要功能，因此，对人的教育与管理要特别突出"以人为本"，充分调动教师、学生及各级各类管理干部的积极性，这是提高管理效益的重要环节。在制定与执行各种体育运动管理法规的同时，思想教育要始终贯穿于高校体育运动管理的全过程，特别对学生体育运动的管理工作，更应将"育人"放在首位。

（二）方向性

方向性是指高校体育运动管理必须坚持以马克思列宁主义、毛泽东思想、中国特色社会主义理论体系为指导，贯彻党的教育方针，为实现学校教育的总目标服务。因此，高校体育运动各个层次的工作人员都要明确学校的基本目标任务，即培养适应社会主义现代化建设需要的"四有"人才，同时要摆正体育运动在学校教育中的位置，正确处理体育运动与其他教育活动之间的关系，使之通力合作，以实现整合效应。

（三）阶段性

首先，不同年龄阶段的学生具有不同的成长的阶段性特点；其次，学校工作是按学期或学年来安排的，上、下两学期的体育运动教学内容应具有一定的差异，从而使每学期的工作保持一定独立性。因此，不同的学期、不同年龄段的学生管理，应体现出阶段性的特点，并在管理方式上有所区别。

（四）系统性

高校体育运动教育是一个复杂、多变的动态系统，在运行中出现的各种问题如不及时解决，就会干扰高校体育运动工作的健康发展。要使该系统运转协调，就必须不断提高高校体育运动的管理效能。为此，需要建立一个强有力的整合系统，完善各种制度及控制手段，不断获得各种管理信息并及时反馈，从而维持高校体育运动管理系统的动态、良性发展。

四、高校体育运动管理的内容

高校体育运动管理内容是指，围绕学校体育运动工作所肩负的目的任务而进行的一系列活动内容。对学校体育运动管理内容实施科学化管理，将管理职能和管理方法进行具体操作应用，是保证学校体育运动管理目标的实现、计划顺利实施的应用性工作，也是学习体育运动管理学的目的所在。学校体育运动管理的内容很多，主要介绍以下几个方面。

（一）体育运动教学工作管理

体育运动教学工作的管理要以最大限度改善学生的身心健康为最高目标。要达到这样的目标，必须对体育运动教学工作中的主要形式，即体育运动课进行规范，保证体育运动课能够达到育人的要求。

1. 体育运动教学课前管理

加强体育运动教学课前管理，可以对体育运动教学过程进行事先控制，有利于体育运动教学工作做到有的放矢。具体内容包括以下几方面：

（1）必须调查学生的兴趣、爱好、性格特征、身体健康情况及家庭情况，摸清学生的特点，为体育运动教学工作的决策做准备。

（2）对体育运动教学的场地器材进行规划、整理，满足体育运动教学的最大要求。

（3）在充分调查研究的基础上，根据学校体育运动教学工作的要求，制订出全年教学工作计划、学期教学工作计划、单元教学工作计划和课时计划。

（4）把各项计划上报体育运动教研室（组），分析各项计划执行的可行性，最终落实各项计划，并进行计划控制。

2. 体育运动教学课中管理

体育运动教学的课中管理，主要体现在是否严格按照课时计划米进行课中教学，是否达到教学目的和要求。体育运动教学课中管理的具体内容包括以下几方面：

（1）有没有教学常规，或教学常规运用是否规范。

（2）教学组织过程的程序性如何，是否有严格的流程。

（3）场地器材的布置是否合理。

（4）对突发事件处理是否有条理。

3. 意外伤害事故管理

学校体育运动意外伤害事故是指在学校体育运动教育教学活动期间，所发生的学生人身伤害或者死亡事故。体育运动教育教学活动期间是指在校内与体育运动教育教学相关的活动期间，人身伤害是指在法定时间内，肢体残疾、组织器官功能障碍及其他影响人身健康的损伤。对于学校体育运动意外伤害事故的管理，首先要强化"预防为主，安全第一"的意识及措施，其次要做好意外伤害事故的现场处理及管理。

4. 体育运动课教学质量评估

体育运动课教学质量的评估是体育运动教学管理工作非常重要的一环，较为准确的质量评估有利于调整决策思路、改善管理措施，使体育运动教学工作迈向新的台阶。教学质量评估与检查的形式主要有全面质量检查和抽查法，即对教学过程中的每一个环节进行考核。这些环节包含对学校体育运动教学计划的理解、对各项学校体育运动教学法规的认识、教案撰写的科学性、体育运动教学组织的条理性、体育运动教学过程的清晰性、学生的达标情况等。抽查法是分管学校体育运动工作领导或体育运动教研室（组）对体育运动教学工作情况进行不定期的、随机的检查。检查内容可以是对一堂体育运动课的检查，也可以是对教案、教学活动过程的任一环节进行检查。无论是全面质量检查还是抽查，质量评估的目的要清楚，质量评估的要求要规范，以便及时地对体育运动教学工作进行衡量，找出制约因素，并宣传典型榜样。

（二）课外体育运动管理

课外体育运动是学校在体育运动教学大纲和教科书范围以外，对学生进行的有计划、有目的、有组织的教育活动。它在课堂体育运动教学的基础上进行，并与课堂体育运动教学相互促进、互为补充。课外体育运动有利于发展学生的智力，培养学生的能力，促进学生的全面发展。因此，学校管理者应该加强课外体育运动的管理。

课外体育运动管理包括早操、课间操，班级体育运动，体育运动节、假日体育运动等内容。

1. 早操、课间操的管理

早操的内容一般以徒手体操为主，如广播操、眼保健操、健身操等，也可开展早锻炼活动，如跑步、太极拳、武术、气功、各项球类基本动作练习及轻松的游戏活动等。

早操的时间一般为 15～20min，生理负荷不宜过大，以免影响文化课学习。早操的组织方法应根据学校的实际情况而定。在场地器材的安排上，可集体或分散相结合；在确定项目内容上，可统一安排和自选相结合；在工作方法上，学生干部、班主任、体育教师应相互配合；在活动效果上，可将平时考勤与抽查评比相结合。

课间操是在上午第二、三节课之间开展的体育运动，师生都应参加。时间为 15～20min，生理负荷不宜过大。每节课间的 10min 休息，虽未规定要组织体育运动，但最好的休息方法仍是适当的身体活动，这样可以尽快消除因静坐学习而带来的消极影响。课间操的内容和组织方法可参照早操的内容和组织方法。

在早操、课间操的管理中，要首先保证"两操"的时间，不得以任何理由占用"两操"的时间；早操、课间操要有专人负责组织，班主任、任课教师要密切配合；要充分发挥学生干部的作用；要做好宣传教育工作，使学生充分认识"两操"的重要作用，使之成为自觉行动；可通过会操表演、比赛等方式提高"两操"的质量。

2. 班级体育运动

班级体育运动是以班为单位分成若干小组，在班干部和运动小组长带领下进行的体育运动。在这一运动过程中，班主任和体育教师应进行指导。班级体育运动在时间、内容、组织和生理负荷等方面有着更多、更高的要求。

班级体育运动的活动内容可以与体育运动课教学内容结合起来，可以围绕标准项目开展运动，也可以与学校传统项目和学生喜闻乐见的简单易行的非正规项目，以及游戏、校外体育运动等结合起来。

3. 体育运动节管理

体育运动节一般有"体育运动周"和"体育运动日"（健康日）两种形式。

"体育运动周"是集中利用一周下午的课外活动时间，组织各种宣传教育运动、比赛等活动。例如，体育运动专题报告、体育运动讲座、体育运动知识竞赛、体育运动表演、体育运动游戏等。体育运动周浓厚的节日气氛，能提高学生的兴趣并吸引广大学生参加，这对扩大学生的知识领域、提高体育运动素养、增强体育运动意识、调动运动的自觉积极性、培养体育运动骨干等方面都有重大意义。因此，应将开展"体育运动节"活动列入学校体育运动工作计划，成立临时性指挥机构，各有关方面要予以支持与配合。

"体育运动日"一般是结合有意义节日或体育运动形势（重大的国际、国内的体育运动），利用一天或半天的时间，开展专题性的体育运动主题活动，进行体育运动教育和开展活动。一般可以组织全校性的活动，也可按年级、班组进行，充分发挥学生的积极性与创造性。

4. 节假日体育运动管理

利用节、假日组织开展各种体育运动。可以在校内进行，也可以到大自然中进行。校内活动，可充分利用现有的场地器材等活动条件，尽可能满足学生的兴趣爱好；校外活动，可组织郊游、旅行、登山、游泳、远足、野营等活动。进行活动时，要加强领导，搞好组织工作，注意安全和卫生，防止伤害事故发生。

（三）课余运动训练管理

学校体育运动中的课余运动训练工作，是坚持普及与提高方针指引下的学校体育运动工作的组成部分。它不仅为国家输送优秀的体育运动人才打基础，同时也是丰富学生课余生活、培养体育运动骨干的积极举措。课余运动训练的主要对象是部分体育运动基础较好的学生，训练的形式是运动队。开展运动训练可以提高学生的运动技术水平，激发学生爱校、爱集体的荣誉感。

学校课余运动训练的管理是一件十分细致的工作，它应包含以下几方面的内容。

1. 运动项目方向的选择

高校中的课余运动训练应根据实事求是、量力而行的原则选择运动训练项目的方向，具体体现在：要根据现有的学校体育运动资源来安排，如师资情况、场地器材情况、科研水平情况等；要根据地方教育部门或体育运动部门关于运动训练项目的布局来安排；要依据传统项目或本校的特色项目来安排。确定运动项目开展的方向后，学校分管领导应与上级主管部门共同制定计划，确定相应的法规制度、财务预算，以保障运动项目的正常开展。

2. 建立运动队，选拔教练员、运动员和其他管理人员

教练员的选拔应遵循公开竞聘的方法，把那些热爱体育运动事业，专业水平较高和道德素养良好的体育教师选拔出来，也可以聘请上级体育运动部门的专职教练员担当学校体育运动队的教练。运动员的选拔应依据自愿报名、班级推荐、学校选拔等方式，通过一系列的体育运动竞赛择优录用，最终录用的运动员应当是品学兼优，又有体育运动专长的学生。其他管理人员包括医务人员、科研人员、场地器材管理人员等，他们同样要热爱体育运动事业，对运动员尽最大努力去关心爱护。

3. 训练课的管理

训练课是课余运动训练的主要形式，对训练课的管理应包含以下内容：根据运动项目的特点、运动员的训练水平和年龄特征，制订严格的运动训练计划；注重运动员运动训练与文化学习的协调发展；基础训练应成为训练课的主要内容。由于学生课余运动训练是我国运动训练管理体制的基础工程，基础工程建设的好坏将直接决定塔尖的稳定性，因此，课余运动训练无论是从体系上、形式上还是内容上，都要围绕着整合力量、优化资源，以产生最大的训练效益为目标开展。

（四）体育教师管理

体育运动教育目标能否实现，体育运动教学质量能否保证的关键因素是教师。是否拥有一支思想作风过硬、业务素质精良的体育运动师资队伍，是决定学校体育运动工作成败的关键。因此，加强学校体育运动师资队伍管理，是保证学校体育运动工作顺利开展的重要环节。

1. 体育教师管理的主要内容

（1）教师队伍规划

在科学预测的基础上，对体育教师的数量和结构制定长远的、全面的发展规划。内容一般包括对现有体育教师的数量、结构、能力等各项指标的分析，通过科学预测，确定各项规划指标，制定实现规划的措施。

（2）教师编制

根据学校规模和规格、体育运动教育任务，制定岗位规范，确定体育教师配备数额，制定

合理的编制。

（3）教师使用

按照用其所学、用其所长、量才使用的原则，根据学校体育运动教学、训练、科研等工作的需要，对体育教师进行合理的组织，调配和激励，最大限度地发挥每个体育教师的才能。

（4）教师培训

教师培训包括岗位培训和在职培训，前者指按照岗位工作的需要和人员素质的要求，对体育教师进行的一种有目的、有组织的培训活动，使之获得从事本岗位工作所必需的基本知识和技能，从而更有效地开展本职工作；后者则是一种在不脱离原岗位职务的条件下参加学习和培训的形式，通常采用指定专业人员进行传、帮、带，业余时间自学或在函授学校、夜大学、电视大学进行脱产与半脱产的学习等方式。

（5）考核和晋升

建立、完善体育教师的岗位责任制、教师工作量制度、业务档案管理制度和考核奖惩制度，为体育教师考核工作的制度化、规范化打下基础，并在全面考核的基础上做好体育教师的晋升工作，以达到合理使用人才的目的。

2. 体育教师队伍规划

（1）体育教师队伍规划的目标

教师队伍的规划目标是建设一支能坚持正确政治方向、数量适度、质量合格、结构合理、充满生机与活力的教师队伍。坚定正确的政治方向是我国社会主义教育事业的要求，应当要求广大教师热爱祖国，坚持四项基本原则，自觉学习马克思列宁主义、毛泽东思想、邓小平理论、"三个代表"重要思想、科学发展观以及习近平新时代中国特色社会主义思想，忠诚社会主义教育事业，以身作则，为人师表，教书育人，全面贯彻党的教育方针；数量适度要求学术教师队伍的教师数量要与学校的发展规模相适应；质量合格要求教师政治思想水平高、学术造诣深、教学科研能力强、教学效果好；结构合理要求教师队伍中教师的年龄、学历、职务、专业、技能、性格等因素要有一个合理的构成状态。

（2）体育教师队伍建设的具体指标

具体指标包括教师队伍的数量、教师队伍的质量、教师队伍的结构和师资队伍的培养四个方面。

（3）体育教师队伍建设的实施措施

学校教师队伍建设的目标一旦确定，就应当要求有实现规划目标的具体措施。要把好选录教师的"进入"关，做好教师的补充工作；要加强做好中青年教师的培养工作，分别提出培养的方案、措施；要加强学术梯队建设；要健全考核制度，做好考核工作；要做好教师队伍的调整工作；要提高管理水平。

3. 体育教师的培训

体育教师培训是指为提高体育教师的质量而实施的专门教育。体育教师培训的形式主要有短期培训班、专业合格证书培训班、学历证书班（包括大学专科班、大学本科班）、助教进修班、研究生班以及岗位培训等。其培训方式主要有脱产、半脱产、函授、电大、夜大学以及自学等。

（五）体育运动场地设施与器材管理

体育运动场地设施与器材管理是加强学校体育运动物质条件保证的重要环节。在其管理过程中，只有做到按计划购建、合理保管、及时供应、充分利用、科学保养、修旧利废、余缺调剂，才能有效地发挥出体育运动场地器材的最大效用，我国在《学校体育运动工作条例》中明文规定："学校的上级部门和学校应当按照国家或地方制定的各类学校体育运动场地器材、设备标准，有计划地逐步配齐。体育运动器材应纳入教学仪器供应计划。新建、改建学校必须按照有关场地、器材的规定进行规划、设计和建设。"

1. 学校体育运动场地设施管理

（1）制定管理制度与使用计划。管理制度包括学校场地使用规定、场地管理人员岗位责任制、场地目标管理条例等。使用计划主要指场地修建维修计划、教学、训练、竞赛使用计划、经费预算等。体育运动场地必须由专人管理，可根据各学校场地的大小，按情况决定管理员数量。

（2）定期对场地进行保养和维护。首先，要保证场地的安全性，例如，足球场坑洼不平的地方要进行修复；跑道上的石块要清理干净；单杠等健身器材要定期检查，拧紧螺丝；游泳池要订立专门的安全守则。做到仔细检修体育运动场地设施，保证场地的标准化使用，并做好防火、防盗等安全保卫工作。其次，还要延长场地设施的使用寿命。例如，篮球架、单双杠等设施油漆剥落要及时补修；田径场跑道要定期进行平整；足球场的草坪要定时剪修、浇水；场地的一些边界线条容易磨损，要定期进行修补；木板场地要定期进行保养等。

（3）协调场地的使用，做到合理、高效。在保证开展学校体育运动各项活动，正常使用体育运动场地设施的前提下，可向社会开放体育运动场地，扩大学校与社会的联系交往，提高场地使用率并适当提高其经济效益。但必须加强管理，统一安排。

（4）合理布置，优化场地布局。注意体育运动场馆的清洁卫生与环境美化。学校体育运动场地设施的优化配备及良好的环境条件是促使学校体育运动管理目标顺利实现的重要因素之一。

2. 体育运动器材管理

（1）体育运动器材的登记与保管。学校体育运动器材应设专人进行管理，应对所有体育运动器材的种类、名称、性能、用途、数量、单价、金额和存放地点等登记编号，分类编制目录、设置账卡、详细记载。管理部门应设置"固定资产明细账""材料明细账"和"低值易耗明细账"三本账簿，对体育运动器材实行统一、严格、有序的管理。

（2）体育运动器材的使用。要建立体育运动器材设施使用的规章制度，并设专门机构及人员负责严格执行和遵守规章制度。对体育运动器材的领用和借用，要认真履行借领手续。归还时，管理人员应和借领人员一起检验物品的数量与质量，如有损坏，要严格按规定赔偿或修好后方可归还；体育运动器材使用过程中，要经常检查清理，除进行数量的清点外，还要检查器材使用、维修情况，检查有无长期闲置或损坏的器材，对闲置或积压的器材设施可变价处理；对使用不当或保养不当而导致损坏的器材可先行修理，对已损坏且不能修复的器材及时报废或报损，以防止使用中发生事故。另外，在使用中应切实加强领导，对学生和教师进行爱护器材的教育，推行责任制，贯彻"谁用、谁管、谁负责"的原则，实行交接与奖惩制度，以提高体育运动器材的使用管理水平。

（3）定期对器材进行保养。定期保养体育运动器材可以大大延长器材的寿命，还能保证器材的使用质量。不同器材的维修周期不同，一些比较耐用的器材，维修周期可以长些，可以以月、季、学期为标准，一些损耗较大的器材维修周期要短些，以天、星期为标准，另外一些损耗特别严重的如乒乓球、羽毛球，则要以一节课为标准。另外，为了防止和学生自带的器材发生混淆，可在学校的器材上留下标记，以便区分。基于此，在对器材进行保养的同时也要检查标记是否脱落或模糊不清。

（4）定期补充器材。由于器材有必然的损耗，一种是使用过程中的正常损耗所导致，另一种则是由于个别学生的恶意破坏导致。这就要求教师对学生严格要求，给予正确的指导，以尽量避免不必要的损耗。另外，在器材补充当中，被淘汰的器材要集中存放。补充器材要根据需要来进行，不要造成浪费。发现存在有质量问题的器材时，要马上找供应商进行解决。补充器材的周期因不同学校的不同情况而定，主要是按需补充。

（六）学生体质与健康管理

学生体质与健康管理内容应包含以下四个方面：

1. 明确目标，正确决策

学生体质与健康状况是学校教育工作的一件大事，它与学校的每一位教育者都有很强的联系性，每一个人都承担着改善学生体质状况的责任。只有认清这一点，才能够正确收集信息、选择最佳方案开展学校的体质健康工程建设。

2. 建立组织，定期检查

学生的体质与健康工作应由学校主管校长（或分管副校长）领导，由体育运动教研（组）会同保健科（室）在各班主任的协助下定期进行。一般在新生入学与毕业时，都应进行全面测定。体质测试有三方面的内容：一是身体形态的检测，包括体格的生长状况、身体形态的比例是否协调、体重状况等；二是身体机能的检测，包括心律、血压、呼吸量等新陈代谢功能；三是运动能力的素质检测，包括速度、力量、耐力、灵敏、柔韧等方面的素质检测。

3. 建立学生健康档案

健康档案能够反映出一名学生体质的发展情况，进行存档有助于分析学生的体质健康发展规律。建立学生健康档案，对所测的各项数据进行分类和统计，并把结果记录在一张完整的卡片上，要求有明确的检测日期和系统连贯性。

4. 分析研究，提出改进措施

在检测的基础上，对全校学生的体质数据进行总体分析，并绘制健康图表。根据图表资料进行纵向和横向的比较，找出差距，提出改进措施。

（七）学校体育运动经费管理

1. 学校体育运动经费管理的目标及任务

学校体育运动经费的管理是指对学校体育运动经费进行合理的计划、使用与监督检查等工作。管理的目的是加强经济核算，讲究经济效益，提高管理水平，为学校体育运动发展提供经济保障。学校体育运动经费管理的主要任务包括编制并负责执行学校体育运动各项工作经费计划和预算，切实管理好各项体育运动资金；拟定学校各项体育运动工作经费使用管理制度及实施细则；监督检查学校各项体育运动工作经费使用的情况与计划执行情况，分析考核各种体育运动经费的使用效果，使有限的体育运动经费发挥出最大的效益。

2. 学校体育运动经费的收入来源

学校体育运动经费的收入来源主要有事业拨款、学校筹措、社会集资和自行创收等。事业拨款是从教育行政部门按学生人数下拨的教育事业经费中用于体育运动的部分，它包括用于维持正常学校体育运动工作开展的体育运动维持费和用于购置大型体育运动设备所用的体育运动设备费，以及学校体育运动场馆建设专项经费等；学校筹措是学校内部从创收、校办产业等方面划拨给体育教师的奖励及福利经费，一般用于体育教师的课时酬金补贴；社会集资是学校或体育运动教学部（室）因举办重大比赛、参加重大比赛和体育运动场馆建设等向社会各界募集得到的赞助费；自行创收则是由体育运动教学部（室）通过合法的手段向师生和社会人员提供有偿服务而获得的收入。

3. 学校体育运动经费的支出

学校体育运动经费的支出一般包括维持正常体育运动教学、课外群体活动、运动队训练竞赛、场馆器材维护、图书资料添置的体育运动维持费；购置大型体育运动器材设备的体育运动设备购置费；建设体育运动场馆的专项建设费；体育教师和行政后勤人员的奖励、福利经费和后勤经费；用于体育运动管理机构的日常办公经费等。

4. 学校体育运动经费的预算

学校体育运动经费的预算，一般是按年度对体育运动教育的各项经费进行收支预算。学校体育运动经费预算的依据在于国家和学校的有关财政法规制度；当年度学校经费预算的指导思想；学校对经费预算的内容要求；上年度收支指标完成情况分析和决算财务分析；本年度开展学校体育运动工作所需要的经费预测或者与上年度相比主要增减项目；本年度学校体育运动自我创收经费估计；熟悉预算科目和预算表格。在体育运动教学部（室）在体育运动经费的使用和管理过程中，应当严格执行国家和学校制定的财务制度与经费使用办法，本着勤俭节约的原则，依据财务管理的规定和权限履行相应的报批手续。

（八）学校体育运动科研与信息管理

1. 学校体育运动科研管理

学校体育运动科研管理的目的在于有效地组织开展学校体育运动科研活动，提高科研管理水平，调动广大体育教师体育运动科研的积极性，提高科研效率，从而获得更多更好的科研成果，促进学校体育运动事业的发展。

2. 学校体育运动信息管理

学校体育运动信息管理是指对学校体育运动各种信息的收集、加工、利用和储存的一系列活动过程。学校体育运动信息的主要表现形式是反映学校体育运动发展状况与趋势的情报、资料。如体育运动教学档案，学生体质测定，业余运动训练的各种资料、数据，学校各种体育运动和竞赛活动的情况记载、成绩记录，体育教师科研情况及科研成果，有关学校体育运动发展状况的各种统计资料、报表，以及各种体育运动报刊等。学校体育运动信息管理应加强对各种信息的收集、汇总、加工、处理、分析、储存与传递，使之形成相互协调、密切结合的运转机制。还应创造条件，逐步推广运用电子计算机，建立一个"灵敏，准确、及时、适用"的学校体育运动信息管理系统。

五、高校体育运动管理体制

高校体育运动管理体制是高校体育运动的管理机构设置、权限划分和管理制度等的总称。建立与健全高校体育运动管理体制是保证政令畅通、充分发挥各方面积极性的重要措施，也是为高校体育运动提供组织保证的重要措施。我国高校体育运动管理体系作为学校管理体系的重要分支，可分为高校体育运动外部管理系统（政府行政部门、社会体育运动组织）（如图3-8所示）和高校体育运动内部管理系统两个方面。

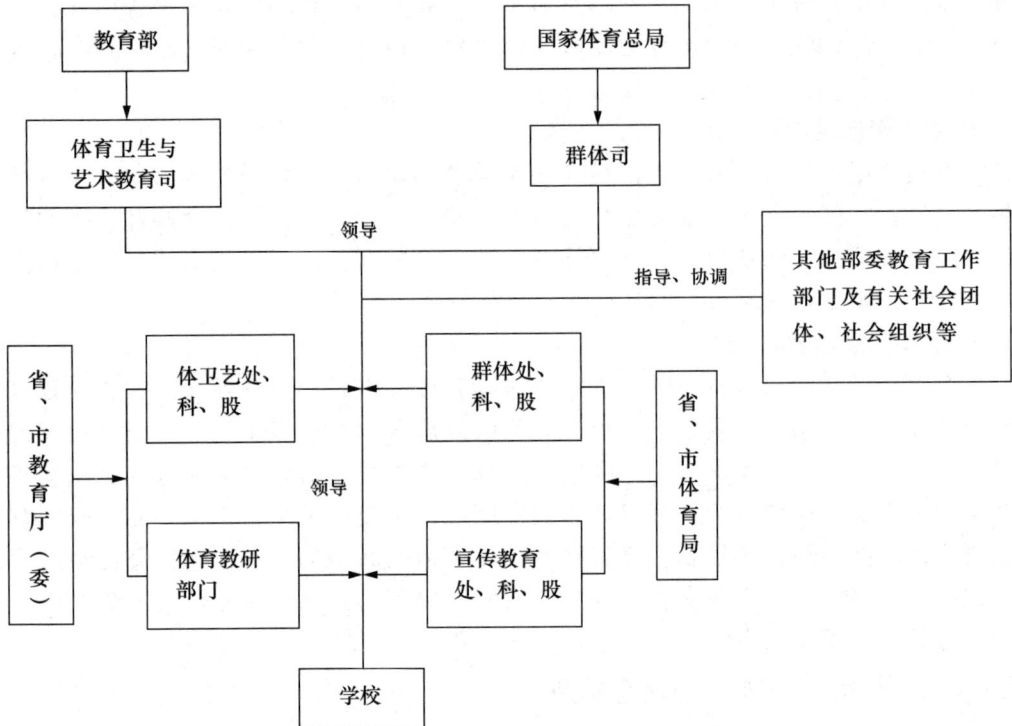

图 3-8　我国高校体育组织管理体系

（一）高校体育运动外部管理系统

1. 各级教育行政部门

国家教育部体育运动卫生与艺术教育司是全国各级各类学校体育运动工作的最高行政领导机构，负责领导、监督、检查高校体育运动工作，其具体职责包括制定高校体育运动总体发展规划和目标；制定高校体育运动工作的方针、政策及有关的规章制度、管理办法，督促检查贯彻落实情况；领导和组织全国学生运动会，组织参加世界性学生体育运动竞赛；组织高校体育运动发展战略研究，开展国际性体育运动学术交流等。

各级教育行政部门均设有相应的体育运动管理机构，省、直辖市、自治区教育部门设有体卫艺处以对高校体育运动进行宏观管理。

2. 国家有关局、部、委及各级地方局、委主管学校体育运动管理的部门

国家体育运动总局群体司设有专门的学校体育运动管理部门，协同领导和组织全国学校体

育运动教育工作；其他有关部委也设有专门管理高校体育运动工作的机构和人员；各级地方体育运动局、委也相应地设有学校体育运动工作的机构和人员，负责管理高校体育运动工作。

3. 社会体育运动组织

我国高校体育运动的社会组织是由学术研究团体和学生体育运动团体构成的。社会学术团体包括中国教育学会、学校体育运动研究会、中国体育运动科学学会及学校体育运动专业委员会。前两个属于教育部门的社会团体组织，后两个属于体育运动部门的社会团体组织。各省、直辖市、自治区，地、市、县教育部门或体育运动部门一般也设有相应的高校体育运动的研究组织。它们负责开展高校体育运动学术交流活动，组织有关高校体育运动现状及发展的重点科研课题的研究，普及和宣传高校体育运动工作，开展高校体育运动工作的调查研究，向教育、体育运动行政管理部门提供咨询材料及合理化建议，举办各种培训班及学习班，组织出版和推广有关学校体育运动的书刊及科学研究成果，开展高校体育运动国际学术交流活动等。

学生体育运动团体主要指全国大学生体育运动协会。全国各地也相应地建立了大学生体育运动协会，其基层组织是大学生体育运动协会或学生体育运动俱乐部。学生体育运动团体的任务是组织全体学生参加体育运动，增强学生体质；选拔有条件的学生参加课余体育运动训练，发现和培养优秀的体育运动后备人才及优秀的体育运动人才。大学生体育运动协会还组织全国性大学生体育运动竞赛，进行高校课余体育运动训练工作的评估及培训；承接世界大学生体育运动协会有关比赛任务，参加世界性大学生体育运动比赛和体育运动交流等。

此外，我国各社会团体（工会、共青团、妇联、青联、学联等）和体育运动组织（中华全国体育运动总会及所属各单项运动协会、中国体育运动科学学会等）均设有对体育运动教育进行指导、研究和协助管理高校体育运动工作的机构或组织。这些团体在全国也都有相应的机构，它们接受上级的领导，在全国和各地的高校体育运动工作中发挥自己的作用。

（二）高校体育运动内部管理系统

1. 高校体育运动管理的领导系统

校长或副校长对高校体育运动工作全面负责。其具体职责是提出学校体育运动工作的总目标，制订高校体育运动工作计划；加强对体育运动学院（部）和体育教师的领导；经常深入实际，检查体育运动教学和课外体育运动；根据高校的规模与结构、配备体育教师。关心体育教师的生活，帮助他们提高政治思想和业务水平；加强体育运动宣传，明确体育运动在高等教育中的地位和作用，动员全体教职工关心学生身心健康；对高校的体育运动工作提供必要的物质保障。

教务处的具体职责是在校长授权下，管理全校体育运动教学工作，安排全校的体育运动教学和课外体育运动；督促检查日常体育运动教学工作，研究教改措施；安排体育教师进修，不断提高教师的思想水平，组织学生进行体质健康监测。

财务处、后勤处、设备处的具体职责是合理安排体育运动经费，购置必要的体育运动设施和器材，负责场地建设和维护、设备维修；教育后勤人员支持体育运动工作，做到服务育人。

2. 高校体育运动管理的组织实施系统

（1）体育运动学院（部）具体负责全校的体育运动工作，其主要职责如下：

①根据党的教育和体育运动方针以及上级部门的体育运动工作计划、文件精神，结合高校

的工作计划及高校的具体情况，与学校有关部门制定必要的规章制度，制订体育运动工作计划并提交校领导审批，定期向学校领导汇报工作。

②组织好教研室的政治、业务学习，认真开展教研活动，督促教师认真备课，定期检查教师的教学工作。积极组织教师从事体育运动教学改革，主动关心他们，充分调动其积极性。

③认真组织和领导早操及课外体育运动，积极推行《国家学生体质健康标准》，开展对学生的身体机能、素质的测定工作，建立学生健康卡片，不断改进高校体育运动工作。

④组织开展课余体育运动训练和校内外各项体育运动竞赛活动。

⑤协助后勤、设备部门做好场地器材的修建、选购、维修和保管工作，教育学生爱护体育运动设施。

⑥做好体育运动的宣传教育工作，积极培养开展学校体育运动工作的骨干力量。

（2）体育教师是高校体育运动工作的具体执行者，其主要职责如下：

①认真学习国家的教育、体育运动方针，忠诚党的教育事业；热爱高校体育运动工作，掌握增进学生身心健康的手段和方法，圆满完成高校体育运动教学任务。

②根据上级对体育运动工作的有关指示及学校体育运动工作计划，认真研究教学大纲和教材。

③深入了解学生和教学实际情况，制订好各种体育运动教学工作计划。

④认真备课，努力上好体育运动课，并加强自身业务学习及科研训练，不断提高教学质量。切实组织好早操，积极推行《高等学校体育运动工作基本标准》，认真做好运动队训练工作和校内外各项体育运动竞赛工作。

⑤以身作则，教书育人，全面关心学生的成长。及时总结工作中的经验教训，定期向领导汇报情况，积极提供合理化建议。

（3）学生体育运动组织是开展高校体育运动工作的基本活动单位，其主要职责和任务如下：

①根据学校及体育教师的有关工作安排，积极组织学生参加各种体育运动及训练活动。

②积极做好高校体育运动的宣传工作。

③在体育教师的指导下，组织各种丰富多彩的体育运动，开展学院之间的体育运动竞赛并热情为同学们服务。

④选拔学生组织中的体育运动优秀人才担任体育运动干部，积极参加学生体育运动的组织、管理工作，发挥体育运动组织的骨干作用和模范作用。

六、加强高校体育运动管理的有效途径

高校高水平业余运动队的管理体制，是高校体育运动管理体系中的一个分支，是巩固、发展、提高大学生运动队的重要因素。所谓科学管理就是对学校具有体育运动专项特长的运动员，进行思想政治教育、专业学习、运动训练、比赛、后勤等全面系统、有计划、有组织地控制和指导，使其成为有科学文化和较高体育运动技术能力人才的目标。实践证明，大学生业余运动队训练工作开展的质量，关键取决于科学管理。

（一）健全并加强领导机构，搞好管理体制是大学生运动队发展的关键

高校高水平运动队的组建、训练、发展与提高是一个多因素、多层次、复杂的系统工程（如图 3-9 所示），在众多的要素面前，科学管理尤为重要，然而搞好科学管理体制，领导班子是

```
                ┌── 定期检查运动队情况 ──┐        ┌── 运动队训练补助 ──┐
 省教委 ────────┤                        ├────────┤ 参加大型比赛       │
 体卫处         └── 拨一定专款经费 ──────┘        │ 服装、器材         │
                                                  └────────────────────┘

                                              ┌── 1. 学习年限
                                              ├── 2. 课程设置
            ┌── 教务处 ── 专业性质 ──────────┤── 3. 教学计划
            │                                 ├── 4. 教材安排
            │                                 └── 5. 教师
            │
            │                      ┌── 思想教育 ──┤── 1. 政治学习、生活会
            │                      │              ├── 2. 校纪校规
            │── 学生处 ────────────┤              └── 3. 班主任
            │                      ├── 学籍管理
            │                      └── 毕业分配
            │
            │                      ┌── 参与高招选拔队员 ──┤── 1. 体育专项加试
            │                      │                       ├── 2. 录取新生
            │                      ├── 与校各部门联系 ─────┴── 3. 建立运动员档案
 校行政     │                      │
 领导组 ────┤                      │                       ┌── 1. 教练员聘任与管理
            │                      │                       ├── 2. 训练计划
            │── 体育部 ────────────┤── 训练、比赛 ─────────┤── 3. 教书育人
            │    (室)              │                       ├── 4. 竞赛计划
            │                      │                       └── 5. 奖惩制度
            │                      │
            │                      │                       ┌── 1. 建立党团组织、各种规章制度
            │                      │                       ├── 2. 生活标准，训练补助
            │                      ├── 生活管理 ───────────┤── 3. 学习、生活纪律
            │                      │                       └── 4. 服装、器材
            │                      │
            │                      │                       ┌── 1. 经费预算、场地、器材、维修、购置计划
            │                      └── 训练设备 ───────────┤── 2. 器材保管、使用制度
            │                                              ├── 3. 电化教学
            │── 总务 ──────┤── 1. 场馆设施建设            └── 4. 图书资料
                 后勤处     └── 2. 运动员食宿安排
```

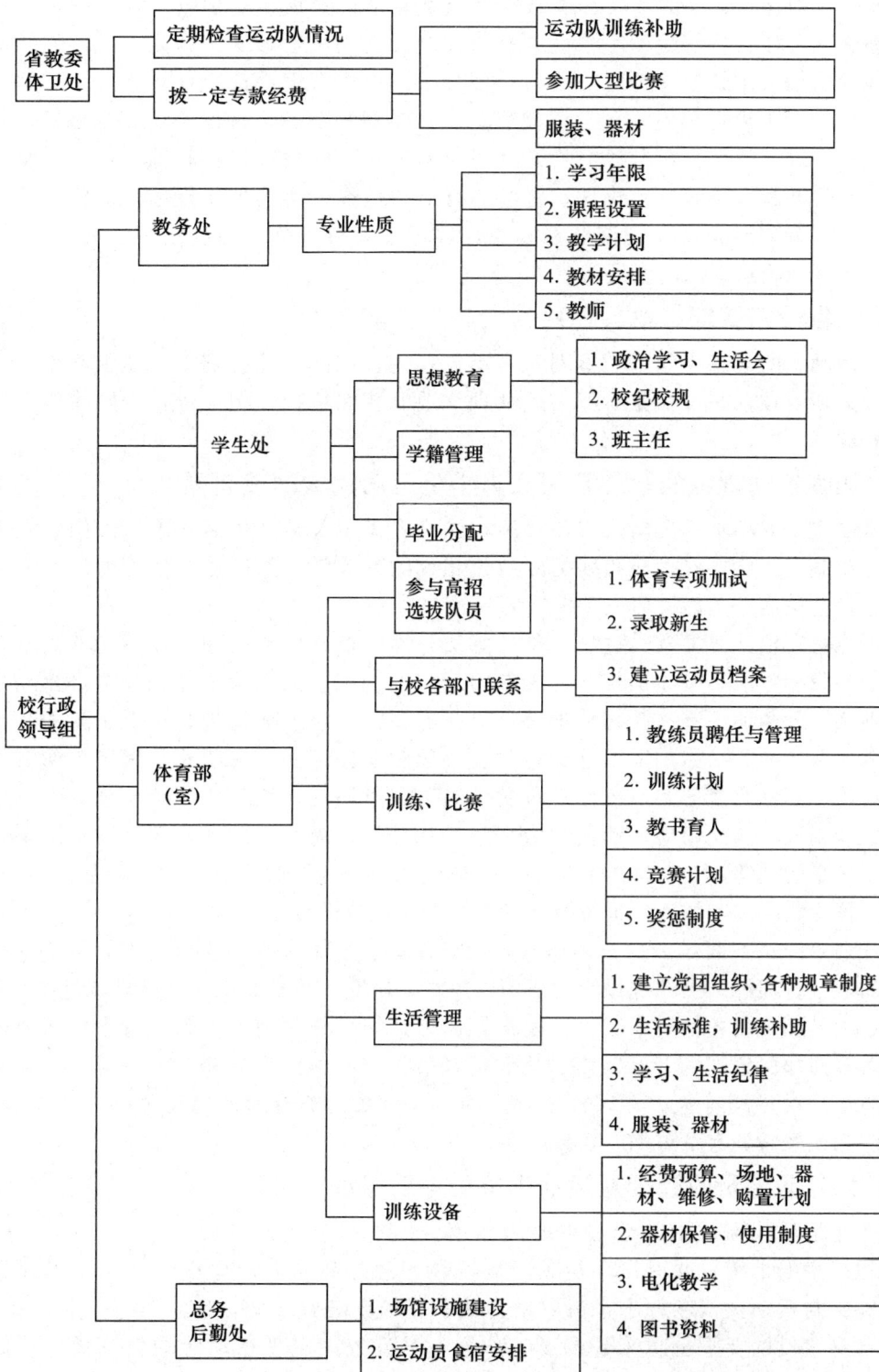

图 3-9 高校高水平运动队管理体制系统工程

— 81 —

关键。学校领导对体育运动的重视程度直接影响运动队的发展，若学校领导重视，组织机构健全，管理科学化，那么学校运动水平高并有成效，反之则流于形式。因此，学校领导班子应在一名主管体育运动工作副校（院）长的直接领导下，由体育运动部主任、教务处、学生处等单位组成领导体制，下设办公室，包含学籍管理、政治思想教育、训练、比赛、后勤保障等。配备一定的专职干部，聘任具有丰富经验又有一定训练水平的教师担任教练工作。各组要制定完整的规划，有长期和短期的目标管理，有计划有目的地逐一落实各项措施和实施办法。制定各种规章制度，明确职责范围，定期监督检查，实现管理科学化、制度化、政策化，才能更快、更好地促进高校业余运动队的发展与提高。

（二）严密学籍管理，培养合格的大学生专业人才

大学生运动员的学籍管理，既不同于省市专业的训练队，又有别于普通大学生。运动员的学习和训练必须兼顾，并且专业学习与运动训练要互相照应，互相促进，否则将给学习和训练带来消极影响。

（三）加强运动训练的管理是提高大学生运动成绩的重要因素

国家教委提出的高水平运动队奋斗目标，能代表我国大学生最高水平参加国际性大学生的各项体育运动竞赛，并要取得与我国国际地位相称的好成绩。怎样能在较短的时间内尽快达到国际水平，是值得当今各高校研究和探讨的问题。

运动训练是一项十分复杂的过程，是教练员与运动员共同参与相互作用的双边活动，只有采取科学的手段和方法来指导训练，才能获得理想的训练效果。为了达到任务和预期目的，就必须加强训练计划和训练课的管理。训练计划是有目的、有任务地进行训练工年的依据。全年训练中完成什么任务、指标，采取什么方法、手段和安排都要方向明确，制定出切实可行和针对性强的训练计划。实践证明，严格的科学训练不仅可以使训练工作积极主动，而且按一定目标、任务、计划训练还能调动运动员自觉训练的积极性。因此，运动队训练前一定要制定好大纲和系统、科学的训练计划。其中，训练计划要包括政治思想教育、心理意志品质、身体素质、基本知识、技术、战术与技能的训练及运动精神和队风建设教育。

训练计划要针对不同年龄、身体素质、运动能力、技术水平的实际情况，区别对待，有计划、有目的地进行训练。在训练过程中要不断总结、研究，使科研工作与运动训练结合起来。

要制定运动训练的各种规章制度，如常年训练计划、每周训练次数、每次训练时间、明确寒暑假和大赛前如何集训、考勤制度、优秀运动员与三好学生评比条件，教练员、运动员训练生活补贴与运动员成绩等级、等级标准，全国、省市及大赛成绩的奖惩办法等，促进教练员、运动员训练和比赛做到有章可循、照章办事。

（四）搞好教练员的管理是运动训练的重要保证

教练员在运动队训练中起着很重要的作用，他不但直接指导运动员的心理、身体素质、运动技术和战术的训练，并对运动员的赛场赛风、意志品质等产生极大影响，因此教练员自身素质的优劣与运动员（队）水平有着密切关系。当今随着运动训练，科学文化水平的提高，对教练员自身素质的要求也越来越高了。作为一名高校高水平运动队的教练员，不但要抓好训练工作，还要管理专业学习，并且时刻关心运动员的思想和生活，处理好教练与运动员之间的关系，通力合作，共同完成训练任务。实践证明，只有高水平的教练员才能训练出高水

平的运动员（队）。

（五）后勤管理不可忽视

运动训练的后勤管理工作是直接关系到运动队成绩提高的重要因素。一般大学体育运动经费较少，场地器材尚不能适应训练需要，这就要加强管理，提高效益，制定好预算，合理分配体育运动经费。例如，运动队训练经费应专款专用；经费要保证急需和重点，要发扬艰苦奋斗精神，尽量节省开支，充分利用现有的场馆、器材；加强保养和维修，延长使用寿命，制定严格的使用、保管制度；运动员的服装器材要有计划按规定供给，运动员的训练补助，优秀运动员多给一些，一般运动员少给一些，打破吃"大锅饭"的办法，训练补助实行升降级制，有利于运动队的建设和发展。

总之，高校高水平运动队业余训练，关键取决于领导重视和科学管理，向管理要成绩，向管理要效益。科学管理实际上就是对人力、物力、财力、信息的组织，调动其积极性，经过科学的计划和分配，使其发挥更大更好的作用，使运动训练健康发展，保证运动成绩的稳步提高，培养出一流的大学生。

第四章　当代大学生体育运动的效果衡量与评价

第一节　体育运动效果衡量与评价的指标

一、《大学生体育运动合格标准》的意义

根据《学校体育运动工作条例》规定，在总结我国高校体育运动实践的基础上，原国家教育委员会于 1990 年颁布了《大学生体育运动合格标准》。《大学生体育运动合格标准》（以下简称《合格标准》）是国家"对每个大学生接受体育运动教育状况进行检验的具体尺度，是对大学毕业生个体评价的重要内容，也是落实学校教育目的的重要手段"。高等学校施行《合格标准》，对于全面贯彻德、智、体全面发展的教育方针，鼓励学生经常运动，不断增强体质，提高自我保健能力和健康水平，成为社会主义现代化建设需要的合格人才，全面实现高校教育目的都有十分重要的意义。

1. 《合格标准》明确了高校体育运动的方向，进一步确立了体育运动在高校教育的地位。《合格标准》改变了过去单纯以运动技术、技能评定成绩的不科学做法，明确规定："从身体形态、身体素质及体育运动课、课外体育运动等方面综合评定学生成绩。"实际上，这一改变是体育运动教育思想的根本转变，它反映了体育运动增强体质的本质属性，要求体育运动教育必须从原来的竞技体育运动体系转变到健身体育运动体系的轨道上来，为高校体育运动的发展指明了方向。

2. 《合格标准》明确了高等教育合格人才的体育运动标准，进一步增强了大学生运动身体的自觉性和积极性。《合格标准》是促进大学生德智体全面发展的教育手段，作为大学生接受体育运动的个体评价标准，也是大学生是否合格、能否毕业的一项必备条件。《合格标准》还规定，评定学生体育运动成绩既包括体育运动课和课外运动的成绩和情况，也包括体育运动课程教学和课外体育运动的实际效果——身体形态、身体机能和身体素质。这是需要持之以恒的体育运动健身实践才能取得的，而且也是每一个合格人才所必须达到的要求，这就要求每一个大学生，把认真接受体育运动教育与自我完善、培养合格人才有机地结合起来，坚持经常、自觉积极地参加体育运动。

3. 《合格标准》指明了高校体育运动改革的有效途径，进一步促进高校体育运动的发展。《合格标准》为高校体育运动的改革发展指明了一条广阔的道路，它要求高校体育运动与德育、智育结合，体育运动课内与课外结合，体育运动与卫生结合，而且从总体上与终身体育运动结合，在具体工作过程中，要求领导与群众结合，体育运动职能部门与其他各部门结合。这就为

高校体育运动改革从指导思想、方向、内容，到具体措施和工作方法等方面，提出了新的任务和更高的要求，对高校体育运动的改革与发展产生巨大的推动作用。

二、《大学生体育运动合格标准》的结构

（一）评价体系构成的基本框架

从系统角度出发，阳光体育运动的运行需要学校建立相应的组织机构和管理制度，提供资源配置保障，通过体育运动教学、课外体育运动和宣传教育，使学生掌握体育运动知识与技能，养成体育运动习惯，树立正确的健康观念。通过《国家学生体质健康标准》的实施，检验学生身体素质提高状况，并反馈到决策机构和其他运行环节，从而实现"达标争优，强健体魄"的目标（如图 4-1 所示）。

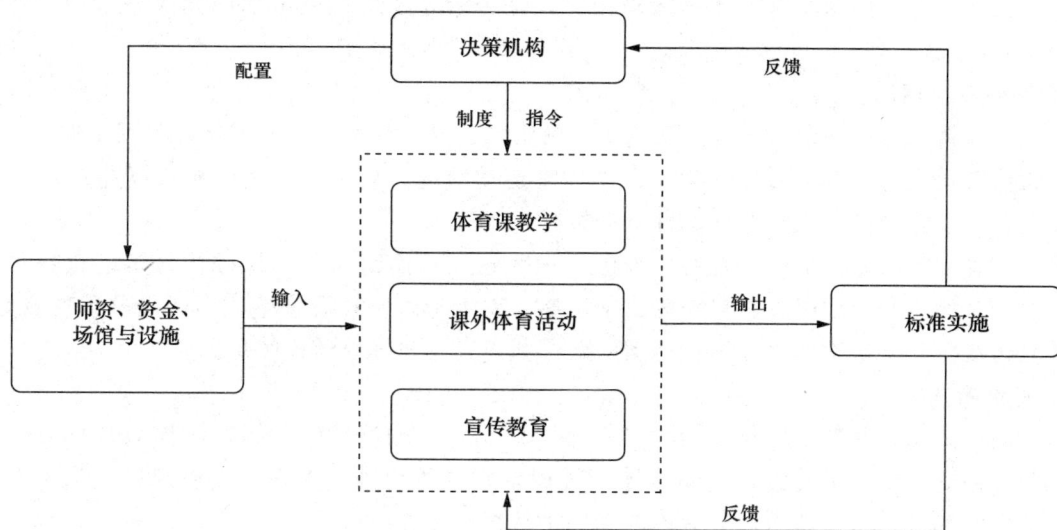

图 4-1 阳光体育运动系统运行图

1. 组织管理

主要通过机构设置和制度建设反映高校阳光体育运动组织管理体制和运行机制。

机构设置是指是否成立学校阳光体育运动领导小组，反映学校重视程度和团委、学工部、教务处等部门的支持力度，以及体育运动社团等高校基层体育运动组织建设。主要观测能否做到校长牵头、机构健全、职责明确，以及在学校注册的学生体育运动社团数量、覆盖面、会员人数等。

制度建设是指学校层面的阳光体育运动工作方案、《国家学生体质健康标准》实施方案及细则、课余体育运动管理制度、体育运动社团管理制度、落实学生每天一小时体育运动的时间安排、阳光体育运动教学工作量计算办法、学生安全保障制度、评比表彰制度等内容，主要观测各项制度是否完善和制度的落实、监督、检查、反馈及总结等方面。

2. 条件保障

通过师资队伍、专项资金和场馆设施三个方面，反映高校阳光体育运动资源要素投入情况。
师资队伍反映教师在阳光体育运动中发挥的主导作用和关注度，主要观测师生比和阳光体

育运动科研成果、培训与提高等情况。

专项资金是指学校设有阳光体育运动专项经费，侧面反映学校重视程度。主要观测专项经费占学校体育运动经费比例以及经费增长趋势。

场馆设施包括学校体育运动场馆设施和国家学生体质健康标准测试场地、器材，主要观测是否达到教育部相关标准要求，以及对学生开放情况。

3. 体育运动课教学

按照《全国普通高等学校体育运动课程教学指导纲要》精神，通过课程设置、课程结构和教学效果反映体育运动课教学对学生参加阳光体育运动的教育、引导功能。课程设置主要观测体育运动必修课程是否达到规定学时数和是否开设多种类型的体育运动课程。课程结构主要观测课程计划中体育运动与健康理论知识、运动技能传授和身体素质练习的比重。教学效果主要观测学生能否熟练掌握两项以上体育运动技能，是否引导学生积极参加阳光体育运动，有针对性地提高身体素质。

4. 课外体育运动

通过日常体育运动和课余体育运动竞赛与活动的引导，帮助学生养成体育运动习惯。

日常体育运动是指学生参加日常性课外体育运动情况，其主要观测学校及学生落实每天运动一小时、每周至少参加三次课外体育运动情况。

课外竞赛与活动是指学校、院系、班级、体育运动社团组织等的课外体育运动竞赛与活动情况，主要观测竞赛活动次数、覆盖面、学生参与率等，以及开展学生体育运动集体项目竞赛、特色体育运动等，丰富学生课外体育运动的形式和内容，并体现学校特色。

5. 标准实施

包括测试组织、测试结果和反馈指导三个二级指标。测试组织是指能按照教育部要求选择测试项目，面向全体学生实施，组织有序，数据真实可靠并按时上报，主要观测《国家学生体质健康标准》测试组织管理的规范化程度和测试数据可靠性。

测试结果主要观测学生测试及格率及增长趋势。反馈指导是指能否充分发挥《国家学生体质健康标准》的教育和激励功能、反馈功能、引导运动功能，主要观测测试结果能否及时反馈，并根据结果为学生制定科学健身方案。

6. 宣传教育

宣传教育包含宣传力度和宣传效果两个二级指标。

宣传力度是指通过校园网、电视台、校报、展板、宣传栏等传播阳光体育运动与健康知识，以及举办阳光体育运动论坛、知识竞赛、专题讲座等情况。主要观测传播手段的多样性、有效性和次数。

宣传效果是指学生对阳光体育运动理念与健康知识，以及"健康第一、达标争优、强健体魄""每天锻炼一小时，健康工作五十年，幸福生活一辈子"等口号的认知和掌握情况。

（二）内容与计分

《合格标准》规定："从身体形态、身体机能、身体素质及体育运动课、课外体育运动方面综合评定学生体育运动成绩，《合格标准》按百分制计分。"具体规定如下：

1. 开设体育运动课的年级，学生成绩的评定办法：

（1）身体形态满分为 10 分，用维尔维克指数评定，即体重（kg）＋胸围（cm）/身高（cm）×100。

（2）身体机能满分为 15 分，用肺活量指数评定，即肺活量（ml）/体重（kg）。

（3）身体素质满分为 15 分，按《国家体育运动标准》达标成绩评定。

（4）体育运动课程成绩满分为 50 分，按体育运动课程总成绩评定，其中理论知识满分为 10 分，其他为 40 分。

（5）课外运动满分为 10 分，按早操、课外体育运动的出勤表现评定。

2. 未开设体育运动课的高年级学生，体育运动成绩的评定办法：

（1）身体机能满分为 15 分。

（2）身体素质满分为 55 分。

（3）课外体育运动满分为 30 分。

（以上三项的具体评定方法均同 1）

3. 属下列情况之一者，奖励 3～5 分，不同项可累计加分：

（1）课外体育运动出勤达到应出勤次数的 98％以上，并认真运动者。

（2）《国家体育运动标准》达标成绩为优秀，或获等级运动员称号者。

（3）参加学生运动竞赛获优秀者。

（4）学生会和班级的体育运动干部，在组织各项体育运动中，工作认真负责者。

（三）测试与评分标准

《合格标准》中身体机能的测试按 1985 年《中国学生体质与健康调查研究检测细则》中有关方法进行；规定各项的实际得分之和为《合格标准》的最后得分；总分达到 60 分为及格，80 分为良好，90 分为优秀；每学年评定一次成绩，并记入《大学生体育运动合格标准登记卡》，达到《合格标准》良好成绩者方可被评为"三好"学生，获得奖学金；达到《合格标准》优秀成绩者，方可获得奖励学分；学生毕业时的《合格标准》成绩，按各年级（包括毕业当年）的平均成绩评定，凡平均成绩达到 60 分，同时毕业当年成绩也达到 60 分者，方可作为体育运动合格，准予毕业，否则不能毕业，按结业处理。

三、《大学生体育运动合格标准》的实施办法

（一）《合格标准》实施对象与范围

《合格标准》规定："《合格标准》在全日制普通高等学校中实行，适用于有正式学籍的本、专科在校学生（不含体育运动专业学生）。研究生或其他类型的高等学校学生可参照执行。"

（二）《合格标准》的组织

《合格标准》应在校（院）长领导下，由教务处、体育运动教研室（体育运动部）、校医院（卫生科、医务室）、学生工作部、辅导员（班主任）协同配合，共同组织实施，其职责是：

1. 教务处负责学籍管理和考试安排。

2. 体育运动教研室（体育运动部）负责身体形态、身体机能的测试和评定成绩。

3. 校医院（卫生科、医务室）负责身体形态、身体机能的测试和评定成绩。

4. 学生工作部负责组织各系辅导员（班主任）记载学生体育运动的出勤情况和评定成绩。

5. 各项成绩由体育运动教研室（体育运动部）汇总，并按照《合格标准》的要求，评定等级，记入《大学生体育运动合格标准登记卡》。

（三）《合格标准》的其他相关规定

1. "课外体育运动"出勤未达应出勤次数的85％者，该项成绩应记为不及格，该学年体育运动合格标准成绩最高记为59分。

2. 学生"课外体育运动"的应出勤次数和评分标准由学校确定，除特殊情况外，"早操"每周不得少于3次，"课外活动"每周不得少于2次。

3. 对患病或残疾学生，经医院证明，体育运动教研室（体育运动部）同意后可以免测部分项目，但须上保健课，换测其他项目，并注明原因和"保健"字样。

4. 《合格标准》中"未开设体育运动课的年级"系指体育运动必修课已结束的高年级。

5. 学生毕业时，《大学生体育运动合格标准登记卡》要放入本人档案，《大学生体育运动合格标准登记卡运行表》供各校执行《合格标准》时参考使用。

6. 各省（自治区、直辖市）教育行政部门对本地各高等学校施行《合格标准》的情况，要认真检查督促，对施行《合格标准》成绩卓越的学校和个人给予表彰奖励；对弄虚作假、徇私舞弊者给予批评教育，情节严重者给予行政处分。

7. 为使《合格标准》的实施更加科学合理、简便易行，各校（院）要创造条件，逐步使用计算机电子化管理，力求管理现代化、科学化。

四、体育运动效果的衡量标准

（一）体能的衡量标准

发展体适能的目的，不仅在于增进个人身体的健康，而且在于提高个人身体活动的适应能力。对体适能内容方面的选择，则应根据个人的需求不同而有所差异。然而，无论是与健康有关或与运动有关的体适能，彼此间是互相交叉联系，很难截然划分，都要通过运动训练才能达到其目标。

1. 运动指数

运动指数是根据运动者参与运动的强度、时间与次数等三个要素的乘积计算的，这是一种用来评价运动者目前运动水平的简单评定方法（见表4-1）。现已证实，运动指数与有氧适能的实验室测验（最大吸氧量直接测定法）的结果相关，即运动指数总得分与有氧适能高度相关。如果增加运动的强度、时间和次数，运动指数得分和体适能两者均会上升。

运动者究竟需要进行多少运动，才能使自己更了解运动的愉快和益处，是运动者必须做出的一个决定。当运动指数总得分等于或高于40分时，表明运动者的运动足够获得与身体运动相联系的许多健康益处。若增加运动的量或强度，运动者的有氧适能提高，将获得更多的健康效益。如果运动指数的总得分低于40分，运动者必须增加每天的运动，才可以获得与健康有关的更大的效益。

表 4-1 运动指数

运 动	分 值	日常运动量
强度	5	持续用力呼吸和出汗
	4	断续用力呼吸和出汗，如打网球、打壁球
	3	中度用力呼吸和出汗，如娱乐性竞技运动和骑自行车
	2	中等强度，如打排球、打垒球
	1	低强度，如钓鱼、步行
时间	4	＞30min
	3	20～30min
	2	10～20min
	1	＜10min
次数	5	每天或几乎每天都活动
	4	每周 3～5 次
	3	每周 1～2 次
	2	一月数次
	1	一月不超过 1 次
运动指数总得分＝强度×时间×次数		
运动指数 ≧ 40：表明进行的运动足以获得与身体运动有关的健康益处		

2. 体适能等级评价内容

体适能的状况与运动、健康的生活方式密切相关。表 4-2 为我们提供了一个评价运动、生活方式与体适能的量表，你可以迅速地对以下问题做出理性的回答："我满意自己目前的运动水平吗？我觉得需要开始一个新的训练方案吗？"如果自己对目前的状况不满意，就应该主动地投入到适宜的运动之中，改变不良的生活方式，直到对自己的状态感到满意为止。

表 4-2 体适能等级与评价内容

总得分	评价内容	体适能等级
100	积极运动的生活方式	优秀
80～100	运动和和健康的	良好
60～80	运动的	好
40～60	较满意	一般
20～40	不很够	差
＜20	不运动	很差

（二）体质健康的衡量标准

通过对大学生体质健康的每一项指标进行评价，我们可以了解学生在体质健康各个方面的具体情况和等级，教师可以根据每个学生的个体差异，对指标不够理想的同学，进行有针对性的指导，积极鼓励学生进步与发展，从而不断提高每个学生的体质健康水平。

表 4-3　大学一年级、二年级男生体质健康标准

等　级	单　项 得　分	肺活量	50m 跑	坐位体前屈	立定跳远	引体向上	1000m 跑
优秀	100	5040	6.7	24.9	273	19	3′17″
	95	4920	6.8	23.1	268	18	3′22″
	90	4800	6.9	21.3	263	17	3′27″
良好	85	4550	7	19.5	256	16	3′34″
	80	4300	7.1	17.7	248	15	3′42″
及格	78	4180	7.3	16.3	244		3′47″
	76	4060	7.5	14.9	240	14	3′52″
	74	3940	7.7	13.5	236		3′57″
	72	3820	7.9	12.1	232	13	4′02″
	70	3700	8.1	10.7	228		4′07″
	68	3580	8.3	9.3	224	12	4′12″
	66	3460	8.5	7.9	220		4′17″
	64	3340	8.7	6.5	216	11	4′22″
	62	3220	8.9	5.1	212		4′27″
	60	3100	9.1	3.7	208	10	4′32″
不及格	50	2940	9.3	2.7	203	9	4′52″
	40	2780	9.5	1.7	198	8	5′12″
	30	2620	9.7	0.7	193	7	5′32″
	20	2460	9.9	—0.3	188	6	5′52″
	10	2300	10.1	—1.3	183	5	6′12″

表 4-4　大学三年级、四年级男生体质健康标准

等　级	单　项 得　分	肺活量	50m 跑	坐位体前屈	立定跳远	引体向上	1000m 跑
优秀	100	5140	6.6	25.1	275	20	3′15″
	95	5020	6.7	23.3	270	19	3′20″
	90	4900	6.8	21.5	265	18	3′25″
良好	85	4650	6.9	19.9	258	17	3′32″
	80	4400	7	18.2	250	16	3′40″
及格	78	4280	7.2	16.8	246		3′45″
	76	4160	7.4	15.4	242	15	3′50″
	74	4040	7.6	14	238		3′55″
	72	3920	7.8	12.6	234	14	4′00″

等级	单项 得分	肺活量	50m跑	坐位体前屈	立定跳远	引体向上	1000m跑
及格	70	3800	8	11.2	230		4′05″
	68	3680	8.2	9.8	226	13	4′10″
	66	3560	8.4	8.4	222		4′15″
	64	3440	806	7	218	12	4′20″
	62	3320	8.8	5.6	214		4′25″
	60	3200	9	4.2	210	11	4′30″
不及格	50	3030	9.2	3.2	205	10	4′50″
	40	2860	9.4	2.2	200	9	5′10″
	30	2690	9.6	1.2	195	8	5′30″
	20	2520	9.8	0.2	190	7	5′50″
	10	2350	10	−0.8	185	6	6′10″

表 4-5　大学一年级、二年级女生体质健康标准

等级	单项 得分	肺活量	50m跑	坐位体前屈	立定跳远	仰卧起坐	800m跑
优秀	100	3400	7.5	25.8	207	56	3′18″
	95	3350	7.6	24	201	54	3′24″
	90	3300	7.7	22.2	195	52	3′30″
良好	85	3150	8	20.6	188	49	3′37″
	80	3000	8.3	19	181	46	3′44″
及格	78	2900	8.5	17.7	178	44	3′49″
	76	2800	8.7	16.4	175	42	3′54″
	74	2700	8.9	15.1	172	40	3′59″
	72	2600	9.1	13.8	169	38	4′04″
	70	2500	9.3	12.5	166	36	4′09″
	68	2400	9.5	11.2	163	34	4′14″
	66	2300	9.7	9.9	160	32	4′19″
	64	2200	9.9	8.6	157	30	4′24″
	62	2100	10.1	7.3	154	28	4′29″
	60	2000	10.3	6	151	26	4′34″
不及格	50	1960	10.5	5.2	146	24	4′44″
	40	1920	10.7	4.4	141	22	4′54″
	30	1880	10.9	3.6	136	20	5′04″
	20	1840	11.1	2.8	131	18	5′14″
	10	1800	11.3	2	126	16	5′24″

表 4-6　大学三年级、四年级女生体质健康标准

等　级	单　项得　分	肺活量	50m 跑	坐位体前屈	立定跳远	仰卧起坐	800m 跑
优秀	100	3450	7.4	26.3	208	57	3′16″
	95	3400	7.5	24.4	202	55	3′22″
	90	3350	7.6	22.4	196	53	3′28″
良好	85	3200	7.9	21	189	50	3′35″
	80	3050	8.2	19.5	182	47	3′42″
及格	78	2950	8.4	18.2	179	45	3′47″
	76	2850	8.6	16.9	176	43	3′52″
	74	2750	8.8	15.6	173	41	3′57″
	72	2650	9	14.3	170	39	4′02″
	70	2550	9.2	13	167	37	4′07″
及格	68	2450	9.4	11.7	164	35	4′12″
	66	2350	9.6	10.5	161	33	4′17″
	64	2250	9.8	9.1	158	31	4′22″
	62	2150	10	7.8	155	29	4′27″
	60	2050	10.2	6.5	152	27	4′32″
不及格	50	2010	10.4	5.7	147	25	4′42″
	40	1970	10.6	4.9	142	23	4′52″
	30	1930	10.8	4.1	137	21	5′02″
	20	1890	11	3.3	132	19	5′12″
	10	1850	11.2	2.5	127	17	5′22″

2014 年 7 月 18 日，教育部公布了最新修订的《国家学生体质健康标准》。学生体测成绩达到或超过良好，才有资格参与评优与评奖。其中，大学一年级、二年级为一组，三年级、四年级为一组。在各组中，身高、体重、肺活量、50m 跑、坐位体前屈都是必测项目，男生必须测 1000m 跑和引体向上，女生必须测 800m 跑和 1min 仰卧起坐。《国家学生体质健康标准）还指出，体测的学年总分由标准分与附加分之和构成，满分为 120 分。标准分由各单项指标得分与权重乘积之和组成，满分为 100 分；附加分根据实测成绩，对引体向上、仰卧起坐等加分指标进行加分，满分为 20 分。

各组学生按总分评定等级，90 分及以上为优秀，80 分至 89.9 分为良好，60 分至 79.9 分为及格，59.9 分及以下为不及格。

每个学生每学年评定一次，学生毕业时的成绩和等级，按毕业当年学年总分的 50% 与其他学年总分平均得分的 50% 之和进行评定。学生测试成绩评定达到良好及以上者，方可参加评优与评奖；成绩达到优秀者，方可获体育运动奖学分。对于测试成绩评定不及格的学生，在本学年度准予补测一次，补测仍不及格，则学年成绩评定为不及格。普通高中、中等职业学校和普通高等学校学生毕业时，《国家学生体质健康标准》测试的成绩达不到 50 分者按结业或肄业处理。

第二节　体育运动效果衡量与评价的内容

一、体育运动评价指标的选取原则

（一）科学性与系统性相结合的原则

评价体系应充分体现国家的方针政策，遵循教育和体育运动的客观规律，既要充分反映高校贯彻相关政策法规精神的行动，又要明确在推进阳光体育运动发展过程中存在的问题和薄弱环节，能比较系统、全面地反映高等院校阳光体育运动工作的基本条件、发展状态、管理水平及实施效果等。另外，评价普通高校学生阳光体育运动应包含客观指标和主观指标。客观指标是反映体育运动开展的实际数据，主观指标则是学校体育运动现象、校园体育运动文化和学校体育运动事业发展的主观感受。所以，在普通高校学生体育运动评价工作中，应多层次、多角度地选择能够全面反映学生阳光体育运动的指标，注意定性与定量相结合，主观指标与客观指标相结合。

（二）全面性与导向性相结合的原则

评价体系的设置必须能够全面反映学生体育运动领域的众多信息，科学把握阳光体育运动与《国家学生体质健康标准》实施、体育运动课教学、课外体育运动的关系，各项指标要从不同层面体现出普通高校阳光体育运动中体育运动资源与要素配置、体育运动的组织化、制度化程度和体育运动事业发展水平。评价体系应正确地体现阳光体育运动的发展状态和发展方向，在评价标准中对阳光体育运动工作影响较大的要素给予一定的倾斜。同时，使各项指标成为各高校对阳光体育运动工作进行自检的尺度，明确学校开展阳光体育运动过程中存在的问题和薄弱环节，激励学校不断加强学校体育运动工作，提高学生体质健康水平。

（三）通用性与兼容性相结合的原则

评价体系主要反映高校阳光体育运动的共性特征，但也能较好地反映各高校在阳光体育运动工作中所创造的好经验、好方法，以及在与体育运动课教学、课外体育运动结合等方面独具特色的内容与方法。评价指标应反映阳光体育运动工作的核心内容和重要环节，既要体现不同区域高校阳光体育运动的发展水平，又要反映在时间序列上普通高校阳光体育运动的发展进程，达到统计范围、统计口径及计算方法的一致性。

（四）简明性和可操作性相结合的原则

一方面，指标的选取要充分考虑数据的可测性和可操作性，数据可通过学校有关部门统计资料整理、问卷调查、实地考察等途径获得，其中一些无法计算或不稳定的数据指标，暂时不被列入评价指标。另一方面，评价指标不是越多越好，指标的选取应当力求简洁，还要注意各指标名称和含义的规范与准确，指标的项目内涵明确、重点突出，尽量做到不遗漏、不重复，以减少评价工作的时间和成本。如果评价体系中某个指标的数据不具有可操作性却非常重要，应当寻找相近的指标作替代，以免评价工作的科学性大幅度降低。

二、体能的测定与评价

（一）心肺功能的测定与评价

心肺功能适应能力是评定健康状况主要因素，也是进行耐力项目运动的基础。测量心肺功能适应能力最精确的方法是对人体的最大摄氧量（又称最大耗氧量）进行评价。由于直接测量最大摄氧量（VO_2max）需要昂贵的实验设备，研究人员设计了许多简便易行的实地测试方法来测量 VO_2max，下面介绍两种测试方法，分别是12min跑测试和台阶测试。

1. 12min跑测试

12min跑测试是目前国内外最简单的评价心肺功能适应能力的方法之一。运动生理学的研究表明，在12min内心肺适应水平高者比心肺适应水平低者能跑更长的距离。心肺适应水平也表示全身耐力的水平。

12min跑测试是美国人库珀，经过14年的研究而编成的。它的中心内容是通过一个人在12min内能跑多长的距离来评定他的健康状况。跑的方法是边呼吸边慢跑，直到喘气后可以减速，也可以走，记录12min所跑的距离，按实际跑的距离评定心肺系统健康水平。

12min跑测试最适合积极参加体育运动的大学生。由于其运动强度较大，故不适合30岁以上的脑力劳动者、身体条件较差者、关节病患者和肥胖者。

12min跑测试最好安排在温度适宜的季节，避开非常冷或非常热的天气。12min对体能状况较好的人来说，可以快跑也可以慢跑，而对于体能状况较差的人，就成了慢跑或走的测试。

解释测试结果很简单，表4-7是12min跑测试结果的参考性的标准。根据你的性别、年龄和完成时间，在表格的左面就可以发现心肺适应能力处于哪一等级。例如，21岁的男性大学生，12min跑完了2.35km，他的心肺适应能力属于一般。

表 4-7　用 12min 测试评价心脏适应水平的参考性标准（km）

等级	性别	年龄（岁）					
		13～19	20～29	30～39	40～49	50～59	60以上
很差	男	<2.1	<1.95	<1.9	<1.8	<1.65	<1.4
	女	<1.6	<1.55	<1.5	<1.4	<1.35	<1.25
较差	男	2.1～2.2	1.95～2.1	1.9～2.1	1.8～2.0	1.65～1.85	1.4～1.6
	女	1.6～1.9	1.5～1.8	1.5～1.7	1.5～1.7	1.35～1.5	1.2～1.35
一般	男	2.2～2.5	2.1～2.4	2.1～2.3	2.0～2.2	1.85～2.1	1.6～1.9
	女	1.9～2.1	1.8～1.9	1.7～1.9	1.6～1.8	1.5～1.7	1.4～1.5
较好	男	2.5～2.7	2.4～2.6	2.3～2.5	2.2～2.45	2.1～2.3	1.9～2.1
	女	2.1～2.3	1.9～2.1	1.9～2.0	1.8～2.0	1.7～1.9	1.6～1.7
好	男	2.7～3.0	2.6～2.8	2.5～2.7	2.45～2.6	2.3～2.5	2.1～2.4
	女	2.3～2.4	2.15～2.3	2.1～2.2	2.0～2.1	1.9～2.0	1.7～1.95
优秀	男	>3.0	>2.8	>2.7	>2.6	>2.5	>2.4
	女	>2.4	>2.3	>2.2	>2.1	>2.0	>1.9

注：参加12min跑测试的人，必须是平时进行长跑运动已有一个半月以上者，平时未经常慢跑运动者不要测试。

有时参加 12min 跑测试的人较多，而在 12min 内所跑的距离各不相同，出现了较难记录的情况，因此，就有学者研究出另一种方法来测试，即规定 2400m 的距离，看你用多少时间跑完来评定健康水平（见表 4-8）。

表 4-8 2400m 跑测试健康标准

等级	性别	年龄（岁）			
		30 岁以下	30～39	40～49	50 岁以上
很差	男	>16′30″	>17′30″	>18′30″	>19′30″
	女	>23′30″	>25′00″	>26′30″	>27′45″
差	男	16′30″～14′30″	17′30″～15′30″	18′30″～16′30″	19′30″～17′30″
	女	23′30″～20′45″	25′00″～22′10″	26′30″～23′30″	27′45″～25′00″
及格	男	14′30″～12′00″	15′30″～13′00″	16′30″～14′00″	17′30″～14′30″
	女	20′45″～17′10″	22′10″～18′30″	23′30″～20′00″	25′00″～20′45″
良好	男	12′00″～10′15″	13′00″～11′00″	14′00″～11′30″	14′30″～12′00″
	女	17′10″～14′30″	18′30″～15′45″	20′00″～16′30″	20′45″～17′10″
优秀	男	<10′15″	<11′00″	<11′30″	<12′00″
	女	<14′30″	<15′45″	<16′30″	<17′10″

2. 台阶测试

台阶测试是另一种评价心肺功能适应水平的方法。研究表明，心肺适应能力强的人比心肺适应能力弱的人在运动后 3min 恢复期内心跳频率低。台阶测试虽然不是最好的评价心肺功能适应状况的方法，但它的优越性在于，可以在室内进行，能适应不同程度身体条件的人，不需要昂贵的设施，并可以在很短的时间内完成。

男子台阶高度为 30cm，女子台阶高度为 25cm，根据男女身高的不同，对台阶高度还可作适当的调整。测试可按下列步骤进行：

（1）测试时找一个同伴，他将帮助你保持适当的踏跳节奏。节奏为每分钟踏 30 次上下，共 3min，可以让同伴用节拍器或声音提示你。因此，你需要 2s 上下各踏 1 次（也就是说，把节拍器设置为每分钟 60 拍，每响一下踏 1 次）。测试时左右腿轮换，每次上下台阶后上体和双腿必须伸直，不能屈膝。

（2）测试后，你应取坐姿，并即刻测量运动后 1min 至 1min30s、2min 至 2min30s、3min 至 3min50s 三个恢复期的心率。你的同伴帮助你计时，并记录运动后心跳次数。测试的准确性在于你必须每分钟上下 30 次，这样运动后恢复期内的心跳频率测量才是有效的。

评定指数计算公式如下：

$$评定指数 = \frac{登台阶运动持续时间（s）\times 100}{2 \times 恢复期 3 次心率之和}$$

表 4-9 为 18～25 岁年龄段台阶测试的参考性标准。例如，一位男性评定指数为 52.5 次，他的心肺功能适应能力属于较差（即 2 分）。

表 4-9　用台阶测试评价心脏功能适应能力的参考性标准

适应能力等级	三分钟台阶测试的评定指数	
	男	女
1分（差）	45.0～48.5	44.6～48.5
2分（较差）	48.5～53.5	48.6～53.2
3分（一般）	53.6～62.4	53.3～62.4
4分（较强）	62.5～70.8	62.5～70.2
5分（强）	＞70.9	＞70.3

当完成了心肺功能适应测试后，应对自己的测试结果做出评价，并确定提高心肺功能适应能力的目标。与同年龄段的其他人相比，如果你的心肺功能适应能力被列在"1分"或"2分"等级中，说明你的心肺功能适应水平低于平均水平，属于差或较差；如果被列在"4分"等级中，那么你的心肺功能适应水平高于同性别、同年龄段人的平均水平，属于较强；"5分"等级指的是心肺功能适应水平位于同年龄组前15%的人，属于强者。

（二）肌肉力量的测定与评价

肌肉力量不但能提高运动的成绩，而且对普通人的日常工作也很有用。评价肌肉力量可采用一次重复最大量（IRM）测试，即测试一次被举起的最大重量。虽然这种测试肌肉力量的方法能被广泛接受，被测者必须经过几周的力量练习后，方可参加测试。大学生需1～2周的力量练习后便可参加 IRM 测试。

IRM 测试旨在测验选定的肌肉群的力量，测试方法如下：先做5～10min 有关肌肉群的准备活动，然后可选择毫不费力举起的重量进行练习，并逐渐增加重量直到只能举起一次。真正的 IRM 测试是测一次能够举起的最大重量。

表 4-10 是大学生年龄组的测试成绩标准，计算测试成绩的方法是：你的 IRM 重量除以体重再乘以 100，即为你的肌肉力量分数。例如，一位 68kg 的男子，他的仰卧推举为 80kg，那么他的肌肉力量分数为：

肌肉力量分数＝IRM 重量/体重×100

即：肌肉力量分数＝80/68×100＝118.2

根据表 4-10，这位男大学生仰卧推举的肌肉力量为 120，属"较好"的等级。

表 4-10　大学生年龄组的测试成绩标准

练习方式　力量等级	很　差	较　差	一　般	较　好	好	优　秀
男						
仰卧推举	＜50	50～59	100～110	110～130	130～149	＞149
负重屈肘	＜30	30～40	41～54	56～60	61～79	＞79
肩上举	＜40	41～50	51～67	68～80	81～110	＞110
坐蹲腿	＜160	161～199	200～209	210～229	230～239	＞239

续表

练习方式 力量等级	很　差	较　差	一　般	较　好	好	优　秀
女						
仰卧推举	<40	41～69	70～74	75～80	81～99	>99
负重屈肘	<15	15～34	35～39	40～55	56～59	>59
肩肌力	<20	20～46	47～54	55～59	60～79	>79
腹肌力	<100	100～130	131～144	145～174	175～189	>189

在测试完肌肉力量后，就可以对结果做出评价。如果肌肉力量处于一般水平以下，不要灰心，只要坚持有规律的运动，就能够提高肌肉的力量。当最初的力量测试完成后，应设置短期和长期的目标，然后在坚持练习 6～12 周后，重新测试肌肉力量。当实现了短期目标后，自信心会增强，只要继续坚持力量练习，一定能最终实现长期目标。

（三）肌肉耐力的测定与评价

在日常生活中，某人可能有足够的力量把一个沉重的箱子放到卡车上，但他却不一定有足够的肌肉耐力多次完成这一动作。由于每天有许多工作需要肌肉的重复收缩，所以提高肌肉耐力对工作和健康都有益处。有许多方法可测量肌肉耐力，而俯卧撑、仰卧起坐和仰卧起身是三种较为简单易行的方法。其中，俯卧撑测量的是肩部、臂部和胸部的肌肉耐力，而仰卧起坐或仰卧起身则主要测量腹肌的耐力。

1．俯卧撑测试

标准的俯卧撑测试应按下面的方法进行：首先，身体呈俯卧姿势，并用两手撑地，手指向前，两手间距与肩同宽，两腿向后伸直，用脚尖撑地。然后，屈臂使身体平直下降，肩与肘接近同一平面，躯干、臂部和下肢要挺直，胸部离地 2.5～5cm 时撑起，接着双臂再恢复到预备姿势为完成一次。俯卧撑测试步骤如下：

（1）找一个同伴为你计数、计时（60s）。测试前，先做一些俯卧撑练习来热身，休息 2～3min 后正式开始。

（2）听到"开始"的口令后，开始做俯卧撑，同伴要高声地数俯卧撑的次数，并提示剩余时间（每隔 15s）。只有正确的动作，才能被计入总数。因此，要正确完成每一个俯卧撑动作。

（3）完成测试后，根据表 4-11 评价肌肉耐力等级。

表 4-11　俯卧撑测试评价肌肉耐力的参考性标准（男）

年龄组（岁） 得分（等级）	1分（差）	2分（一般）	3分（较好）	4分（好）	5分（优秀）
18～20	4～11	12～19	20～29	30～39	>40
21～25	3～9	10～16	17～25	26～33	>34
26～30	2～8	9～15	16～22	23～29	>30
31～35	2～6	7～12	13～19	20～27	>28
36～40	2～6	7～11	12～19	20～25	>26

2. 仰卧起坐测试

仰卧起坐测试是应用最广泛的评价腹肌耐力的实地测试。测试时，练习者仰卧于垫上，两腿稍分开，屈膝成90°，两手交叉置于脑后；同伴压住练习者两踝关节处。起坐时，以两肘触及或超过两膝为完成一次。仰卧时，两肩胛必须触垫。

在仰卧起坐过程中主要是腹肌在起作用，腿部肌肉（如髋部屈肌）也参与了工作。因此，这种测试既评价了腹肌的耐力，也测量了髋部肌肉的耐力。一般认为，仰卧起坐是比较完全的体能测试，但测量时还要注意三点：首先，在起身阶段应避免对颈部产生过大的压力，也就是说，应腹肌用力而不是颈部用力；其次，在恢复原位的时候，应避免头后部敲击地面；最后，禁止使用肘部撑垫或借助臀部上挺和下落力量起坐。两肘未触及或超过两膝时，不计该次数。仰卧起坐测试的步骤如下：

（1）找一个同伴计时、计数，同伴压住练习者的踝部，固定在地板上。

（2）首先做几个仰卧起坐来热身，休息2～3min后开始。听到"开始"口令后，开始做仰卧起坐并坚持做60s。同伴高声计数并提示剩余时间（每隔15s），只有完成正确的动作，才能被计入总数。

（3）完成测试后，根据表4-12评价肌肉耐力等级。

表 4-12　一分钟仰卧起坐测试评价肌肉耐力的参考标准（女）

年龄组（岁） 得分（等级）	1分（差）	2分（一般）	3分（较好）	4分（好）	5分（优秀）
18～20	3～7	8～16	17～28	29～35	>36
21～25	1～6	7～15	16～22	22～29	>30
26～30	1～3	4～11	12～19	20～27	>28
31～35	1～2	3～9	10～17	18～23	>24
36～40	1～2	3～7	8～14	15～21	>22

3. 仰卧起身测试

仰卧起身与仰卧起坐的不同之处在于：第一，前者在向上移动身体时，上体与垫子的角度不超过30～40°（即肩部抬起15～25cm）；第二，仰卧起身避免了背部承受过大的压力。因此，在国外仰卧起身正逐渐取代仰卧起坐，成为更常用的评价腹肌耐力的方法。

仰卧起身测试方法是：仰卧于垫子上，两腿稍分开，屈膝成90°，两臂伸直，在指尖处贴一胶带，靠近脚的方向再贴一条平行于第一条的胶带（间距8cm）。仰卧起身就是抬起你的上体使指尖触到第二条胶带，再返回原来的位置。仰卧起身的测试步骤如下：

（1）屈腿90°躺在垫子上，找一个同伴计数。

（2）仰卧起身测试没有时间限制，但要在一个较慢的动作节奏下完成。这个节奏由节拍器引导（身体起升时敲击一次，下落时紧接着敲击一次）。

（3）听到"开始"的口令，按照节奏完成仰卧起身的动作，尽量达到75次的目标。

（4）根据表4-13判定肌肉耐力的等级。

表 4-13　仰卧起身测试评价肌肉耐力的参考性标准

得分（等级） 年龄组（岁）	差（1分）	一般（2分）	较好（3分）	好（4分）	优秀（5分）
男					
＜35	15	30	45	60	75
35～45	10	25	40	50	60
＞45	5	15	25	40	50
女					
＜35	10	25	40	50	60
35～45	6	15	25	40	50
＞45	4	10	15	30	40

总结以上测试方法，肌肉耐力的等级范围由差到优秀或由 1～5 分。如果测试的成绩是"差"（1分）或"一般"（2分），说明肌肉耐力水平低于同龄人的平均值；如果测试成绩是"较好"（3分），则意味着肌肉耐力的水平要高于平均值；如果测试成绩是"好"（4分），则显示了肌肉耐力水平相当出众。

（四）柔韧性的测定与评价

进行柔韧性测试，可以了解各关节的柔韧性程度。一般来说，年龄越小，柔韧性越好，关节的活动幅度越大，关节的灵活性就越强，随着年龄的增长，柔韧性越来越差。加强柔韧性的练习，对不同年龄的人都是非常重要的。要保持良好的柔韧性须经常进行牵拉练习，测试柔韧性通常采用的是测量躯干和肩部柔韧性的方法。

1. 躯干柔韧性测试

坐位体前屈测试主要是评价躯干弯曲的能力。这一方法牵拉的是背部浅层肌肉和大腿后部肌肉。坐位体前屈测试的方法是：上体垂直坐地，两腿伸直，脚跟并拢，脚尖分开 10～15cm，用整个脚底顶着盒子，然后两手并拢，两臂和手伸直，渐渐使上体前屈，直到不能继续前移为止，保持这一姿势 3s。上述动作做 3 次，取最好成绩，记录的成绩以厘米为单位，精确到小数点后 1 位。

特别要注意的是，测试前，应做短时间的牵拉练习作为热身活动，为了减少受伤，应避免在测试中猛烈用力。此外，还需要另一个同伴帮助保持腿伸直和记录得分。测试后，查看表 4-14，确定柔韧性的等级，负值表明不能摸到自己的脚趾，正值显示手指可超过脚趾。

表 4-14　坐位体前屈测试评价躯干柔韧性的参考性标准等级

年龄组（岁） 得分（等级）	1分（差）	2分（一般）	3分（较好）	4分（好）	5分（优秀）
男					
18～20	－0.2～4.4	4.5～9.9	10.0～17.3	17.4～22.7	＞22.8
21～25	－3.2～2.4	2.5～8.3	8.4～16.3	16.4～21.9	＞22.0

年龄组（岁） 得分（等级）	1分（差）	2分（一般）	3分（较好）	4分（好）	5分（优秀）
26～30	−3.6～0.5	0.6～6.0	6.1～14.4	14.5～19.9	＞20.0
31～35	−7.0～−0.9	−0.8～4.9	5.0～12.9	13.0～18.7	＞18.8
36～40	−8.3～−2.1	−2.0～4.3	4.4～12.4	12.5～17.5	＞17.6
41～45	−9.4～−3.3	−3.2～2.6	2.7～11.0	11.1～17.1	＞17.2
46～50	−10.5～−5.1	−5.0～1.4	1.5～9.9	10.0～15.4	＞15.5
51～55	−11.5～−6.4	−6.3～0.9	1.0～8.8	8.9～14.6	＞14.7
56～60	−13.2～−7.7	−7.6～−0.1	0～7.9	8.0～13.4	＞13.5
女					
18～20	−0.6～3.7	3.8～8.9	9.0～16.1	14.6～20.9	＞21.0
21～25	−3.0～2.4	2.5～7.4	7.5～14.5	14.6～18.0	＞18.0
26～30	−3.0～1.9	2.0～6.4	6.5～13.0	13.1～18.0	＞18.1
31～35	−4.4～0.9	1.0～6.2	6.3～12.5	12.6～17.8	＞17.9
36～40	−5.1～0.4	0.5～5.9	6.0～12.0	12.1～17.5	＞17.6
41～45	−6.4～−0.1	0～4.9	5.0～12.0	12.1～17.4	＞17.5
46～50	−7.2～−1.1	−1.0～4.4	4.5～11.9	12.0～17.2	＞17.3
51～55	−7.5～−1.3	−1.2～4.2	4.3～11.9	12.0～17.0	＞17.1

2. 肩部柔韧性测试

肩部柔韧性测试评价的是肩关节的活动范围。测试方法是保持直立，举起右手，前臂向体后下方弯曲，并尽量向下伸展，同时，用左手在体后去触及右手，尽可能地使两手手指重叠。两臂交替进行测试。

两手手指所重叠的距离就是肩部柔韧性测试的得分（单位为 cm）。测量手指重叠的距离应取近似值，比如，某一重叠距离为 1.9cm，应记为 2.5cm；如果两手手指不能重叠，得分应记为 −2.5；如果两手手指刚好碰到，得分应为 0。

在肩关节柔韧性测试前，应有一个短时间的牵拉练习作为热身活动，并且为了预防受伤，应避免在测试中快速移动。测试后，查看表 4-15，确定柔韧性等级。

表 4-15　评价肩关节柔韧性的参考性标准

右手在上得分	左手在上得分	柔韧性等级
＜0	＜0	很差
0	0	较差
+2.5	+2.5	一般
+5	+5	较好
+7.5	+7.5	好
+10	+10	优秀

三、身体成分的测定与评价

有许多评价身体成分的实用技术，这些技术既快速又方便。这里仅介绍两种目前广泛使用的方法。

（一）腰围和臀围比例测试

腹部脂肪与疾病（如心脏病和高血压等）发生是直接相关的。因此，腹部有大量脂肪堆积的人腰围和臀围比例高，他们比腰围臀围比例低的人更容易患心脏病和高血压。测量腰围—臀围比例的步骤如下：

1. 测量工具为无弹性的卷尺。测量时站立，卷尺紧紧地贴在皮肤上，不能陷入皮肤，测量数值应精确到毫米。

2. 测量腰围时，把卷尺放置于肚脐水平处并在呼气结束时测量。

3. 测量臀围时，把卷尺放在臀部的最大周长处。

4. 完成测量后，用腰围除以臀围，得出腰围—臀围比例。根据表 4-16 评定腰围—臀围比例的等级。

表 4-16　腰围—臀围比例的等级评定

等级（病的危险）	男	女
高危险	＞1.0	＞0.85
较高危险	0.9～1.0	0.8～0.85
较低危险	＜0.90	＜0.80

（二）体格指数（Body Mass Index，BMI）测试

BMI 测试是一种辅助性的测定身体成分的方法，容易被大多数人接受。体格指数反映了个人身体成分的状况。其计算公式为体重除以身高平方之比值：

BMI＝体重（kg）/身高的平方（m²）

比如，一个人体重 64.5kg，身高 1.72m，那么此人的 BMI 比值为：

$BMI = 64.5/1.72^2 = 64.5/2.96 = 21.8$

计算出你的 BMI 后，用表 4-17 评价体脂程度。低百分比体脂者，BMI 也低。男性和女性的 BMI 超过 40 的被认为极度肥胖；21.1～25.0 为标准体重范围。

表 4-17　体脂程度的分类

肥胖程度	BMI（体重/身高²）	
	男	女
最佳体能	＜25	＜27
较高体脂	25～30	27～30
高体脂	31～39	31～40
极高体脂	＞40	＞40

第三节　体育运动自我监督与运动处方的制定

一、学生体育运动自我监督的内容

自我监督又称自我检查，就是运动者在体育运动过程中，对自己健康状态和生理功能变化做连续观察，并定期记录于运动日记中，供本人、指导者和医师参考。其目的在于评价运动效果，及时调整运动计划，防止过度疲劳和运动性损伤发生。因此，这是运动医务监督的一个补充方法，是指导者和医师作为掌握和评价运动者情况的一项依据。经常的自我监督对于增进信心、坚持科学运动、防止运动过量或不足，以及提高运动效果和养成运动卫生习惯等都有重要意义。在体育运动健身过程中，学会自我监督是很重要的。下面介绍自我监督的内容。

（一）主观感觉

1. 精神状态

身体健康者，精神状态好，精力充沛、心情愉悦、积极性高。患病或疲劳时，常会精神萎靡不振、疲倦、乏力、头晕及容易激动。

2. 运动心情

运动心情是指对体育运动的兴趣程度，与精神状态密切相关。

3. 不良感觉

运动后的不良感觉，如肌肉酸痛、关节疼痛、四肢无力等。剧烈运动后，由于机体疲劳，大部分人会产生一些不良感觉，但适当休息后这些感觉则可消失，训练水平越高，这些现象消失得越快。除了上述现象外，若还伴有心悸、头晕、头痛、气喘、恶心、呕吐、胸痛或其他部位疼痛，则表示运动负荷过大或健康状况不良，应引起重视。

4. 睡眠

正常情况下，睡眠应该良好，表现为入睡快、睡得熟、醒后精神良好。如长期出现睡眠不佳，经常失眠、易醒、睡眠不深、多梦、嗜睡或醒后精神不佳等，一般表示健康状况不佳或对运动负荷不适应。

5. 食欲

健康的学生食欲应当良好，在体育运动中能量消耗较多，食欲应该更好，如在正常进食时间内食欲减退，表明健康状况不良或过度训练。

6. 排汗量

排汗量通常与气温、湿度、饮水量、衣着有关，也与身体机能状况有关。如果在适宜的外界条件和适宜的运动负荷下大量出汗，甚至夜间盗汗，表明身体状况不良。训练良好的人在同样条件下大量出汗，可能是过度训练的症状。

（二）客观检查

1. 脉搏

经常运动的人，由于迷走神经紧张性增高，安静时脉搏常较缓慢，这是机能状况良好的表现。安静时脉搏每分钟超过 100 次称为心动过速，常由心脏病、甲亢、发热等病理原因引起。少数心脏病患者也会出现心率缓慢，但常伴有心悸、胸闷等不良感觉。检查体育运动课或训练后的心率恢复情况，可了解运动量的大小。课后 5～10min，心率恢复到课前水平属小负荷运动；心率较课前快 2～5 次/分，属中等负荷；心率较课前快 6～9 次/分，属大负荷。在自我监督中还常用晨脉来评定身体机能状况，晨脉是早晨清醒后起床前的每分钟脉搏次数，反映了基础代谢下的脉搏，健康人晨脉是基本稳定的。如晨脉加快，尤其是超过 12 次/分，表明身体机能状况不良。

2. 体重

正常成年人体重较为稳定，大负荷训练后由于体内水分的丢失，体重会下降，但 1～2 天后就会恢复，如体重持续下降，并伴有其他异常现象，原因可能是健康状况不良或过度训练。

3. 运动成绩

在合理的训练运动中，成绩应该逐步提高，如果运动成绩没有提高反而下降，甚至出现动作不协调，可能是身体机能状况不良或过度训练的表现。

二、运动处方制定

（一）运动处方的概念

运动处方是指针对个人的身体状况，采用处方的形式规定健身者运动的内容和运动量的方法。其特点是因人而异，对"症"下药。关于运动处方的定义，各家学者表述不一，但通俗地讲，运动处方类似医生给病人开的医疗处方，由医生或体育运动工作者给运动者按其年龄、性别、健康状况、身体运动经历和心肺或运动器官的机能水平等，用处方的形式，规定适当的运动内容、运动方法和运动量的大小。

（二）运动处方的目的与作用

运动处方与普通的体育运动和一般的治疗方法不同，运动处方是有很强的针对性、有明确的目的、有选择、有控制的运动疗法。

1. 运动处方的目的

（1）提升身体适应能力。

（2）降低慢性病的危险性以促进健康。

（3）确保运动时的安全性，依据每个人的个别兴趣、健康需求及临床状况，而有不同的运动处方。所以每个个案均要其以特定的评价结果，作为运动处方的最终目标。

2. 运动处方的生理作用

（1）运动处方对心血管系统的作用：运动处方主要是采用中等强度的有氧代谢为主的耐力运动，即有氧运动。正常情况下，有氧运动对增强心血管系统的输氧能力、清除代谢产物、调节做功肌肉的摄氧能力、组织利用氧的能力等有明显的作用。按运动处方进行运动，可使心率减慢、血压平稳、心输出量增加、心血管系统的代偿能力增强等。但注意在有心脏疾病的情况下要慎重。

（2）运动处方对呼吸系统的作用：实施运动处方可增强呼吸系统的通气量及摄氧能力，改善呼吸系统的功能状态。

（3）运动处方对运动系统的作用：实施运动处方可增强肌肉力量、肌肉耐力和肌肉协调性，保持及恢复关节的活动幅度，促进骨骼的生长，刺激本体感受器，保存运动条件反射，促进运动系统的血液和淋巴循环，消除肿胀和疼痛等。

（4）运动处方对消化系统的作用：实施运动处方能促进消化系统的机能，加强营养素的吸收和利用，增进食欲，促进胆汁合成和排出，减少胆石症的发生，促进胃肠蠕动，防治便秘等疾病。

（5）运动处方对神经系统的作用：实施运动处方能提高中枢神经系统的兴奋或抑制能力，改善大脑皮质和神经、体液的调节功能，提高神经系统对各器官、系统的机能调节能力。

（6）运动处方对体脂的作用：实施运动时间长，运动强度中等的运动处方能有效地减少脂肪组织，达到预防疾病和健美的目的。

（7）运动处方对代偿功能的作用：因各种伤病导致肢体功能丧失时，人体产生各种代偿功能来弥补丧失的功能。有的代偿功能可以自发形成，如一侧肾切除后，身体的排泄功能由对侧肾负担；而部分代偿功能则需要有指导地进行训练或刻苦训练，才能产生所需要的功能，如肢体残缺后，用健侧肢体代替患侧肢体的功能。运动处方对代偿功能的建立有重要的促进作用。

（三）运动处方的基本内容

1. 运动目的

使用运动处方的目的在于，通过有目的的运动达到预期的效果。由于各人的情况千差万别，运动处方的目的有健身的、娱乐的、减肥的、治疗的等多种类型。

2. 运动项目

在运动处方中，为运动者提供最合适的运动项目关系到运动的有效性和持久性。选择运动项目，要考虑运动的目的，是健身的、还是治疗的；要考虑运动条件，如场地器材、余暇时间、气候等；还要结合体育运动兴趣爱好等。

运动的形态，可依运动时肌肉的主要新陈代谢方式来分。所谓有氧运动，是指以肌肉等张性收缩为主的运动方式，如走路、游泳、慢跑、韵律舞等，运动时肌肉一收一放有韵律性地活动，其血管是扩张而畅通的，运动时可不断将氧气、养分带来，将代谢物带走，所以乳酸堆积较少；相对的，无氧运动是指以肌肉等长性收缩为主的运动，如角力、举重、相扑等，运动时由于肌肉持续性收缩，其血管处于受压迫状态，肌肉细胞的能量获得来自无氧性代谢，所以较易有乳酸堆积。

另外，运动种类可依据运动时能量消耗速率的稳定性及能量消耗的个人间的变异性来区分为3类。其中，第1类是指能量消耗大小容易控制、个人间的差异不大者，如走路、慢跑、跳绳、骑脚踏车等。不同人或同一人的不同时候，在同样的时间内做同距离的运动，其能量消耗相近。第2类是指能量消耗稳定易控制而个人间能最消耗变异性大，大多指牵涉技巧性的运动，如游泳、越野滑雪、溜冰、轮滑等。初学者与老手做相同距离的运动，其能量消耗可以相差很大。第3类则是除个人间变异性较大外，运动在不同情境中的能量消耗速率变化差异也大。如果再加上比赛竞技其能量消耗变化更大。

一般而言，在开始运动时体能状况尚未调整好，最好从运动强度能量较易控制的第1类开始，等到体能状况提升，再慢慢加入第2、3类的活动，另外也建议不要一开始就冒然采取无氧运动，因为这样容易造成运动伤害或心血管疾病并发。

锻炼心肺耐力目前较常用的项目有快走、慢跑、游泳、骑脚踏车、登山、上下阶梯、有氧舞蹈、跳绳、固定式脚踏车等，这些项目都属于全身性大肌肉的活动。活动过程具有节奏性，又可持久进行，运动时容易自我控制强度及能量消耗，并不需要太复杂的设备，而且是属个人性自我运动的活动方式。在选择运动项目时，应依据运动者的喜好、体能状况和环境设备等因素进行综合考虑，其中容易实施、不易中断、不需太大花费、且不受天气与场地影响的运动项目最理想。

3. 运动强度

运动强度是运动时的剧烈程度，是衡量运动量的重要指标之一，可用每分钟的心率次数来表示大小。一般认为，运动心率120次/分以下为小强度，120~150次/分为中强度，150~180次/分或180次/分以上为大强度。

测量运动强度的简单办法是：测量运动后10s的脉搏×6，就是1min的运动强度。

按心率确定运动强度的方法如下：

（1）最大心率、适宜运动心率计算公式：

$$最大心率＝220－年龄$$
$$运动适宜心率＝180－年龄$$

（2）适宜运动强度范围，可用靶心率来控制：以本人最高心率的70％~85％的强度作为标准。

$$靶心率＝（220－年龄）×（70％~85％）$$

如20岁的靶心率是140~170次/分。

平日运动强度判断可以用心率、耗氧量、能量消耗、自觉费力状态等方式进行评估，凡是运动时心跳较快、耗氧量较多、能量消耗较大、运动较吃力，即表示运动较激烈、运动强度较高。

设定运动强度时，依据运动者体能、健康状况、年龄、性别等因素来进行。一般健康成人建议的运动强度目标是希望心率能达到介于每分钟最大心率的60％~85％之间，而最大心率是以220减年龄来评估的，在这个运动强度内，运动者会感觉稍微流汗，有点喘又不太喘，无法边运动边唱歌，但还可以和同伴讲话。由于较高强度的运动对心脏与心血管功能的发挥较适合，而较低强度的运动较有益于末梢氧化功能的发挥，过多的脂肪有赖于通过运动氧化掉，因此较低强度、较长时间的运动被视为较理想的运动方式，特别是先前未有运动习惯、身体适应能力较差或有心脏血管疾病的运动者，较低强度的活动，不会发生运动的副作用，只要运动总时间累积够长，一样可达到促进健康的目的。

运动强度也可理解为单位时间内完成的运动量。运动量也称运动负荷，由强度、密度、时间及运动项目的特点等因素构成。运动强度的选择要循序渐进、适可而止。开始运动时，以中、小强度练习为宜，运动时间不宜过长，应随着机能水平的改善，逐渐增加运动的强度、时间。每周运动强度、运动时间和距离的增加幅度不要超过上周的10％，每次运动的强度、时间和距离也不要比上一次增加10％。

运动强度也可用最大吸氧量、心率、功率、速度等表示。强度低于靶心率，运动效果不佳；超过靶心率，有可能会出现一些意外情况给身体造成损伤。运动强度的恰当与否是影响运动处方效果的关键，运动者应根据情况控制运动强度。

4. 运动时间

运动时间指每次持续运动的时间。一次必要的运动时间，应根据运动强度、运动频度、运动目的、年龄及身体条件等情况决定。依据美国运动医学会的建议，一般建议每次运动持续时间最好介于 20~60min，最少要 20~30min，如此对心脏血管功能的促进效果较好。每个运动时段，应该还要包括主要运动前 5~10min 的热身运动，如动态体操、走路或轻微慢跑等，以及运动后 5~10min 的缓和运动（如慢跑、步行或伸展操等）。热身运动后，体温会上升，心肺循环会稍微加速，可以提升主要运动的效果，并避免运动伤害。缓和运动，可以使体内堆积的代谢废物加速清除，减少急性运动后的低血压造成的不适与副作用。如有心脏血管疾病在服用药物者，其运动前后的热身及缓和运动期需要延至 15~20min。

一般可在持续有氧运动 20~60min 范围内，按运动强度及身体条件决定必要的运动时间。脂肪从脂库中释放出来并运送到肌肉至少要 20min，为了减肥，每次运动的时间不应少于 30min。随着运动时间的延长，脂肪供能的比例逐渐增加，减肥效果更好。

健康成年人建议进行中等强度、长时间运动。体力弱而时间充裕的人可小强度、长时间运动。体力好但时间不多的人可大强度、短时间运动（见表 4-18）。

表 4-18 运动时间（min）与运动强度（%VO₂max）的配合表

时间（min） 强度　%VO₂max	5	10	15	30	60
小强度	70	65	60	50	40
中强度	80	75	70	60	50
大强度	90	85	80	70	60

注：%VO₂max 指最大摄氧百分比。

5. 运动频度

运动频度指每周的运动次数。关于运动频度，有关研究表明，一周运动 1 次，肌肉酸痛和疲劳每次都会发生，运动后 1~3 天身体不适，效果不蓄积；一周运动 2 次，酸痛和疲劳减轻，效果有点蓄积，不明显；一周运动 3 次，无酸痛和疲劳，效果蓄积明显；一周运动 4~5 次，效果更加明显。可见，一周运动 3 次以上，效果才明显。依美国运动医学会的建议，每周至少要运动 3~5 次，每周只运动 1~2 次者，其健康效益远低于 3~5 次者，但天天运动者与每周 5 次者，其健康效益差异不大。倒是有些人因工作关系无法进行长时间持续运动，或是因健康状况无法负荷较大强度的运动，也可以进行一日多次，或是强度较弱但总累积时间较长，达到预期的每日总能量消耗，如此也可达到适当的运动效果。总的来说，体育运动的功效在于坚持（内容简单、易行、有趣；开始时期望值别太高；找一些好的运动伙伴；制定明确的运动目标；别以疲倦或没时间为借口等）。

6. 运动进展速度

前面建议的运动的种类、强度、持续时间及频次并非设定好就直接照办，需要根据个人健康状况、时间，分阶段循序渐进。关于运动训练进展速度，大致可分为三个阶段进行。

（1）起始阶段：避免运动伤害或运动不适为其主要目标，以 4~6 周逐渐适应，在于建立规律运动习惯，勿好高骛远求好心切，而未蒙其利先受其害。

（2）进展阶段：每 2～3 周渐增运动强度或时间，以 4 个月时间朝目标迈进。

（3）维持阶段：当体能状况接近预期目标后，接下来可变化运动型态（如第 3 类运动或加上竞赛等其他活动），提高趣味性，更能持之以恒。

7. 效果检查

由于个人情况千差万别，在实行运动处方的过程中，可能会有不合适的地方，应在实践中及时检查和修正，以保证运动的效果。

（四）制定运动处方的基本原则

1. 运动处方要体现个性化

每个人的情况千差万别，而且情况也是不断变化的，不可能预先准备好适应各种情况的运动处方，今天的处方明天就不一定适合。所以，制定运动处方要求全面了解处方对象的体质和健康状况，必须因人制宜，因时制宜，区别对待，制定个性化的运动处方。

2. 运动处方要及时修正

自己制定的或别人帮自己制定的运动处方，不管手段有多么科学，也不一定在所有点上都是最适合的运动处方。因此，对于初定的运动处方在实行过程中，一定要进行修正，使之成为符合自己情况的运动处方。

3. 运动处方要以体力为基础

在制定运动处方所要考虑的要素中，个人的体力因素是最重要的。

4. 运动处方要以强度为重点

要实现运动处方的目的，必须达到有效的运动强度。强度小，难以实现运动处方的目标；强度大，运动有危险。在安全有效的范围内，运动负荷越大，运动的效果也越大。运动负荷安排的原则是"跳一跳，摘桃子"，即经过努力可以达到。

（五）运动处方的制定方法

1. 健康检查

了解运动者的一般身体发育、伤病的情况和健康状况，确定是否是健身运动的适应者，有无禁忌。

2. 运动负荷测定

检测和评定运动者对运动负荷的承受能力，以心肺功能为主，进行安静和运动状态下的生理功能检测，主要有心率、血压、肺活量等指标。

3. 体能测定

进行力量、耐力、速度和灵敏的身体素质检测，从中判定运动者的运动能力和生理机能的状况。

4. 制定运动处方

（1）了解运动的目的及对运动的期望（减肥、练身材、增加体力、交朋友、扩大生活圈等），询问健康状况、运动史（兴趣）、社会环境条件（实行的可能性）等。

（2）体检，包括身体围度、心电图、血压、体形种类、身体质量指数、体脂百分比、肌肉分布、营养状态、基础代谢、浮肿指数、体重控制等。

（3）运动负荷试验及体力测验（见表 4-19、表 4-20），包括运动血压、运动心电、心脏功能能力、自觉尽力程度、有效运动强度范围、有效运动心率范围等。

（4）制定运动处方，安排运动计划，包括运动强度（弱达不到效果，强易造成伤害）、运动时间、运动频率、监测方法、每次运动的热量消耗、注意事项等。

（5）善后工作和复查。个人的情况会不断地变化，"运动处方"的有效性不会是永久的，所以要定期作评测、定期调整"运动处方"，以便及时了解身体机能的变化情况，得到新的、有效的健身计划。

表 4-19　12min 跑体力测验评定标准

等　　级	性　别	年龄（岁）					
		13～19	20～29	30～39	40～49	50～59	60～69
1级（很差）	男	＜2080	＜1950	＜1980	＜1825	＜1650	＜1390
	女	＜1600	＜1540	＜1410	＜1410	＜1345	＜1250
2级（差）	男	2080～2189	1950～2089	1890～2079	1825～1984	1650～1854	1390～1629
	女	1600～1889	1540～1774	1500～1679	1410～1569	1345～1489	1230～1374
3级（及格）	男	2190～2499	2100～2384	2080～2319	1985～2224	1855～2079	1630～1919
	女	1890～2064	1775～1949	1680～1889	1570～1774	1490～1679	1375～1369
4级（好）	男	2500～2749	2385～2624	2320～2499	2225～2449	2080～2304	1920～2109
	女	2065～2289	1950～2144	1890～2064	1775～1984	1680～1889	1370～1744
5级（很好）	男	2750～2975	2625～2815	2500～2705	2450～2640	2305～2330	2110～2480
	女	2290～2415	2145～2320	2065～2225	1985～2145	1890～2080	1745～1890
6级（优秀）	男	＞2975	＞2815	＞2705	＞2640	＞2330	＞2480
	女	＞2415	＞2320	＞2225	＞2145	＞2080	＞1890

表 4-20　12min 游泳（不限姿势）测验评定标准

等　　级	性　别	年龄（岁）					
		13～19	20～29	30～39	40～49	50～59	60 以上
很差	男	＜460	＜365	＜320	＜275	＜230	＜230
	女	＜365	＜275	＜230	＜185	＜140	＜140
差	男	461～550	366～460	321～410	276～365	231～320	231～175
	女	366～460	276～365	231～320	186～275	141～230	141～185
及格	男	551～640	461～550	411～505	366～460	321～410	276～365
	女	461～550	366～460	321～410	276～365	231～320	186～275
好	男	641～730	551～640	506～595	461～550	411～505	366～480
	女	551～640	461～550	411～505	366～460	321～410	276～365
很好	男	＞730	＞640	＞595	＞550	＞505	＞480
	女	＞640	＞550	＞506	＞460	＞410	＞365

第五章　当代大学生田径运动技能的培养研究

第一节　田径运动的基本理论

一、田径运动的起源与发展

大约在公元前 2100 年，埃及人已经开始练习一些类似现代田径的运动。当时人们为了获得生活资料，在同大自然的斗争中不得不走或跑相当远的距离，跳过各种障碍，投掷石块和使用各种捕猎工具。在劳动中不断地重复这些动作，逐渐形成了走、跑、跳跃和投掷的各种技能。随着社会的发展，人们有意识地把走、跑、跳跃、投掷发展成公平的竞赛。

1896 年，希腊举行了第一届现代奥运会。在这届奥运会上，田径的走、跑、跳跃、投掷等项目，被列为大会的主要项目。在至今已举行的各届奥运会上，田径运动都是主要比赛项目之一。田径运动是径赛、田赛和全能比赛的全称。其中，以时间计算成绩的竞走和跑的项目叫"径赛"；以高度和远度计算成绩的跳跃、投掷项目叫"田赛"。现代奥运会的田径比赛由径赛、田赛和公路赛组成，此外还包括部分田赛和径赛项目组成的"十项全能"。田径运动是比速度、比高度、比远度和比耐力的体能项目。每四年一届的奥运会是促使田径运动成绩不断提高和改进训练方法的动力，同时田径运动也是最能体现奥林匹克"更快、更高、更强"格言的运动项目。

在我国，田径运动是由外国传教士于 20 世纪初引入的，当时只在教会创办的学校之间开展，后来逐渐扩展到各级国立、私立学校。新中国成立后，田径运动得到迅速普及，技术水平提高很快。从 1953 年起，几乎每年都举行规模较大的全国性的田径运动会，在群众性体育运动广泛开展的基础上，我国田径技术水平和成绩与国际间的差距正在逐步缩短。

二、田径运动的特征

走、跑、跳、投是人类生活的重要技能，也是最基本的形体活动。具体来说，田径运动具有以下特征：

（一）项目多

田径仅在奥运会正式比赛中就有 40 多个单项，包括走、跑、跳、投和全能，是各项体育运动的基础。通过田径运动，学生可以全面发展各项身体素质，掌握多种运动技能。

（二）影响大

田径运动除单独进行比赛外，世界上各种级别和类型的综合性运动会都会将田径列为主要比赛项目。由于田径比赛按单项设奖与计分，奖牌数近 130 枚，总分可达 1600 多分，因此往往决定着参加单位的比赛名次和胜负，同时也是衡量一个国家和地区体育运动水平的主要标志。

（三）竞争性强

田径运动要求运动员在最短时间内表现出最大的速度和力量，或在较长时间内持续运动。该项目运动强度大，竞争激烈，可充分发挥人体机能，有效增强体质和培养勇敢顽强的意志品质。

（四）既具个体性又有群体性

田径运动主要以个人为单位参加比赛，还有以队为单位参加的接力赛、越野跑、竞走团体赛等，团体总分和名次是由个人得分和名次相加决定的。田径是体育运动中最大的一个项目，是大型运动会中比赛项目及参赛运动员最多的项目。

第二节　走跑类项目的技术培养

走跑类项目包括在跑道上进行的竞走、短距离赛跑、中距离赛跑、长距离赛跑、接力赛跑、跨栏赛跑、障碍赛跑和在公路上进行的马拉松赛跑（超长距离赛跑）。走跑可以更有效地发展各种身体素质和意志品质，是增强体质的有效手段。本节主要介绍竞走、短跑、中长跑、跨栏跑和接力跑。

一、竞　走

（一）竞走的基本技术

当身体重心移过支撑点垂直上方时，支撑腿快速有力地伸展髋关节、踝关节和趾关节，以55°左右的后蹬角，用脚尖蹬离地面。在支撑腿后蹬的同时，摆动腿屈膝迅速前摆，髋关节冠状轴随摆动腿的前摆绕支撑腿髋关节垂直轴转动，小腿依靠大腿向前摆动的惯性而前摆，脚掌沿地面向前迈步，并逐渐伸直膝关节。

当向前摆的腿膝关节伸直时，以65°左右的着地角，用脚跟在身体前方靠近运动中线的地方着地，着地瞬间也正是后腿脚尖将要离地之时。着地后，支撑腿膝关节伸直由脚跟经脚掌外侧柔和、快速地滚动到全脚掌。与此同时，蹬离地面的腿脚尖朝下，离地较近，依靠蹬地反作用力的惯性自然、快速向前摆动。垂直支撑时，摆动腿大腿摆至支撑腿大腿稍前处，大小腿夹角略大于90°。

在前支撑阶段摆动腿向前摆动过程中，髋关节冠状轴适度绕支撑腿髋关节矢状轴转动，垂直支撑时，支撑腿一侧的髋关节和膝关节稍高于摆动腿一侧的髋关节和膝关节。支撑腿同侧肩稍下沉，使其低于另一侧肩的高度。

支撑腿在垂直支撑时，躯干基本上是正直的，眼视前方，颈部自然放松。后蹬过程中躯干前倾3°左右。两臂配合下肢动作半握拳屈肘约90°前后摆动（两臂上臂摆至躯干两侧垂直部位时，肘关节略大于90°，两臂向前摆和向后摆结束时，肘关节略小于90°），使肩关节冠状轴与髋关节冠状轴成扭转状态。向前摆臂时，手摆至胸骨前方不超过身体中线，高度不超过下颌。向后摆时，肘稍向外，上臂摆至稍低于肩的位置。

在场地弯道上竞走时，由于身体需适度向圆心方向倾斜，蹬地时右脚用脚掌内侧、左脚用脚掌外侧向稍右后下方蹬地。向前摆腿时，右膝关节稍向内，左膝关节微向外。另外，右臂摆动的幅度和力度也比左臂稍大些。

由于竞走时间比较长，其呼吸方法很重要。竞走时一般是用鼻子和半张开的嘴同时进行呼吸的，呼吸动作应自然，并与走的步数相配合，通常是两步一呼气，两步一吸气。要注意呼吸的深度，特别是呼气的深度，只有充分呼气后，才能充分吸气。

（二）决定竞走成绩的主要因素

竞走时要经历多次单腿支撑与双腿支撑相交替，蹬与摆相配合的动作过程，属于周期性运动项目。竞走成绩的优劣，主要取决于竞走时步长的大小与步频的快慢。加大步长或加快步频均可提高竞走的速度。

竞走时的步长为两脚着地点之间的水平距离，它由后蹬距离、着地距离和一个脚掌长度三部分组成。后蹬距离大小取决于腿长、后蹬腿伸展程度以及后蹬角度等因素。因此，后蹬时在合理后蹬角度下，充分伸展髋、膝、踝各关节，有利于增大后蹬距离。着地距离受腿长、髋关节冠状轴绕支撑腿髋关节垂直轴转动程度以及着地角度等因素的制约。因此，着地时在合理着地角度下，髋关节冠状轴绕支撑腿髋关节垂直轴转动程度大一些，有利于增大着地距离，从而增大步幅。

步频是单位时间内走的步数。步频的快慢取决于完成每一步所用时间的长短，而这一时间又包括单支撑时间和双支撑时间。因此，缩短单支撑时间和双支撑时间，就可以提高步频。

竞走时脚跟着地后迅速滚动到全脚掌，身体重心迅速前移。当身体重心移过支撑点垂直上方时，快速伸展髋关节、踝关节和趾关节。同时蹬离地面的腿，脚尖离地较近，大小腿成自然折叠状态，以便缩短下肢摆动过程中的移动路线，节省摆动时间，两臂也协调配合快速摆动，这对缩短单支撑时间有很大的促进作用。而缩短双支撑时间，应从后腿离地时着手，前腿脚跟着地之时，后腿脚尖马上蹬离地面，前腿脚跟与后腿脚尖同时着地的时间越短越好。

竞走比赛项目的距离都比较长，其身体活动以有氧代谢为主，能量消耗较多，虽然竞走时身体重心轨迹呈上下左右的微波浪形，但上下起伏一般不超过 5 厘米，脚的落地点基本上是在一条直线上，身体重心平稳地向前移动，以便减少身体重心移动的路程。

由于长时间连续走进，能量消耗多，比赛后程走的速度有所下降，但在比赛开始后的大部分时间里，应以匀速走为主，这样比较节省能量，动作结构相对稳定，不容易出现犯规现象。

上述问题都是竞走运动员在努力提高竞走成绩的过程中需要考虑的问题。

二、短　跑

短跑是田径运动中距离短、速度快、人体运动器官在大量缺氧情况下完成的极限强度的周期性运动项目。在国内外大型运动会上，短跑比赛项目有 100 米、200 米、400 米三项。

（一）短跑的健身价值

短跑不仅是竞技运动项目，同时也是具有较高健身价值的健身项目。经常练习短跑，能提高人体神经系统兴奋和抑制的调节能力与神经系统传导过程的灵活性；能使有氧系统酶活性增加，改善肌肉物质代谢的能力，提高人体的最大摄氧能力和人体运动器官及内脏器官在缺氧条件下的工作能力；还能发展速度、力量、灵敏、柔韧等身体素质，提高快速奔跑能力，培养练习者的竞争意识和坚毅、顽强的意志品质等。

（二）短跑的动作方法

田径运动中的短距离跑分为起跑、起跑后的加速跑、途中跑和终点跑四个紧密相连的部分。

1. 起　跑

短跑起跑采用蹲踞式，正式比赛必须使用起跑器。听到"各就位"口令后，两手撑地，两脚依次蹬在前、后起跑器的抵足板上，后膝跪地，两臂伸直，两手间隔比肩稍宽，四指并拢与拇指成"八"字形，颈部自然放松。听到"预备"口令后，平稳地抬起臀部，重心适当前移，身体重量主要落在前腿和两臂上。听到发令枪声或其他出发信号后，两手迅速推离地面，两臂屈肘用力做前后摆动，两腿迅速蹬离起跑器，使身体向前上方运动。

2. 起跑后的加速跑

起跑后的加速跑是指从前脚蹬离起跑器到进入途中跑之间的这一段距离。其动作方法是蹬离起跑器后，步长逐渐加大，上体逐渐抬起，两脚落点逐渐靠近一条直线；两臂有力摆动，当上体逐渐抬起至正常跑的姿势并发挥较高速度时，即转入途中跑。

3. 途中跑

途中跑是短跑加速到最快速度与冲刺跑之间的距离，它是全程跑中距离最长、速度最快的一段，其任务是继续发挥并保持高速度跑。跑的动作按其动作结构分为后蹬与前摆、腾空、着地缓冲三个阶段。

4. 终点跑

终点跑是全程的最后一段距离，它的任务是尽力保持途中跑的高速度跑过终点，包括终点跑技术和撞线技术。进入终点跑时，要求在距离终点线15～20米处，保持上体前倾的姿势，加强摆臂和后蹬，尽量减少跑速的下降。终点撞线技术要求练习者在跑到离终点约一步距离时，上体急速前倾，双臂后摆，以躯干任何部位撞终点线。

三、中长跑

中长跑是中距离跑和长距离跑的合称，是指800～10000米的径赛项目。经常进行中长跑练习，能有效增强人体内脏器官、神经和肌肉系统功能，增强体质，提高健康水平，发展耐力素质，培养人克服困难的顽强意志品质。目前，男女中长跑的项目有800米、1500米、3000米、5000米和10000米。中长跑的技术包括起跑和起跑后的加速跑、途中跑和终点跑等。

（一）基本技术

1. 起跑和起跑后的加速跑

中距离跑采用半蹲式或站立式起跑，长距离跑采用站立式起跑。

半蹲式起跑：两臂一前一后，一手的拇指与其余四指呈"八"字形支撑在起跑线后，另一手臂在体侧，体重主要落在前腿和支撑臂上。起跑动作与蹲踞式起跑相似。

站立式起跑：听到"各就位"后，做1～2次深呼吸，走到起跑线后，两脚前后开立紧靠起跑线的后沿，前脚跟和后脚尖之间的距离为一脚长，两脚左右间隔约半脚，后脚前脚掌支撑站立。两腿弯曲，上体前倾，集中注意力听枪声或"跑"的口令。听到枪声或口令后，两腿用力蹬地，后腿蹬地后迅速前摆，前腿迅速蹬直，两臂配合两腿的摆动，使身体向前冲出。加速跑时，上体前倾，积极摆臂、摆腿和后蹬。当跑出一定距离时，逐渐进入匀速而有节奏的途中跑。

2. 途中跑

（1）身体姿势

上体正直或稍前倾，头部放松，眼睛平视前方，面部和颈部肌肉放松。在后蹬的一刹那，上体前倾，髋部前送，用力蹬地，加快跑速。

（2）腿部动作

后蹬与前摆：这是中长跑技术中最主要的动作。当身体重心移过支撑点以后，开始后蹬与前摆动作。摆动腿通过身体垂直部位向前摆动时，支撑腿的各个关节要迅速蹬伸，迅速伸展髋关节、膝关节和踝关节，最后用脚趾蹬离地面。后蹬结束后，小腿肌肉放松后摆，并向大腿靠拢折叠，接着前摆，大腿积极下压，用前脚掌着地。

腾空：后蹬腿蹬离地面后，身体进入腾空阶段，尽量缩短腾空时间。腾空时充分放松蹬地腿，有力而快速地将大腿向前上方摆出。当后蹬腿的大腿向前摆动时，小腿随惯性自然摆起，膝关节弯曲，形成大小腿折叠的姿势。小腿顺惯性折叠，有助于摆动腿积极、迅速、省力地向前摆动。

落地：当摆动腿的大腿开始下落时，膝关节随之自然伸直，并用前脚掌着地。当脚落地后，膝关节稍微弯曲，在垂直阶段，脚跟稍向下落或全脚落地，减少脚着地的冲击力，为过渡到后蹬创造条件。

（3）摆臂动作

两臂适当离开躯干，肘关节自然弯曲，以肩为轴用合适的摆幅前后自然摆动，当臂摆到躯干的垂直部位时，肘关节的角度适当增大，放松肌肉。

3. 终点跑

终点跑是临近终点的一段加速跑过程。进入最后的直道后，要进行全力的冲刺跑。加速跑时要选择好时机，动员全部力量，以顽强的毅力跑过终点。

（二）呼吸方式

刚开始跑时可在自然的情况下加深呼吸，呼吸的节奏要和跑的节奏相配合。一般是跑两三步一呼气，跑两三步一吸气，并有适宜的呼气深度。随着疲劳的出现，呼吸的频率有所增快，应着重将气呼出，只有充分呼出二氧化碳，才能吸进大量新鲜的氧气。呼吸是利用鼻和半张开的嘴进行的，冬天或顶风跑时，可以用鼻子呼吸或用鼻子吸气、嘴呼气的方法，跑速加快以后，需要用鼻子和半张开的嘴同时呼吸。

跑步时，由于氧气的供应落后于肌肉活动的需要，所以跑到一定阶段时往往会出现胸闷，呼吸节奏紊乱，呼吸困难，跑速降低而感觉难以继续坚持下去的现象，这就是"极点"，属于跑步过程中正常的现象。跑的强度大，极点就出现得早。因此，在练习长跑的过程中，一定要注意循序渐进，每次训练要做好充分的准备活动，掌握好途中跑的速度变化。当"极点"出现时，一定要以坚强的意志继续跑下去，注意做深呼吸，特别要加深呼气，再适当调整跑速，跑出一段距离后，呼吸就会逐渐变得均匀，动作又会感到轻松，不适感减轻或消失，这就是所谓的"第二次呼吸"。

（三）练习方法

1. 途中跑技术练习

匀速跑 60～100 米；加速跑 60～100 米；匀速跑—加速跑—惯性跑，反复交替练习；中速反复跑、变速跑；匀速跑 600～1200 米。

2. 站立式、半蹲踞式起跑和起跑后的加速跑技术练习

在站立式起跑的基础上练习半蹲踞式起跑，原地站立，身体前倾，保持身体前倾姿势加速跑 30 米；直道和弯道上做站立式起跑和加速跑练习；半蹲踞式起跑和起跑后的加速跑练习。

3. 改进中长跑技术

反复跑 200～400 米；匀速跑 600～1200 米；1200～1500 米合理分配体力跑。注意跑的节奏与呼吸的配合，练习时要控制运动量，结合个人情况制定合理的练习计划。

四、跨栏跑

（一）基本技术

1. 110 米跨栏跑技术

110 米跨栏跑全程跑的技术可以分为起跑至第 1 栏技术、途中跑技术、终点冲刺跑技术。

（1）起跑至第 1 栏技术

起跑加速跑至第 1 栏技术的任务是在有限的空间内（11.5 米左右）发挥较高的跑速，为积极跨过第 1 栏做好准备，为全程跑形成良好的节奏奠定基础。合理的起跑至第 1 栏技术要符合以下要求：

①起跑至第 1 栏采用 7 步跑，须将摆动腿放在前面，起跑 8 步上栏时须将起跨腿放在前面。起跑器的安装和起跑技术与短跑相近似，只是"预备"姿势时臀部较高。

②起跑后加速跑时，两腿和两臂协调一致，积极用力蹬摆；同短跑相比，身体重心升起较快，各步后蹬角略大，躯干抬起较早，跑到第 6 步后身体姿势已接近短跑途中跑。

③起跑后加速要求步数固定，步长稳定，准确地踏上起跨点。

（2）途中跑技术

110 米栏途中跑是由 9 个跨栏周期组成。同短跑周期相比，每一跨栏周期因跨栏需要，在动作外形、结构、时间、空间比例，以及身体重心运行轨迹等方面，都会出现非对称的规律性变化。跨栏跑周期包括一个跨栏步和栏间 3 步跑。

①过栏技术

过栏是指从起跨腿的脚接触到起跨点到过栏后摆动腿的脚接触地面时的一大步，即跨栏步。它是由起跨攻栏、腾空过栏、下栏着地构成。

高效的起跨攻栏：起跨是指从起跨腿的脚接触到起跨点，到后蹬结束离地瞬间的整个支撑时期。任务是保持较高的水平速度，为迅速过栏创造更大的腾起初速度和适宜的腾起角度。正确的起跨攻栏技术是掌握好过栏技术的关键。

合理的腾空过栏：腾空过栏是指从起跨结束身体转入腾空起，到摆动腿过栏后着地的这段空中的动作。任务是保持身体平衡，快速完成剪绞动作，获得过栏后继续跑进的有利姿势。人体腾空后身体重心运行轨迹不能改变，靠加快摆动腿和起跨腿及其他肢体的相向运动，改变各肢体环节重心与身体重心位置的关系，获得快速着地支撑。这是提高过栏速度的重要因素。

积极下栏着地：下栏着地是指从身体重心达到腾空最高点开始，到摆动腿着地支撑这一过程的动作。其任务是尽量减少水平速度的损失，使身体平稳、快速地离栏转入栏间跑。从理论上讲，下栏是从身体重心达到腾空最高点开始完成的一系列着地动作。事实上，下栏的动作意识要早一些。一般认为摆动腿的脚掌刚刚接近栏板就开始下压摆动腿，由于摆动腿下压加大了它与躯干的夹角，所以加快了起跨腿以髋为轴向前提拉和前移的速度。摆动腿的脚掌移过栏板的同时，起跨腿屈膝外展，小腿收紧抬平，脚尖勾起，足跟靠臀，以膝领先经腋下加速向前提拉。当脚掌过栏后，膝关节继续收紧，向身体中线高抬，脚掌沿最短路线向前摆出，身体成高抬腿跑进姿势。

过栏时，两腿剪绞换步动作是在两臂和躯干协调配合下完成的。基本伸直的摆动腿异侧臂和经腋下向前提拉的起跨腿做相向运动。肘、膝几乎相擦而过，臂向侧下方积极有力地摆动，摆过肩轴屈肘内收，后摆过大易引起肩的转动，破坏身体平衡。

当伸直下压的摆动腿脚掌着地时，要用脚掌做由前向后下方的积极"扒地"动作，脚着地后踝关节稍有缓冲，脚跟不要接触地面。躯干仍保持一定的前倾，起跨腿大幅度带髋向前提拉，两臂积极用力像短跑那样前后摆动，形成有利的跑进姿势。这对缩短下栏后的支撑时间、减少水平速度的损失和迅速转入栏间跑具有决定性的意义。

②栏间跑技术

栏间跑是指从下栏着地点到过下一栏起跨点间的距离。任务是发挥跑速，保持节奏，准备攻栏。由于栏间跑是在固定的距离上，以固定的步数跑过，同时又要为过栏做好准备，所以在技术动作、步长、步频比例等方面同短跑途中跑相比有所不同。

栏间跑的第1步与跨栏步下栏阶段紧密相连。为使跨跑动作紧密衔接，由跨栏动作迅速过渡到跑的动作，在下栏着地时，要通过支撑腿踝关节及脚掌力量充分后蹬，起跨腿快速带髋向前提拉和两臂前后用力摆动来完成。后蹬角度为60°左右，身体重心前移。优秀运动员第1步步长可达165厘米以上。

栏间跑的第2步动作结构大体与短跑途中跑相似，是快速跑进的关键步，受第1步动作质量的约束，后蹬角为57°左右，略大于短跑。抬腿高，下压积极，步长为2.1米左右。这一步为栏间跑最大的一步。栏间跑的第3步与起跨攻栏阶段紧密相连，其任务是在继续快跑的同时，要为起跨攻栏做好充分准备。动作特点是，摆动腿抬得不高，放脚积极迅速，落地点靠近身体重心投影点，步长比第2步短15厘米左右，速度达到最高点。

③良好的跨栏周期节奏

由跨栏步和栏间跑3步组成的一个跨栏周期，因过栏的需要，构成了与短跑不同的特有节奏。良好的跨栏周期节奏是肌肉紧张与放松合理交替工作的结果，也是获得优异运动成绩的必要条件之一。

（3）全程跑技术

加快过栏速度，提高栏间跑频率，是提高跨栏周期速度，创造优异成绩的根本途径。优秀运动员跨栏周期时间可突破1秒，平均速度在9米/秒左右，最高速度可达9.2米/秒以上。起跑至第1栏步点要准确，跑速逐渐增加，过第2栏并未达到最高速度，前3个栏属加速阶段，第4～6栏达最高速度，而后速度有所下降，最后2～3栏因体力下降可适当增大腾空的高度，但不要破坏整体动作的平衡性，下最后一栏要用力蹬地和积极地向前后摆动两臂，像短跑那样冲向终点和撞线。目前，对速度耐力训练给予普遍重视，在其他条件非常接近的情况下，速度耐力水平往往决定胜负。前世界纪录保持者米尔本和内赫米亚，创纪录是前半程均在 6.7 秒左右，而米尔本跑了 13.10 秒，内赫米亚却跑出了 12.93 秒的好成绩。

2. 100 米跨栏跑技术

女子 100 米栏技术阶段的划分与 110 米栏相同。全程设 10 个架栏。全程跑时，跑跨衔接紧密，动作协调自然，身体重心波动差小，更接近平跑。

（1）起跑至第 1 栏技术

主要技术特点与 110 米栏相同，采用蹲踞式起跑。"预备"时臀部抬得不像男子 110 米栏那样高，前五六步身体姿势和蹬地摆腿动作同 100 米起跑基本相同。跑到最后一步上体基本直立准备起跨攻栏，步长比前一步缩短 10~15 厘米。

（2）途中跑技术

100 米栏途中跑技术也包括过栏技术和栏间跑技术。同 110 米栏相比较，无论技术动作、结构、速度变化规律及运行节奏等方面，都大致相同。

（3）终点冲刺跑技术

下第 10 栏后，运动员一般用 5 步跑完。终点冲刺跑时不要过分紧张和拘谨，要借助于加快两臂和两腿的摆动，全力冲向终点。撞线动作与短跑相同。

3. 400 米跨栏跑技术

（1）起跑至第 1 栏技术

400 米栏采用蹲踞式起跑，起跑器安装与起跑技术和 400 米短跑相同。起跑后加速跑速度与全程跑的成绩相适应，要求加速跑的步速、步长均匀。起跑至第 1 栏步数与栏间跑步数有关，栏间跑用 15 步，起跑至第 1 栏用 22 步；或 14 步与 21 步；或 13 步与 20 步。

（2）途中跑技术

400 米栏全程所越过的 10 个栏分别设在两个直道和两个弯道上。

①过栏技术

男、女 400 米栏的过栏技术基本相同，与 110 米栏相比较，过栏技术无本质性的差异。只是由于栏架高度和栏间距离的不同，所以在动作形式、运动幅度、用力程度和动作细节上存在着某些差别。女子 400 米栏栏架低，起跨后蹬力量、上体前倾程度、摆臂幅度和起跨腿提拉速度都较其他跨栏项目小，跑跨连贯自然，接近短跑技术。男子 400 米栏的过栏技术要求介于 110 米栏和女子 400 米栏之间。男、女 400 米栏运动员不仅要在直道上过栏，而且也要在弯道上过 5 个栏。跨弯道栏时，在动作结构方面要适当改变，对起跨腿的选择也有要求。一般来说，用右腿起跨比用左腿有利，它可以利用向心力顺利地过栏而不失去平衡。在技术上，用右腿起跨要求用右脚的前脚掌内侧蹬地，左腿屈膝攻栏时，膝关节和脚尖稍外转，向左前方攻摆，腾空后摆动腿从栏架左上角过栏，同时右臂向左倾斜。下栏时左腿用前脚掌外侧在靠近左侧分道线处落地，右腿提拉过栏时多向左前方用力。由于身体向左倾斜相对提高了右髋的高度，所以起跨腿不需提得太高，但要提拉到身体左前方，沿跑道左侧内沿跑进。

由于 400 米栏运动员在栏间跑中也常用 14 步、16 步，因此需要具备两腿均能起跨过栏的能力。运动员用左腿起跨时，为了使起跨腿在栏上过栏而不犯规，就必须靠跑道外侧跑进，这就需要多跑一些距离。左腿起跨时，栏前 3 步应沿跑道中间跑进，最后一步以左脚掌的外侧落地起跨，稍向左前方蹬出。右腿屈膝向左前方攻摆，膝关节内扣，脚尖稍内转，腾空后小腿前摆过栏时要从栏架右半端栏顶过栏，以免起跨腿或脚由栏架之外越过而造成犯规。过栏时身体向左倾斜，左臂向左前方伸出，右脚稍内转，以前脚掌内侧落地。起跨腿提拉过栏后在左前方落地并迅速向前跑出。

②栏间跑技术

栏间跑技术和 400 米平跑基本相同，但步数固定，步长准确，节奏感非常强。栏间跑步不但要靠良好的肌肉力量，而且要有目测和空间定向能力才能准确踏入起跨点。栏间跑除去起跨攻栏、下栏落地的距离，实跑距离约为 32.7 米，男子一般跑 13～15 步，女子一般跑 15～17 步。后半程身体疲劳，可根据训练水平的高低，对栏间跑节奏、步数进行适当调整。

400 米栏栏间跑有相同节奏和混合节奏两种。其中，相同节奏是指全程所有栏间跑都用相同的步数跑完，世界优秀运动员大多数均用此种跑法；混合节奏是指前半程或不同段落采用不同的步数跑完。例如，前 5 栏用 13 步，第 5～8 栏用 14 步，第 8～10 栏用 15 步；或前半程用 13 步，后半程用 14 步等。

③全程体力分配和终点冲刺。

全程跑的体力分配是在保持栏间良好节奏和顺利过栏的同时，全程各阶段的跑速差别较小。优秀运动员全程跑的速度均匀，节奏感强，前后半程差在 2 秒左右。从最后一栏到终点的 40 米，运动员会感到疲劳，运动能力下降。此时也是争取比赛最后胜利的重要时刻，要特别注意保持正确跑的技术，加强摆臂、抬腿动作，以顽强的毅力冲向终点。撞线动作同短跑技术。

（二）练习方法

1. 过栏技术练习

摆动腿过栏动作：原地做摆动腿模仿练习；走步中摆动腿做鞭打动作；走步中做摆动腿经栏上的栏侧过栏动作。

起跨腿过栏动作：原地做提拉起跨腿过栏动作；栏前走 2～3 步后经栏侧提拉起跨腿，摆动腿做小幅度动作配合体会两腿的剪绞动作；栏侧做起跨腿过 3～4 个栏架练习。

过栏时两腿的剪绞动作和上下肢配合动作：原地站立做跨栏步两腿剪绞换步动作；原地摆腿过栏，起跨腿蹬地，当摆动腿下压时，起跨腿迅速收起提拉过栏。

2. 过栏与栏间跑相结合的练习

站立式起跑过第一栏练习；站立式起跑反复跨 3～5 个栏架的练习；缩短栏间距离，采用站立式起跑连续跨越 5～8 个栏架的练习。

3. 蹲踞式起跑后过栏技术

安装起跑器，起跑八步后跨越第一栏；掌握发令要领，练习起跑过第一栏的身体姿势；蹲踞式起跑跨 2～3 个栏架；听发令起跑跨越 3～5 个栏架。

五、接力跑

接力跑是由短跑和传、接棒组成的集体项目。比赛项目有男、女子 4×100 米和 4×400 米接力跑。还有一些传统的项目，如 4×200 米接力跑、迎面接力跑、不同距离团体接力跑、越野接力跑与男女混合异程混合接力跑等。接力跑技术与短跑基本相同，不同之处在于快速跑的时候，各队员间要互相配合完成传、接棒任务。

（一）基本技术

1. 4×100米接力跑技术

（1）起跑

①持棒起跑：第一棒运动员采用蹲踞式起跑，通常右手持棒，其基本技术与短跑起跑相同，但接力棒不得触及起跑线及起跑线前地面。持棒的方法是用中指、无名指和小指握住棒的末端，用拇指和食指分开撑地。

②接棒人起跑：第二、第三、第四棒运动员多采用半蹲式或站立式起跑。第二、四棒选手站在跑道外侧，第三棒选手站在跑道内侧。接棒运动员起跑姿势的选择，主要取决于能否快速起跑和进入加速跑，能否清晰地看到传棒选手和设定的起动标志。

（2）传接棒技术

传、接棒方法，一般有上挑式和下压式两种。

①上挑式

接棒人的手臂自然向后伸出，手臂与躯干成40~50°角，掌心向后，拇指与其他四指自然张开，虎口朝下。传棒人将棒向前上方送入接棒人的手中。

这种传棒方法的优点是接棒人向后下方伸手臂的动作比较自然，传棒人传棒动作也比较自然，容易掌握。缺点是接棒后，手已握在接力棒的中部，如不换手再传给下一棒时，则只能握住接力棒的前部，容易掉棒和影响快速前进。

②下压式。

也有称"向前推送"的传、接棒方法。应当强调指出，在传棒时，手臂不要太高，而是用手腕动作将棒向前下方推送入接棒队员手中。并且，传棒人可以用手腕动作来调整传棒动作的准确性。在做此动作时，接棒人的手臂向后伸出，手臂与躯干成50~60°角，手腕内旋，掌心向上，拇指与其他四指自然张开，虎口朝后，传棒人将棒的前端由上向下传到接棒人手中。

此种方法的优点是每一次传接棒都能握住棒的一端，便于持棒快跑。缺点是接棒人在手臂后伸时相对紧张。

在4×100米接力跑中也可以采用混合式的传接棒方法：第一棒运动员右手持棒，沿弯道内侧跑进，用上挑式将棒传出；第二棒运动员左手接棒，沿跑道外侧跑进，用下压式将棒传出；第三棒运动员右手接棒，沿跑道内侧跑进，用上挑式将棒传到第四棒运动员的手中。

（3）传接棒的时机

在20米接力区和10米预跑区的30米内，传接双方都能发挥出接近自己最高跑速时，是传接棒的良好时机。一般把这一时机设计在离接力区末端3~4.5米处出现。此时，传棒运动员仍处于高速跑进之中，而接棒运动员也能加速到一定的水平。

（4）传接棒时的获益距离

一般当传棒人距接棒人2~1.5米时，即发出接棒口令，随即接棒人迅速后伸手臂接棒。传接双方在高速跑进中，顺利完成传接动作瞬间身体重心相距的最大水平距离习惯上称为获益距离。如果每一接力区能产生1.5米左右的获益距离，那么全程将有4.5米甚至更多的获益距离，这对提高 4×100 米接力跑的成绩有重要意义。获益距离取决于运动员的身高、臂长、手臂的伸展程度及传接棒技术的熟练程度。

（5）接棒人起跑标志的确定

起跑标志的作用是当传棒人跑到此标志时接棒人开始起跑。此标志离接棒人起跑处的距离是根据传接双方的跑速与传接棒技术的熟练程度等因素来确定的。其计算方法有多种，下面介绍比较简单易行的一种：

$$标志距离＝V×T－（D－D1）$$

V：传棒人最后 30 米的平均速度；

T：接棒人从起跑至接棒点所用时间；

D：接棒人从起跑至接棒点所跑距离；

D1：获益距离，一般设计为 1.5 米。

以上计算尚属粗略，要在反复调整中才能最后确定。其中，根据接棒人起跑加速的能力确定 D 是很重要的一环。

（6）接力队员的棒次安排

4×100 米接力跑的成绩主要取决于各棒运动员的短跑速度和传接棒技术。一般第一棒应选择起跑好并善跑弯道的选手；第二棒应是传接棒技术熟练且专项耐力较好的运动员；第三棒除应具备第二棒的长处外，还要善跑弯道；第四棒通常是短跑成绩最好、冲刺能力最强的运动员。

2. 4×400 米接力跑技术

4×400 米接力跑的传接棒技术相对简单，但由于传棒人最后跑速已不快，所以接棒人应慢速跑进，目视传棒人，顺其跑速接棒，然后再快速跑出。

第一棒采用蹲踞式起跑，持棒方法同 4×100 米接力第一棒。第二棒采用站立式起跑，通常站在接力区后沿的前面，头部转向后方，眼盯同队的传棒队员。如果传棒人最后仍有一定的速度，那么接棒人可以早些起跑；如果跑速已较缓慢，则应晚些起跑；如果已筋疲力尽，则要主动接棒，并力争早些完成传接棒动作。第三、四棒的接棒方法基本同第二棒，只是要注意服从裁判安排，并注意在不影响其他队跑进的情况下从两侧退出跑道。

4×400 米接力跑各棒次运动员的安排原则一般为：

（1）第一棒安排技术良好、实力较强的选手，力争在第一个 400 米成为领先者，这样有利于第二棒运动员水平的充分发挥，并对全队士气起到鼓舞作用。

（2）第四棒应是全队实力最强的选手。接力跑的胜负有时会突出地表现在最后一棒运动员的竞争上。

（3）按运动员实力及竞技状态排序，一般为：乙—丙—丁—甲。

（二）练习方法

1. 学习传、接棒技术

持棒原地摆臂，做上挑式和下压式传棒练习；徒手做摆臂，眼看后方做上挑式和下压式接棒；两人一组相互配合做传、接棒练习。

2. 学习在接力区内完成传、接棒技术

学习接棒人的站立式和半蹲踞式起跑；两人一组在接力区内完成传、接棒练习；两人一组在跑动中完成传、接棒练习。

3. 掌握全程接力跑技术

4×50 米接力跑练习或竞赛；4×100 米接力跑练习或竞赛。要求保持合适的传、接棒距离。

4. 学习 4×400 米接力跑的传、接棒技术

两人一组练习传、接棒配合；多人连续进行 100～200 米接力跑练习。要求接棒人以慢速起跑，接棒后加快跑速。

第三节　跳跃类项目的技术培养

跳跃运动是指人体运用自身能力或借助一定器械，通过一定运动形式使身体重心腾越远度或高度的运动。远度项目有跳远和三级跳远，高度项目有跳高和撑竿跳高。跳跃运动均经过助跑、起跳、腾空和落地四个阶段，是由水平位移转变为抛射的非周期性运动项目。本节主要介绍跳高和跳远技术。

一、跳　高

跳高是人体通过助跑、起跳、腾空和落地一系列动作形式越过高度障碍的运动。跳高运动成绩的优劣取决于起跳时人体重心的高度、蹬离地面瞬间腾起的初速度、腾起角度和过杆动作的合理性。

(一) 背越式基本技术

1. 助　跑

背越式跳高的助跑路线分前后两段，前段跑直线，后段跑弧线（最后三、四步）。用远离横杆的腿起跳。起跳点的位置一般离近侧跳高架的立柱 1 米、离横杆垂直向下投影点 50～80 厘米处。助跑的距离一般为 6～8 步或 10～12 步。起跑点和起跳点的连线与横杆夹角约为 70°，弧线半径 5 米左右。

助跑前段应快速跑，跑法和普通加速跑相似。后段由于是跑弧线，所以身体向圆心倾斜，随着跑速愈快倾斜度愈大，前脚掌沿弧线落地。它的特点是身体重心高、步频快，小腿伸得不远，落地更为积极。这样便于保持较大的水平速度，有利于做快速有力的起跳动作，增加起跳的效果。由于是弧线助跑，起跳时身体侧对横杆，因而转体较为容易。

全程助跑要求轻松、自然、快速、准确。同时，跑的过程中注意高抬膝关节。最后一步一般比倒数第二步短 10～20 厘米。

助跑弧线丈量方法要先确定起跳点。由起跳点向近侧跳高架方向，平行于横杆，向前自然走五步，再向右转 90°角，向前自然走六步做一标志，再向前走七步画起跑点。由标志点向起跳点画一弧线（半径约为 5 米），即成最后四步的助跑弧线。

2. 起　跳

起跳的目的是把助跑时所获得的水平速度转变为垂直速度，使身体腾空。

起跳要求和助跑的最后几步要衔接紧凑。起跳的动作可细分为起跳、脚着地缓冲和蹬伸三个阶段。助跑到倒数第二步结束，摆动腿支撑地面后，在摆动腿迅速有力地后蹬推动身体快速前移的作用下，起跑腿迅速以髋关节带动大腿积极向前迈步，起跳脚顺弧线的切线方向踏上起跳点，以脚跟外侧领先着地并迅速滚动到全脚掌。同时两臂要配合摆动腿迅速向前上方摆起，重心快跟，上体积极前移，使起跳腿缓冲。此时身体由倾斜转为垂直，身体重心轨迹与足迹重叠，以便为最后用力地蹬伸腾起创造有利条件。当身体重心移至起跳点上方时，起跳腿迅速而有力地蹬伸，完成起跳动作。

起跳时，起跳腿的髋、膝、踝关节必须充分伸直，这是直立腾起的关键，同时身体尽量与地面保持垂直。使身体较为水平姿势的动作不是靠双肩倒向横杆形成的，而是因骨盆比肩更迅速地上升的结果。

3. 过杆和落地

由于起跳时摆动腿屈膝向异侧肩前上方积极摆动，使身体腾空后逐步转为背对横杆的姿势，这时不要急于做过杆动作，而要努力保持身体的上升趋势。当肩和背高于横杆时，两肩迅速后倒，充分展髋，小腿放松，膝部自然弯曲，身体成反弓形，背部与横杆成交叉状态反弓仰卧在横杆上方，髋部的伸展动作要延续到臀部过横杆。当膝盖后部靠近横杆时，两小腿积极向上举。含胸收腹，自然下落以肩背领先落垫，整个过程如图 5-1 所示。

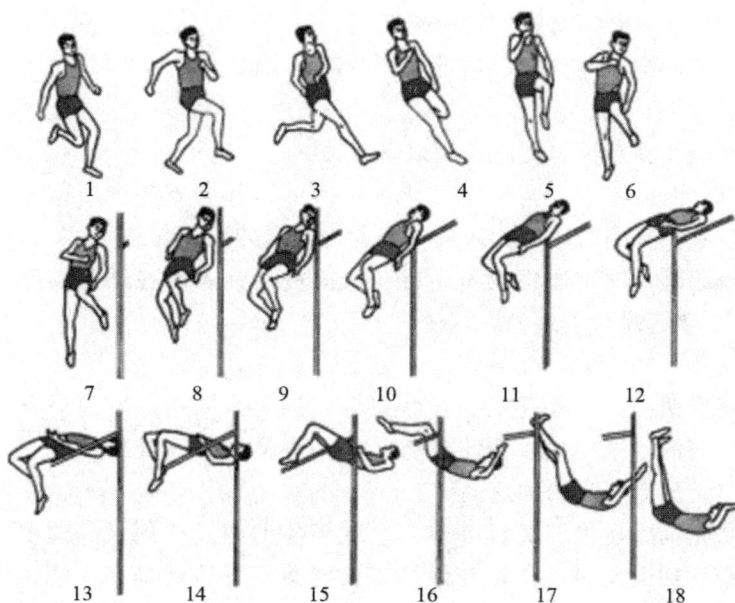

图 5-1　跳高的过程

（二）练习方法

1. 背越式过杆落地技术练习

背对海绵包站立，然后提脚跟，挺髋，向后引肩，倒落练习；用有一定高度的垫子做背越式过杆动作；背对横杆站立，双腿屈膝，然后蹬伸向上跳起，做背越式过杆动作。

2. 起跳与起跳衔接过杆的技术练习

起跳腿向前迈步，屈腿向前摆动，上体由倾斜转为垂直；同时进行提肩、拔腰、摆臂，并蹬伸起跳腿的练习；然后向上跳起，同时向起跳腿一侧转体练习；起跳后做背越式过杆动作；自然跑 2～4 步，起跳后做背越式过杆动作。

3. 助跑与起跳相结合的技术练习

围着圆圈加速跑，改进弯道跑技术；直线跑后进入弧线跑练习；在圆圈上跑进时，每跑 3 步或 5 步做一次起跳动作；直线跑进入弧线段后，跑 4～6 步做起跳练习。

4. 完整背越式跳高技术练习

丈量全程跑助跑步点，确定步点，全程助跑背越式跳高练习，进行技术评定和测验。

二、跳　远

跳远的技术是由助跑、起跳、腾空和落地等四个紧密相连的阶段组成。

(一) 基本技术

1. 助　跑

跳远助跑的任务是为了获得较高的水平速度，并为准确踏板起跳创造条件。

(1) 助跑的距离和步数

跳远的助跑速度与跳腾起初速度有非常密切的关系，对跳远成绩有直接影响。跳远运动员为了获得很高的助跑速度，必须有相应的助跑距离。

优秀跳远运动员的助跑距离男子一般为 35～45 米，跑 18～24 步；女子一般为 30～40 米，跑 16～22 步。

测量全程助跑距离和步点标志可以采用以下方法：

以起跳板为起点，向助跑反方向按自己所确定的助跑开始姿势、加速方式和步长反复跑几次后，找出与确定步数相符的脚印的相对集中点即为初定的助跑起跑点。

为了能准确踏板起跳，助跑通常设两个标志，第一个标志设在助跑的起点上，第二个标志设在起跳板后的 6～8 步起跳脚着地处。

(2) 助跑的方法

助跑的起动方式有两种：一种是从静止状态开始助跑，采用两腿前后开的"站立式"或两腿微屈、两脚左右分开的"半蹲式"静止姿势；另一种是行进间开始助跑，采用先走几步或跑几步踏上助跑的起点，然后再开始加速助跑。

助跑的最后几步是助跑技术的关键环节。它既要使助跑发挥到最高速度，又要做好起跳准备。通常最后几步都达到最大步长，并在保持步长的前提下达到最高步频，形成最后几步加速的状态。

助跑的加速方式也有两种：一种是积极加速，这种加速方式从助跑一开始就用力跑，步频始终很高，它能使运动员迅速获得较快的速度；另一种是逐渐加速，这种加速方式和一般的加速跑相似，开始步频较低，在逐渐加大步长的同时提高步频。

跳远助跑技术，与短跑途中跑技术基本相同。

2. 起　跳

起跳的任务是充分利用助跑取得水平速度，创造必要的垂直速度，以获得尽可能大的腾起初速度和适宜的腾起角度。起跳动作包括放脚、缓冲和蹬伸三个阶段。

(1) 放脚

在助跑的最后一步，为了加快放脚攻板动作，起跳腿大腿前摆抬得要稍低一些，放脚动作要像"扒地"那样积极下落着板。

起跳脚攻板时，起跳腿几乎伸直，与助跑道成 $60\sim70°$ 的夹角，脚掌与脚跟几乎同时接触起跳板。此时，上体正直或稍有后仰，眼睛注视着前上方。在起跳脚攻板前，摆动腿已经开始折叠并迅速前摆跟上起跳腿。

（2）缓冲

在起跳脚攻板时，由于助跑速度的惯性和身体重力的作用，迫使起跳腿髋、膝、踝关节很快地弯曲缓冲。这种缓冲动作能为快速蹬伸起跳创造有利条件。缓冲时，膝关节弯曲角度要适宜，一般成 $135\sim145°$ 角。此时，上体要保持正直，使身体重心处于相对较高的位置。起跳腿弯曲缓冲时，摆动腿继续积极折叠前摆，并带动髋部迅速前移。

（3）蹬伸

当身体重心移过支撑点垂直面上方瞬间，即进入蹬伸阶段，蹬伸动作对起跳效果有至关重要的作用。蹬伸不仅是起跳腿快速有力的蹬地，而且是要与摆腿、摆臂、拔腰等动作协调配合，使整个身体向前上方伸展。

摆臂时，两臂带动肩部并靠近身体摆动。起跳腿同侧臂向前和高上摆，另一臂向稍侧后方摆。折叠的摆动腿带动髋部迅速向前上方摆。当摆动腿大腿摆至与地面平行，起跳腿异侧臂摆至上臂与肩平，摆动腿、同侧臂摆至接近最大限制时，要有意识地做"突停"。

3. 腾　空

腾空的任务是保持身体的平衡和为落地创造有利的条件。身体进入腾空之后，在没有外力的作用下，身体重心移动的抛物线轨迹是不会改变的，但可以改变身体各部分相对位置，利用补偿原理，使之保持身体平衡和为有效落地创造有利条件。无论采用哪种空中姿势，进入腾空后都有一个"腾空步"的动作。"腾空步"可以最大程度地克服起跳中身体产生的向前旋转，有利于完成紧接着的各种空中姿势。"腾空步"保持起跳的结束姿势，起跳腿放松，膝关节微屈留在身体后面，摆动腿大腿保持高抬，小腿自然下垂，上体正直而稳定，使整个身体沿着起跳所形成的腾起角度迅速向前、向上腾起。腾空之后，根据空中动作的形式可分为蹲踞式、挺身式和走步式三种姿势。

（1）蹲踞式

蹲踞式跳远，动作简单，保持腾空步的时间比较长。当身体到最高处时，留在身体后面的起跳腿开始屈膝向前、向上方抬起，逐渐向摆动腿靠拢，形成蹲踞姿势。随后两腿向上收，上体前倾，两臂由前向下、向后摆动，同时向前伸小腿落地。蹲踞式跳远动作简单，初学者容易掌握。但是，由于蹲踞式姿势屈髋团身，缩短了身体向前旋的半径，加大了身体前旋的角度，所以稳定性差，往往影响落地的远度。

（2）挺身式

挺身式跳远起跳后，仍保持腾空步的姿势。挺身式跳远保持腾空步的时间比蹲踞式要短。腾空步后，摆动腿大腿自然下放，并向后方呈弧形摆动。同时髋部前送，胸部稍前挺出，使身体半侧肌肉拉长，两臂也由前往体侧向后上方摆动，留在体后的起跳腿前引和向后方摆动。同时收腹举腿，两腿前摆。接着小腿前伸，上体前倾，准备落地。挺身式空中动作，能使肌肉拉长，有利于收腹举腿和伸腿落地。同时挺身式在空中成屈体挺身姿势，与蹲踞式相比，相应地加大了身体前旋半径，减慢了身体旋起速度，有利于保持身体平衡。

（3）走步式

走步式跳远空中动作有两步半和三步半两种。空中完成一个换步动作，接着做落地动作的叫两步半走步式。空中完成两次换步动作的叫三步半走步式。起跳腾空步后，摆动腿下落，向后摆动。同时，起跳腿屈膝前摆，在空中完成一个自然的换步动作。换步以后，身体为第二次腾空步姿势。这时腾空步起跳腿在前，摆动腿在后。空中换步时要注意保持类似跑的自然动作，下肢以大腿带动小腿，摆动动作幅度要大。

走步式的摆臂有两种。一种是和下肢动作协调配合的自然前后摆动，在落地前两臂上举然后双腿同时前伸，当足跟将触及沙面时手臂由后经体侧向前摆动。另一种摆臂是与下肢协调配合的直臂环绕动作。

4. 落　地

正确的落地技术，对跳远成绩有很大作用，并可防止伤害事故发生。落地前，上体不要过于前倾，大腿尽量向前抬起，小腿伸直，两脚尖勾起，两臂后摆。当脚跟接触沙面时，向前、向下压脚掌，两腿迅速屈膝，髋前移，两臂由后向前摆出，帮助身体迅速前移，使身体重心尽快移过落点，然后身体顺势向前侧倒下，落地动作要避免身体向后坐在沙坑里，影响跳远成绩。

除了这种前侧落地法，还有一种侧倒落地法。当两脚着地后，一脚放松，随着重心向侧前方移动，身体即向放松腿的一侧前方倒去。近年来，也有人采用坐落沙坑法。当脚跟接触沙面时，借助小腿的牵拉动作，促使臀部越过脚后跟坐落沙坑。这种落地方法比较优越。

（二）练习方法

1. 快速助跑与正确起跳相结合

原地模仿练习；高抬腿跑结合起跳；短、中距离助跑的腾空步练习，助跑起跳后，保持腾空步姿势，以摆动腿着地，接着向前跑进。

2. 落地动作练习

原地起跳，在空中抱膝；立定跳远练习。

3. 蹲踞式跳远的空中动作

将腾空步和落地动作连接起来就是蹲踞式跳远。

4. 挺身式跳远的空中动作

原地或行进间的挺身式跳远的模仿练习；两脚前后开立，两腿依次连续单跳单落跳绳，体会放下摆动腿送髋和挺身的动作；助跑起跳后，摆动腿放下并送髋、收腹，身体以较直的姿势落地。

5. 走步式跳远的空中动作

原地或行进间的走步式跳远模仿练习；从高处跳下，摆动腿与起跳腿同时落地；短、中距离助跑的完整练习，强调换步后的跨步姿势。

6. 完整跳远动作练习

增加助跑距离，提高助跑速度；提高专项身体素质的练习；全程跳远练习，丈量成绩并进行评比。

第四节 投掷类项目的技术培养

一、推铅球

推铅球是一个以力量为基础、以速度为核心的速度力量性运动项目。现代推铅球技术有两种，即背向滑步推铅球和旋转推铅球。

（一）基本技术

1. 背向滑步推铅球技术

完整的背向滑步推球技术可分为握球持球、滑步、转换、最后用力和维持身体平衡五个部分。

（1）握球持球技术（以右手投掷为例）

五指自然分开，将球放在食指、中指、无名指的指根部，拇指和小指附在球的两侧，以保持球的稳定。握好球后，将球放到锁骨内端上方，贴近颈部，头部略向右转，掌心向内，右肘抬起，右上臂与躯干约成90°，躯干保持正直。

（2）滑步技术

滑步技术包括预备姿势、团身、滑步三个环节。滑步的主要任务是使身体和铅球摆脱静止状态，获得一定的向投掷方向运动的速度，为顺利完成后续动作做好准备。研究表明，右脚滑步结束时铅球运行的速度可达2～2.5米/秒，约为出手速度的15%。

①预备姿势

背对投掷方向，持球贴近投掷圈的后沿站立，身体重心落在右脚掌上，左脚置于右脚跟后方20～30厘米处，以脚尖触地，维持身体平衡，上身保持直立，两眼平视，两肩与地面平行。这种预备姿势较为自然，有助于集中精力开始滑步。

②团身动作

运动员站稳后，从容地向前屈体，待上身屈至接近与地面平行时，屈膝下蹲，同时头部和左腿向右腿靠拢，完成团身动作。下蹲时，右膝弯曲的程度应视运动员的个人情况而定，但必须有利于完整动作合理加速节奏的形成。左膝回收靠近右膝时，右脚有一个提踵动作，这一动作有助于滑步的起动。

③滑步动作

滑步是由臀部主动后移，然后积极后摆左腿，充分利用"移、摆"产生的动力开始的，这样既可保证铅球和身体重心获得必要的速度，又可减轻右腿的负担，有利于右腿完成后续动作。最后再通过蹬伸右腿、回收右腿来完成滑步动作。在滑步的过程中，要注意以下几个问题：

A. 两腿动作顺序。蹬摆左腿在先，蹬伸右腿在后，最后回收小腿。这一顺序可以避免身体重心起伏过大，并可保证迅速进入转换阶段。

B. 左腿蹬摆后应保持与躯干成一条线，直至最后用力开始。

C. 当右腿蹬伸完成时，铅球约在右小腿的二分之一处外侧的垂直面上。当右腿回收后，铅球约处在右膝上方外侧。

D. 团身结束时，右大腿与躯干的夹角为50～60°，右腿滑步结束时右大腿与躯干的夹角为80～90°。

（3）转换（过渡）技术

转换技术是指从运动员回收右小腿结束到左脚落地。它的主要任务是保持或适当增加铅球在滑步中获得的水平速度，并为最后用力形成合理的身体姿势。当运动员右脚落地后（以前脚掌着地），右腿膝关节不要蹬伸，而是要积极内扣。与此同时，左腿外旋插向抵趾板，以前脚掌内侧着地。上体保持适宜后倾，左臂内扣，头部不要主动左转。右脚着地时，体重大部分落在右腿上。左脚着地时，身体重心移至两腿之间偏右腿的位置。

（4）最后用力

最后用力阶段是从左脚落地到铅球出手，它是推铅球技术中最重要的阶段，铅球出手速度约80％的速度将在这个阶段获得。这一阶段又可分为两个部分，即蓄力部分和爆发用力部分。

①蓄力部分

它是指从最后用力开始到投掷臂给铅球的加速之前阶段。其主要任务是保持铅球已有的速度，为投掷臂的加速用力做好最后准备。在这一过程中，投掷臂未给铅球加速，只是依靠右膝的内压和右腿的侧蹬推动骨盆移动。由于上体不主动上抬，头颈不主动扭转，而使身体左侧的有关肌群形成预先拉长状态，为最后的爆发用力创造了有利条件。在此过程中，铅球运行的距离为10～20厘米，时间为0.01～0.03秒。

②爆发用力部分

它是指从投掷臂加速推球到铅球出手这一阶段。其主要任务是加快铅球的运行速度，并达到最大速度，以适宜的角度将铅球推出。在躯干形成侧弓和左腿有力的支撑下，充分利用下肢蹬伸力量转髋转体，然后右胸前挺，使铅球加速，在躯干正对投掷方向后再利用手臂顺势转肩推球，完成整个投掷动作。在最后用力过程中，左腿的支撑作用十分重要，它不仅可以提高铅球的出手高度，更重要的是可以提高转体推球的速度。在最后用力中，左臂通过向上、左、下方的摆动和靠压，可以加大胸大肌的横向引展，协助完成左侧支撑，提高转体推球的速度和力量。要注意对出手前推球加速能力的培养，因为优秀选手与普通选手推铅球出手速度的差异主要是在最后用力中形成的。在最后用力过程中，铅球运行的距离、速度、出手角度和高度都是很重要的。研究表明，在这一过程中，铅球运行的距离男子为1.50～1.80米，女子为1.40～1.65米；铅球运行时间为0.20～0.23秒。铅球出手角度对投掷速度有较大的影响，最佳出手角度不是不变的，它在一定范围内随着出手速度的变化而变化。统计表明，世界优秀运动员的出手角度一般在34～38°。铅球出手高度对每名运动员都具有相对的稳定性，它主要取决于运动员的身高、臂长及专项技术水平，其影响也不可忽视。

（5）维持身体平衡

铅球出手后，运动员通常采用两腿交换并降低身体重心来减缓向前冲力，以维持身体平衡，防止犯规。当今世界优秀铅球运动员背向滑步推铅球技术是不尽相同的，主要表现在：

①预备姿势站立不同

在预备姿势站立中有立姿和蹲姿。立姿也称高姿势，其优越性在于滑步开始时，可以利用身体重心由上而下的势能，有利于自然、协调地进入滑步。蹲姿也称低姿势，其优越性在于减少身体重心和铅球的起伏，保证身体平稳地进入滑步，对运动员腿部力量要求较高。

②步长分配不同

步长分配有短长步点型（滑步距离较短，最后用力站距较长）和均匀型（滑步距离与最后用力站距较为平均）。这两种步长分配类型，各有其长处，对运动员有着不同的要求。优秀运动员都有采用，一般运动员应根据自己的具体情况选用。

③在最后用力中右腿用力方式不同

右腿用力的方式有两种：一种是侧蹬在先，转蹬在后，这种技术能更多地发挥身体侧弓反振功能；另一种是转蹬结合，转动在前，这种技术有利于发挥身体正弓反振功能。两种技术各有优点，在优秀运动员中都有人采用，一般运动员应结合自己的实际情况选择采用。

2. 旋转推铅球技术

握球持球方法与背向滑步推铅球相同。

运动员背对投掷方向，两脚左右开立比肩稍宽，持球臂的肘部向外展开与肩齐平，上体微前屈，以上体左右转动开始旋转前的预摆。预摆结束后，以身体左侧为轴，左膝与左肩向左转动，在身体转向投掷方向前，右脚尽可能晚离支撑点。身体重心从左腿转到右腿的过程中，几乎没有肉眼可见的腾空，右脚平稳流畅地落地后，左脚要尽快落地，以便形成躯干的最大扭紧状态，为最后用力创造有利条件。最后用力与背向滑步推铅球基本相同，只是更多地利用了身体的转动动能。

（1）旋转推铅球的优点

①可以获得更长的"助跑"距离。旋转技术能大幅度地加长"助跑"的距离，如巴恩斯的旋转距离超过了 2.70 米，而背向滑步推铅球的"助跑"距离一般不超过 1 米。相比之下，旋转推铅球比背向滑步推铅球的"助跑"距离增加了两倍以上，这就为投掷创造了良好的先决条件。

②可以使器械获得较大的预先速度。由于采用旋转推铅球的"助跑"距离长，因此有利于提高铅球在"助跑"阶段的预先速度。例如，巴恩斯的旋转速度达到 5 米/秒，而滑步速度最高只能达到 3 米/秒左右。

③可以在最后用力中获得较长的推铅球用力距离。最后用力阶段是推铅球技术的关键环节，优秀运动员最后用力对推铅球成绩的贡献率可达 80%～85%。研究表明，一名身高 1.94 米的运动员采用背向滑步推铅球技术时，其最后用力的距离约为 1.80 米，而采用旋转推铅球技术能获得 2 米以上的用力距离。

④完整技术与原地推铅球成绩之差是衡量推铅球技术有效性的标准。背向滑步推铅球比原地推铅球成绩远 1.50～2.00 米，而旋转推铅球比原地推铅球成绩远 2.70～3.00 米。

（2）旋转推铅球的缺点

旋转推铅球技术较为复杂，不易掌握。由于旋转推铅球技术是转动着向投掷方向运动，而且铅球紧贴颈部，转动力矩较小，但速度很快，运动方向和技术动作不易控制，获得的旋转动量不易与最后用力结合。由于旋转推铅球是在人体和器械共同转动的形式下向投掷方向运动的，而且运动速度又快于背向滑步推铅球，所以将产生很大的动量。若想把旋转中获得的速度通过最后用力阶段转换成直线用力形式作用于铅球，并使其落在有效投掷区内，难度较大。

（二）练习方法

1. 原地推铅球的技术练习

徒手模仿练习：正对投掷方向，两脚左右开立，两腿弯曲，右手持球于肩上，左臂上举，利用两腿蹬地力量，将铅球向前上方推出；上体右转，左臂和左肩稍向内，将球向前上方推出；

侧对投掷方向原地推球；背对投掷方向做原地推铅球练习。

2. 滑步推铅球的技术练习

摆动腿的摆动练习，投掷圈外徒手滑步练习，拉收右腿的练习，投掷圈内徒手滑步练习，用轻铅球做投掷练习，滑步推铅球练习。

3. 改进和提高背向滑步推球的技术练习

投掷圈内进行完整技术练习，根据个人情况改进和提高背向滑步推铅球的技术细节，进行技术评定和测试评估。

二、掷标枪

掷标枪是田径运动中技术比较复杂的快速力量性项目。合理的掷标枪技术，要求运动员在快速助跑中充分发挥人体的力量，以正确的动作将标枪掷出。为了便于分析，我们将掷标枪技术分为握枪和持枪、助跑、最后用力、维持平衡四个部分。下面以右手掷标枪为例进行分析。

（一）基本技术

1. 握枪和持枪

（1）握枪

现代标枪运动员握枪主要有现代式握法和普通式握法两种方法。

①现代式握法

目前，世界优秀标枪运动员中多数人采用现代式握法。这种握法是将标枪斜放在右手掌心，用右手拇指和中指末端握住标枪把手后端边缘，其余手指自然扶握在枪把手上面。现代式握法的优点较多：第一，可以利用中指较长而且力量较大的特点，在投枪时增加用力距离并发挥较大力量；第二，可以使标枪在出手瞬间产生绕其纵轴更强的旋转，以增强标枪在空中飞行时的稳定性；第三，有利于最后用力前腕部的放松。

②普通式握法

这种握法是将标枪斜放在右手掌心，用右手拇指和食指末端握住标枪把手后端边缘，其余手指自然弯曲握在绳把手上面。

（2）持枪

持枪是指在预跑过程中携带标枪。持枪主要有肩上持枪和肩下持枪两种方法。

①肩上持枪

右手持枪于右肩上方，持枪手靠近头部，高度与头顶齐平或稍高于头，枪身与地面平行或枪尖略低于枪尾。目前，多数运动员采用肩上持枪，这种方法动作简单，能使运动员助跑时平稳地进行引枪，持枪手的手腕比较放松，便于控制标枪。

②肩下持枪

运动员在预备姿势和助跑的前半段，持枪臂下垂于髋侧或腰间，两臂随跑动动作前后自然摆动，预跑一段距离后持枪臂上举成肩上持枪姿势。肩下持枪时，在上举标枪前肩部比较放松，但由于上举标枪过程是在助跑中完成的，增加了助跑时控制枪的难度。

2. 助　跑

掷标枪最后用力前，运动员手持标枪跑过一段距离，使人体和标枪获得一定的预先速度，在助跑过程中形成合理的身体姿势，为最后用力做好准备。优秀运动员投掷标枪时，标枪出手速度中约 30% 来自助跑；优秀运动员助跑掷的成绩可以比原地掷提高 20~30 米。因此，助跑的作用十分重要。

掷标枪时应采用直线助跑，距离一般为 25~35 米。助跑动作要自然、流畅，节奏鲜明，在整个助跑过程中要控制好标枪，清晰地完成预期动作和保持枪的运行平稳。助跑全程需 14~18 步，分为预跑和投掷步两个阶段。

（1）预跑阶段

预跑是从开始助跑时起至开始引枪时止。这一阶段，运动员通常采用的是周期性助跑动作，跑 10~14 步，其任务是获得适宜的水平速度，为引枪做好准备。

开始预跑前，应在助跑道外侧地面上放两个标志物，将左脚踩在第一标志物的延长线上，迈右腿开始预跑的第一步。助跑时面对投掷方向，上体垂直于地面，两眼平视前方，动作放松且富有弹性，大腿积极前摆，用前脚掌着地，后蹬有力。左臂摆动同正常跑，持枪臂可随跑的动作做小幅度前后自然摆动。助跑的速度应逐渐加快，通常在预跑阶段结束时达到最大速度，可达到 6~8 米/秒。助跑的最高速度要与个人的身体素质和专项技术水平相适应。优秀运动员的助跑速度通常相当于本人最大平跑速度的 75% 左右。如果助跑速度过快而超出个人的适应范围，可能会影响投掷步和最后用力动作。提高助跑速度应在不断熟练技术的基础上逐步实现。

（2）投掷步阶段

当预跑结束时开始进入投掷步阶段，此时左脚的落地位置应在第二标志物的延长线附近。投掷步阶段通常从右腿前迈开始，到最后一步左脚触地时结束。这一阶段的任务是在尽量减小预跑速度损失的基础上，完成引枪和超越器械动作，做好最后用力前的准备，连贯地进入最后用力阶段。

完成投掷步通常有跳跃式投掷步、跑步式投掷步、混合式投掷步三种形式。

①跳跃式投掷步：摆动腿前摆较高，后蹬有力，人体腾空较高，步幅较大，每步用的时间较长，有较充足的时间完成引枪和最后用力前的准备，但身体重心起伏较大，易影响水平速度，且需有较强的腿部支撑力量。

②跑步式投掷步：比较像跑的动作，步频较高，速度较快，身体重心运动轨迹较平稳，但由于每步用的时间较短，易影响最后用力前的准备。

③混合式投掷步：混合式投掷步介于以上两者之间。支撑腿用力蹬地，摆动腿积极前摆，人体重心运行轨迹较平，各步的步长和每步用的时间适宜，以完成引枪动作和做好用力前的准备为目标，同时又不过多损失助跑的水平速度。目前，采用这种投掷步的运动员较多。

投掷步的步数通常有四步、五步和六步。

①四步投掷步：当左脚踏上第 2 标志物后，迈右腿开始第 1 步。第 1、2 步进行引枪，第 3 步为交叉步，第 4 步过渡到最后用力。

②五步投掷步：以右脚踏上第 2 标志物，左腿前迈为第 1 步，同时引枪，第 3 步引枪结束，其他同四步投掷步的后两步。

③六步投掷步：当左脚踏上第 2 标志物后，迈右腿开始第 1 步。第 1、2 步进行引枪，第 3、5 步分别为两个交叉步，第 4 步为跨步，第 6 步过渡到最后用力。由于采用六步投掷步时有较长时间做最后用力准备，便于控制标枪，所以目前较多国外优秀运动员采用这种投掷步。

3. 最后用力

最后用力是标枪加速的主要阶段。器械在此阶段获得的速度约占出手速度的 70%。最后用力的任务是充分利用助跑的速度，在一定的工作距离内将最大的力作用于标枪纵轴，使标枪在出手瞬间达到最高速度，并沿合理的出手角度飞行。

（1）发力时机

交叉步右脚着地后，身体随惯性前移，当身体重心移过右脚支撑点上方而左脚尚未落地之前，右腿开始蹬伸用力。这时右腿主动蹬地，使髋部加速前移，髋轴向投掷方向转动，进一步扭紧和拉长躯干肌群。小腿与地面保持较小夹角，以防止重心过早向上移。与此同时，左臂向左前上方摆动，左肩仍内扣，限制肩轴过早转动。

此阶段对加快右髋水平速度具有十分重要的意义。很多研究结果表明，最后一步时右髋的水平速度是衡量投掷成败的重要检查指标，是影响掷标枪成绩的主要因素，与成绩呈显著正相关。

投掷步与最后用力的衔接是技术的难点。良好的衔接动作能减小最后用力前身体重心水平速度的损失，提高助跑速度的利用率，有利于最后用力前合理准备姿势的形成。为了做好衔接动作，运动员在做交叉步时身体腾空不要过高，在右脚着地后要及时发力蹬伸。右腿蹬转即将结束时，左脚靠近地面快速向前迈出，向前落在前方稍偏左的位置，距右脚的横向距离为 20～40 厘米。为了保证人体动量更有效地传递给器械，最后一步左脚要快速落地并制动。因此，最后一步用时较少，步长较短。左脚落地时先用脚跟着地，再过渡到全脚，这时左膝接近伸直。

（2）最后用力的动作机制与顺序

左脚着地后，左腿做出有力的制动，形成从左脚到左肩的左侧支撑，为髋部和躯干肌群收缩提供了稳固支点。因此，左脚着地后的人体用力动作是最后用力的最有效阶段。左脚着地后，右脚继续蹬地，在惯性的共同作用下使右髋加速向投掷方向转动，使髋轴超过肩轴，并带动肩轴向投掷方向转动，躯干转向投掷方向。左臂摆至体侧制动，加快身体转向投掷方向的速度。在右臂持枪转肩的同时翻右肩，右臂旋外肘上翻，上体转为面对投掷方向，躯干呈背弓形状，形成"满弓"姿势。此时投掷臂最大限度地留在身后，肩部肌群充分拉伸。投掷臂与肩同高，与躯干接近成直角。

"满弓"形成后，由于向前的惯性作用，身体重量大部分已移至左腿。"满弓"后，左腿在小幅度的屈膝缓冲后迅速蹬伸，胸部快速前振，以胸部和右肩带动投掷臂向前，上臂、前臂、手腕和手指相继快速挥动，完成"鞭打"动作，将标枪掷出。最后用力的顺序为腿—髋—躯干—肩—肘—腕和手指。"鞭打"用力要通过标枪的纵轴，控制标枪于最佳的出手角度出手（最佳出手角度在 32°左右）。手指在标枪出手瞬间的拨枪动作可以使标枪沿自身纵轴按顺时针方向自转，提高标枪在空中飞行的稳定性。优秀运动员最后用力的时间（从左脚着地至标枪出手）为 0.10～0.12 秒，对标枪的用力距离可达 2.10～2.30 米。

"鞭打"是掷标枪用力的重要动作特征，是发挥人体生物力学优势的核心。以髋关节为轴的躯干"鞭打"动作和以肩关节为轴的投掷臂"鞭打"动作与左腿有力的支撑动作相配合，构成一个完整的人体运动链。在最后用力的过程中，首先是腿部蹬伸用力和髋部的加速，然后是这个运动链上的各环节从下到上依次实现"加速—制动—减速—动量传递"的过程，最后传递给器械，使标枪达到尽可能大的初速度，从而飞得较远。

（3）身体左侧的支撑与用力

在最后用力的过程中，左腿的制动和支撑用力动作十分重要。左腿的作用主要表现为两个方面：一方面，制动性的支撑动作。左脚落地后，左腿采用强有力制动性的动作，可大大加快上体和标枪向前的速度；另一方面，在时间极为短暂的屈膝缓冲后的快速蹬伸，使人体和标枪获得向上的垂直速度，使标枪具备合理的出手角度和较大的出手速度。因此，左腿的动作对于创造优异成绩起着至关重要的作用。没有快速、积极、合理的左腿制动和支撑用力动作，要完成有效的最后用力是不可想象的。

对左腿动作的动力学测试表明，左腿在最后用力过程中其动作也可划分为三个阶段，即制动性支撑、被动屈膝缓冲、快速蹬伸用力。

通过左腿在最后用力时的制动动作，一方面，可以有效地把助跑的速度转化为标枪的出手速度；另一方面，通过屈膝缓冲动作，把助跑时人体获得的一部分动能转化为肌肉的弹性能，再通过肌肉的收缩和动量的传递转换为标枪的出手速度。在最后用力过程中，左腿积极蹬伸，在标枪出手时左腿膝关节充分伸直，对动量的传递会产生重要影响。

综上所述，在最后用力中，左腿的作用是整个最后用力动作的基础，教练员和运动员应在训练中采用有效手段，以此来发展左腿的爆发力和改善用力的动作。由于在比赛条件下不可能对运动员进行现场测试，一般可以通过观察和测量最后用力时左膝的角度变化，来间接反映左腿用力的情况。

在最后用力的过程中，左臂的动作也起着不可忽视的作用。在右腿蹬伸用力送髋时，左臂保持在身体的右前方，可加大肩轴与髋轴的扭矩。在左脚着地后，左臂沿着左上方，向着身体左侧加速摆动和适时制动，可加大胸部和右肩带肌肉的伸展，增加肌肉的张力，使躯干快速转向投掷方向，并加快身体右侧向前的速度，从而提高标枪的出手速度。

（4）用力的方向

在最后用力的过程中，运动员鞭打动作的用力方向应通过标枪的纵轴。

近些年，世界一些优秀运动员越来越重视最后用力前加大躯干扭转程度对于用力效果提高的作用，他们依靠加大扭转幅度和速度来提高躯干肌群的扭紧程度，大大提高肌肉的张力和收缩速度，从而提高器械出手速度。由于这种技术需要运动员具有较强的躯干力量和较好的爆发力，因此多为男子运动员采用。采用"扭转掷枪"技术时，运动员在倒数第2步（交叉步）时要努力增大身体右转的程度，当最后用力左脚落地后躯干绕垂直轴向前转动的同时，快速完成躯干的向前"鞭打"动作。

4. 维持平衡（缓冲）

标枪出手后，运动员必须迅速阻止身体继续向前运动，避免犯规。标枪出手后，右腿及时跨出一大步，降低身体重心，同时上体前倾，两臂自然摆动，以维持平衡。有时还需继续再跳1～2小步，才能使身体向前运动完全停止。一般情况下，世界优秀运动员最后一步左脚着地点至投掷弧的距离在2米左右。

（二）练习方法

1. 原地掷标枪技术练习

握枪和持枪方法练习；发展肩腰柔韧性的练习；投掷实心球练习；面对投掷方向，两脚前后开立，持枪于肩上方，然后蹬伸右腿投掷标枪；侧对投掷方向，右腿蹬地，上体前移，以胸带动上臂投掷标枪。

2. 引枪和投掷步的技术练习

原地引枪练习；走步和慢跑中引枪练习；持枪做交叉步练习；持枪上四步结合引枪做投掷练习。

3. 助跑掷标枪技术练习

持枪助跑练习；持枪助跑结合引枪练习；持枪助跑结合引枪和投掷步练习；中速短程助跑掷标枪练习；完整掷标枪练习。

4. 改进和完善掷标枪技术的练习

在标枪场地上进行完整动作练习；根据个人情况，改进和完善掷标枪技术；进行技术评定和测试评估，提高掷标枪技术。

第六章　当代大学生足球运动技能的培养研究

第一节　足球运动的基本理论

一、足球运动的起源

关于足球运动的起源，学者们说法不一，具有以下几种观点。

（一）游戏说

据史料记载，中国在公元前 15 世纪就有了"足球舞"游戏，这就是后来所说的"蹴鞠"。在 30 多年前的商代甲骨文中，也有蹴鞠舞的记载。司马迁在其《史记》中，较为详细地描述了战国时期齐国临淄，百姓在安居乐业的同时开展的蹴鞠活动。而西方国家也有类似足球游戏的文字记载，像意大利的一种脚踢运动。这些都属于个体游戏，都是一种用脚踢的娱乐方式。

（二）比赛说

据史料记载，我们的祖先黄帝是蹴鞠运动的创造者，曾用蹴鞠来训练武士。而汉代的高祖刘邦，在宫苑内修建了开阔的校场——鞠城，两端设有鞠室，比赛双方以进鞠室多者为胜。这种比赛形式倾向于现代足球集体间的相互比赛，比赛双方可在一定的方式下确定谁优谁劣，最终达到一种能使人强烈兴奋，奋发进取的快乐。因此，相对而言，这个说法最为贴近现代足球运动发展的现状及其基本特征。虽然关于足球起源的问题众说纷纭，但至今仍然没有一个统一的结论。

现代足球运动起源于英国，这是人们普遍认可的。据相关文献资料记载，公元 1066 年之后，类似足球游戏的罗马的"哈巴斯托姆"开始传入英国，并很快在此后的一两百年间流行起来。然而当时的这种踢球游戏基本没有任何规则，且允许手脚并用甚至抱球跑，游戏场地也没有什么要求，城镇街区、村庄小巷都可以成为游戏的场所。从 1680 年起，足球运动开始得到贵族和英国王室的大力扶持与保护，足球在英国更为广泛地开展起来。

随着时间的进行，英国的足球运动在 19 世纪初期发展到了顶峰，并在公立学校中得到了广泛的开展。1823 年，一名叫埃利斯的学生为橄榄球制定了简单的比赛规则；1846 年，完善的英式橄榄球规则制定完成；1849 年，伊顿公学废除了橄榄球规则中用手传球、带球的条款。因此，伊顿公学的场地足球被看成是现代足球的最早原形。

英式橄榄球与英式足球分化以后在英国进一步演化和发展，1863 年 10 月 26 日，来自伦敦和郊区的 6 所公学的足球队代表组成了英格兰足球协会。与此同时，协会将比赛规则做了进一步的发展和完善。这样，早期足球运动便拥有了职业化的"影子"。1865 年，英格兰足球联合会承认了职业足球的合法性。1888 年 3 月 22 日，英国开始出现了职业联赛，名为"英格兰足球甲级联赛"，首届联赛共有 12 支球队参加，最终普林斯顿队获得了联赛冠军。

二、足球运动的发展

（一）世界足球运动的发展

现代足球运动在英国产生之后，就开始了漫长的发展过程。1868 年，英国人将足球传入非洲，1870 年足球进入大洋洲的澳大利亚。1893 年，南美洲首次开展足球联赛。

1894 年，足球进入巴西，随后相继传入亚洲各国。足球发展至今天已经成为一项受世界人民关注的运动项目，并受到了全世界人们的欢迎和喜爱，成为名副其实的第一运动。

足球技战术和规则的不断完善也从侧面反映了足球运动的发展历程。1846 年，为了让各学校间的足球比赛更加规范，英国剑桥大学综合制定了一个简单的足球运动规则，当时称之为《剑桥大学规则》。1863 年的伦敦会议后，在《剑桥大学规则》的基础上，进行了修改和填补，制定出了最早的足球竞赛规则，它也是现代足球史上的第一部统一的足球竞赛规则。由于足球比赛的规模和形式不断变化，足球比赛规则也随之发生变化，如越位、犯规和处罚等规则被制定得更加具体和全面。足球竞赛规则的不断完善在很大程度上规范了足球运动比赛，也促进了足球运动竞赛水平的不断提高。而在足球运动产生之初，所表现出来的技战术内容相对简单，但随着足球比赛的不断增多，足球运动的基本技战术得到了很大的发展。在足球赛场上不断出现精妙的过人技术和各种赏心悦目的战术配合，例如足球运动的发展，带来了足球比赛阵型的不断改变，从 1930 年的"WM"阵型到 20 世纪 50 年代的"4—2—4"阵型，再到目前流行的"4—4—2""4—3—3""4—5—1"，甚至是无锋阵型，都体现了足球运动的发展，也正是足球技战术的不断演进，使足球比赛的激烈程度不断增加，悬念增大，足球比赛水平持续提高，也进一步扩大了足球运动的影响力。

在足球运动的发展历程中，足球运动组织的出现也可以充分体现当今足球运动的发展。1857 年，英国第一家足球俱乐部——谢菲尔德足球俱乐部的成立开始了世界足球发展的新纪元。以后，英国相继成立了多家足球俱乐部。随着足球比赛的不断增多，人们迫切需要成立一个全国性的足球组织，统一全国的比赛规则规范足球运动和比赛。1863 年 10 月 26 日，英国 11 个足球俱乐部的代表在伦敦召开会议，成立了世界上第一个足球运动组织——英格兰足球协会。为此，国际上把这一天视为现代足球运动的诞生日。1863 年后，欧洲一些国家也纷纷成立足球协会，并在足球比赛快速发展的情况下，于 1904 年 5 月 21 日在巴黎由法国、瑞士、瑞典、比利时、西班牙、丹麦等国发起成立了国际性的足球组织——国际足球联合会，简称国际足联。国际足联总部设在瑞士苏黎世。国际足联的创立，标志着足球作为一项世界性的体育项目登上了国际体坛，使足球运动在更加广泛的范围内开展起来。从此世界各国足球协会不断成立，会员国的数量不断增加。国际足联最初有 7 个会员国，发展到现在已有 200 多个国家和地区加入国际足联，国际足联也成为世界最大的国际单项体育组织之一。足球运动组织的产生对足球运动的发展有着十分的重要作用，特别是一些世界性的足球比赛，极大地促进了足球运动的进一步发展。

在足球运动发展过程中，足球比赛是其发展的一个重要标志。1872 年，足球运动史上的第一次正式比赛在英格兰和苏格兰之间进行，即泛英足球比赛。而如今的足球比赛已经逐渐形成了世界性的足球比赛模式。目前为止，国际上比较重要的足球比赛有世界杯足球赛、奥运会足球赛、世界青年足球锦标赛、世界少年足球锦标赛、世界女子足球锦标赛、世界室内 5 人制足球锦标赛、世界俱乐部足球锦标赛等。这些比赛有力地促进了足球运动在世界各国的发展和提高。其中世界杯足球赛在足球界甚至是体育界都享有盛名。1928 年，国际足联决定每 4 年举行一届世界足球锦标赛（后更名为世界杯），并规定每届比赛与奥运会相间举行，还决定设立专门的流动奖杯——金女神杯，奖给锦标赛的冠军，并规定，如果哪一支国家队能三次夺得冠军，将永久保留此杯。1970 年第 9 届世界杯上，巴西队第三次获得冠军，该奖杯归巴西永久占有。现在的流动奖杯为"大力神杯"，国际足联规定此杯为永久性流动奖杯，任何国家不论夺得多少次冠军，都不得独自占有该杯，其权力是保留该杯 4 年至下一届世界杯。从 1930 年开始，世界杯足球赛开始举行。第 21 届世界杯于 2018 年在俄罗斯举行，各国为全世界体育迷奉献了一场体育盛宴，足球比赛的频繁举行，使足球运动的影响力增大，足球运动不断发展进步。

经过不断的发展，足球运动向着职业化的方向前进，目前足球职业联赛在许多国家进行，比较著名的有英超、西甲、德甲、意甲和法甲，被称为欧洲五大联赛。高水平赛事的不断举行加上足球明星运动者的不断涌现，使得足球运动在世界上的地位不断提升。在未来的发展中，足球运动仍将迸发出强大的生命力。

（二）中国足球运动的发展

19 世纪末 20 世纪初，现代足球运动在上海圣约翰大学和南洋公学，北京协和书院和汇文书院以及广州格致公学和南武公学等一些教会学校开展起来，随后武昌、天津、南京、青岛、厦门及杭州等一些沿海城市的教会学校先后开展了足球活动。

1951 年我国首次举办了全国足球赛。1955 年中国足球协会成立。从 1956 年起我国足球运动实行甲、乙级联赛制度，同时，还实行运动者、裁判员等级制度。此外，还举办了全国足球锦标赛、全国青年足球锦标赛等。1978 年开始，全国甲乙级联赛双循环升降级制度得以恢复，并建立了全国成年队联赛、青年队联赛的各级较稳定而系统的竞赛制度。1992 年是我国足球发展的一个重要关头，这一年 6 月，中国足协在北京红山口召开全国足球会议，并指出足球必须搞上去，足球体制必须改革。从此，我国的足球逐渐走上职业化道路，经过多年的发展，我国的职业足球也形成了一定的体系，我国的足球比赛包括中国足球协会超级联赛、中国足球协会甲级联赛、全国女子足球锦标赛和全国女子足球联赛等。在 2012 年的中超联赛中，中国足球得到了大连万达等众多实力派企业的赞助，德罗巴、凯塔、巴里奥斯等一些国际球星也加入中超，使中超联赛的水平得到了大大提高，中国足球也开始在世界上产生影响。中超联赛的发展也吸引了众多的球迷，据统计，2012 赛季中超联赛场均观众人数达到 1.8 万人，居于亚洲第一。中超联赛的火爆体现了我国足球正在不断发展之中。

虽然我国足球运动的水平相比于国际水平还存在差距，但是我国的足球运动者也在国际赛场上取得了一定的成绩。1996 年，中国女子足球队在第 26 届奥运会上获得亚军。1999 年，又在第 3 届世界女子足球锦标赛冠军争夺战中点球惜败于美国队。2002 年，我国男子足球队首次打入世界杯决赛阶段的比赛，实现了足球冲出亚洲、走向世界的美好愿望。相信在足球运动员的不懈努力下，随着我国足球联赛的健康发展，中国足球的水平一定会不断提升。

三、足球运动的特点

（一）设备简单、规则简明、易于开展

足球活动可以不受时间、人数、器材等限制，只要有一块场地和一个足球，即可进行健身活动。参加人数的多少可根据场地大小来决定，球门可用其他物品代替。而足球比赛的基本常识容易掌握，只需要一块场地、球门、球门网等简单设备，一年四季都能开展比赛。

（二）对抗激烈、观赏性强

高水平足球比赛紧张、激烈、精彩，胜负难以预料，故而引人入胜。每逢世界杯足球比赛，上至国家元首，下至普通百姓都会被精彩的比赛吸引。比赛中观众的情绪随着比赛的进行而发生变化，裁判的判定和运动者的行为都会对观众的心理造成强烈的刺激。

（三）具有丰富的文化内涵

足球运动具有丰富的文化内涵，是一种满足人们生理举止、思想感情、民族特性的身体文化运动。例如，巴西、法国、阿根廷等国的运动者，在比赛中都表现出个性鲜明的技术、战术风格，其风格的形成是他们民族文化、地域、身体条件、心理、主观等因素的综合作用，而民族文化是其中的主要因素。

第二节 足球运动的技术培养

足球技术是指运动者在足球竞赛规则条件下，运用身体的有效部位合理完成各种动作方法的总称。随着当今足球运动的发展，足球技术不仅在内容上更加丰富，而且动作难度也在不断增加。

一、踢球

踢球技术的动作过程包括助跑、支撑、摆腿、击球和随前动作五个技术环节。

（一）基本技术

1. 脚内侧踢球

脚内侧踢球的动作特点是触球面积大，可控性强，出球平稳准确，是短距离传球和射门常用的脚法，（图 6-1）。其动作方法如下：

图 6-1 脚内侧踢球

（1）踢定位球：直线助跑，支撑脚踏在球侧约 15 厘米处，膝微屈，脚趾指向出球方向；踢

球腿以髋关节为轴由后向前摆动，膝踝外展，脚尖稍翘，以脚内侧部位对准来球，当膝关节接近球体上方时，小腿加速前摆；击球一刹那，脚跟前顶，脚型固定，用脚内侧部位击球的后中部。

（2）踢地滚球：要根据来球的速度、方向及摆腿的时间，确定支撑脚的选位，保证踢球腿能充分地摆踢发力。

（3）踢空中球：大腿抬起，小腿拖后，利用小腿的加速前摆击球，抬腿的高度与来球高度相适应，摆腿的时间与来球速度相对应，并根据出球的目标调整击球的部位。

2. 脚背正面踢球

脚背正面踢球的动作特点是踢摆幅度大，动作顺畅，便于发力。但出球路线及性能缺乏变化，适用于远距离的传球和大力射门。如图 6-2 所示。其动作方法如下：

图 6-2 脚背正面踢球

（1）踢定位球：直线助跑，支撑脚踏在球侧约 15 厘米处，脚趾指向出球方向，膝微屈，眼睛注视球；在支撑脚前跨的同时，踢球腿大腿顺势后摆，小腿后屈；前摆时，大腿以髋关节为轴带动小腿前摆，当膝关节摆近球体上方时，小腿加速前摆，脚背绷直，脚趾扣紧，以脚背正面击球的后中部；击球后，踢球脚顺势前摆落地。

（2）踢反弹球：要准确判断球的落点、反弹时间和角度，选好支撑脚的位置，在球落地的一刹那，踢球腿小腿加速前摆击球，在球反弹离地时击球后中部。

（3）踢地滚球：支撑脚应正确选位。踢两侧地滚球时，脚趾应对准出球方向，击球部位应准确，以保证击球能发上力。对速度较快的来球，要通过加大摆踢力量和调整出球方向，消除其初速度对出球方向的影响。

（4）踢空中球：支撑脚的选位要稍远，以踢球脚能顺利踢摆发力为原则，并可根据来球角度或出球目的选用抽击、弹击或摆击等方法。

3. 脚背内侧踢球

脚背内侧踢球的动作特点是踢摆顺畅，幅度大，脚触球面积大，出球平稳和线路富于变化，是中远距离射门和传球的重要方法。如图 6-3 所示。

（1）踢定位球：斜线助跑，助跑方向与出球方向约成 45°，支撑脚踏在球侧后方约 25 厘米处，膝微屈，脚趾指向出球方向，重心稍倾向支撑脚一侧；在支撑脚踏地的同时，踢球腿以髋关节为轴，大腿带动小腿由外后向前内略呈弧线摆动，膝、踝关节稍外旋，当膝关节摆至接近球的内侧上方时，小腿加速前摆；击球时，膝向前顶送，脚背绷直，脚趾扣紧斜下指，以脚背内侧击球的后中下部，击球后踢球脚顺势前摆着地。

（2）踢地滚球：要注意调整身体与出球方向的角度关系，以便踢球腿摆踢。

（3）搓踢过顶球：踢球脚背略平，插入球的底部做切踢动作，击球后脚不随球前摆。

（4）踢内弧线球：击球点应在球的后外侧，击球一刹那，踝关节内旋发力，脚趾勾翘，使球内旋并呈弧线运行。

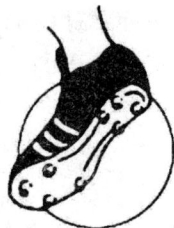

4. 脚背外侧踢球

脚背外侧踢球的动作特点是预摆动作小，出脚快，能利用膝、踝关节的灵活变化改变出球的方向和性质，是实用性较强的技术手段。如图6-4所示。

图 6-3　脚背内侧踢球　　　　　　　　　　　图 6-4　脚背外侧踢球

（1）脚背外侧踢球：动作方法类似于脚背正面踢球，只是摆踢时，脚面绷直，脚趾向内扣紧斜下指，用脚背外侧击球的后中部；击球后，顺势前摆着地。

（2）踢地滚球：踢球脚同侧的来球多采用直线助跑，支撑脚在球侧后约25厘米处落位，异侧来球则多采用斜线助跑，支撑脚一般距球约10～15厘米。其他动作则类似踢定位球。

（3）踢外弧线球：支撑脚踏在球侧后约15～20厘米处，踢球腿略呈弧形摆踢，作用力方向与出球方向约成45°角，脚型同踢定位球，击球点在球的内侧后部。击球后，踢球脚向支撑侧斜摆，以加大球的外旋力量。

（二）练习方法

1. 各种踢球模仿练习。

2. 两人一组，相距15米用脚的各个部位相互踢定位球。

3. 两人相距一定距离在移动中踢球。

4. 设有标志物，离开一定距离进行踢准练习。

二、接球

接球是指运动者有目的地用身体的合理部位把运行中的球接下来，并控制在所需要的范围内，以便更好地衔接下一个技术动作。

（一）基本技术

1. 脚内侧接球

脚内侧接球技术的特点是接球平稳，可靠性强，动作灵活多变，用途广泛。

动作方法：接地滚球时，身体正对来球，判断来球的速度和方向，选好支撑脚位置。关节微屈。接球脚根据来球的状态相应提起，膝、踝关节旋外，脚趾稍翘，用脚内侧对准来球，触球刹那，接球部位做相应的引撤或变向接球动作，将球控制在所需要的位置上。如图6-5所示。

反弹球时，接球腿小腿应与地面形成一定的夹角，向下做压推动作时，膝要领先，小腿滞留在后。如图 6-6 所示。

图 6-5　接地滚球

图 6-6　接反弹球

接空中球时，接球腿要屈膝提起，可根据需要采用引撤或切挡动作，并在球落地时随即将球控制住。

2. 脚背正面接球

脚背正面接球技术的特点是引撤动作自如，关节自由度大，接球稳定，但变化较少，适于接下落球。

动作方法：身体正对来球，判断来球路线和速度，支撑脚稳固支撑，接球腿屈膝提起，以脚背正面迎球，触球刹那，接球脚引撤下放，膝、踝关节相应放松，以增强缓冲效果。如图 6-7 所示。

图 6-7　脚背正面接球

用脚背正面向体前或体侧前接球时，接球脚脚跟稍提，触球刹那踝关节适度紧张，通过触球面角度的调整，控制出球方向。欲将球接至身后时，接球脚脚尖要勾翘，踝关节适度紧张，接球刹那引撤速度要快，身体随之转动，用脚背顺势将球引至身后。

3. 脚掌接球

脚掌接球技术的特点是动作简单，控球稳定可靠，适用于接迎向地滚球或反弹球。

动作方法：判断来球路线或落点，选好接球位置并稳固支撑，接球腿屈膝抛起，脚尖微翘，使脚掌与地面形成一定的仰角，球临近或落地刹那，接球腿有控制地下放，用脚前掌部位触压球的后中部，将球控在脚下。如图 6-8 所示。

采用脚掌接球时，为便于完成下一动作，通常在脚掌触压球后连带一个拉引或推送动作，使球处在需要的位置上。若要将球接向身后，多用拉引动作；欲将球控在体前或体侧则可用推送的方法。做这些动作时重心要随之移动。

图 6-8　脚掌接球

4. 脚背外侧接球

脚背外侧接球技术的特点是动作幅度小、速度快、灵活机动、隐蔽性强，但动作难度较大，接球时常伴随假动作和转体动作，适用于接地滚球和反弹球。

动作方法：接地滚球时，判断来球状况，选好支撑脚位置，接球腿屈膝提起，膝、踝关节内翻，以脚背外侧部对准来球；当球临近时，接球脚以脚背外侧拨球的相应部位，将球控在所需位置上。

接反弹球时，要判断好球的落点，接球腿小腿应与地面形成一定的夹角，以膝关节领先做扣压动作，防止球的反弹。脚背外侧接球后的动作衔接速度相对较慢，因此，支撑脚与接球腿的蹬摆动作要协调连贯，保证接球后身体重心随球快速跟进，缩短动作衔接时间，加快后继动作速度。

5. 胸部接球

胸部接球技术的特点是触球点高、面积宽、接球稳定，适用于接胸部以上的高空球。

挺胸式接球：要判断来球的落点，选择适当的接应位置，接球时，身体正对来球，两腿自然开立，膝微屈，两臂自然放置在体侧，上体稍后仰与来球形成一定的角度。触球刹那，胸部主动挺送，使球触胸后向前上方弹起落于体前。如图 6-9 所示。

缩胸式接球：适用于接齐胸的平直球。缩胸接球与挺胸接球的动作差异在于触球刹那，依靠迅速收腹、缩胸，缓冲来球力量，使球直接落于体前。胸部接球的触球点高，接球后球下落反弹。因此，做完胸部动作后，需及时跟进将球控在脚下。如要将球接向两侧时，身体在触球的刹那要向出球方向转动，带动球的变向。如图 6-10 所示。

图 6-9　挺胸式接球　　　　　　　　图 6-10　缩胸式接球

6. 大腿接球

大腿接球技术的特点是接触球部位面积大，且肌肉丰厚有弹性，动作简便易做，适用于接有一定弧度的落降高球。

动作方法：身体正对来球，选好支撑脚位置并稳固支撑，接球腿屈膝上抬，以大腿中前部对准来球。触球刹那，接球腿积极引撤下放，接球部位的肌肉保持功能性紧张，从而对抗来球冲力，使球触腿后落于体前。

接力量较小的来球，还可采用大腿垫接的方法，即接球腿屈膝上抬迎球接球，触球刹那大腿相对稳定，接球部位肌肉适度紧张，将球向上垫起。用这种方法接球，可在球落地前处理球，也可待球落地后将球控在脚下。

（二）练习方法

1. 基本部位接球练习

内容：脚内侧、脚背外侧、脚背正面、脚掌、大腿、腹部、头部等接球练习。

要求：使学生全面了解和掌握八个基本部位的接球方法。注意体会不同部位接球动作的技术特征，以利于精细分化，准确掌握各部位接球技术。

2. 接地滚球练习

内容：可规定接球部位，也可视来球情况选用相应部位接球；可将球接控在脚下，或体前、体侧。

要求：发展学生接控地面球的基本能力。接球前身体要放松，脚步保持不停地移动。接球时要掌握好动作的时机和方向。

3. 接空中球练习

内容：可根据教学进度安排脚部、腿部、胸腹部及头部接球的练习。练习可由原地接球向移动中接球发展。

要求：培养学生接空中球的基本能力。接空中球时，支撑脚要稳定，时机要准确，对接球后弹起落下的球，应用连贯动作将其控在脚下。

4. 接反弹球练习

内容：可采用自抛自接练习，也可采用各种抛接或传接的对练。球的弧度可由低到高，或高低交替；球的落点可由近至远。

要求：培养学生接控反弹球的基本能力。练习时要求能准确判断来球点，把握好动作的时机，控制好接球部位与地面的适宜角度。

三、运球与运球过人

运球技术是运动者在跑动中，使用脚的推拨动作有目的地保持球在自己的控制范围内而做的连续触球动作。比赛中的运球，是运动者个人控球能力和个人进攻能力的集中体现，是完成战术配合和个人突破的基本条件。

（一）运球基本技术

常用的运球方法主要有脚背正面运球、脚背外侧运球、脚背内侧运球和脚内侧运球等。

1. 脚背正面运球

脚背正面运球适用于直线快速运球，多在运球人前方无人阻截而又需要长距离快速运球前进的情况下使用。

动作要领：跑动时，身体自然放松，上体稍前倾，两臂自然摆动，步幅不要过大。运球脚提起时，膝关节弯曲，脚跟提起，脚尖下指，在迈步前伸脚着地前，用脚背正面推拨球前进。

2. 脚背外侧运球

脚背外侧运球，多在快速奔跑和向外改变方向运球时使用。

动作要领：跑动时，身体自然放松，上体稍前倾，两臂自然摆动，步幅要小些。运球脚提起时，膝关节弯曲，脚跟提起，脚尖稍内转。在迈步前伸脚着地前，用脚外侧推拨球。如图6-11所示。

图 6-11　脚背外侧运球

3. 脚背内侧运球

脚背内侧运球动作幅度大，是运球技术中速度较慢的一种运球方法，主要在改变方向运球并需要用身体掩护球的情况下使用。

掩护运球动作要领：掩护运球在对手企图从运球人侧面抢球时运用。以右脚运球为例，左脚向前跨出一步，在球的侧前方落地，膝关节微屈，身体重心向前移动，上体前倾并稍向右转，右脚顺势收腿、屈膝和拨腕，以脚背内侧推拨球的后中部，使球向前滚动。

改变方向运球动作要领：支撑脚的位置一般落在球的侧后方，球与脚的距离由球的变向角度大小决定，变向大则距离远，脚尖偏向出球方向，膝关节微屈维持身体平衡。运球时，利用髋关节扭转带动上体转动并斜前倾的同时，支撑脚蹬地。在身体即将失去平衡的同时，以脚背内侧推拨球使之向欲改变方向滚动。变向后，运球脚积极落地，紧接着进行下一个动作。

4. 脚内侧运球

脚内侧运球是运球技术中速度最慢的一种运球方法，主要是在运球接近对手需要用身体掩护的时候运用。

动作要领：运球时，支撑脚稍向前跨，踏在球的前侧方，膝关节稍弯曲，上体前倾向里转。随着身体向前移动，运球脚提起，用脚内侧推球的后中部。

（二）运球过人基本技术

运球过人的动作方法很多，常用的主要动作有拨球、推球、拉球、扣球、挑球和捅球等方法，利用这些方法将球成功越过对手。

1. 拨球过人

动作要领：运用脚腕的抖拨动作，以脚背内侧或外侧触球，使球向侧方或侧前方移动。在比赛中，一般遇到对手从正面来抢球时，可先运球逼近对手，诱使对手伸腿抢截或重心随之移动，然后运球者用拨球动作从对手的一侧越过。

2. 推球过人

动作要领：运球逼近对手，诱使对手伸腿抢球，或当对手积极后退阻截，站位失去平衡的刹那，运球人加快起动速度，快速推球，使球从对手胯下或体侧越过。

3. 拉球过人

动作要领：运球逼近对手，待球向前滚动速度逐渐减慢或已处于停止状态时，诱使对手伸腿抢球。在对手伸腿重心前移的刹那，迅速用脚掌向后拉球闪开对手抢截，紧接着用脚内侧向侧前方推球越过对手。

4. 扣球过人

动作要领：运用转身和脚腕急转压扣的动作，以脚背内侧或脚背外侧触球，使球迅速停住或改变方向。正面遇到对手抢截时，可先用拨球的方法，诱使对手身体随之移动，当对手重心移至一侧时，迅速扣球变向从异侧超过。

（三）练习方法

1. 运用脚的不同部位进行熟悉球性、提高球感的各种练习，如脚背颠球、拨球、拉球、挑球、扣球等练习。

2. 体会运球部位和运球动作。推球、拨球可以与拉球、扣球等动作紧密结合，提高控球能力。

四、头顶球

（一）基本技术

头顶球技术是运动者在比赛中，为了争取时间，抢占空间，有目的地运用头的前额部位直接处理空中球时所做出的各种击球动作的总称。头顶球是运用头的前额骨部位，以身体带动头部摆动击球来完成的，主要包括判断与取位、蹬地与摆动、时间与部位三个方面。

判断与取位：选位前应对来球的性质、运行路线、弧度进行敏锐的观察并做出准确判断。选位时，两眼注视来球。

蹬地与摆动：上体借助两脚迅速有力蹬地所产生的反作用力向前摆动，带动头部快速迎击来球；或借助弓身拉长腹部肌肉的有力收缩和颈部灵活、快速发力，以头部敲击来球。

时间与部位：一般情况下，当身体前摆即将恢复到直立状态时击球最为合适。此时身体重心平稳，摆体击球速度较大。头顶球的部位和击球的部位，与踢球技术相似，根据顶球所需要的位置和效果，顶球的部位不同。

头顶球技术的种类主要以顶球时运用头的部位不同来区分，可分为前额正面顶球和前侧面顶球，这两个部位都可以做原地顶球、跑动中顶球、跳起顶球和鱼跃顶球。

1. 前额正面顶球

动作要领：身体正对来球，两腿前后开立，屈膝，上体稍后倾，两臂自然张开，目视来球。当球运行到身体垂直部位前的刹那，后脚用力蹬地，同时迅速向前摆体，颈部紧张，快速甩头，用前额正面顶球的后中部，接着上体随球继续前摆。跳起顶球时，挺胸展腹成背弓姿势，顶球瞬间快速收腹、折体前摆并甩头顶球，随后两腿屈膝落地。如图 6-12 所示。

2. 前额侧面顶球

动作要领：两脚前后开立，两膝微屈，身体重心放在后脚上，出球方向的同侧脚在前。上体和头部稍向出球的相反方向回旋侧屈，后膝微屈，眼睛注视来球，两臂自然张开。顶球时，后脚蹬地，上体和头向出球方向迅速扭转、屈体甩头，在与出球方向同侧肩的前上方，用额骨侧面顶球的后中部。跳起顶球时，一般采用单脚起跳，顶出球后，两膝微屈缓冲落地。如图 6-13 所示。

图 6-12　前额正面顶球　　　　　　　　　图 6-13　前额侧面顶球

（二）练习方法

1. 模仿练习。2 人 1 组，1 人用手抛球，1 人用头顶球练习，体会动作。

2. 3 人 1 组，1 人抛球，1 人做头顶球练习，另 1 人接球。体会转角度的顶球练习。

3. 传球和射门结合练习。接队友传球，然后含胸收腹用头部顶球射门，注意要合理处理各种不同性能的来球，熟练后可有目的地将球顶到预定位置。

五、抢截球

抢截球是指运动者运用身体不同部位和所做的合理动作，将对方队员控制的球截获为自己控制的动作方法，其目的是把对手控制的球夺过来转守为攻。抢截球技术包括截球和抢球两部分，截球是在进攻队员进行传球配合时，突然从中途将球截获所做出的各种动作；抢球是防守队员将进攻队员控制的球直接争夺过来或破坏掉所做的各种动作。

（一）基本技术

抢截球技术由选位、判断抢截动作、合理冲撞和衔接动作等环节组成。

1. 选位：选择位置要恰当。抢球前与对手保持一定的距离，以便随时出击。

2. 判断抢截动作：准确判断，掌握好抢截的时机。根据对方队员的传球意图和传出球的方向、速度、弧线和落点，抓住时机，及时抢先截获来球。

3. 抢截动作：抢截球动作要果断。要根据来球的不同性质进行抢截，截地滚球或低平球时多用脚内侧部位。截平空球或高空球时可用胸部或头部，截反弹球时可用脚的不同部位或腹部。抢球时，应以脚内侧部位对准来球，积极跨步向前迎抢。脚内侧触球时应保持小腿与地面垂直，重心落在前脚上，避免球从脚面上滚过。

4. 身体的合理冲撞：要利用合理冲撞来提高抢截球的效果。冲撞时身体的重心要靠近运用冲撞部位一侧的支撑脚上。

5. 紧密衔接下一个动作：在抢截过程中，身体重心移动要快，以便连续争抢和抢到球后尽快控制、处理球。

（二）抢球方法

抢球包括正面抢球、侧面抢球和侧后抢球三种方法。

1. 正面抢球

两脚前后开立。两膝微屈，身体重心下降并放在两脚之间，面向对手，在对手运球脚触球后即将着地或刚着地时，支撑脚立即用力后蹬，抢球脚用脚内侧正对球并屈膝向球跨出，挡住球的正面。支撑脚立即前跨，上体保持平衡，把球控制住。若双方同时触球，则要顺势将球向上提拉，使球从对方脚背滚过。同时重心跟上，把球控制好。在离球稍远抢不到的情况下，则可用脚尖把球捅掉后再抢球。

2. 侧面抢球

当与对手并肩跑动时，身体重心稍下降，同对手接触一侧的臂要紧贴身体。当对手靠近自己一侧的脚离地时，用肘关节以上部位，冲撞对手相应部位，使其失去平衡而离开球，此时乘机将球抢过来。

3. 侧后抢球

侧后抢球主要是由倒地铲球动作来完成的。铲球是抢截球技术中难度较大的一种技术动作，在足球比赛中广泛运用。一般来讲，在对手运球或接球越过自己而来不及用其他方法抢球时可采用倒地铲球动作。

同侧脚铲球动作要领：当控球者拨出球的一刹那，抢球者后脚（异侧脚）用力后蹬地成跨步，前脚（同侧脚）以脚外侧沿地面向前内侧滑出，用脚背或脚尖将球踢出或捅出。然后小腿外侧、大腿外侧和臀部依次着地。

异侧脚铲球动作要领：当控球者拨出球的一刹那，抢球者后脚（同侧脚）用力后蹬地成跨步，前脚（异侧脚）以脚外侧沿地面向前内侧滑出，用脚背或脚尖将球踢出或捅出。然后小腿外侧、大腿外侧和臀部依次着地。

（三）练习方法

1. 模仿动作练习。正面抢球可做跨步抢球模仿动作；侧面抢球可做无球慢跑的合理冲撞练习；侧后抢球可做倒地模仿铲球动作。

2. 利用静止球做铲球练习。2人1组。1人用脚踩球，1人做倒地铲球练习，体会动作。

3. 在慢速的运球中进行抢截球练习。注意掌握抢截球时机。

4. 在近似比赛的场景下进行抢截球练习。

第三节　足球运动的战术培养

一、局部进攻战术

局部进攻战术是两人或两人以上为创造射门得分机会的默契配合行动，是组成集体进攻战术的基础，是攻方队员在短时间内造成局部地区以多打少局面的战术，起到渗透、突破、控制球、转移进攻点等作用。主要内容有：传切配合，二过一配合，交叉掩护配合，三过二配合等。

（一）传切配合

传切配合是指控球球员将球传给切入到防守球员身后的同队球员的配合方法。传切配合形式有局部传切和长传转移切入。如图 6-14 所示，⑧向❹身后传球，⑦快速切入得球。

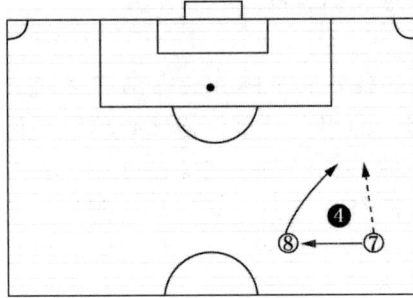

图 6-14　传切配合

（二）二过一配合

二过一配合是指在局部区域两个进攻队员通过两次以上的连续传球配合，越过一个防守队员的默契行动。

1. 横传直插二过一：⑦横传给⑧，然后⑦直插到❹的背后，⑧再传给⑦，如图 6-15 所示。

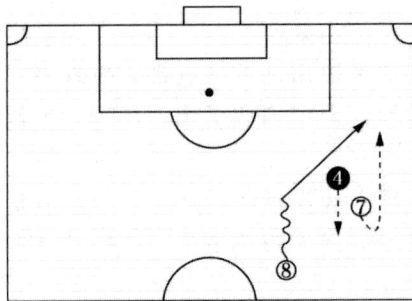

图 6-15　横传直插二过一

2. 直传斜插二过一：⑧传给⑦后斜插到❹的背后，⑦直传给⑧。⑪传给⑩后斜插到❷的背后，⑩直传给⑪，如图 6-16 所示。

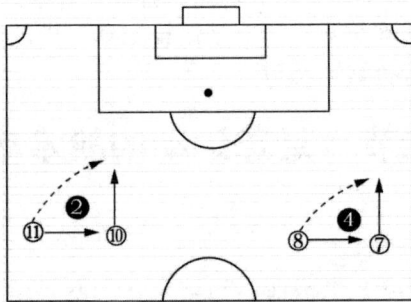

图 6-16　直传斜插二过一

3. 踢墙式二过一：⑧运球后向⑨脚下传球，球像碰到墙壁反弹一样，弹向❸的背后。如图 6-17 所示。

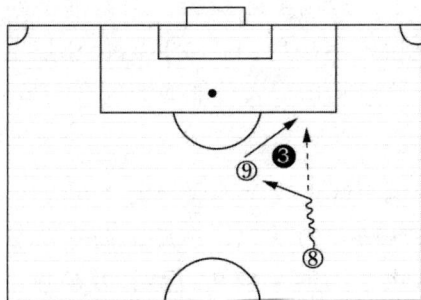

图 6-17　踢墙式二过一

4. 横传、回传反切二过一：⑦回撤接球，⑧向⑦传球，如果❹紧逼盯人，⑦横传或回传给⑧后突然反插到❹的身后，⑧传球给⑦。如图 6-18 所示。

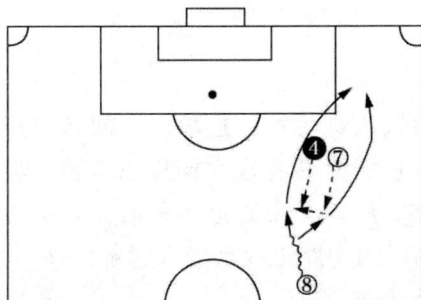

图 6-18　横传、回传反切二过一

5. 二过一配合时注意以下几个方面：

（1）抓住战机，尽量回传。在局部地区出现二过一局面的时候，要及时抓住战机。防守人数较多时，要采用一脚出球的方法。

（2）掌握时机，避免越位。控球队员运球逼近防守队员，诱使其上前阻截，为传球创造时机。传球后要快速插上，准备接应。在面对最后一名后卫时，注意起动的时机，避免越位。

（3）注意纵深，用力适当。在前场做配合，特别是做回传反切二过一时，要有一定的纵深距离。传球的力量要适中，既要保证传球的准确性和不被对方破坏，又要让"做墙"的队员方便直接传递。

二、全队进攻战术

全队进攻战术是为了完成整体的进攻战术任务所采取的全队配合方法，是全队进攻面比较广、投入人数比较多的进攻战术配合。全队进攻战术的方法主要有快速反击、边路进攻、中路进攻和转移进攻等。

（一）快速反击

快速反击是指在对方全部压出、后防空虚、缺乏精神准备的客观有利条件下，一旦断球后，以最快速度进行突然袭击的进攻方法。快速反击的战术打法被许多球队所采用，特别是一些注重防守的球队。

快速反击的配合方法：一是中、后场抢断球后，利用准确的中长传，将球传到对方后卫身后的空当，让本队突前前锋高速切入突破射门，或传给快速插上的同伴配合突破射门；二是将球传给中前场跑位接应的同伴，然后利用个人的能力或配合突破射门。

（二）边路进攻

边路进攻是指在对方半场两侧地区进攻所采取的配合方法。

在比赛中，中路一般都是各队防守的重地，边路的防守队员相对少些，空当较大。在由守转攻时，将球传给边锋。边锋利用个人的突破在边路打开缺口，然后通过外围吊中、下底传中或里切回扣传中的方法，为中间的同伴包抄射门创造机会，甚至可以运球直接内切突破射门。边路进攻的主要目的是充分利用场地的宽度，拉开对方的防线，削弱对方中路的防守力量，为中路破门得分创造有利的战机。

边路突破的方法：一般有边锋个人运球突破，边锋与中锋或前卫配合突破，边锋内切后前卫、后卫插入边锋位置突破等。

（三）中路进攻

在对方半场中间区域组织的进攻称为中路进攻。中间地带正面对着球门，一旦突破就能直接威胁对方球门，射门的角度也较大而具有较大的进攻威胁，但是中间防守队员密集，力量集中，往往给进攻造成一定的困难。所以，中路进攻的时候，两边锋要拉开，借以牵制对方的两个后卫，诱使对方中路露出空当，为中路进攻创造有利条件。

中路进攻的方法主要有以下几种。

1. 个人突破。在较小的范围内接球摆脱或在同伴的牵制掩护下运球突破射门，也可做突然性的切入射门。在遇到对方密集防守时，鼓励个人突破。

2. 中路几人之间连续"二过一"配合突破。中路的防守密集，空隙小，运球突破的难度大，可以通过几个队员做多种"二过一"的组合配合，提高成功率。

3. 前卫、中卫的突然插上。在对方压上进攻丢球后，趁对方立足未稳之时，前卫、中卫突然插上，利用运球突破或与中锋、边锋配合，给对方球门形成威胁。

4. 外围传中争顶抢点射门。当地面传切配合受阻时，通过外围的传中，高大中锋争抢第一点，可直接射门或摆渡给同伴，由临近的同伴抢点射门。

（四）转移进攻

转移进攻是指在一侧进攻不能奏效时而改变进攻方向的进攻战术。

转移进攻的方法包括边路转中路、中路转边路、左（右）边路转右（左）边路的大范围转移进攻等。在运用转移进攻战术时，要突然快速，才能使对方来不及调整防守位置，从而乘隙而入，突破防线。在转移进攻时，一般采用中长距离的斜横传球。

总的来说，在比赛中边路进攻和中路进攻必须结合运用，也可以以边路进攻为主，中路进攻为辅，或中路进攻为主，边路进攻为辅，并通过不断的转移来改变进攻的线路，才能更好地发挥进攻的威力。

三、局部防守战术

基本的局部防守战术有保护与补位、围抢以及造越位等。

（一）保护与补位

保护是指在同伴紧逼控球的对手时，选择有利的位置来保护同伴，防止对手突破的默契行动。补位是指防守队员之间互相协助的防守配合行动。保护与补位是区域防守的基础，保护是补位的前提，两者紧密结合。

在保护的时候选择站位是很关键的，保护时要站在紧逼盯防的同伴的侧后方，一旦同伴被对手突破，能够及时地补位。如图 6-19 所示：❷紧逼⑪，❺在侧后方保护，当⑪向边路突破时，❺也向边路移动。当⑪向中路突破时，❺向中间移动。

在二防二时，一人紧逼有球队员，另一人进行区域防守或紧盯人，一旦同伴被突破，必须进行相互补位。如图 6-20 所示：❹被⑦突破，❺补防❹的位置，❹补防❺的中卫位置。

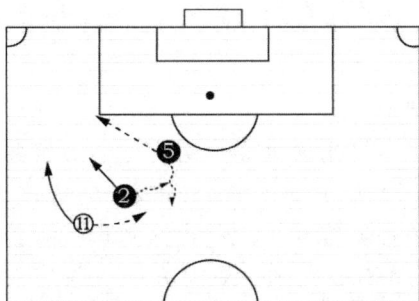

图 6-19　保护

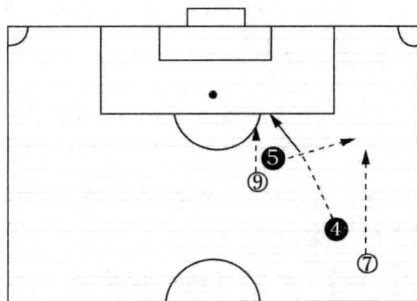

图 6-20　补位

（二）围抢

围抢是指防守时几名防守队员同时围堵、抢断某局部地区的对方控球队员的默契行动，抢、逼、围是现代足球比赛的一个显著特点，它在防守中增加了局部地区防守的人数，以多防少，提高防守效果。

围抢的基本要求：

1. 围抢的时机和条件。在前后场的四个角上或中场的两个边路；对方个人运球较多或短传、横传较多而又缺乏转移球时。

2. 围抢的要求。队员之间行动一致，动作突然，勇猛果断；要有充沛的体能，顽强的意志；先封堵控球队员的前进路线，再从侧面、后面进行围抢。

（三）造越位

造越位是利用比赛的规则而设计的一种防守战术。造越位战术能够起到以巧制敌的效果，但是在比赛中不可盲目地使用造越位战术。另外，越位规则的不断修改，越来越有利于进攻。在 2005 年荷兰世界青年足球锦标赛中，国际足联对越位规则的解释是："在进攻中，处在越位位置的队员只要没触到球，助理裁判就不能举旗。"在采取造越位战术时，后防线上的队员行动必须统一、默契，而且还应密切注意对方后插上的队员。

四、全队防守战术

全队防守战术要求发挥集体的力量，即对方进攻时，场上的每一个队员都应积极参与防守，并形成一定的防守阵形。全队防守战术包括人盯人防守、区域防守和混合防守。

（一）人盯人防守

人盯人防守是指比赛中由攻转守时每个防守队员盯住一个进攻队员，封锁对方的进攻路线，控制对手的活动和传控球时机的配合方法。

人盯人防守时分工明确，但是某一点一旦被突破，就会使整个防线出现大漏洞，产生较大的体力消耗。所以，通常在后场设一名自由中卫，以便随时补防。

（二）区域防守

在防守时，场上队员根据自己的位置分布，每个队员负责防守一个区域，当某一进攻队员跑入本区时，就进行积极防守，限制对方的进攻活动。但是采取区域防守时，对方可以自由换位，而造成以多打少的局面，所以单纯地采取区域防守是不可取的。

（三）混合防守

混合防守是指盯人防守和区域防守相结合的防守方法。

在比赛中，通常都是盯人防守和区域防守相结合。具体来说就是，对有球队员要紧逼盯人，对有球的区域要紧逼盯人，距球远的防守队员可进行区域防守，对特别有威胁的进攻队员可派专人盯防。两个拖后中卫，盯人中卫负责盯防对方的中锋，拖后中卫（由人）负责保护与补位。距离本方球门越近越要紧逼，特别是在罚球区附近更是不能松动。对对方插入与切入的队员，前卫一定要回防并紧逼盯人，帮助边卫进行人盯人防守。

五、任意球战术

在足球比赛中，任意球战术在整个战术体系中具有十分重要的作用。特别是在对方罚球区附近获得直接任意球时，由脚法精湛的队员主罚，往往能直接破门得分。像英国的贝克汉姆、法国的齐达内、巴西的卡洛斯等，都是罚任意球的高手。

第七章 当代大学生篮球运动技能的培养研究

第一节 篮球运动的基本理论

一、篮球运动的由来

1891 年，近代篮球运动起源于美国东部地区的马萨诸塞州，最初是由该州的斯普林菲尔德市基督教青年会学校教师奈史密斯博士设计发明的。由于受到特大暴风雪天气的影响，当时在美国最为流行的棒球运动不能正常开展，而广大学生对于其他的运动形式也没有太大的兴趣，从而导致参与学校学习与活动的人越来越少。为了改变这种情况，奈史密斯博士在青年会的委托下亲自设计了这种新型的运动项目。奈史密斯博士从当地农民摘桃的劳动中获得灵感，同时还借鉴了其他运动项目形式，篮球运动最终产生。由于篮球运动不会受到天气、时间这些因素的制约，而且对于场地的要求也较为宽松，能够在白天、黑夜任何时间开展。同时，篮球运动不仅具有运动的对抗性，而且还要求文明，因此受到了广大群体特别是年轻人的认可与参与。1891 年 12 月 25 日圣诞节，奈史密斯博士亲自主持了近代篮球运动史上的第一场篮球比赛。

在篮球运动发明之初，其比赛的规则非常简单，比赛场地要求为南北向，对于场地的面积大小、参与者的数量以及比赛的时间等都没有明确的规定，只是要求把比赛的队员分成人数相等的两方。比赛所用的球篮以装桃子的筐来充当，将其悬挂在离地面 3 米的墙上，每次进球后还需要登梯将球从篮筐中取出。篮球比赛的方法大致为，双方运动者分别站在本方场地的端线之外，裁判员站在场地的中线上将球抛向场内，然后双方队员同时冲进场地争抢球权，进行把球投入对方筐内的攻守对抗。每次投球入筐之后，再按此程序重新开始直到比赛结束。比赛最终的胜负由双方进球数的多少来决定，每投进一球得一分，如果进球数量相等，经过双方同意，比赛可延至谁先投进一球为止。

篮球运动本身有着非常好的游戏性与趣味性，而且具有一定的健身功能。在后来的发展过程中，篮球运动在游戏的基础上不断充实着活动的内容，相应的竞赛规则也在不断细化与完善，从而逐渐形成了现代篮球这项运动。

二、篮球运动的演进

现代篮球运动由游戏演进为竞技篮球运动是一个漫长的实践过程，经历了多个不同的发展阶段。如果以其活动的方法与规则完善的过程进行划分，现代篮球运动的发展大体划分为五个时期。

（一）初创时期

19 世纪 90 年代至 20 世纪 20 年代是篮球运动的初创时期。1891 年，篮球运动产生之后逐渐成为一种地域性的民间娱乐活动，篮球运动以其自身充满对抗性、娱乐性的特点吸引了越来越多的爱好者参与其中，群众基础日益广泛。在此时期，篮球运动开始从学校逐渐扩散到广大社会之中，而且日益国际化。篮球运动于 1892 年传入墨西哥，1893 年传入法国，1895 年传入中国和英国，1896 年传入巴西，1897 年传入捷克，1901 年传入日本和伊朗，1905 年传入俄国与古巴，1907 年传入意大利，1908 年传入波兰与瑞士，1911 年传入秘鲁，并逐渐在全球范围内广泛传播开来。

这一时期的篮球技术表现为攻守技术简单，只有一些篮球的基本动作。在战术方面，这一时期还没有形成较为成熟的全队配合战术，单兵作战是这一时期的主要对抗形式，球员也有了相应的位置分工，并处于不同的区域。进攻的方式主要以快攻、简单传切、掩护为主，防守主要表现为区域的人盯人防守。

（二）发展时期

20 世纪 30 至 40 年代是篮球运动的完善时期。1932 年 6 月 18 日，在瑞士日内瓦成立了国际业余篮球联合会（简称国际篮联），总部设在意大利的罗马。当时加入国际业余篮球联合会的国家共有 8 个，该会议作为一个国际性的权威机构对各国的篮球运动做出了协调与统一的工作，这也是国际业余篮球联合会成立的主要任务。国际业余篮球联合会致力于将男子篮球项目推荐成为奥运会的正式比赛项目，并于 1936 年在德国所举行的第 11 届奥运会上被列为正式的比赛项目，现代竞技篮球运动也由此正式诞生。

在此时期，篮球运动在技术方面的发展主要表现为，出现了单手传接球、投篮技术以及行进间双手交替运球技术，简单的组合战术开始出现，手部与脚步的动作衔接较之以往更为迅速。在战术方面，篮球运动的进攻更加强调团队战术的运用配合，以往的单人进攻方式不断减少。防守时的集体性增强，并开始采用区域联防与人盯人的防守战术。

（三）成熟时期

20 世纪 50 至 60 年代是篮球运动发展的成熟时期。在 20 世纪 50 年代之后，现代篮球竞赛中的胜负主要是由球员的高度决定的。在这种发展背景下，运用高大中锋强攻篮下的战术打法非常流行，篮球运动也开始了一个向体型"高大化"发展的时期。20 世纪 60 年代末，篮球运动逐渐形成以美国篮球为代表的高度、速度、技巧相结合的战术打法，同时还有高度、力量相配合的欧洲打法，篮球运动也由此开始步入发展的成熟阶段。

在篮球的技术方面，球员更加注重高度、速度、力量与技巧的有机结合，从而使球员的技术不断全面。在篮球的战术方面，进攻中多采用快攻、传切、突分并利用高大中锋强攻和在阵地进攻中组织策应配合，全场紧逼、人盯人防守及混合防守的战术在不断地应用。

（四）完善时期

20 世纪 70 至 80 年代是篮球运动发展的完善时期。在 20 世纪 70 年代之后，篮球场上出现了更多身高 2 米以上的球员，这就使得空间方面的争夺更为激烈，高度与速度之间的矛盾更为突出。1973～1978 年间，篮球的规则又出现了多次调整，从而使攻防技战术在新条件的约束下，兼顾高度与速度发展的同时，不断向灵巧、准确而多变的方向发展。20 世纪 80 年代，这种情况更加突出，这也使得篮球运动逐渐进入了一个全面提升的完善时期。

在技术特点方面，球员的技术全面提高，进攻中的对抗、高空等技术不断技巧化，个人的能力不断增强，防守技术也更具威胁；在战术方面，单一固定的进攻逐渐转变为综合移动的进攻战术，防守更具攻击性、破坏性与集体性。

（五）飞跃时期

从 20 世纪 90 年代到现在是篮球运动发展的飞跃时期。1992 年，国际奥委会允许职业篮球运动者参加奥运会篮球比赛、世界篮球锦标赛及洲际以上的国际篮球比赛，篮球运动也从此开始了一个新的发展里程，表现出大众篮球的发展趋势，职业篮球不断发展，同时依托于科技与人文，不断提高篮球运动者的各种新技术，当代的篮球运动更加科技化、观赏化、商业化及职业化。

篮球运动者的素质较之以往有了一定程度的提升，而且表现得更加全面，运动者的技战术意识都有一定程度的提升；篮球的高空技术与高空战术有了进一步发展，在身体对抗方面更为激烈；运动者的个人技术能力成为球队取胜的关键因素，快速进攻与攻守转换的战术有了新发展；进攻的技战术更加实用与多变，并向立体型方向发展；个人防守的重要性越来越强，而且在攻击性、破坏性及协同性方面表现得更加突出；女子篮球的技战术也向着男性化的方向不断发展。

篮球运动在全世界范围内得到了广泛的普及和深入的发展，为使该项运动永远具有吸引力和生命力，并在持续的发展中得到统一和规范，国际篮球联合会近年来不断对《篮球规则》进行完善，以 4 年为间隔对规则进行较大的修订。国际篮球联合会中央局会议上通过的 2014 年《篮球规则》，已于 2014 年 10 月 1 日起在世界范围内正式执行。

三、篮球运动的基本特点

现代篮球运动是一项以高空投篮为目标，以篮球为工具，以投篮准确为目的，以个体与整体运用专门的技术、战术为手段，以两队立体型攻守对抗为基本形式的非周期性体育运动，对运动者的身体形态、个人素质等有特殊要求，而比赛规则的不断修订与补充，也都是围绕着如何激励活动者将篮球更快、更准、更多地投进高空篮筐和干扰对手投进高空篮筐中来发展的。其特点主要有以下几个方面。

（一）对抗性

与其他球类运动相比，篮球运动具有紧张激烈的对抗性。篮球运动有其特殊的高空运动规律，即为了争夺球与空间的控制权，比赛双方运用不同战术阵型与技术手段开展立体型的进攻、防守，并不断进行攻守转换。由于当代篮球运动者的身高和身体素质都在不断地增长和提高，从而出现了在时间与空间、平面与立体上的争夺和较量，使篮球比赛所具有的对抗性越来越激烈。

近年来空间与地面全场紧贴对手、身体主动用力地个人防守技术得到了发展，迫使对手难以施展技术特长和达到攻击目的。这种攻击性防守技术类似近身格斗，极具破坏力与杀伤力。在进攻上，也相应发展了贴身强攻技术，强行突破、强行投篮、篮下强攻技术，使篮球运动的时空立体对抗特点表现得淋漓尽致。因此，在比赛过程中必须有强烈的时间观念和空间意识，运用各种形式、方法和手段去争夺时间，拼抢空间优势，从而取得主动，赢得胜利。

（二）集体性

篮球比赛是以两队成员相互协同攻守对抗的形式进行的竞赛过程，具有明显的集体性。在比赛中，运动者传球、接球、运球、投篮和移动、防守等动作均有目的性，都是在战术指导思想要求下，通过两人以上的协同配合而发挥作用的。它要求每个运动者必须做到齐心协力，密切配合，互相帮助，发挥集体的力量，更好地争取比赛的胜利。因此，篮球比赛不仅能够使参加者形成团结友爱的集体荣誉感、严格的组织纪律性、顽强的意志品质和积极拼搏的精神，还能够增进参加者的相互了解，形成友好的交往和长期的友谊。当代篮球比赛，出现了频繁换人的战略战术，所以，每个运动者都应在思想上、技术上、战术上做好准备，一旦出场应战，就要发扬集体战斗的精神，这样才能达到战胜对方的目的。

（三）集约多变性

篮球运动是由低级到高级，在去粗取精的动态中发展进化的，至今已成为一项集约、多变、综合性的竞技艺术。其在动态中发展演进，球场行动由个体到整体，技术、战术掌握与运用由低级至高级不断创新发展，从而使篮球比赛过程较其他球类复杂，技术动作繁多，战术阵形机动、多变，优秀运动队和明星队员运用篮球技术、战术配合已达到集约性、技巧化、艺术化的程度，促使篮球比赛的过程充满生气与活力。而围绕空间瞬时变化开展的争夺，反映出个体单兵作战与协同集约配合相结合，空间与时间相结合，空间攻守与地面攻守立体型对抗相结合，拼抗性与力量性、技艺性、计谋性相结合，由此综合显示出各世界强队主体型的、各种类别的集约多变性攻守风格形式和打法特点，在比赛千变万化的情况下以不变应万变，自主掌握变化的主动权去扰乱对手，从而使比赛更为精彩，更具独特的戏剧性与观赏性特点。

（四）多元组合性

篮球运动用手控制球，并围绕着投篮得分展开，以攻守对抗为主要活动形式，其技术动作复杂多样。这些技术在比赛中的运用均是组合形式的，活动结构形式是多元化的。

篮球运动内容结构的多元性综合化，使它形成了自己独特的理论体系和技术、战术实践系统。篮球运动包含跑、跳、投等身体活动，还有对教练员、运动者的智能潜力、特殊的运动意识、气质、身体形态条件、生理机能、心理修养、意志品质、道德作风、专项技术水平与战术配合意识及其实战能力等的研究。所以教师、教练员的教学、训练和组织管理指挥的才智水平就基于这个基础之上，并相互渗透，形成整体，从而使篮球运动内容结构上更趋科学化、独特化，更具现代观念。只有把握这一特点，才能促使篮球专项运动产生具有现代科技、现代体能、现代技能、现代意识、现代文化、现代文明的高层次篮球竞技人才。

（五）职业化与商业性

20世纪中期，欧美国家率先成立职业篮球俱乐部，随着竞技水平的提高及赛制和规则的完善，现代篮球运动在全球蓬勃发展，运动者智能、体能和技、战术水平的不断提高，对推动篮球职业化进程起了新的催化作用。自20世纪80年代起，职业篮球俱乐部如雨后春笋一般在美、欧、澳、亚洲建立起来，特别是20世纪90年代，国际奥林匹克委员会允许职业篮球运动者参加奥运会篮球赛后，篮球运动在世界范围内的职业化和商业化进程进一步加速。尤其是在亚洲地区，中国、菲律宾、韩国、日本等国都相继成立或筹划成立职业篮球队或职业篮球俱乐部，这对亚洲和世界篮球运动的进一步发展和提高起到催化剂的作用，这也标志着职业化和商业化的发展趋势已成为现代篮球运动的重要特点。

随着篮球运动职业化程度的逐步深入，在 21 世纪职业篮球比赛、职业篮球运动者和运动队的运动技能水平与运动成绩逐渐商品化，篮球运动的组织体制、赛制和训练管理机制的商业化气息也越来越浓。由此，国内外重大篮球竞赛组织者借助电视传播、广告、授权产品、体育器材以及发放彩票、超国界转让队员和球队等各种形式开展营利性经营。这种商业化的发展趋势反映出新世纪篮球运动的又一重要特点。

第二节　篮球运动的技术培养

一、基本技术的教学与训练

篮球技术是指在篮球比赛中，运动员为了达到战胜对手的目的，合理有效地运用各种进攻与防守的专门动作、方法的总称。它是在长期运动实践中积累、发展起来的动作体系，是按特定的顺序和环节组成的多种多样的动作方法，其结构以人体生物学原理及篮球规则为依据，强调实效性并存在个体差异性。

在比赛中，队员的智慧、技能、应变能力、作风和创造力都是通过双方队员技术的对抗表现出来的，是篮球运动员竞技水平的显著标志。同时，在训练过程中既要体现技术动作方法的合理性，又要体现完成比赛任务的实效性，通过训练使运动员掌握技术动作方法，形成规范的技术动作定型，并在实践中熟练地运用。

篮球技术是篮球比赛的手段，是篮球比赛的基础。只有正确掌握篮球技术动作，运动员才能在比赛中准确地、合理地、熟练地运用，从而取得好的比赛成绩。此外，正确的技术动作是通过教学过程来实现的，而有意识地合理运用正确技术动作是通过训练过程来实现的，所以教学训练和学习过程是相辅相成、相互交替、紧密联系不可分割的统一整体。

（一）篮球传接球技术

1. 传接球技术分析

（1）传球技术分析

如果从动作方法的组成上来分析，传球技术由持球手法和传球动作两个部分组成。其中，持球手法可分为单手持球和双手持球两种。单手持球的方法为，手指自然分开，用手掌外沿和指根以上部位托（或抓住）球，手心空出；双手持球方法为，两手指自然分开，两大拇指相对呈"八字"形，用手指指根以上部位握球的两侧后下方，手心空出，两臂屈肘，肘关节下垂，将球置于胸腹之间。而传球动作由下肢蹬地发力开始，配合全身协调用力，最后通过伸臂、屈腕和手指拨球的力量将球传出。

如果从完成技术动作的结构上分析，传球技术包括准备、完成和结束三个阶段。其中，准备阶段包括基本姿势和持球两个环节。正确的基本姿势：两脚左右（或前后）开立，与肩同宽或稍宽于肩，两膝微屈，上体稍前倾，双手或单手持球。这样的基本姿势既保持了运动学和动力学的特征，又便于完成各种传球动作。而持球是在保证正确的基本姿势的基础上，运动员还必须保证正确地持球并能牢固地控制球，将球置于防守人既难触及而自己又能在最短时间内完成传球动作的位置。同时，传球人还应注意用眼睛或用视野的余光观察接球目标，随时准备将球传出。

传球技术的完成阶段，是传球技术的基本阶段，其形式有单手传球和双手传球两种。每种传球形式又各包含了多种传球方法。不论其完成的方式有何差异，最终都是通过上肢的屈伸和手指手腕的最后用力来完成的，同时也包含着身体其他部位的协调用力。在这一阶段，手指手腕的动作和用力是传球动作的关键，它控制着球的飞行方向、速度、旋转等要素，而食指和中指对球起的作用最大。现代篮球比赛中，要求传球快速准确且巧妙，要有极强的隐蔽性，而且传球动作的幅度不要过大，这就使得手指手腕的用力显得更加重要，从而对手指手腕动作的要求也就更高。在传球过程中，下肢的蹬地与身体其他部位的协同用力也是传球完成阶段不可缺少的环节，它既可以增加传球的力量，又可以确保传球动作的协调。

在传球的结束阶段，球虽然离开了手，但身体动作并没有随即结束。运动员必须在这一阶段维持好身体的平衡，控制好身体的重心，以便和下一项进攻技术顺利衔接。

在传球技术运用过程中，一般应注意以下几点。①根据防守队员和接球队员的位置、移动速度决定传球力量的大小、方向和传球方法。将球传到远离防守队员一侧的位置上，传出的球既要便于同伴接球，又要便于同伴能顺利地与下一个进攻技术相衔接。②传球队员要扩大视野，全面观察场上情况。遵循先看前场再看后场、先观察内线再观察外线的运用原则。③要善于捕捉传球时机，当同伴出现在有利位置时，及时将球传给同伴，要做到人到球到。④善于运用假动作迷惑对手，巧妙地运用时间差、位置差、空间差完成传球技术。⑤熟悉全队进攻战术要求，了解进攻战术配合中的每一个进攻机会，从而掌握有利的传球时机。

（2）接球技术分析

接球技术从形式上来区分包括单手接球和双手接球两种。从来球的高度上来划分，它又可以分为接高空球、接胸部高度的球和接低球三种。其技术动作结构由准备阶段、完成阶段和结束阶段三个部分构成。

准备阶段，需要对来球的方向、高度、速度和旋转等因素作出正确的判断。判断稍有错误，就会使接球失误。同时，接球前的身体姿势也是很重要的，采取怎样的身体姿势接球是建立在对来球正确判断的基础上的。正确的姿势要求既便于双手接球，又便于单手接球；既便于接不同方向、不同高度、不同距离的球，又便于在接住球后能很好地与下一项进攻技术动作相衔接。在接球技术的完成阶段，其基本过程包括迎球、触球、引球三个方面。迎球是指身体、脚步和手臂要迎向来球，特别是手臂，一定要主动向着来球的方向伸出去，这将有助于触球和触球后的缓冲。触球是指决定能否接到球的关键，手指触球的部位多在手指尖偏内侧和指腹的部位，当手指触球后，应迅速顺势屈肘，手臂向后引，以缓冲来球的力量。而引球（缓冲阶段）的目的是缓冲来球的力量和速度，迅速地完成正确且牢固的持球动作，以及方便与下一项进攻技术相衔接。在接球的结束阶段，主要的任务是维持身体的平衡，并且要迅速确定将要转入的下一个进攻动作。

2. 传、接球技术教学步骤

（1）传、接球技术的教学步骤应从持球动作开始，先学习接球，再学习传球，把传球、接球结合起来进行练习。

（2）传、接球训练应从原地开始，使动作规范，在掌握正确动作规范的基础上进行移动练习，重点解决接球、传球与脚步的协调配合，在此基础上，再和其他技术结合练习，最后在有防守的情况下进行训练，以提高在实战中的应用能力。

（3）双手胸前传球动作要领：两手五指自然张开，两大拇指呈"八"字形，用指根以上部位持球，掌心空出。两肘自然弯曲于体侧，置球于胸腹部位，身体呈基本姿势站立，脚分前后；传球时，目视传球方向，两臂前伸，手腕由下向上转动，再由内外翻，急促抖腕，同时大拇指用力下压，食、中指用力弹拨，将球传出；出球后手心和大拇指向下，其余 4 指向前；远距离传球，则需要大蹬地和腰腹的协调用力。

（4）单手肩上传球动作要领：（以右手为例）双手胸前握球，两脚前后站立，左脚在前，左肩对传球方向，将球引至右肩，右手执球，肘关节外展，右手腕后仰，指根以上托球，掌心空出，重心落在右脚上；传球时，右脚蹬地，转体，前臂迅速向前挥摆，手腕前屈，通过大拇指、食指、中指拨球，将球传出；球出手后身体重心也随之移到左脚上。

（5）单手胸前传球动作要领：持球手法与单手肩上传球同（以右手传球为例），将球由胸前引到体前右侧耳，传球时振动前臂、手腕急速前扣，并向内翻，同时食指、中指、无名指用力拨球，将球传出。

（6）双手胸前传球动作要领：（图 7-1）两手手指自然分开，两手大拇指相对呈八字形，用指根以上部位持球的后下方，手心空出，两肘自然弯曲于体侧，将球置于胸前部位；身体呈基本姿势站立，眼睛注视传球目标；传球时，后脚蹬地，在身体重心前移的同时，前臂迅速向球后方向伸直，手腕翻转，大拇指用力下压，食指、中指用力拨球并将球传出，出球后身体迅速调整呈基本站立姿势；传球的距离越近，前臂前伸的幅度越小，远距离的传球则需要加大蹬地、伸臂和腰腹的全身协调用力，而且传球距离越远，蹬地、伸臂的动作幅度就越大。

图 7-1

双手胸前传球可在原地和跑动中进行。跑动中，双手胸前传球和接球要动作连贯，接传球时手、脚动作必须协调配合。一般左（右）脚上前接球后，右（左）脚抬起，球在落地前出球，手的动作过程则是双手接球后迅速收臂后引，接着迅速伸前臂，翻腕出球。

（7）双手头上传球动作要领：双手持球举于头上，两肘稍屈，持球手法与双手胸前传球相同，传球时小臂前挥，手腕前扣外翻的同时，大拇指、食指、中指用力拨球；传球距离较远时，加脚蹬地，腰腹用力，全身协调发力，将球传出。

（8）接球分双手接球和单手接球两种。不论哪一种接球方式，眼睛都要注视球，肩臂放松，手臂要半屈迎向球，手指自然分开、放松。当手指触球时，手臂立即随球后引缓冲来球力量，将球握于胸前，保持身体平衡，并做好投篮、传球、突破的准备。

（二）篮球投篮技术

1. 投篮技术动作分析

投篮技术动作包括持球方法和投篮动作方法两个部分。

（1）持球方法

持球是投篮时能否牢固地控制球和完成投篮动作的前提，持球有两种方法。

①单手持球法：以原地单手肩上投篮为例，（图7-2）投篮手五指自然分开，用手掌外沿和指根以上部位托住球的后下方，手心空出，手腕后仰，球的重心落在食指和中指之间，肘关节自然下垂，置球于同侧肩的前上方。

②双手持球法：以原地双手胸前投篮为例，（图7-3）两手手指自然分开，拇指相对呈"八"字形，用指根以上部位持球的两侧后下方，手心空出，两臂自然屈肘，肘关节下垂，置球于胸与颌之间。

图 7-2

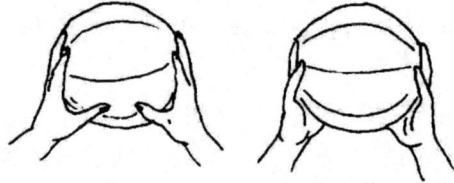

图 7-3

2. 投篮动作方法

（1）原地投篮

原地投篮是最基本的投篮方法，是行进间投篮和跳起投篮的基础。这种投篮方法，身体比较平稳，便于身体协调用力，是一种比较容易掌握的投篮技术。一般在中、远距离投篮和罚球时运用较多。

①双手胸前投篮。它是双手投篮中最基本的动作方法，虽然这种投篮的出手点较低，易被防守干扰，但它出手力量大，稳定性好，便于与传球、运球和突破相结合。比赛中多被女运动员用于远距离投篮。

动作方法：（图7-4）双手持球于胸前，两肘关节自然下垂，两脚前后或左右开立，两膝微屈，重心落在两脚上，眼睛注视瞄篮点；投篮时，下肢蹬地发力，腰腹伸展，两臂向前下方伸直，前臂内旋，两手腕同时向内翻转（旋内动作），大拇指下压，食、中指用力拨球，通过指端将球投出；球出手时身体随投篮出手方向自然伸展，两脚跟微提起。

图 7-4

②单手肩上（头上）投篮。它是比赛中运用比较广泛的一种投篮方法，是行进间单手肩上（头上）投篮和跳起单手肩上（头上）投篮的基础。该技术动作具有出手点高，便于结合其他技术动作，能在不同位置和距离上应用的特点。

动作方法：（图 7-5）以右手投篮为例，右手持球于肩上方或头上，左手扶球的左侧，上臂与肩关节约呈水平或稍高于肩关节，前臂与上臂约呈 90 度角，两腿前后或左右开立，两膝微屈，重心落在两脚之间，眼睛注视瞄篮点；投篮时，下肢蹬地发力，腰腹伸展，右臂向前上方伸直，手腕前屈，食、中指拨球，通过指端将球投出；球出手时，身体随投篮方向伸展，两脚跟稍抬起。

图 7-5

（2）行进间投篮

行进间投篮是比赛中广泛应用的一种投篮方法。一般多在快攻或切入篮下时运用，也可以在中、近距离运用。

行进间投篮的动作方法很多，但动作结构基本相同，都是由跨步接球起跳，腾空、球出手，落地三个部分组成。其脚步动作的共同特点具体表现为，跨第一步的同时接球，跨第二步的同时跳起空中投篮出手，投篮出手后，两脚同时落地屈膝缓冲。在实际运用时，应根据投篮的距离、角度以及防守队员所处位置来决定投篮的方法，在投篮时要控制好身体平衡。跨步的步幅、快慢及方向也应根据场上情况的不同而有所变化。

①行进间单手低手投篮。它是在快速跑动中或运球超越对手后在篮下的一种投篮方法，具有速度快、伸展距离远的优点。

动作方法：（图 7-6）以右手投篮为例，在右脚跨出一大步的同时接球，左脚接着跨出一小步并用力蹬地起跳，右腿屈膝上提，同时双手向前上方举球；当身体接近最高点时，左手离球，右手掌心向上托球，并向篮球的上方伸直，接着屈腕，食、中指拨球将球投出。

②行进间单手肩上投篮。行进间单手肩上投篮又称行进间单手高手投篮，这种投篮可在篮下和中距离运用。

图 7-6

动作方法：（图 7-7）以右手投篮为例，在右脚跨出一大步的同时接球，接着左脚跨出一小步并用力蹬地起跳，右腿屈膝上抬，同时双手举球于右肩上方；当身体接近最高点时右臂向前上方伸直，手腕前屈，食、中指拨球将球投出。

（3）跳起投篮

跳起投篮简称跳投，它具有突然性强、出手点高、不易防守的优点，可以与传接球、运球突破和其他技术动作结合运用，是现在篮球比赛中普遍运用的主要投篮方式。跳起投篮有原地跳起投篮和急停跳起投篮两种。

图 7-7

①原地跳起单手肩上（头上）投篮

动作方法：（图7-8）以右手投篮为例，双手持球于胸前，两脚前后或左右开立，两膝微屈，重心落在两脚之间；起跳时两脚（或一脚向前迈半步）用力蹬地向上跳起，双手举球至肩上（头上），右手托球，左手扶球的左侧方；当身体接近最高点时，左手离球，右臂向前上方伸直，手腕前屈，食、中指拨球，通过指端将球投出；落地时屈膝缓冲，保持身体平衡。

图 7-8

②急停跳起投篮

急停跳起投篮是进攻队员在行进间运用突然急停摆脱防守进行跳起投篮，有接球急停跳起投篮和运球急停跳起投篮两种基本方法。

A. 接球急停跳起投篮

动作方法：在快速移动中接球，用跨步或急停，在急停的同时两脚突然快速有力蹬地起跳，两手持球迅速上举，当身体接近最高点时，前臂向前上方伸直，手腕前屈，食、中指拨球，通过指端将球投出。

B. 运球急停跳起投篮

动作方法：（图7-9）在快速运球中，用跨步或跳起急停，同时两脚突然快速有力蹬地起跳，两手持球迅速上举，当身体接近最高点时，前臂向前上方伸直，手腕前屈，食、中指拨球，通过指端将球投出。

图 7-9

（4）补篮

补篮是指队员在球未投中而从篮圈或篮板反弹出来时，迅速判断球的反弹方向，及时跳起在空中直接托球或点拨球入篮的投篮方法。

补篮可以用双手，也可以用单手。原地跳起补篮一般是双脚起跳较好，行进中则最好用单脚起跳。补篮时托球入篮比较稳，但出手点低，而点拨球出手快且高，但准确性较差。

①双手补篮。动作方法：当球从篮圈或篮板反弹时，要准确地判断球的反弹方向，迅速起跳，身体向上伸展，两手臂向球的方向伸出，当身体跳到制高点，两手接触球的一刹那时，用手指、手腕的力量将球托入篮圈，或用双手点拨球入篮。

②单手补篮。动作方法：（图 7-10）球从篮圈或篮板反弹时，要准确地判断出球的反弹方向，迅速起跳，身体向上伸展，手臂向球的方向伸出，当身体跳至最高点，手臂接触球的一刹那，在空中单手托球入篮或用单手指尖将球点拨入篮。

图 7-10

（5）扣篮

扣篮是队员跳起在空中，用双手或单手将球由上至下扣入篮圈的一种难度较大的投篮方法。它可以在原地跳起和行进间起跳后将球扣入篮圈，也可以跳起在空中抢到篮板球或接球后直接将球扣入篮圈，还可以跳起在空中改变身体位置后反身扣篮。

随着运动员身高不断增长，身体素质不断提高，空间争夺日趋激烈，扣篮技术运用也越来越多。扣篮的关键在于运动员要有良好的身体素质，爆发力要好，跳得高，同时手指、手腕控制球的能力强。

动作方法：（图 7-11）原地或行进间起跳后，身体在空中充分伸展，双手或单手尽量将球高举超过篮圈，用屈腕动作把球自上而下扣入篮圈。

图 7-11

3. 投篮技术练习方法

（1）原地投篮练习

①目的：初步掌握完整的投篮动作。

②方法：队员每两人一球，相距 4～5 米面对面站立，按教练员"准备——投"的口令，统一进行投篮练习。

③要求：先做好持球基本姿势，蹬地、提腰、伸臂、压腕、拨球五个环节应协调连贯。

（2）移动接球急停投篮练习

①目的：移动接球后能正确完成投篮动作。

②方法：队员分两组站立，④组队员每一人球，④传球给⑥后，下压上提接⑥的回传球急停投篮；⑥抢篮板球后到⑤的队尾，④投篮后到⑦的队尾；依次练习（图 7-12）。

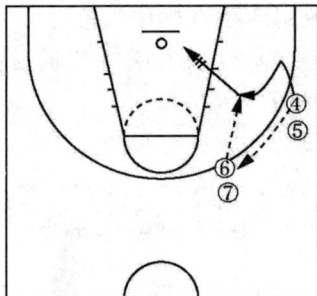

图 7-12

③要求：传球要准，做到人到球到；接球急停要稳，投篮动作要协调。

（3）策应投篮练习

①目的：在策应配合下正确运用投篮动作。

②方法：练习者传球给策应人后，跑到策应人左侧或右侧接策应人的回传球急停投篮。

③要求：传球准确，移动突然迅速；接球急停要稳，便于投篮。

（4）行进间投篮动作练习

①目的：解决行进间投篮的步伐与接球之间的协调配合，形成正确的动作定型。

②方法：队员分成若干组，从端线开始做以下练习。

A. 小碎步走，跨出第一、第二步起跳。

B. 慢跑中跨出第一、第二步起跳。

C. 向前方抛球，跨步时接球，第二步起跳并举球。

D. 向前直线运球过程中完成行进间接球、起跳和举球配合。

③要求：动作衔接协调，而且不走步；起跳用力向上，投篮手法正确。

（三）篮球运球技术

1. 运球技术动作分析

篮球运球动作包括身体姿势、手臂动作、球的落点和手脚协调配合四个环节。

（1）身体姿势

两脚前后开立，两膝微曲，上体稍前倾，抬头，目平视，非运球手、臂平抬，用以保护球。脚步动作的幅度和身体重心随球的速度和高度的不同有所变化。具体表现为：慢速运球时，脚步动作幅度小，而身体重心稍高；快速高运球时，脚步动作幅度大，身体重心高；低运球时，脚步动作幅度小，身体中心低。

（2）手、臂动作

手、臂动作包括接触球的部位、运球时的动作、按拍球的部位和力量的运用。运球时，五指分开，扩大控制面积，用手指、手指的跟部及手掌的外缘接触球、控制球，手心空出。由于比赛的情况千变万化，运球的方法也千差万别。超低运球时，主要以腕关节为轴，用手指的力量运球；高运球和变向运球时主要以肘关节为轴，用前臂和手指的力量运球；体侧或侧后提拉式的高运球主要是以肩关节为轴，用上臂、前臂、手腕和手指的力量运球，这种运球方式控制球时间长，活动范围大，便于保护球。拍球的部位是由运球的方向和速度来决定的，拍球的部位不同，运球的入射角和反弹起来的反射角也不同，由于拍球的力量不同，球从地面反弹的高度和速度也不同。（图 7-13）

图 7-13

（3）球的落点

运球时，运球的速度、方向和攻守情况不同，球的落点也不同。在无人防守或消极防守情况下的直线高运球，球的落点在运球人同侧约 20 厘米处，速度越快，落点越靠前，离自己越远，反之越近。在积极防守情况下，运球的落点应在体侧或侧后方，以便保护球。变向运球的落点基本上位于异侧体侧或侧前方。

（4）手脚协调配合

运球既要移动速度和运球速度协调一致，又要保持合理的动作节奏。在移动速度不变时，能否保持脚步动作和手部动作协调一致，能否在速度上同步进行，关键在于拍球的部位、落点的选择和力量大小的运用。脚步移动越快，拍球的部位越靠后下方，落点越远，反弹的力量越大。反之，部位越靠上，落点越近，力量越小。

2. 运球技术动作方法

（1）高运球

动作方法：（图 7-14）运球时，两腿微屈，目平视，以肩关节为轴，手用力向前下方推按球，把球的落点控制在身体侧前方，使球的反弹高度在胸腹之间，手脚要协调配合，使球有节奏地向前运行。这种运球，身体重心较高，速度快，便于观察场上情况。

图 7-14

（2）低运球

动作方法：（图 7-15）当受到对方紧逼时，常采用低运球方法摆脱防守；运球中遇到防守时，两腿应迅速弯曲，降低重心，上体前倾，用上体和腿保护球；同时用手短促地按拍球，使球从地面向上反弹的高度在膝关节以下，以便更好地控制球和摆脱防守。

图 7-15

（3）体前变向换手运球

体前变向换手运球是当对手堵截运球前进的路线时，突然向左或右侧改变运球方向，借以摆脱防守的一种运球方法。

动作方法：（图 7-16）运球队员从对手右侧突破时，先向对手左侧运球，当对手向左侧移动

图 7-16

时，运球队员突然向他的右侧变向；变向时，右手按拍球的右后上方，使球从自己身体的右侧拍向左侧前方，同时右脚向左前方跨出，上体向左转，用肩挡住对手，突然换左手按拍球的后上方，左脚跨出，从对手的右侧突破；换手时，球要压低，动作要快。

（4）背后运球

当对手紧逼防守，距离较近而无法采用体前变向运球时，可以运用背后运球突然改变前进的方向，借以摆脱防守。其优点是运球时面对防守者，便于观察情况和保护球。

动作方法：（图 7-17）以右手运球，向左侧变方向为例，变方向时左脚在前，用右手将球拉到身后，迅速按拍球的右侧后方，将球从身后拍至左脚的侧前方，并立即换左手运球，左脚迅速向前跨出，加速前进。

图 7-17

3. 运球转身

当对手逼近并堵截运球一侧时，可利用运球转身，改变运球路线以摆脱防守。

动作方法：（图 7-18）以右手运球为例，当对手靠近自己的右侧时，变向以左脚为中枢脚做后转身，右手按球的前上方，随着后转身的动作，将球拉向身体的后侧方，然后换左手运球，从对手的右侧突破；注意转身时要降低重心，拉球的动作与转身动作协调一致，这样才能取得较好的效果。

图 7-18

4. 胯下运球（图 7-19）

当防守队员迎面堵截抢球时，可利用胯下变向运球摆脱防守。

动作方法：（图 7-19）以右手运球为例，变向时左脚在前，右手按拍球的右侧上方，使球从两腿之间穿过，右脚向左前方跨出，换左手运球继续前进。

图 7-19

5. 运球技术练习方法

（1）原地运球练习

①目的：掌握正确的运球手法。

②方法：队员以体操队形站立，做高、低运球练习。

③要求：运球的身体姿势正确、手臂的动作放松、紧张度适宜。

（2）直线运球练习方法

①目的：增强练习的兴趣，提高直线运球的技术和速度。

②方法：可以用分组比赛的形式，统一用左手或右手运球。

③要求：运球的高度不要超过胸部，运球时抬头，注意按拍球的部位和力量，手脚动作配合一致。

（3）运球急停急起练习方法

①目的：使队员听到教练员口令后，能够立即做出急停急起的动作。

②方法：队员向前运球，听见教练员的哨音后，立即做运球急停，教练员再吹哨，队员运球急起，反复练习，方法同上。

③要求：急停时重心下降，手按拍球的正前方，起动时用力蹬地，按拍球的后上方。

（4）体前换手变向运球练习方法

①目的：增强动作的连续性和熟练性，使两手都得到练习。

②方法：全场设几个障碍物，连续做变向换手练习。（图 7-20）

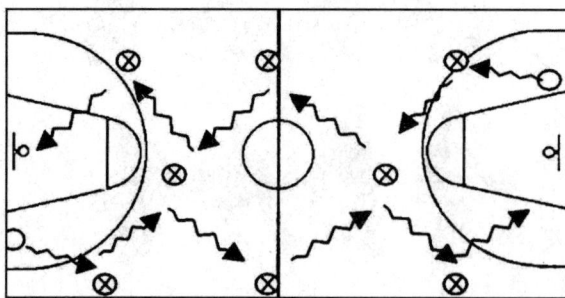

图 7-20

③要求：动作连贯、到位，注意运球速度的变化。

（5）背后运球练习方法

①目的：在消极防守下掌握背后运球的技术。

②方法：全场攻守一对一。

③要求：运球时正确判断变向的距离和时机，注意侧身保护球和过人后的加速。

（6）运球转身练习方法

①目的：初步掌握运球转身。

②方法：队员靠近场地边线一侧纵向做运球转身。

③要求：主动蹬地、蹍转，手脚动作协调一致。

（7）胯下运球练习方法

①目的：提高队员的实际运用能力。

②方法：半场一对一运球攻守，运球人可多运用胯下运球技术。

③要求：防守人贴近运球人，运球人注意保护球。

（四）篮球持球突破技术

提示：在本节的教学中，注重培养不怕困难、勇敢面对、战胜对手的精神。

1. 持球突破技术动作分析

持球突破是持球队员运用脚步动作和运球技术快速超越对手的一项攻击性很强的技术。掌握良好的突破技术和突破时机，既能直接切入篮下得分，又能打乱对方的防守部署，创造更多的攻击机会，增加对手的犯规，从而获得更多的罚球次数，给对方造成很大的威胁。

持球突破技术动作主要由蹬跨、转体探肩、推放球和加速等四个环节组成。

（1）蹬跨。原地持球队员必须迅速、积极有力地蹬地才能迅速起动突破对手。在突破时屈膝降重心并上体前倾，使身体重心前移，从而提高移动的水平速度。突破时跨出的第一步要稍大些，抢占有利的突破位置，跨出的脚要落在紧靠对手的侧面，脚尖向着突破方向，以便第二步蹬地加速突破防守。

（2）转体探肩。上体前移与转体探肩同时进行。重心向里靠，内侧手臂前摆，迅速占据空间有利位置，便于突破对手和保护球。

（3）推放球。突破前双手持球于腰胯部位。在转体探肩的同时将球稍向侧前移，同侧手扶球的后上部位，另侧手托球的下部。突破时立即向前下方（3）推放球，要做到以球领人，以利于衔接下个动作和发挥速度优势。

（4）加速。在完成上述动作之后，中枢脚迅速蹬地，加速前进。

蹬跨、转体探肩、推放球和中枢脚蹬地加速等环节之间互相衔接、互相促进，快速连贯地完成突破。

2. 持球突破技术动作方法

（1）交叉步突破

动作方法：（图 7-21）以右脚作中枢脚，两脚左右开立，两膝微屈，身体重心降低，持球于胸腹之间；突破时，左脚前掌内侧迅速蹬地，上体右转，右肩下压，左脚向右前方跨出一大步，放球于左脚侧前方，中枢脚用力蹬地，迅速上步，超越对手。

图 7-21

（2）同侧步突破

动作方法：（图 7-22）以左脚做中枢脚，准备姿势和突破前的动作要求，与交叉步相同；突破时右脚向右前方跨出一步，向右转体探肩，重心前移，右手放球于右脚的侧前方，左脚迅速蹬地上步，超越对手。

图 7-22

（3）后转身突破

动作方法：以左脚为中枢脚，背向球篮站立，两脚平行（或前后）开立，两腿弯曲，重心降低，两手持球于腹前；突破时，以左脚为轴转身，右脚向右侧后方撤步，上体右转，脚尖指向侧后方，右手向右脚前方放球，左脚内侧迅速蹬地向球篮方向跨出，运球突破防守。

（4）前转身突破

动作方法：以左脚为中枢脚，突破前的准备动作与后转身准备动作相同；突破时重心移至左脚上，右脚前脚掌内侧蹬地，以左脚为轴，右脚随着前转身面向球篮方向跨步时，左肩向球篮方向压，右手运球后左脚蹬地，向前跨出，突破对手。

3. 持球突破技术练习方法

（1）原地蹬、转、探、跨徒手练习

①目的：使队员掌握突破的第一步。

②方法：队员呈两列体操队形，根据教练员的信号向左、右侧做蹬、转、探、跨徒手动作。

③要求：动作连贯协调。

（2）蹬、转、探、拍练习

①目的：使队员掌握突破第一步及推拍球的部位。

②方法：队员呈两列横对体操队形站立，每人一球呈持球基本姿势。练习时根据教练员信号做蹬、转、探、拍练习。

③要求：左右两侧都做，球的落点应是跨出脚的侧前方。

（3）完整动作练习

①目的：掌握持球突破的完整动作。

②方法：队员呈两列横队体操队形站立，前排队员每人一球，根据教练员信号做蹬、转、探、拍练习，运球前进2～3步停球，再向另一侧做突破动作，连续做3次后将球传给后排队员，后排队员做同样的动作。

③要求：蹬、转、探、拍各个环节正确连贯协调，做轴脚不要移动，拍球部位、用力方向要正确。

（4）突破障碍练习

①目的：在有防守情况下，队员可以体会突破时脚蹬地跨步方向及转体探肩动作。

②方法：队员呈两路纵队，两人一组练习；进攻队员持球，相距一步为防守（但不做防守动作），持球进攻队员做交叉步突破，运球越过后停球转身把球递交给防守者做突破动作；如此交替练习，直至另一端线；第一组做过中线，第二组即可开始练习。

③要求：蹬地、转体、探肩正确。

（5）突破上篮练习

①目的：使队员掌握突破上篮完整动作。

②方法：队员每人一球，依次做突破固定防守（不做防守动作）上篮练习。（图7-23）

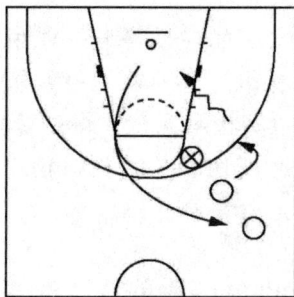

图 7-23

③要求：蹬地突然有力，第一步迈至防守人脚的侧后方，侧身紧贴防守人拍球突破。

（6）原地跨步虚晃后交叉步突破上篮练习

①目的：掌握跨步虚晃后的突破上篮。

②方法：练习者站在球篮正面或两侧45度角（距离球篮6～7米），在突破前左脚先向左跨出半步再迅速向右蹬地、侧身、跨步、推拍运球突破上篮；固定防守人随着假动作移动位置，但不做防守动作。

③要求：虚晃时不要失去身体重心，突破动作正确、快速有力。

（7）移动接球急停突破练习

①目的：使队员掌握接球急停后的突破。

②方法：④传球给固定助攻者后向篮下移动，接回传球后突破上篮。（图7-24）

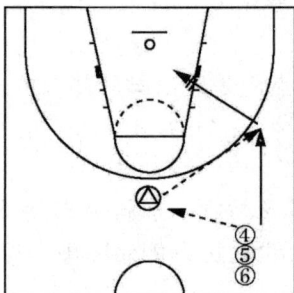

图 7-24

③要求：脚步清楚，突破动作合理。

（五）抢篮板球技术

1. 篮板球技术的概念

在篮球比赛中，双方队员争抢投篮未中从篮板或篮圈反弹回的球，统称为抢篮板球。其中，进攻队员争抢本队投篮未中的球称为抢进攻篮板球，防守队员争抢对方未投中的球称为防守篮板球。无论是进攻还是防守，争夺篮板球都是一个重要环节，它是获得控制球权的重要来源之一。如抢进攻篮板球占优势，即可增加进攻次数和篮下直接得分机会；若造成防守犯规，还能在士气上增强投篮队员的信心，同时减少对手反击快攻的机会。如抢防守篮板球占优势，不仅能转守为攻，为发动快攻创造机会，还能增加进攻队员投篮的心理压力。

篮球比赛中的对抗性、应变特点决定了队员在争夺篮板球时，不仅要有熟练的抢篮板球的技术和能力，还应具有处理各种复杂情况的应变经验，能根据球场上的不同情况迅速作出正确判断，及时合理地运用抢篮板球技术动作。这种根据抢篮板球规律和特点而产生的对抢篮板球的感知和一系列正确思维过程，称为抢篮板球意识。由于篮球比赛具有集体对抗的特点，因此，意识、经验和拼搏作风贯穿其中，彼此密切相关，相辅相成。在正确掌握了抢篮板球技术动作后，建立"每投必抢"的拼抢意识就尤为重要了。

2. 抢篮板球技术分析

抢篮板球技术分为抢进攻篮板球和抢防守篮板球两种，由判断与抢占位置、起跳抢球动作、和获得球后动作组成，因此在训练中应将这些动作有机地联系起来，进行全面训练；同时，还应将抢篮板球看作战术训练的重要组成部分。

（1）判断与抢占位置

抢占有利位置是抢篮板球技术的关键，对能否抢到篮板球起着积极作用，而通过准确掌握投篮后球的反弹规律判断球的反弹方向、距离、落点也是抢篮板球时抢占位置的关键。无论进攻队员还是防守队员都应设法占到对手与球篮间的有利位置，力争把对手挡在身后，在抢占位置时，应根据对手和投篮队员所处的位置，结合对球的反弹方向、距离的准确判断，运用快速的脚步动作配合身体动作抢占有利位置。当然，抢占有利位置要掌握投篮不中时球的反弹规律。

一般情况下，篮板球的反弹规律是投篮距离与球反弹距离成正比。投篮距离远则反弹距离远，反之，投篮距离近，反弹距离近。再者，投篮出手弧度与反弹距离也有关，弧线高反弹近，弧线低反弹远。

投篮位置、角度不同，球的反弹方向也不同。从两侧15度角投篮未中时，球反弹方向是在球篮另一侧15度角区域或反弹回来。从两侧45度角区域投篮未中时，球反弹方向是在球篮另一侧或返回。从两侧65度角区域投篮不中时，球反弹方向落点区域在限制区两侧和罚球线内。在0度角投篮时，一般球的反弹方向是在篮另一侧底线地区，或反弹回同侧地区。根据统计，大多数的反弹球落在5米左右半径内。

抢占有利位置时，既要迅速准确地分析和判断及快速移动，又要兼备正确的技术动作和熟练的脚步动作，同时还要利用肢体语言进行各种虚晃和转身动作，以便顺利摆脱对手抢占有利位置，准备起跳和伺机抢球。

（2）及时起跳抢球动作

及时起跳并在最高点抢到球，是抢篮板球的关键，只有准确地判断球的复弹方向和高度并及时起跳才能获得篮板球。为了能更好地控制篮板球，就应学会在各种情况下能用双脚原地起跳，同时还应结合滑步、上步、撤步、跨步和转身等步法来调整技术动作。

起跳动作要领：抢占有利位置时，身体应保持正确的起跳姿势；起跳前，两膝微屈，重心降低上体稍前倾，两臂屈肘举于体侧，身体重心置于两脚之间，注意观察和判断球的反弹方向，及时起跳；起跳时两腿用力蹬地、提腰、两臂上摆，同时手臂向上伸展，腰腹协调用力，充分伸展身体，并控制好身体平衡。大量实践证明，抢占位置能力强，起跳时间掌握得好，爆发力强，起跳快，纵跳高，方向正确，制空能力强，出手快的运动员，得到球的机会多。要达到上述条件，就必须加强身体训练，提高速度力量、柔韧性、空中滞留时间和弹跳能力，特别是弹跳的爆发力、连续起跳能力和空中控制能力的训练。

（3）空中抢球动作

根据进攻队员和防守队员的位置和球的反弹方向及落点，抢球动作可分为双手抢篮板球、单手抢篮板球和点拨球。

①双手抢篮板球

特点：双手抢篮板球的触球高点不及单手的，但控制球比较牢固，更便于保护球和结合其他动作，尤其是当防守队员抢占有利位置时，运用双手抢篮板球更有利。

动作要领：跳起腾空后腰腹肌用力控制身体平衡，身体充分伸展，两臂用力伸向球的方向，以提高制高点和扩大占据空间；当身体和手达到最高点时，双手指端触球的一刹那时，双手用力握球，腰腹用力，迅速屈臂将球拉置胸腹部位，同时双肘外展，保护好球；高大队员抢到球后，为避免被对手掏掉，可以双手将球举在头上保护好球。

②单手抢篮板球

特点：触球点高，抢球空间大，抢球速度快，灵活性好，不足之处是不如双手握球牢固。

动作要领：起跳后身体在空中充分伸展，达到最高点时，用近球侧手臂尽量向球伸展，指端触球迅速屈指、屈腕、屈肘，将球拉置于胸腹部位，同时双腿弯曲，保持身体平衡，以便结合其他技术动作。

在进行单手抢篮板球时，应注意以下两点：一是挡人、判断球落点、起跳、伸展、触球及收臂拉球、护球等动作要连续；二是在抢到球向下拉时，速度快而有力，若正面有对手应在空中做转体动作，用背部或侧体对着对方，保护好球。

③点拨球

特点：遇到高大队员或身体距球较远不易获得球时，运用点拨球的方法将球点拨给同伴或便于自己截获球的位置，其优点是触球点高、缩短了传球时间、有利于发动快攻一传，缺点是准确性较差。

动作要领：与单手抢篮板球相似，是用指端点拨球的侧方、侧下方；在直覆球时应力争做到落点准确、拨球力量适中，便于同伴接球及自己便于跳起接球的位置。

（4）获球后的动作

当进攻人抢到篮板球后，应尽可能在空中将球补投进篮。如果没有投篮机会，应迅速将球传给同伴，重新组织进攻，防守队员抢到篮板球后，力争在空中将球传给同伴完成发动快攻一传，若空中不能直接传，落地后应迅速传出或运球突破后及时传给同伴。

动作要领：抢获球落地后，应紧紧握牢，两脚分开，前脚掌先着地，两膝微屈，保持身体平衡，两肘外展保护好球，若对手在身体后面，则将球置于防守人远侧，并利用转体跨步不断移动球的位置，左右上下挥摆，防止对方将球打掉，高大队员在得球后，可将球置于头上，这样更易于传球或护球。

3. 抢篮板球技术的运用时机

（1）抢进攻篮板球

①处于篮下队员或内线队员抢进攻篮板球

当同伴或自己投篮时，靠近篮下的队员要及时判断球反弹出的方向，同时以虚晃动作绕跨，挤到对手的身前或身侧前方，利用跨步或助跑起跳，跳到最高点进行补篮或抢篮板球。

②处于外围位置队员抢进攻篮板球

当同伴投篮，进攻队员面向球篮时，首先要观察对手的动向，判断球的反弹方向、速度和落点后，突然启动，冲向球反弹的方向进行补篮或抢篮板球。以从防守人身后左侧冲抢为例，进攻队员面向球篮时，右脚向右侧跨步，倘若从右侧区抢篮板球，随后以右脚为支撑脚，左脚向左跨出一小步，重心移至左脚，同时右脚随即向前跨步绕到防守人前面，挤靠防守人，跳起抢篮板球或补篮。

（2）抢防守篮板球

①处于篮下防守时

进攻队员投篮时，根据对手移动情况和位置，运用上步、撤步和转身等动作把进攻队员挡在身后，并抢占有利位置。在篮下抢位挡人时，一般采用后转身挡人，降低重心，两肘外展，抢占空间面积，保持最有力的起跳姿势。

②防外围队员抢篮板球时

当进攻队员投篮，防守队员面向对手时，首先要观察判断对手动向，采用合理动作，利用转身阻止对手向篮下移动，并抢占有利于自己的位置。起跳抢篮板球时，在两臂上摆的同时，两脚前脚掌用力蹬地，身体和手臂尽力向球的方向伸展，达到最高点，用单手、双手或单手点拨球的方法抢球。最好在空中将球传给同伴，完成发动快攻第一传；若在空中不能完成一传，落地时应侧对前场，观察情况，迅速传球发动快攻或突破摆脱防守，以便及时将球传给同伴。

（3）抢篮板球时配合与战术组织

有组织的集体配合将个人行动与集体配合结合起来，更能发挥集体抢篮板球的优势。因此，抢篮板球不仅是个人动作技术，而且是战术的组成部分。在抢进攻篮板球时，位于限制区两侧和罚球线三个位置的队员应组成三角形冲抢篮板球阵势，每名队员都要明确自己的目的、任务、攻击点，以及了解同伴投篮特点，养成左投右抢、右投左抢、外投里抢、里投外抢和自投自抢的意识。"挡抢"防守篮板球时，内线队员在篮下形成三角包围圈，分工要具体明确，把善于抢进攻篮板球的队员挡在外面，让同伴去抢篮板球；还可以利用人盯人抢位、挡人、切断所有对手向篮下冲抢篮板球的路线，抢篮板球。

4. 抢篮板球的动作方法

（1）抢进攻篮板球

①动作方法。当同伴或自己投篮时，处在篮下的进攻队员应先判断球的反弹方向，然后向相反方向的侧前方跨出，利于身体虚晃的动作，诱开身前的防守队员，让胯挤到对手的面前或侧前面，抢占有利位置，借助跨步或助跑起跳，跳至最高点补篮或抢篮板球。落地时，两臂腕屈，重心放在两脚之间，将球持于胸腹之间，两肘外展，高大队员可将球置于头上，以便衔接其他进攻技术动作。如果外线进攻队员冲抢而被防守队员阻截，可运用虚晃动作或快速跑来摆脱防守队员的阻截，冲向球的落点进行补篮，抢获球后，可根据防守情况再进行投篮、传球或运球。总之，进攻队员抢篮板球要准确判断时间，绕步冲阻，及时起跳，补篮或迅速组织第二次进攻。

②动作要点。进攻队员首先准确判断，然后向反方向侧跨步，抢占有利位置，及时起跳，跳至最高点补篮或抢篮板球。进攻队员抢篮板球要突出一个"冲"字。

（2）抢防守篮板球

①动作方法。保持正确的站位姿势，即两臂腕屈，上体稍前倾，重心放在两脚之间，两臂屈肘侧张占据较大面积。当对手投篮出手后，应注意对手的动向，并根据当时与进攻队员所处的位置和距离的远近，运用上步、撤步和转身抢占有利位置，把进攻队员挡在身后，同时还要判断球的落点准备起跳。起跳时，用前脚掌用力蹬地，提腰向上摆臂，同时手向球的方向伸展。如果在空中没有传球落地，应保持身体平衡，侧对前场，将球持平于胸腹之间或头上，以便及时运用传、突技术。总之，抢防守篮板球要准确判断球的反弹方向和落点，抢得球后及时跳起，迅速完成第一传。

②动作要点。防守队员首先准确判断球的方向和落点，抢占有利位置，然后运用移动和转身动作合理地"挡"住对手向篮下冲跑的路线。

5. 抢篮板球技术练习方法

（1）抢进攻篮板球技术练习方法

①连续跳起托球碰篮板练习

目的：体会跳起抢篮板球的时机、肢体的伸展力，以及连续跳起时和在空中时手的控球能力。

方法：进攻队员持球在篮下站立，练习开始，跳起单手或双手连续托球碰板，20次后休息2分钟。

要求：单、双手和左右手都要练；手托球时，必须跳到最高点触球；身体腾空后，必须充分伸展。

②多人依次连续跳起托球碰板练习

目的：掌握抢球起跳时机、空中滞空及抢球能力、身体伸展和平衡能力。

方法：队员在罚球线后站立，呈一路队形，第一名队员跳起将球抛向篮板之后，后边的队员依次跳起托球碰板，完成后排到队尾；也可以在两个场地同时做，在一个篮板完成后，立刻跑到另一个篮板前做，轮流进行。

要求：起跳有力，控制身体平衡；双手直臂上伸，利用手腕、手指托球；单双脚交替进行，先练双手托球，后练左右手单手托球。

③从篮板两侧连续托球碰板练习

目的：掌握连续起跳能力和空中控制球能力。

方法：两人或多人在篮圈两侧、限制区外45度角处站立。练习开始，一人先将球举起碰板传给另一侧队员，而另一侧队员掌握好起跳时机，在空中将球接到并碰板传回给另一侧的第二个队员，先双手传，熟练后单手练习。

要求：跳起在最高点触球，充分伸展身体，控制好身体重心；掌握好起跳时机和碰篮板的位置，注意练习的连续性。

④移动换位跳起抢篮板球练习

目的：提高快速移动位置和跳起抢球的能力。

方法：如图7-25所示，④号队员跳起传球碰板，球反弹到⑤的一侧后，④快速跑到⑤的一侧，⑥补到④的位置，⑤跳起将球托传到另一侧后，再排到⑥的后面。

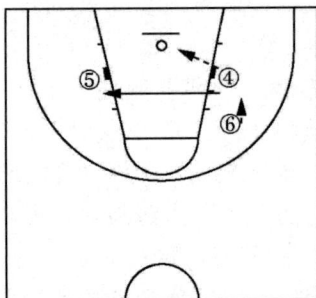

图 7-25

要求：左右移动时要注意观察，根据球的反弹方向和落点及时起跳；移动速度要快，到达起跳点后迅速起跳。

⑤挤、绕过防守抢前场篮板球练习

目的：掌握"冲"抢和挤、绕过抢前场篮板球技术动作。

方法：进攻队员投篮后，从防守队员身侧绕过或挤过冲抢篮板球；可采用直接挤过或紧贴防守做360度角后转身绕过防守；练习交替进行。

要求："冲"抢绕过时，应先做假动作吸引防守人；在掌握了从左右两侧绕过防守后，再学习紧贴防守的360度角后转身技术。

⑥结合投篮的补篮练习

目的：提高抢篮板球的判断能力和补篮能力。

方法：如图 7-26 所示，⑥为投篮队员，④和⑤为抢进攻篮板球队员，⑥投篮，④和⑤补篮，直至补进为止。如果球落在地板上，任意队员拣球投中，⑥不断变化投篮位置，④和⑤投中篮后，将球传给⑥再进行下一次练习。

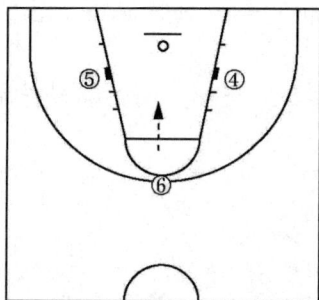

图 7-26

要求：当⑥投篮出手后，应判断好球的反弹方向并及时起跳，高大队员要补扣，小个队员补篮时应以碰板为宜。

⑦投篮与抢球相结合练习

目的：提高抢篮板球的判断能力，掌握好起跳时机。

方法：两人一组一球，练习时，一人投篮，另一人站在中距离位置冲抢篮板球，抢到球后直接投篮，练习若干次后交换。

要求：当投篮时，不要在篮下等待，应在投篮后积极冲抢；高大队员应直接补篮或补扣。

⑧个人移动托球碰板练习

目的：提高快速移动能力和移动中及时起跳能力。

方法：队员站在篮下一侧，跳起在空中将球高传过篮圈至另一侧，然后快速移动到这一侧跳起空中双手将球托到另一侧，连续进行，连续托传 5～10 次。

要求：跳起时注意身体的伸展，落地后立即启动向另一侧移动，注意降低身体重心，屈膝弯腿，移动时强调下肢和身体的协调用力。

⑨二对二抢篮板球练习

目的：提高配合抢球能力。

方法：教练员在罚球线附近投篮，队员分成进攻和防守，教练员投篮后，双方争夺篮板球，进攻队员抢到球后继续进攻，防守队员抢到球后传给教练员；进攻队员投中也要传给教练员，再组织进攻；进攻 5 次后交换。

要求：进攻队员一人投篮后，另一人要在观察的基础上积极移动摆脱防守，进行冲抢球；进攻的队员要占据不同的有利位置，不要站在同一侧。

⑩三对三抢篮板球练习

目的：提高中距离投篮后判断球反弹方向的能力和积极冲抢能力。

方法：进攻队员从中线开始进攻，在罚球线附近投篮，进攻队员抢到篮板球可继续进攻，防守队员抢到篮板球则发动快攻，到中线后返回进攻。

要求：防守队员在限制区内防守，进攻队员从中线到限制区时急停跳投。

⑪抢前场篮板球后的一攻二练习

目的：提高队员抢到前场篮板球后处理球的能力。

方法：教练员投篮，3名队员抢篮板球，抢到篮板球的队员变成进攻方，另两名队员立即防守他，阻止其二次进攻，谁抢到球谁就变成进攻队员；若球投中，则传球给教练员重新开始练习。

要求：对投篮出手后的球要及时判断反弹方向并随时起跳，当抢到球后，则立即保护好球，准备第二次进攻。

（2）抢防守篮板球技术练习方法

①防守篮板球的抢位挡人练习

目的：掌握挡防守篮板球的方法和运用时机。

方法：两人一组，站在限制区外，一人做投篮动作，另一人防守；投篮后，防守人立即做抢篮板球的挡人动作，可采用面对面挡或转身挡人，在转身挡人时，臀部紧贴对方大腿，两臂侧伸、屈肘，紧贴对方上体，使对方不能绕过自己；在挡人过程中可采用直接后转身挡人、上步后转身挡人（当进攻人离防守人较远时）、直接做前转身挡人、面对面左右横跨步挡人。

要求：进攻队员投篮刚一出手，防守人立即做挡人的动作；在练习挡人技术时，应先从面对面挡人开始，然后进行前转身、后转身、跨步后转身的挡人练习。

②一对一抢位挡人练习

目的：延误对手的冲抢时机，专门用来对付抢球能力强的队员。

方法：如图7-27所示，④传球给教练员后，即切入罚球线分位线，做进攻中锋的动作，当教练员将球投向篮板后，防守队员❹立即以两足平行、面向进攻者站立，当判定对手向自己左侧启动冲抢时，利用身体左横向快速移动抢堵进攻者向篮下移动的路线。

要求：在面对面挡人时，在做顶、挡动作时，要用暗力，避免造成推人、拉人的侵权犯规。

③二对二配合抢后场篮板球练习

目的：掌握侧对进攻后转身挡人的技术动作。

方法：如图7 28所示，④传球给教练员后，到罚球分位线接球进攻，投篮后，防守队员❺做后转身抢位挡人，当进攻人从身后起动冲抢时，防守者应以前足为支撑点，做后转身挡人动作。

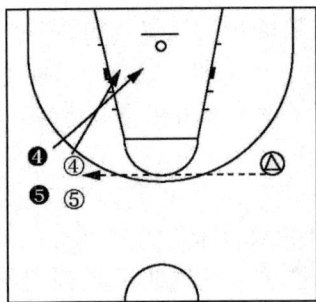

图 7-27

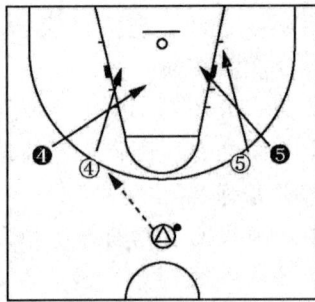

图 7-28

要求：后转身挡人时的落位，要与对手前冲地段留有一定空间，便于观察和选择抢位的角度，同时在缓冲的情况下对抗对手，避免犯规。

④三对三配合对抗抢篮板球练习

目的：掌握进攻人在掩护情况下，达到抢篮板球的目的。

方法：如图 7-29 所示，④传球给教练员后，教练员投篮，同时④给⑤做掩护，这时作为防守队员❹要及时堵截⑤，而❺要挡④，❻则挡⑥号队员防守，达到顶挡篮板球的目的。

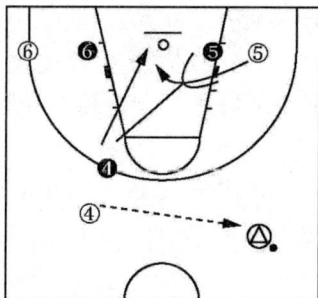

图 7-29

要求：进攻要进行交叉掩护，积极冲抢篮板球；防守要灵活换人，迅速抢占内侧有利位置，利用挡人技术，抢得篮板球。

⑤挡无球队员抢防守篮板球练习

目的：掌握顶挡无球进攻队员抢篮板球的方法和挡人时机与方法。

方法：3 人一组，一人投篮，另两名队员一攻一守；投篮后防守队员立即顶挡进攻，随即抢篮板球；如防守成功，则防守人投篮，进攻人变防守人，投篮人变进攻人。

要求：对无球进攻队员要随时观察，积极顶挡，在顶挡同时，还要准确判断球的反弹方向和位置，积极移动抢位。

⑥防守球篮左侧队员抢防守篮板球练习

目的：掌握顶挡球篮左侧对手冲抢篮板球。

方法：教练员在右侧投篮，防守队员要首先侧对进攻人，注意其动向，当进攻人欲从左侧切入篮下抢球时，立即以左脚为中枢脚，向前跨右腿前转身；当与进攻人发生身体接触时，随进攻人的移动而跟随其滑动，将其挡在身后，两臂屈肘体侧外展，准备抢球。

要求：当球投篮出手后，防守人要在人球兼顾的前提下，观察进攻人的动向；进攻人冲抢时，防守人要降低重心，向其前进路线上顺跨出一大步，利用后背、臀部挤靠进攻人，并观察球反弹方向，迅速起跳抢球。

二、中锋技术的教学与训练

中锋是由其在比赛中所处的位置和活动区域而得名的。中锋主要活动区域是在离球篮 5 米以内位置而且往往站位在场上五名队员的中心。随着高大队员身体素质的提高，中锋队员的活动范围逐渐扩大到三分线附近。根据中锋队员站位不同，有内中锋和外中锋之分。其中，站在限制区两侧偏中、低位置的叫内中锋，站在罚球线附近位置的叫外中锋。

根据中锋的位置和技术特点，培养学生坚定顽强的意志品质，培养学生独立自主、勇于创造的精神。

（一）中锋的位置特点

由于中锋所处位置具有特殊性，其有如下位置特点。

1. 是离球篮最近的主要攻击者

位置的特点决定中锋进攻的区域大多在篮下附近。因此，中锋往往是队内得分、抢获篮板球较多的队员。

2. 是组织全队战术配合的枢纽和桥梁

由于中锋落位于场上5名队员的中心，在完成个人进攻的同时更多地以他为中心进行战术配合，因此中锋是场上组织进攻的枢纽和桥梁，有些球队更是以中锋为核心制定整体战术。

3. 是全队防守的最后一道防线

防守时居于中心位置的中锋队员，在对方突破时利用自己的快速、机动、灵活的挤位、补位和空中封盖技巧，以及控制后场篮板球的能力，制约着对方投篮得分和拼抢篮板球，是防守中最后一位补防者。

4. 是决定全队攻守转换速度的关键人物

篮球比赛是在规定时间内，受多项时间规则限制的对抗项目。时间就是机会，时间就是胜利。因此，身材高大的中锋队员能否在长时间、高强度的激烈对抗中抢得快、跳得高、拼抢有力量，是保证本队攻守转换速度、获取胜利的关键。

5. 是影响和决定全队意志的核心

攻守双方中锋活动区域范围较小，并处在争夺最激烈的篮下附近，在抢位接球、挤位防守、强攻投篮、迎堵封盖过程中，若与对手接触频繁，易犯规或使对手犯规。作为队内中流砥柱的中锋队员，应具有坚定的信念、稳定的情绪与良好的自我约束能力，这也是影响和决定全队斗志的核心。

6. 是队内体能和心理能量消耗最多的队员

中锋队员在长28米、宽15米的篮球场上比赛时，不仅要往返快跑3 000多米，爆发弹跳或持续跳起百余次，而且还处于场上争夺最激烈的中心区域。既要迅猛拼抢，又要避免犯规；既要准确合理地运用技术，多得分、多抢篮板球、多封盖对方投篮的球，又要进行巧妙配合，为同伴创造进攻机会和积极进行补防。中锋队员是场上体能消耗和心理能量消耗最大的队员，也是受到对方攻击最多的队员：

由此可知，中锋队员在篮球比赛中扮演的角色极为重要。他不仅是球队身材最高的队员，而且是球队的中流砥柱；既是进攻时的主要得分手、全队配合的枢纽，又肩负着防守的重任；是积极堵截补防、封盖的重心，也是争抢篮板球的能手和发动快攻的第一人。

（二）中锋的技术特点

中锋技术是指中锋队员经常运用的动作方法的通称。中锋队员进攻、防守所处的位置及其活动区域在比赛中应起的重要作用，决定了中锋技术具有以下特点。

1. 技术动作有力量，具有综合性

中锋进攻是在贴身防守和协防、封盖情况下进行的，要求中锋技术动作敏捷、快速、突然、实用、有力量，在身体直接对抗中保持动作的稳定性、协调性、准确性。由于中锋位处中心地区，要将做短距离多方向反复移动、脚步动作、接球攻击与假动作紧密结合，综合运用，做到

快速、机敏、多变、连贯、实用。

2. 背向球篮接球完成进攻动作

中锋摆脱防守、抢位接球攻击，或为同伴掩护与策应等，是背对或侧对球篮进行的。进攻动作多在转身、半转身、勾（高）手和挤扛中完成，因此中锋队员必须习惯用眼睛余光、背部及手臂感觉判断防守队员的动向，结合个人经验，运用各种侧身、转身和插步完成投篮、突破和传球动作。

3. 防守对手时贴身近防、协防和补防

由于中锋所处的位置特殊，总是在身体接触中运用短促、有力的移动步法抢占有利的位置，干扰、破坏和抢断对手的传、接球，封盖投篮，因此必须掌握合理身体接触的贴身近防技巧，具备随时为同伴协防和补防的意识。

4. 在限制区范围抢篮板球和组织攻守配合

中锋利用身高及在限制区的有利位置，成为抢篮板球的主要队员，因此要具备高超的补篮能力和二次进攻能力，并能在抢到篮板球后立即发动快攻。具体表现为，进攻时，中锋队员的落位往往标示着本队的战术打法，发挥其组织进攻的枢纽作用；防守时，能在中心地带提示同伴，实现防守配合，协调防区力量。

作为一名中锋队员，除了必须全面掌握从事篮球运动的基本技术外，根据中锋位置特点及其职责要求，还必须熟练掌握和运用抢位与接球、强攻投篮、策应与传球、防守中锋、抢进攻篮板球与二次进攻，以及抢防守篮板球和快攻一传等实用技术。

（三）抢位与接球技术

抢位与接球是中锋队员实现从无球到有球进攻的最基本、最重要的技术，是投篮得分的前提和基础。中锋队员在进攻中，必须善于运用突然、快速、灵活、多变的脚步动作摆脱防守者的阻挠，用身体的合理部位贴紧对手，抢占有利位置接球。进攻中能否争取主动，首先取决于中锋抢位接球技术是否熟练。

1. 抢位与接球技术的主要方法

（1）原地抢位接球

中锋站在限制区腰侧或罚球区内，背对球篮呈平步或斜步基本姿势站立，两脚间距稍宽于肩，两膝微屈，身体重心稳定，上体伸展。接球时，一只手上举示意同伴传球落点，另一只手置于身体后侧，用以感知对方位置与动向，两腿和腰、臂用力顶住防守者的挤、压。两脚要随时准备向对方绕出的方向跨步、上步、撤步或后撤步，用同侧脚卡住对方的绕出脚，保持自己良好的接球位置，用眼睛余光观察自己的对手，判断来球的方向与落点，及时跨出一步将球接牢，并保持稳定的站立姿势，以便有效衔接投篮动作。

原地抢位接球动作要求身体重心稳定，示意传球方向，观察并预测对手意图，迎前跨步或后撤步接球，持球牢固，交换投篮动作快速、连贯。

（2）移动抢位接球

移动抢位接球是多项技术动作组合运用的综合性技术，是中锋能否争取主动进攻的关键基础技术。移动抢位接球由抢位移动时间、抢位移动路线和抢位移动接球方法三个要素组成。

①抢位移动时间，是指中锋移动抢位接球，要与同伴传球的时间相配合，做到人到位、球

到点，力争中锋抢到有利位置时，球也及时传到。一般来讲，中锋在限制区附近抢位接球的移动时机是持球同伴做瞄篮或突破，吸引防守者位置变化时，或内（外）中锋刚接到球时，同侧位中锋或异侧位中锋可突然移动抢占有利位置或移向空位接球。

②抢位移动路线，是指内外中锋之间或与外线同伴之间相互配合时经常运用的有效抢位接球路线。由于中锋背向或侧向球篮两侧或罚球区站位，并多在限制区附近移动，其抢位移动路线主要分内中锋腰侧站位移动抢位路线、外中锋罚球线附近站位的移动抢位路线、掩护后的移动抢位路线和同伴突破分球时的抢位移动路线。内中锋抢位移动路线，基本有五条，包括插向同侧高位、插向罚球区、插向对侧高位、插向同侧篮下和插向对侧中位或低位。外中锋抢位移动路线基本有三条，包括插向同侧低位、插向对侧高位和插向对侧低位。掩护后，中锋抢位移动接球路线基本有两条，即当被掩护的同伴溜底线时，掩护中锋走上线或外拉；当被掩护者的同伴走上线时，则掩护中锋溜底线。同伴突破分球时，中锋抢位移动路线基本也分两条，即当同伴向底线突破时，内中锋要插向限制区上线抢位接球；当同伴从限制区上线中路突破时，内中锋则向底线移动抢位接球。

③抢位移动接球方法，是指中锋在摆脱防守者时，运用跨步、滑步、转身、撤步、交叉步等脚步，采用上插、下顺、横切、外拉、反跑等方式，抢在防守者前面接球，由无球队员成为有球队员的方法。常用的抢位接球方法包括横跨步抢位接球、滑步抢位接球、交叉步转体抢位接球和后转身抢位接球等。

2. 抢位接球技术练习方法

（1）原地抢位接球练习方法

目的：掌握原地抢位接球的动作方法，提高接球能力。

方法：上步抢位，迎前接球练习。

运用时机：防守者在身后压、顶防守时，接同伴平直传球或反弹传球时多用此方法。

练习方法：练习者在内（外）中锋位置，以两脚开立稍宽于肩的平步姿势背对球篮站立，上体伸展，腿、腰用暗力顶住防守者；双眼注视球的运行位置，并用眼角环扫周围攻守队员的位置方向和移动变化情况；当外线向自己体前传来平直球或反弹球时，立即以一脚为轴，另一脚向球的落点前跨出一步（或滑跳一步）主动迎球；同时双臂（或单臂）向来球伸出，五指自然张开，手指向着前上方迎向来球，手指触球时迅速后引、缓冲，双手用力握球，调整好身体重心，顺利衔接投篮技术动作。

练习要求：步法、手法正确，衔接连贯、快速，有力量，重心稳定，调整身体重心快。

（2）移动抢位接球练习方法

目的：掌握移动抢位的基本动作方法，提高移动抢位的能力。

方法一：摆脱——上提抢位练习。

运用时机：当球在弧顶一带，而外中锋位置有空当时常用。

练习方法：练习者④呈平步或斜步姿势在内中锋位置，侧向球篮站立。练习时，先向端线方向跨出一步，随之快速做右脚（左脚）在上、左脚（右脚）在下的跳滑步至罚球线外，突然上左脚（右脚）、探左（右）肩抢占地面和空间位置，两臂略张开上举，扩大接球面积（图7-30）。

练习要求：上滑至罚球线时上步抢位要快速、突然，步幅大，两脚分开，比肩稍宽，重心低，腿、腰、背用力后挤。

方法二：摆脱——下顺抢位练习。

运用时机：当球在前锋手中，而腹地或内中锋位置又有空当时常用之。

练习方法：练习者⑥呈平步姿势在外中锋位置面向（或背向）球篮站立；练习者先做原地上体虚晃假动作，或面对球篮向侧跨出一步（背向球篮时，则做原地后转身下滑），随之突然起动，切向有空当的内中锋位置（图7-31）。

图 7-30

图 7-31

练习要求：摆脱起动突然迅速；下顺空切时靠近球篮的手要伸出示意要球；下顺侧身切入速度快。

（四）强攻投篮技术

半场的限制区周围是中锋重点活动区域，而且多数是背向或侧向球篮接球，在密集的防守包围中投篮。因此，中锋的强攻投篮意义非凡。它不仅是进攻的一项技术和展示中锋高度、体重、力量、手、脚、腰、眼功夫，以及投篮技艺的主要内容，更重要的是在篮下攻守激烈对抗中得分的主要手段，发挥进攻威力，"杀伤"对方有生力量的重要武器，是全队获取比赛胜利的精神寄托和核心攻击力。

作为一名中锋队员，要发挥篮下强攻的威慑力，必须掌握在与防守队员身体接触的挤投、扛投的贴身投篮依靠动作速度和身体素质，以及投篮动作变化形成的时空差投篮的技巧。

1. 强攻投篮技术组成

中锋强攻投篮无论采用哪种投篮方式，都是由持球方法、发力和球出手三个要素组成的。其中球出手的方法是关键要素，它决定了球飞行的方向、速度、旋转、弧度，直接关系到投篮的准确程度。

（1）持球方法

持球方法正确与否将直接影响投篮用力的协调性和球出手时的用力。中锋抢位接球时多用双手持球。其方法是身体成斜步姿势或平步姿势站立，双手五指自然分开，两拇指成八字形，掌心空出，指根上部触球的后下方，两臂自然屈肘持球置于胸腹之间。

（2）发力

发力是指下肢蹬地、腰腹上提，同时抬肘伸臂举球，全身的力量有次序地、协调地集中于手腕、手指上，使球从手指端投出的用力过程。多种多样的投篮动作及其投篮时动作的变化，主要是由上肢及身体各部分协调用力完成的。投篮力量的大小，既取决于全身参加活动的肌肉数量和初长度，又取决于肌肉收缩的力量，还取决于给予球作用力的大小以及这个力作用球时间的长短。

（3）球出手

球出手是指全身力量最后通过手腕的抖、翻、扣、拨、点、压等动作作用于球上，使球按一定的速度、弧度、旋转和运行方向进入球篮。

2. 强攻投篮的技术方法

（1）贴身投篮

在防守队员贴身防守时，持球中锋在规则允许的范围内，用腿、臀、肩、臂，挤、扛、靠、压防守者，在与之发生身体接触的对抗时投篮。贴身投篮主要包括前转身插步挤投、后转身插步挤投、侧身跳投、贴靠投、突破投和从上向下的扣投等。横跨撤步挤扛投篮时，内中锋呈平步蹲坐姿势，在近篮位接球后，对手贴靠防守时，佯做向上转身投篮，诱使防守者重心随之移动的同时，靠近篮下的脚向侧后撤横跨一大步，上体紧贴防守者。随之两脚用力蹬地起跳，拔腰抬肘举臂用单手高控球，借助爆发力量强行投篮。（图7-32）

强攻投篮动作要求假动作逼真，侧后跨步、起跳、举球、投篮出手，动作连贯、快速、有力量。跳起腾空后，控制好身体平衡，高手投篮正确，用力柔和。

图 7-32

（2）横向转身勾手投篮

进攻左（右）侧内中锋背对防守者接球后，先向右（左）侧佯做投篮的动作，同时左（右）脚横跨，脚尖外展，重心落在该脚，随之转身左（右）肩正对球篮。左（右）脚蹬地起跳，右（左）腿屈膝上提，右（左）手持球向右（左）肩上举球，掌心对篮，屈腕、拨指将球投进球篮。（图7-33）

图 7-33

横向转身勾手投篮动作要求佯装投篮动作逼真，跨、跳、提、举、屈、拨动作连贯，爆发用力协调，用肩背贴挤防守者时控制好身体平衡。

（3）转身运球突破上篮

外中锋背对防守者接球后，重心下降，两臂屈肘护球的同时，用头、肩和球向右（左）做佯攻动作，并以左（右）脚为中枢脚做前转身面对防守者投篮，当防守者重心上提，举臂封投时，可伺机紧贴防守者做同侧步或交叉步，以左肩或右肩快速冲过或顶住防守者的左肩或右肩，使其身体发生侧转而处于后面或侧面的不利防守位置时，用外侧手运球突破上篮。在做运球突破过程中，遇到其他防守者补防时，可做急停后的跨步低手、高手或勾手贴靠防守的强攻投篮。（图7-34）

图 7-34

转身运球突破上篮动作要求真假动作紧密结合，突破时快、狠，身体在空中时要充分伸展，用腕指上挑或屈拨的力量将球投进篮筐。

（4）底线突破勾手投篮

内中锋在右（左）侧下位，背对防守者接球后，用眼睛余光看见自己的右（左）脚，当比防守者更靠近端线时，立即用右（左）脚向篮下跨一大步，挤靠防守者，用左（右）手运球向另一侧篮下，左（右）脚着地后，前脚掌向前用力蹬地起跳。同时，上体反身后仰，抬头看篮，右（左）腿提起，双手举球后向后伸展，身体腾空至最高点，前臂外旋，用右（左）手腕外旋和小指、无名指、中指、食指拨球投进篮筐。

底线突破勾手投篮动作要求掌握好起跳点，脚尖和上体稍内转，目视篮筐，外旋前臂和手腕，手指拨底线突破勾手投篮球入篮。

第三节　篮球运动的战术培养

一、基础战术的教学与训练

篮球基础配合是指在篮球比赛中两三名队员之间有目的、有组织、协调行动的简单攻守配合方法，它是组成全队战术配合的基础，任何一种整体战术配合都离不开基础配合。战术基础配合包括进攻战术基础配合和防守战术基础配合两个部分。其中，进攻战术基础配合有传切配合、突分配合、掩护配合和策应配合等。防守战术基础配合有挤过配合、穿过配合、绕过配合、交换配合、夹击配合、关门配合和补防配合等。就一个队而言，熟练掌握基础配合的数量与运用质量，直接决定着全队战术的实效性与灵活性，并与比赛的胜负有着密切的关系。

进攻战术基础配合是组成全队进攻战术的基础，是全队灵活变换组合的重要要素。只有熟练地掌握并合理应用各种进攻战术基础配合，才能提高灵活组织实施全队进攻战术的质量，获得良好的进攻效果。

（一）传切配合

传切配合是指进攻队员之间利用传球和切入技术组成的简单配合，它包括一传一切和空切配合，在进攻人盯人防守和区域联防时都可采用。常用的一传一切配合源于 1897 年，最早用于跳球进攻配合的"三角传切进攻"，后发展到掷界外球时采用。这两种配合为以后掩护配合的出现，提供了一定的配合原则和战术基础。常见的传切配合有前锋与前锋、前锋与中锋传切配合、后卫与中锋传切配合和后卫与前锋传切配合等。

随着现代篮球高空技术和技巧的发展，配合简洁、突然、攻击性强的吊扣配合，一传一切配合、空切与空中直接扣篮配合也是比赛中经常使用的配合方法。

1. 传切配合方法

（1）一传一切配合：如图 7-35 所示，⑤传球给④后，立刻摆脱对手，⑤向篮下切入，接同伴④的回传球投篮。

（2）空切配合：进攻 3 人，持球者站立在弧顶与中圈的中间，另两名进攻队员站在罚球延长线的靠近边线之处。各人均有一名防守队员看守。持球者传球给左（或右）侧同伴，另一侧同伴立即摆脱对手向篮下切入，接同伴传来的球投篮。如图 7-36 所示，④传球给⑤时，⑥乘其对手不备之机，突然横切或从底线向篮下接⑤的传球投篮。

 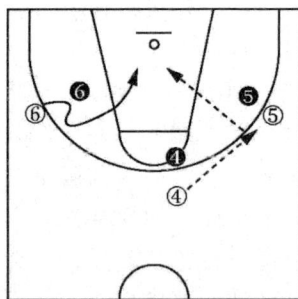

图 7-35   图 7-36

2. 传切配合的要求

（1）切入队员首先要掌握好切入时机，根据对方的防守情况，利用假动作摆脱，及时、快速切入篮下，并随时准备接球。

（2）传球队员要利用假动作吸引、牵制对手，并采用合理的传球方法及时、准确地将球传出。

（3）切入队员要根据情况掌握切入的时机，果断、快速地摆脱对手切入篮下，并注意同伴的传球。

（4）传球队员要利用瞄篮、突破、运球或假动作吸引、牵制对手，当切入队员摆脱对手处于有利地位时，应及时、准确地将球传给切入队员。

（二）掩护配合

掩护配合是掩护队员采用合理的行动，以自己身体挡住同伴的防守者的移动路线，使同伴借以摆脱防守的一种配合方法。依据不同的分类，掩护配合有多种形式和方法。根据掩护者做掩护时站位的不同，有前掩护、侧掩护和后掩护三种形式。根据掩护者的移动路线、方法和变化，有反掩护、假掩护、运球掩护、定位掩护、行进间掩护和连续掩护等。从组成掩护配合的行动来看，一是掩护者主动去给同伴做掩护，用身体挡住被掩护者的移动路线，使同伴借以摆脱防守；二是摆脱者主动利用同伴的身体和位置把对手挡住，使自己摆脱防守。因此，掩护配合能否成功，关键是在一瞬间创造出来的位置差和时间差，争取了空间与地面优势而达到攻击的目的。

掩护配合可以在无球队员之间进行，也可以在无球与有球的同伴之间进行。掩护配合在21世纪初就已经出现，最早的掩护类似现在的行进间掩护，是我国进攻人盯人防守的一种基本方法。掩护配合要求队员动作合理，移动速度合理，准确选位，队员之间配合默契。

掩护队员给同伴做掩护时，要迅速移动到同伴的防守移动路线上，保持适当的距离（应按规则的要求，根据防守者的视野所及的范围而定），两脚开立，双膝微屈，两臂屈肘于胸前，上体稍前倾，扩大掩护面积。当同伴利用掩护摆脱防守时，掩护队员应随着防守者的移动，转身切入篮下准备抢篮板球或接球。

（三）策应配合

策应配合是内线队员背对或侧对球篮接球，并作为进攻的枢纽，与同伴的切入、急停跳投等技术相结合，以摆脱防守传给外线同伴投篮的一种配合形式。

1. 策应配合方法

（1）（图7-37）④传球给插上策应的⑤，④用假动作摆脱④的防守插入篮下要球，⑤可视情况将球回传④或自己运球进攻篮下，或转身跳投。

（2）（图7-38）④传球给插上策应的⑤后切入篮下要球或抢篮板球，⑤接球后准备进攻⑤，⑥此时去补防④，⑤将球传给出现更好机会的⑥进攻投篮。

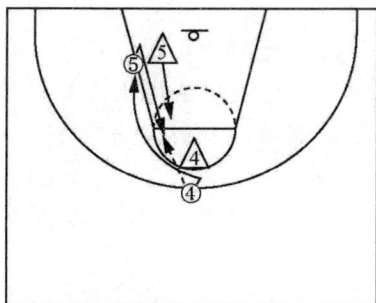
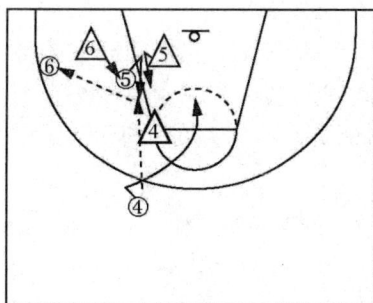

图7-37　　　　　　　　　　　　　　　　　图7-38

2. 策应配合技术要领

（1）策应队员的动作要领

策应前要注意以假动作摆脱防守抢占有利位置；接球后两脚开立，双膝微屈，双手置球于腹前，背对或侧对球篮，用身体保护球，高大队员也可将球置于头上方或体侧。当同伴获得较好的进攻机会时，要及时传球给同伴，自己也可做虚晃、转身、投篮等假动作吸引防守或伺机进攻，增加策应的变化和威胁。

（2）外围配合队员的动作要领

外围配合队员见策应队员插上要球时，应先向反方向做假动作，在策应队员拿到球时，观察球场上情况，做出切入篮下或跑到策应队员面前跳投等进攻动作。配合队员的关键是注意观察、牵制防守、果断行动，队员之间的相互默契非常重要。

（四）突分配合

1. 突分配合方法

进攻队员持球或运球突破，遇到对方协防时，及时将球传给插入防守空隙地带接应的同伴，这种突破中根据情况及时传球的配合叫突分配合。突分配合主要在对方采用缩小盯人和松动盯人防守战术，而己方外围投篮不准的情况下使用。

（1）（图7-39）④运球突破△的防守，△上移补防，④将球传给插入篮下的⑤，⑤立即投篮，如遇△的回防，由于已抢占篮下有利位置，应该强攻。

（2）（图7-40）④传球给⑤，⑤突破△进入篮下，△进行补防，⑤可将球传给从不同方向插入的⑥，⑥接到⑤的分球后立即投篮，如遇到△的回防，争取强攻。

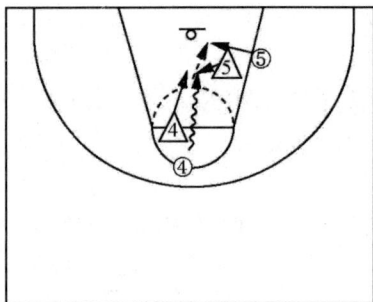 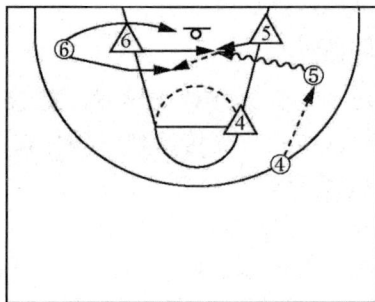

图 7-39　　　　　　　　　　　　　　　图 7-40

2. 突分配合技术要领

突破队员在突破过程中，要随时注意观察攻守队员的位置变化，做好投篮或分球的两种准备，上篮动作必须逼真，才能真正吸引防守，便于分球。其他进攻队员则要在持球同伴突破的一刹那，及时摆脱防守，占据有利位置，以便接球投篮；如遇到一般性的防守，要争取篮下强攻，造成杀伤力。

（五）掩护与挡拆配合

1. 掩护

掩护是进攻队员利用合理的技术动作，用自己的身体挡住同伴防守队员的移动路线，使防守同伴的队员被阻挡，同伴借此摆脱防守，从而创造一种有效的进攻配合。根据掩护者的不同位置和掩护方向，掩护可分为前掩护、侧掩护和后掩护。

（1）前掩护（见图7-41）。⑥传球给⑤，先向左做要球的假动作，然后快速向篮下插去，如△也随之插向篮下，则利用△和④做掩护，到限制区外接球；⑤接到⑥传球后，见⑥从限制区内跑出要球，则传球给⑥，这时⑥借④前掩护接球跳投。

（2）侧掩护（见图7-42）。⑥传球给⑤，先向右做假动作，然后向左插去，到△左侧停住，给⑤做侧掩护，⑤借⑥的掩护快速从△的左侧运球上篮。

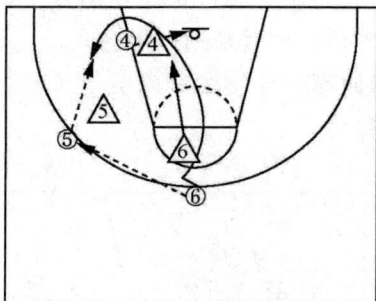

图 7-41

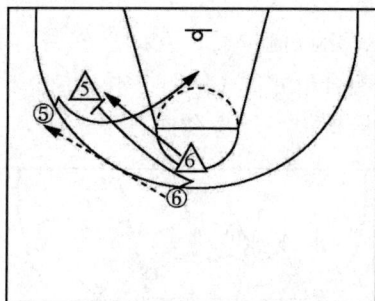

图 7-42

2. 定位掩护

进攻队员也可以借助站在原地的同伴的身体做掩护，以摆脱对手，积极进攻。

（1）定位掩护形式1：（见图7-43）⑤想要插到篮下，故将△带到⑥侧面，利用⑥的身体做定位掩护，摆脱△的防守接④的传球进攻。

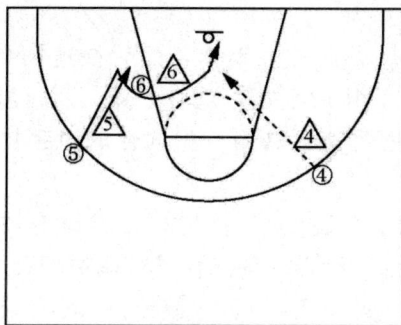

图 7-43

（2）定位掩护形式2：（见图7-44）在"形式1"中如果△交换防守跟随⑤到篮下，⑥做完定位掩护将△挡在外线突然转身接④的传球进攻。

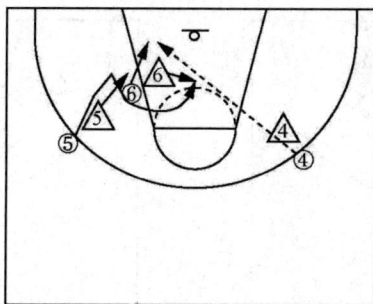

图 7-44

3. 挡拆配合

挡拆配合是掩护配合的延伸,掩护配合中过分强调了掩护队员的动作、位置、方向,而忽视了拆的重要性。很多的进攻机会在拆开之后出现。

(1)挡拆配合形式1(见图7-45)。进攻队员⑤借助⑥做定位掩护,插向篮下,由于△换防去补⑤,⑥做完定位掩护后,立即后转身,将△挡在外线,这就是挡拆配合。

(2)挡拆配合形式2(见图7-46)。⑤上提给④做后掩护,④运球向篮下进攻,△交换防守④,④将球传给掩护后转身插向篮下的⑤,完成挡前配合。

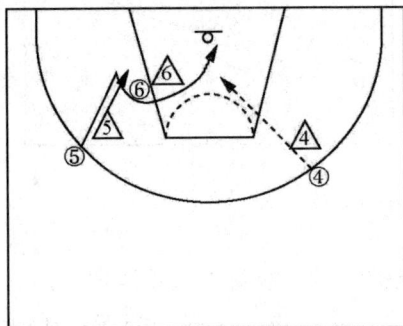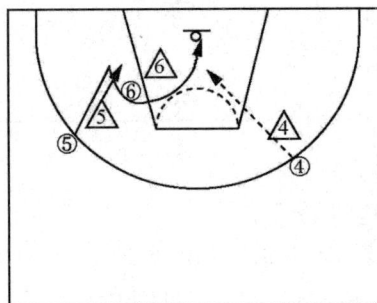

图 7-45   图 7-46

4. 掩护动作的要领

掩护队员去掩护时,先要向反方向做假动作,然后快速插到同伴防守队员的移动路线上,离该对手30~50厘米,两脚开立,比肩稍宽,重心下降,两腿微屈,收腹含胸,双臂收拢于胸前以保护自己。在同伴插过的瞬间迅速后转身,把同伴的对手挡(挤)在背后,然后插向篮下准备进攻。

在临场运用时,可采用行进间交叉掩护、反掩护、运球掩护和假掩护等不同方法进攻。在给有球的同伴做掩护时,要着重强调给无球的同伴进行掩护配合。

(1)无球人给无球人做掩护(见图7-47)。⑤传球给⑥后,向传球的相反方向做摆脱,给④做侧掩护,④先向反方向摆脱后,快速向篮下插去,接⑥的传球准备进攻。这种反掩护配合又可变化出多种进攻方式。

(2)反掩护方法。本掩护方法是在图7-47基础上变化的(见图7-48)。当④向篮下移动时,△换防④,④继续移动拉空篮下,⑤做完掩护转身将△挡在身后,向篮下移动接⑥的传球进攻。

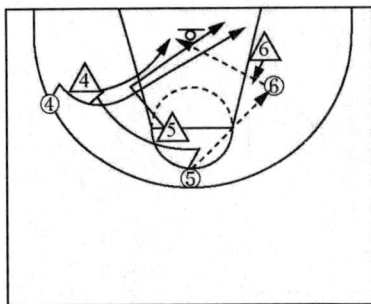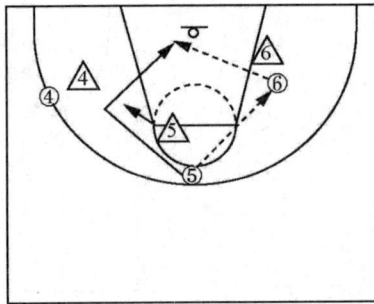

图 7-47   图 7-48

二、快攻与防守快攻的教学与训练

（一）快攻战术分析

1. 发动阶段

（1）发动快攻的时机

比赛中发动快攻的机会很多，但各种机会稍纵即逝，关键在于球队的快攻欲望和争取与创造快攻机会的意识。NBA各个队的最大特点之一，就是全队都具有强烈的快攻欲望，能利用和把握每一次快攻机会，甚至在看似不可能的情况下通过自身努力积极主动地创造这种机会。因此，他们每一次真正意义上的进攻几乎都是从后场开始，往往使对手有一种大军压境的感觉，不敢轻松大意。按常规而言，发动快攻一般有四种机会。

①利用发端线球时发动快攻。由于规则修改，发后场边线球的快攻机会基本被扼制，因此利用对方投中篮球后由端线发动快攻的机会日益受到重视。

②抢到后场篮板球发动快攻。统计分析，抢到后场篮板球发动快攻是比赛中最多且最好的可利用之机。这不仅是因为产生后场篮板球的机会多，重要的是双方都处在全力拼抢之中，守方一旦获球并立即发动快攻，对方往往难以按预定模式形成有效防守。但利用后场发动快攻的前提条件是要抢获球权。

③抢断球发动快攻。在NBA赛场上，也有许多快攻时机是从抢断球中获得的。这是因为他们的防守主动、积极，时时带有攻击性，而且反击意识十分强烈，一旦抢断成功，全队把握时机，立即就可以转守为攻，从不放弃任何一次快攻机会。即使快攻不了，也要以此给对方造成强大精神压力，为后续阵地进攻创造条件。他们的实战使我们进一步认识到，由于防守一方的队员成功抢断以后，人和球常常处在有利反击的自然位置，以及抢断的突发性和偶然性，容易给攻方造成的猝不及防态势，为成功发动快攻创造良好机会。据比较分析，利用抢断球发动快攻的成功率之高，是其他所有快攻难以企及的。

④跳球发动快攻。利用中场和后场双方跳球也是发动快攻时机之一，这种时机比赛中虽然出现不多，却是各队可以按本队预先演练的固定跳球快攻模式加以利用的机会。由于它是一种经过长期演练的固定配合，全队轻车熟路，如果运用得当成功率也比较高。

（2）一传和接应

①快攻一传。一传是快攻发动阶段一个重要的环节，因此NBA赛场上的快攻一传，不论出自什么发动时机，运动员一般都能做到快而及时，特别是又利用篮后的端线界外球发动快攻和抢获后场篮板球发动快攻，此时稍一延误即失掉战机，可以说没有及时的一传就没有快攻。

②快攻接应。NBA赛场上的快攻接应有两点值得我们借鉴，一为机动接应，二是移动接应。机动接应是指他们虽然也有一名核心后卫，但他不一定是每次快攻的"专职"接应者。一般情况下，离持球队员最近而又处在能迅速抢占接球位置的队员即是该次快攻的接应者。当然，由于核心后卫一般技术比较全面，有较强的控制和支配球的能力，在发展机动接应的同时，参加接应的行动不应受到削弱。所谓移动接应，是指接应队员不在原地或固定区域等着"要球"，而是根据攻防态势向有利地区跑动，从而完成接应。这种方法的优点在于，一是为加快一传速度创造了更好条件；二是扩大了接应面，可以大大缩短推进时间，减少推进中可能受到的干扰，

从而提高快攻质量。

2. 推进阶段

（1）长传球推进

长球方法配合简捷，推进速度快，常可直接得分。但它要求身处前沿的队员能够在攻守转换间有较好的判断能力和奔跑能力、高速移动中处理球的能力，特别要有较强的一打一，甚至一打二的个人强攻能力。这种长传进攻如果辅之以后续快速跟进，则其成功率会更高。

（2）短传球推进

短传球推进是由2～3人参加，利用快速短距离传接球向前场推进的一种快攻方法。其优点是直接投入快攻前沿的人数多，便于以多打少，而且灵活易变，不易被防守者破坏，能够巧妙体现我国队员小、快、灵的特点。

（3）运球快攻

运球快攻是国内外强队用得最多的方法之一，其特点是由一名队员快速运球，一旦突破成功，前方就会出现一个以多打少的局面。同时，因为其他同伴可以集中主要精力，立即依据当时的攻守情况迅速向有利于协助进攻或接球的自主完成进攻的地域分散行动。

3. 结束阶段

快攻结束阶段根据最后可能形成的攻守态势一般有三种情况。

（1）已经形成以多打少的局面

据观察，以多打少应遵循两个基本原则。一是保持或扩大进攻面的原则，二是已经或即将进入篮区，对手又是以少防多，所以，有经验的运动员此时并不看重速度，而是冷静处理，重在策略，这可称为以智取胜的原则。我国许多优秀运动员的实践证明，遵循这两条原则组织进攻，不仅成功率高，且能事半功倍。

（2）形成攻防人数对等的局面

快攻推进到结束阶段，攻防人数仍然相等也是常见现象。处理这种局面一般应注意三点：一是要在行进间不失时机地利用各种掩护配合协同作战；二是可以利用有利的地形和个人技巧发起持球强攻；三是快攻推进到这一腹心地段，守方此时常有一种"大军压境"的被动心态。因为，防区往往收缩得很小，所以此刻如果出现一个中近距离投篮机会也应果断出手。当然，还应辅之以篮板行动和二次进攻。

（3）转入阵地进攻

大家都知道，快攻之所以要转入阵地进攻，主要是因为守方队员都退回了防区。然而经验表明，守方队员虽然紧张而仓促地都退回防区，但心态、选位及局部尚处在一种惊慌被动的境况。由快攻进入阵地攻的这种自然衔接，很值得我们学习。

（二）快攻战术的练习方法

1. 二人短传边路上篮配合练习

二人短传边路上篮配合练习是两人之间传球的基本功练习，注意接传球的准确性和跑动的速度。一人打板抢篮板球后，另一队员迅速沿边线快下。在抢得篮板球后，快速传给快下队员，然后经过几次传接球后，由边线队员上篮。在这项配合练习中，要求边线队员的跑动要快于中路队员的，并要始终保持一定的传球角度。

2. 二人短传中路上篮配合练习

两人一组一球，一人先打篮板抢篮板球后传给边线队员快速起动，经过四传后由中路队员上篮。在两人的短传配合中，中路队员的速度要掌握好，当最后一次把球传给边线的同伴后，要注意变向加速的动作，当接到回传球后可以直接上篮。注意，投篮后要迅速做好顶抢篮板球的准备。

3. 二人交叉运传配合练习

快攻的情况是复杂的，不是不考虑从起动到结束都一直往前跑的情况，但总会有斜线跑，也就是说会出现两人之间的交叉跑位。因此在练习过程中，应结合实战要求，二人一组一球练习。简单地说，就是锋边的队员要到中位接球，中位的队员要向边线侧身跑动，以此类推向前行进，最后由快速插上的边线同伴上篮。

4. 三线快攻基本配合练习

快攻中有时是短传有时是长传，因此不仅要练习短传与长传的结合的快攻，同时还要增加一个人，变成三线快攻。同时，需要注意以下两个问题。

（1）边线队员直线跑动什么时候变向的问题。一般而言，要在罚球线延长线外大概一米的距离处变向后接球上篮。

（2）长传球的落点问题。跑动的同伴速度很快，传球队员的传球用多快的速度、多高的高度，这是三线快攻的一个难点，需要在练习中掌握。

5. 插上接应三线快攻配合练习

3人一组一球，队员先集中在篮下，包围篮板，抢到篮板后迅速分散。其中接应队员站在边线一侧，中路队员抢下篮板后，一侧边线接应队员快速插向中路接应一传，另一侧的边线同伴快速拉边快下，抢篮板球的队员传出一传后快速拉边迅速跟进，形成三线快攻。抢到篮板球后边路插中接应发动三线快攻是快攻中较为常用的配合形式，在这项配合中，插中接应的队员是进攻的组织者。

6. 二打一"过三关"配合练习

三位防守的队员分别站在后场、中场和前场的三个圈内防守。要积极抢断对方的传球。两人一组一球，保持四米左右，一人抢篮板球后传球给同伴队员，快攻推进的过程中传球的次数不得少于四次，该传的时候传，该运的时候运，避开防守。

（三）快攻意识的培养及训练

1. 快攻意识的培养

（1）充分发挥运动员的主观能动性

教学与训练是双边活动，不仅要有教练员的积极性，还要有运动员的自觉性与主动性。运动员对待学习的态度，在一定程度上足以反映出学习训练的动机影响，运动员只有对学习训练的意义有正确的认识才会在学习训练中产生高度的自觉性和主动性，才能克服各种困难保证学习训练的顺利进行，进而使自己尽快地掌握专业知识和快攻技术，积累有效的经验，提高学习训练的效果，促进快攻意识得到发展。

（2）扩大视野发展观察能力

观察能力是培养快攻意识的基本前提，运动员临场中的心理、生理的机能反射源于对周围各种信息的接收和加工反馈。运动员在瞬间就要作出正确抉择，有时甚至得靠个人的直觉来完成应答行动，所以没有广阔的视野和观察能力是难以办到的。

（3）提高分析判断能力

比赛场上正确的行动来源于准确的判断，这是个体接受感知信息后进行思维处理的过程，是快攻意识的中心环节，是意识行动的前提。判断准确是正确发挥战术的前提，必须把一切行动建立在仔细观察和准确判断的基础上。

（4）技术训练是提高快攻意识的物质基础

全面熟练的基本技术是快攻战术的基础。要组织与运用快攻战术必须具备与快攻相适应的技术条件，否则就难以形成高水平的快攻意识。因此在技术教学与训练中要合理安排教学计划，抓住快攻战术相关的技术，如行进间传接球、快速运球、运球急停、突破分球和行进间投篮。

（5）在战术训练中培养和提高快攻意识

篮球比赛中的攻守战术都有共同的结构特点、形式和配合规律。因此，我们在战术训练中必须让队员从理论到实践明确自己的战术套路，熟悉方法和规律变化。快攻战术训练时，应先在固定形式下掌握快攻的方法，然后过渡到机动情况下练习；从区域联防发动快攻开始，然后在人盯人防守情况下进行快攻练习，最后在接近比赛或正式比赛中掌握和巩固快攻教学内容，使之形成一个逐步完整的体系，从而使运动员从训练的过程中建立完整的快攻概念，形成锐敏的配合意识。

（6）在实战训练中提高快攻意识

运动员的快攻意识只有在激烈的对抗中不断实践、不断总结才能迅速得到提高。在技术训练中，单个动作练得多，应用技术练得少。简单情况下练得多，对抗条件下练得少。因此到比赛时就不适应变化多、对抗激烈的情况了。

（7）通过心理训练培养快攻意识

篮球运动除依靠技战术获得成功外，运动员的心理状态也是制胜的保证。平时训练要培养运动员的拼搏精神和勇猛顽强的意志。比赛时不仅要充分发挥个人的技战术和心理能力，而且需要集体同心协力、默契配合、相互理解、以集体的力量智慧来争取快攻战术的成功和最后的胜利。因而运动员在比赛中要胜不骄败不馁，以良好的心态促使快攻意识的提高。

2. 快攻意识的训练

篮球快攻训练的目的主要是强化队员的快攻意识，提高队员的观察判断能力和技术水平，加强队员之间的默契提高队员的身体素质与个人能力等。因此快攻训练就有着针对性。

（1）快攻训练应注意的几个问题

①首先加强思想作风的培养，加快技术运用的训练。加强队员的思想教育，注意培养勇猛顽强、积极进取、不畏困难、坚决果断、团结协作的精神，加强身体素质和基本技术训练，加快技术运用训练，掌握比赛节奏，保持纵深队形，提高场上应变能力。

②快攻的训练必须从严、从难、从实际出发合理加大运动量。对于接应分散快下跟进以及跑动线路前后的层次要有明确要求，熟练后不断增加难度。高大中锋也要参与快攻。提高中锋拼抢篮板球能力，一传速度积极跟进。

③加强心理训练和战术意识的培养。要不断地加强快攻心理训练和意识的培养，提高队员观察判断能力以及摆脱、接应、分散、快下、跟进的意识，力求抓住每一次快攻的机会。

④技术与战术训练结合。努力提高技术水平，在高速度快节奏下力图完成战术配合时难免出现失误。其一是由队员快攻意识差、战术配合不好造成；其二由队员技术差造成。训练时在抓好基本技术训练的基础上，结合战术配合训练提高配合的机动性。

⑤快攻的主要问题在于增加快攻次数和提高快攻成功率。当防守队员能够对付快攻反击发动时，要在对方未组织好防守或未完全退防时利用后面跟进队员组织第二次快攻。

⑥快攻和阵地进攻之间的衔接与进攻。快攻结束时，若未获得良好投篮机会，应立即组织2～3人配合拉出投篮切入、掩护或组织其他配合进攻投篮。

（2）提高快攻训练水平的五要素

①熟练的基本技术。全面熟练的基本技术是快攻的基础，并要做到运用技术既快又准。具体表现在"四快""少两准"。其中，"四快"即观察判断反应快、起动加速摆脱快、传球推进超越快、运球突破分球快。"两准"即快速奔跑中的传球准、投篮准。这是提高快攻成功率的前提。

②良好的身体素质。提高队员的身体素质，有助于增强个人的攻击能力，有助于提高快速奔跑能力和脚步灵活性。在抓好技术训练的同时要重视身体素质的训练，一个队员不具备良好的身体素质就很难适应当前的比赛，在比赛中当快攻出现攻防队员相等时，不敢打、打不出来就会暴露队员的个人攻击能力差的情况。

③勇猛顽强的作风。队员勇猛顽强、敢打敢拼的作风是快攻战术运用的前提。快攻战术需要采用攻击性的防守，甚至对进攻者连续紧逼，积极创造更多的快攻机会，一有获球机会就快速地准确地机动地灵活地展开猛烈的反击。队员顽强的意志是顶住对手压力，控制比赛节奏的主体力量也是球队整体联合的内在力量。只有球队具备了勇猛顽强的作风，快攻战术的运用才有可能，快攻的成功率才能提高。

④敏锐的头脑。快攻要求获球队员或持球队员能敏锐地观察场上情况和同伴的位置，然后先远后近地传好第一传，以传为主、传运结合、以球领人，加快进攻速度。

⑤严格训练。在快攻训练中要做到少而精，使队员在体力充沛的情况下完成训练计划，完成训练计划要做到高速度、高质量、严要求，从实战出发。训练中要始终贯穿一个"快"字，要求队员做到不但后场快也要前场快，半场要快全场也要快，运球快、传球快、突破快、投篮快，拿球的快，不拿球的也要快。

（3）在不同防守条件下不同的快攻训练方法

①在假设防守的条件下掌握快攻配合的方法。练习时可运用标志物或假设的对方按照快攻配合的方法有序地进行，建立队员之间的协调行动，使队员初步掌握局部的战术方法。

②在消极防守的条件下掌握快攻战术配合的时机。在练习时要注意观察同伴和对方的行动，根据攻、守的制约情况能够及时、准确地采取合理的配合行动。

③在积极攻守对抗的条件下提高运用快攻战术配合的能力。练习时攻守队员积极地相互制约，通过反复练习，熟练地运用攻守配合的方法提高运用快攻战术的配合能力。

三、全队战术的教学与训练

篮球全队防守战术的主要内容包括半场人盯人防守战术、全场紧逼人盯人防守战术、半场区域联防和全场区域紧逼防守战术等。

（一）半场人盯人防守战术

半场人盯人防守是每个防守队员在后场盯住一个进攻队员，同时协助同伴完成全队防守任务的防守战术。

1. 半场人盯人防守的基本要求

（1）以防球为主，在持球队员进入进攻点后，力求不给持球队员投篮、突破和向内线传球的机会。

（2）其他防守队员在移动中贴近对手的身体，采用平步防守姿势扩大防守的面积。

（3）防守无球队员时，始终保持人、球、篮兼顾的有利位置。做到有球侧以多防少，无球侧以少防多，尽可能切断持球队员与无球队员之间的联系。

2. 半场人盯人防守的战术形式

（1）半场缩小人盯人防守

半场缩小人盯人防守是一种对有球紧，对无球松，并根据球的位置来掌握松紧度的防守形式。其防守形式主要是针对内线攻击能力强，而外线投篮威胁不是很大的情况采取的防守战术。基本防守方法如下。

①半场缩小人盯人防守形式之一（见图7-49）。进攻队员⑤将球传给⑦后，⑤去给④做掩护，防守队△和△向后移动穿过去破坏对方的掩护；若对方掩护成功，△和△要及时交换防守，或△随之移动，继续去防④，其他防守队员相应向篮下收缩，进行协防。

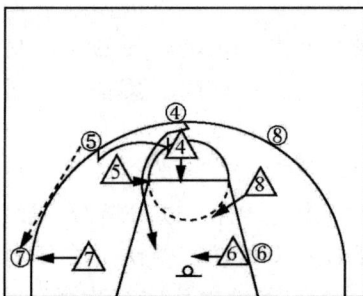

图 7-49

②半场缩小人盯人防守形式之二（保护内线，见图7-50）。在进攻中锋⑥威胁性较大，而其他外围队员⑦、⑤、④中远距离投篮不准，但又善于切入时，特别是⑥接到外围⑧的传球，除△全力防守外，△、△、△都要相应缩小防区。

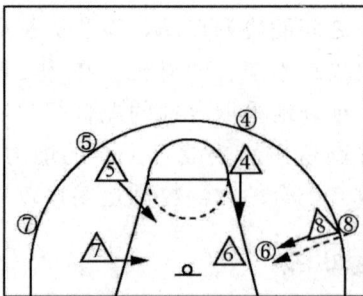

图 7-50

（2）半场扩大人盯人防守

半场扩大人盯人防守是一种紧逼对手、破坏对方习惯配合，积极主动的防守战术形式。半场扩大人盯人防守主要是对付外围攻击力强而内线相对较弱的队员，突然采用这种防守方法，容易奏效。该防守战术的基本要求如下。

①由攻转守时，迅速回防，在球进入3分线之前，找到各自的防守对手，并迎上去，当进攻队员进入3分线时，紧逼防守，并防止突破。

②当进攻队员进入罚球线一带时，积极抢前防守，阻挠对方接球，破坏其进攻配合，控制持球队员，运用挤过防守，不让对方掩护成功。

③当球在两侧或场角进攻时，及时"关门"或补防，迫使底线突破者停球，阻止其通过篮下，利用边角组织夹击防守，高人队员及时绕前防守，控制篮下。

（二）全场紧逼人盯人防守战术

全场紧逼人盯人防守是防守队员在全场紧紧地盯防自己的对手，积极阻挠对手移动、传接球、运球和投篮，并运用夹击、堵截等集体配合的一种防守战术。

1. 全场紧逼人盯人防守的基本要求

（1）由进攻转入防守时，要快速找人、抢位、紧逼对手，以人为主，人球兼顾，控制对手。

（2）防守无球队员时，以阻挠接球为主，离球远时，可根据人、球、区的位置、距离，大胆放弃自己对手，积极堵截、夹击、补防或换防。

（3）防守持球队员，以迫使他向边线运球为主，并逼迫他停球，创造夹击机会。

2. 全场紧逼人盯人防守的战术形式

（1）前场紧逼防守

①对方在后场外掷界外球时的紧逼方法。一对一紧逼形式（见图7-51），积极阻挠④的掷界外球，其他前场的防守队员采用错位防守，卡断传球路线，积极抢断球。后场的防守队员应提上防守，与对手保持稍远的距离，并随时准备卡断长传球。

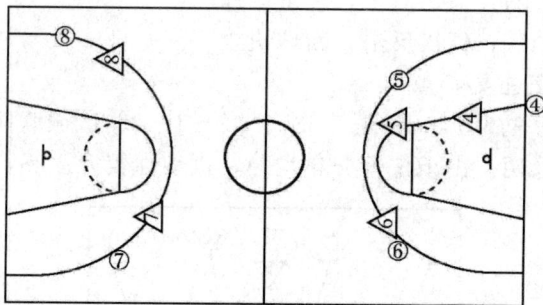

图 7-51

②夹击接应的紧逼形式。如果⑤是控制球能力很强的队员，是该队的主要接应者，可以放弃对发球人的阻挠，转而对⑤进行夹击，阻止其顺利接应发球。

③机动夹击接球者的紧逼形式（见图7-52）。和分别站在对手的侧前方，阻止对手迎前接应。放弃防守发球者，退到和的后面，随时抢断传给⑤和⑥的高吊球，和仍退守后场。

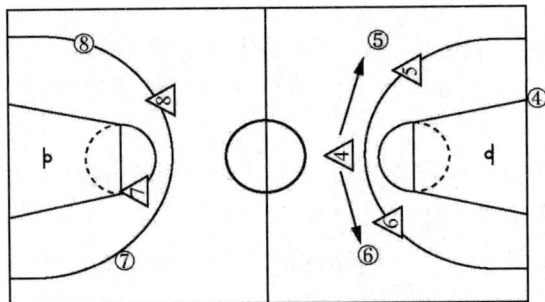

图 7-52

（2）中场紧逼防守

①在对方运球向前推进时堵中放边。

②同伴防守队员要根据场上情况和时机，大胆上前包夹对方运球队员。

③一旦包夹开始，后面的防守队员要向前补防，并积极抢断对手的传球。

④对手如将球传出或突破包夹，要立即回撤，重新组织防守力量。通过急与缓的节奏打乱对手的战术节奏。

（三）半场区域联防战术

区域联防是每个队员负责防守一定的区域，并与同伴协同配合，用一定的队形把每个区域都联系起来，形成局部区域以多防少的局面的集体防守战术。

1. 区域联防的基本要求

（1）由攻转守，前场干扰，阻挠快攻，伺机抢断，逐步退守，快速布阵。

（2）保持阵形，随球转移，协同一致，变换队形。

（3）分工明确，控制防区，严防篮下，封堵外围。

（4）有球盯人，无球防区，"关门"协防，漏防补位。

（5）底线卡位，溜底紧贴，迫送对手，注意球踪。

（6）横传抢断，封锁禁区，伺机反击，断球快攻。

2. 区域联防的队形及其主要特点

（1）"2－1－2"区域联防队形（见图 7-53）。"2－1－2"区域联防的特点是以防内线为主，外围得分手不超过 2 人时采用。由于位置分布均匀，机动性较大。

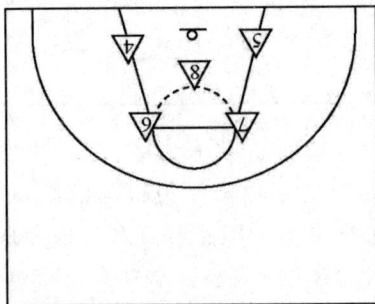

图 7-53

（2）"2－3"区域联防队形（见图7-54）。"2－3"区域联防的特点是篮下防守力量较强，有利于争夺篮板球，有利于对付擅长篮下进攻的队。与"2－1－2"区域联防一样，两侧45度角外围一带是薄弱区域，容易造成进攻队投篮。

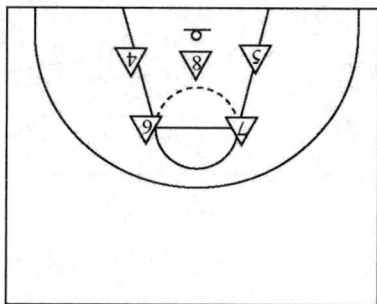

图 7-54

各种形式的区域联防都有一定的防守薄弱地区。因此，在比赛过程中，队员既要有区域分工，又要在某些特定的情况下暂时放弃没有威胁的局部区域，在危险区域以多防少，大胆地运用协防配合。

（四）全场区域紧逼防守战术

全场区域紧逼防守战术是在全场范围内进行区域分工，加强对进攻队员和球移动的控制，积极争夺控球权的一种攻击性强的集体防守战术。

1. 全场区域紧逼防守战术的基本要求

（1）无固定的对手，在由攻转守时，按防守形式划分区域落位。在自己分工负责的区域内进行人盯人防守。

（2）确定防守的侧重方向，积极移动和调整位置。全队防守要体现"以球为主，球人兼顾"的防守原则。近球区以多防少，积极围守夹击；远球区以少防多，注意补防和断球。

（3）防运球时，要贯彻"堵中放边"的策略，控制中区，逼向边角，迫使其在有利于我方防守夹击的地方停球，迫使对方传高吊球或反弹球。

（4）以"球到边角"为信号，贴近球的防守者立即对持球队员形成围守夹击，迫使对方传球失误或违规。其他防守同伴应迅速调整位置，随时准备抢断球或补防。

（5）尽量不使球和对手超越自己的防守区域。当球越过自己的防区或漏人时，要坚决追防或果断换防，及时向限制区回防。

2. 全场区域紧逼防守的战术形式

（1）"1－2－1－1"全场区域紧逼战术。

这种紧逼战术争夺的侧重点在前场和中场，运用这种形式一般在对方发后场端线球或靠近端线的边线球时开始积极争夺，控制对手接球并进行夹击。这种形式攻击性较强，能有效地防止对方从正面直接向篮下进攻，延续进攻速度，但对防守队员要求很高。

"1－2－1－1"全场区域紧逼（见图7-55），一般 ①是全队中速度最快、最灵活的后卫，②是队中防守能力仅次于①的队员，③是防守较好的前锋，④是另一个前锋，应具备良好的抢断球能力和指挥前场协防的能力，⑤是善于防守篮下的高大中锋。

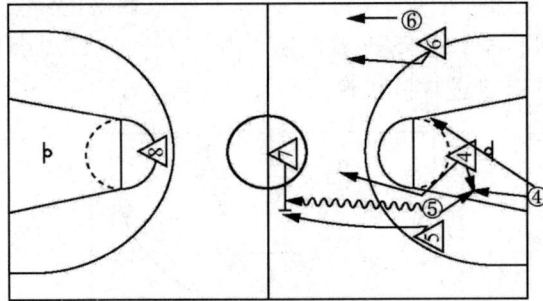

图 7-55

防守中，▲要有意识地紧逼发球队员的一侧，使其按防守意图将球发给防守队希望接球的对手。要严防发球队员越区传球。如果发球者长传球，中场和后场的队员要及时抢断，前场的队员迅速回防。如果发球队员④将球传给⑤，▲要迅速协防，堵住中路突破路线，迫使⑤回传给④。如果⑤从边线突破，▲迎面堵截，夹击防守⑤，同时▲和▲快速回防，控制中区和远球侧。如果⑤把球传给跑入场内的④，▲要迅速回防④；如果④把球传给⑥，▲要迅速回防⑥，▲要向▲方向靠，并协助围守⑥，▲要撤回中路防守，准备协防▲。

（2）1－2－2全场区域紧逼战术。

这种紧逼战术的特点是，防守两翼，争夺中场，即利用中线和两个边线形成的三角地带，设法把运球队员挤到这个"死角"，然后造成夹击。这种战术攻击力很强，但也容易被插入前场中区的策应队员打破。

"1－2－2"区域紧逼战术的站位与移动路线（见图7-56）。▲是防守能力强、移动迅速的队员，站位在最前面，其任务是控制、逼迫运球队员按预先设计路线运球或传球。当⑤运球向"死角"时，▲和▲要及时堵截和补防，在"死角"处▲与▲形成围防夹击。▲要死死防住⑥到前场接球，抢断⑤从▲右侧传向中区的球。▲要拼命防住⑦前去接球，随时准备抢断⑤沿边线传出的球。▲的任务是防守篮下，并随时准备抢断斜线高吊球。

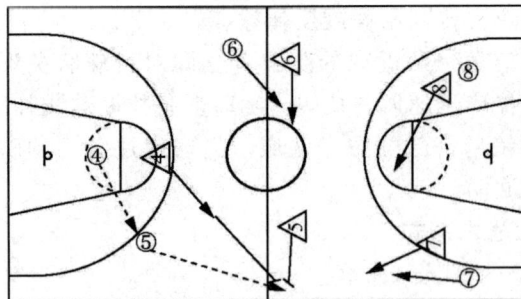

图 7-56

全场区域紧逼防守的关键是积极跑动，步调一致，行动果断，堵中放边，利用边角，造成夹击，争取抢断，其他补位，及时调整防守阵形。

第八章　当代大学生排球运动技能的培养研究

第一节　排球运动的基本理论

一、排球运动的起源

据相关史料记载，美国是排球运动的发源地。1895 年，美国马萨诸塞州霍利沃克城的基督教青年会干事威廉·摩根经过长时间的摸索，创造了一种运动节奏比较缓和的、适合中老年人的球类游戏，游戏中人们对球进行隔网拍打，相互嬉戏，尽量使球不落地。摩根把这种游戏取名为"小网子"。这就是排球运动的雏形。

在排球运动的初始阶段，运动场地及规则均相对随意，并没有严格规定。在游戏普及初期，人们在一处空地上，将一张球网架在 1.98 米的高度上，游戏过程中用篮球内胆隔着网来回拍打，球在空中飞来飞去。由于当时并没有专业的排球供游戏使用，而篮球和足球又太重，在游戏过程中很容易挫伤手指和手腕，为了寻找适宜的，既不伤手指，又不会一打就跑的游戏用球，摩根找到当时美国制作体育用品的司保丁公司，司保丁公司按摩根的设计要求制作了一种外表用软牛皮包制、内装橡皮胆的球，这种球与现代排球相近，球的圆周为 63.5～68.5 厘米，重量为 255～340 克。在此之后，排球运动中所使用的排球大小与重量均和这个球便保持统一。

1896 年，该项运动在美国马萨诸塞州斯普林菲尔德基督教青年会体育指导大会上进行了首次表演赛，当时观看比赛的哈尔斯戴特博士建议把其命名为"排球"，即"空中截球"之意，该名称得到了摩根及表演者的一致同意，此后，"排球"一称被一直沿用到现在。1897 年，美国的体育杂志公开说明排球比赛的打法和简单规则，吸引越来越多的人参与到排球比赛中，同时，美国的教会、学校、社会在排球比赛方面给予了较多的注意力，使排球运动成为美国军事体育项目中的一种，并在美国获得了快速的发展。

二、排球运动的发展历程

（一）世界排球运动的发展历程

从整体来分析世界排球运动的发展历程，能够将这项运动的发展史大体划分成三个阶段，分别是从娱乐排球向竞技排球发展的过渡阶段、竞技排球的快速发展阶段以及竞技排球的多元化和娱乐排球的再兴起阶段，三个阶段的发展特征如下。

1. 从娱乐排球向竞技排球过渡阶段

第一阶段的大体时间是 19 世纪初至 20 世纪 40 年代。排球运动是由游戏发展而来，其产生就是为了满足中老年人锻炼身体的需求，因此，该项运动的娱乐性较强，再加上排球运动的开展初期并无具体的游戏规则，所以早期的排球基本没有什么成规格的技术动作，更不要提战术了，参与的双方只要将球打过球网落到对方场区内就可以。

随后，伴随着越来越多人参加到这项游戏中后，人们逐渐发现将球一次击过球网妄图得分的效果并不十分理想，并且发现最难接起的威胁球通常是从网前位置击出的。自此之后，人们开始尝试在本方半场多次击球的打法，以求找到最佳的扣球时机，久而久之，排球运动简单的战术配合开始形成。

因为排球游戏中，游戏一方无休止地击球而始终无法过网的现象较为频繁，所以为了限制得球方无限传球导致比赛节奏拖慢的问题，人们便规定了每次获得球权后本方半场的传递次数，即每方击球至多3次，3次传递后球必须过网，否则判负的运动规则。这一规则的出现对排球运动的影响可谓是革命性的，它的出现基本使得进攻技术分化为传球与扣球两种主要技术。传球通常为两次，即，一传和二传，一传带有较多的防守性质，二传带有由守转攻的性质。这样一来，节奏变快的排球运动越发吸引更多的年轻人加入进来，使得过往以娱乐、游戏为主的运动被赋予了更多的对抗元素。扣球的威力较大，为了对抗扣球，人们将防守直接挪到了网前，拦网战术出现。由于球权获得队的触球机会减少，任何技术环节都是宝贵的进攻机会，对此，没有对方干扰的发球技术越发获得了人们的重视。排球运动的发球也开始采用增加力量的侧面上手发球，从此排球运动的性质发生了变化，逐步从健身性游戏发展为竞技运动之一。

当一项游戏被赋予了更多竞技元素并朝着竞技化进一步发展的时候，一套系统的、公平的规则就是必要的产物，排球运动竞技化同样如此。1921~1938年间，排球运动的规则不断进行着大幅度的改变与完善。规则的改变使得运动的技战术更加明确与系统，如排球运动中就将发球、传球、扣球、拦网确立为当时排球运动的四大基本技术。后来，人们将这些技术进行有针对性的组合，并且在恰当的时机使用出来，排球战术由此出现，这为队员们在比赛中有目的、有意识、有组织的位置分工及战术配合和排球运动的深入发展奠定了坚实的基础。

2. 竞技排球的快速发展阶段

第二阶段的大体时间是20世纪40年代至20世纪80年代。在排球运动逐步成熟的大背景下，部分国家先后成立了排球协会。为了更加统一地开展国际排球活动，1946年，法国、捷克斯洛伐克、波兰倡议成立国际排球联合会。1947年，国际排联在巴黎成立，总部设在洛桑，法国的保尔·黎伯为第一任国际排联主席。国际排球联合会制定了国际排联宪章、排球竞赛规则，成立了技术委员会、竞赛委员会、裁判委员会。国际排联的成立标志着排球运动从此彻底摆脱了娱乐游戏性质，正式进入竞技排球阶段。国际排联成立后组织了一系列大赛，这些国际排球比赛每隔四年举办一次，一直延续至今。众多的排球赛事和广泛的国际排球活动，促进了排球运动技战术的蓬勃发展。

20世纪50年代，东欧一些国家的排球技术水平较高。20世纪60年代初，日本女排获得了快速的发展。20世纪70年代是竞技排球技战术发展速度最突出的时代，各种技战术应运而生，竞技排球运动发展迅速。20世纪70年代初，排球技战术得到了较快的发展，世界排坛呈现出不同流派各显特色，不同风格先后称雄的局面，国际各种流派在相互取长补短中逐渐融合。1977年，国际排联修改了排球比赛规则，新规则规定"拦网触手后仍可击球"，这一修改在很大程度上推动了排球运动攻防竞争的激烈程度。

3. 竞技排球的多元化和娱乐排球的再兴起阶段

第三个发展阶段的大体时间是 20 世纪 80 年代至今。排球运动在这个阶段表现出的突出特点是竞技排球的多元化趋势以及娱乐排球的兴起。

（1）竞技排球的多元化

竞技排球的多元化是指竞技化、职业化以及社会化三个阶段，这三个阶段的具体情况如下。

①竞技化

20 世纪 80 年代以后，竞技排球逐步走向成熟，赛场上的竞争更加激烈，排球运动的技战术观念不断革新，只要在技战术的某一环节能够超群的队就有可能问鼎的时代一去不复返，排球运动进入全攻全守的新时期。各排球运动强国水平相当，又各有特长，世界排坛呈现中国、俄罗斯、意大利、巴西、美国女排多强林立的局面。

西欧男排在职业联赛的交流中进一步发展了美国男排的攻防体系，使跳发球和纵深立体进攻战术更加灵活自如，失误很少，且拦网的成功率很高，排球进攻已不再是第三次击球的专利。美国男排创造性地发明了摆动进攻战术，并在排球比赛中大胆运用跳发球和后排进攻技术，使前排的快变战术与后排的强攻有机地结合，形成纵深立体进攻战术。美国男排队员不仅文化素养高，而且善于改革创新，防守积极，作风顽强。

中国女排是一支既有高度又有灵活性，既能攻又能防，既能快又能高的全面型球队，具有攻防全面、战术多变、以高制矮、以快制高的技战术特点。中国女排从 1981 至 1986 年连续 5 次夺冠，在世界排球运动发展史中写下了辉煌的篇章，随后又在 2003 年、2004 年连续两次获得奥运会冠军。2013 年第 17 届亚洲女排锦标赛中，中国队首次无缘锦标赛决赛。2015 年 9 月 6 日的世界杯中，中国女排第 4 次获得冠军，同时在 2016 年里约奥运会中获得冠军。除此之外，男排方面，意大利、塞尔维亚和黑山、阿根廷、俄罗斯、南斯拉夫男排占据着世界前 3 名的位置，美国、法国、荷兰、古巴、希腊、西班牙排位世界前 6。

②职业化

竞技排球职业化产生于 20 世纪 90 年代，这个时期意大利和荷兰男排职业化率先开始并成功占据了国际领先地位。以意大利排球的职业化发展为例，为适应本国排球发展需要，排球职业俱乐部应运而生，职业俱乐部的实施使意大利的排球水平突飞猛进，特别是意大利男排。意大利男排先后获得 2 次奥运会亚军、3 次世界锦标赛冠军以及 6 次欧洲锦标赛冠军。

2002 年意大利女排获得世界锦标赛冠军，2007 年意大利女排先是夺得了欧锦赛冠军，随后又历史性地夺得了 2007 年世界杯冠军。不难看出，排球运动的职业化发展使得排球运动水平获得了大幅度提高。

③社会化

排球运动的广泛发展使其具有了庞大的人群基础，作为世界三大球类运动之一，排球运动广受关注。同时，鉴于排球运动具有良好的健身价值、健心价值和社会价值，排球运动成为社会体育的重要组成部分，是全民健身的重要内容。此外，由排球运动衍生的各种运动，如气排球、沙滩排球、软式排球、妈妈排球等，受到了越来越多人的喜爱。由此可知，排球运动的社会化程度越来越高。

（2）娱乐排球的再兴起

排球运动最开始是以游戏的身份面世的，而在这项游戏持续发展的过程中，人们逐步将很多竞技因素渗透其中，从而使其成为深受世人关注的运动项目。不过，人们对于排球运动的关注点并没有一直保持在它的竞技领域。

20 世纪 80 年代以后，随着现代化社会的不断发展，社会生产力的提升，使得人们拥有了更多的休闲时间，人们渴望通过娱乐性的运动方式获得身体与心理的双重放松，由此人们再一次"想"起了排球运动，并渴望亲身体验排球运动的乐趣，参与到排球运动中去。至此，排球运动的娱乐特点被再次得到重视，并在原有的基础上获得了新的发展。

从某种角度来分析，国际排联针对竞技排球实施的一系列改革，带动越来越多的人观看排球比赛，当人们逐渐把注意力转向便于大众开展的排球运动，则必然会对排球运动在大众心中喜爱程度的增加产生积极作用。从另一个角度来分析，对排球运动的关注使得越来越多的人开始尝试参与到排球运动中去，但竞技排球技巧性强，不仅需要过硬的个人技术，还需要水平相当的队友配合，这点在正常生活中是非常难以实现的。因此，人们急需一种适合普通大众参与的排球运动。现阶段，为了达成这一目的，主要从改变规则或降低球速两方面入手。通过长期的探寻和摸索，逐渐产生了沙滩排球、软式排球、气排球、迷你排球、妈妈排球等娱乐元素突出的排球运动。一时间，排球运动又回归到了它的游戏本质，而娱乐排球的再兴起标志着现代排球运动进入了竞技排球与娱乐排球共存的新时代。

（二）我国排球运动的发展历程

1. 项目名称的发展历程

20 世纪初，排球运动伴随着西方文化传入我国。1905 年，排球活动最初是在广州南武中学和香港皇仁书院流行，后通过基督教的各种活动以教学、游戏、表演的方式进行传播，当时的人们称排球运动为"华利波"。

1913 年，我国参加了第一次正式的排球国际比赛——在菲律宾举行的第 1 届远东运动会排球赛，赛后，参与本次比赛的队员将正式的排球运动带到我国。1924 年，"华利波"改称"队球"，取"成队比赛"之意。1930 年，中华全国体育协进会将"队球"改称"排球"，此后"排球"这一名称被确定下来，并且一直沿用到现在。

2. 项目形式的发展历程

排球运动传入我国后，在中华人民共和国成立之前经历了 16 人制、12 人制、9 人制的演变过程。中华人民共和国成立以后，我国正式采用 6 人制排球。排球运动很快被作为重点体育项目在全国推广开来。1951 年 5 月在北京举行的第 1 届全国篮、排球比赛大会上正式采用 6 人制排球比赛，并正式组建了国家男、女排球队。1954 年，我国加入国际排球联合会，成为国际排联的正式会员国。

中华人民共和国成立初期，我国采用了"走出去"和"请进来"的战略，极大地推动了我国排球运动的发展。一方面，我国积极参与各种排球比赛、训练和交流活动，系统地学习了东欧各国排球队先进的技战术打法及训练方法。另一方面，我国先后邀请国外优秀排球队（如捷克斯洛伐克军队男排和保加利亚男、女排球队）访华；并邀请知名排球教练来华任教，对我国排球运动的发展起到了重要的促进作用。

20 世纪 50 年代以后，我国的排球运动一手抓普及、一手抓提高，排球运动水平提高很快。

1972 年，明确了今后排球运动的发展方向，建立了排球训练基地，开始有计划地组织每年各省、市队的集中训练。通过定期的培训，我国排球运动再次焕发生机并取得了较快的发展，1979 年，我国男女排在亚洲锦标赛中双双获得冠军，并取得参加奥运会的资格，从此中国排球开始冲出亚洲，走向世界。在 1981 年至 1986 年，我国女排创造了世界女排大赛中"五连冠"的纪录。

20 世纪 70 年代末到 80 年代初，我国的排球运动以"全攻全守、能高能快"的战术特点，带领了世界排坛的新潮流。

2003 年，中国女排在世界杯女排比赛上夺取了 17 年来的第一个世界大赛的冠军。2004 年的雅典奥运会上，中国女排力克各路劲旅，勇夺阔别 20 年的奥运冠军。2008 年的北京奥运会上，中国女排虽负于由郎平执教的美国队，但是，中国女排重夺世界冠军的实力有了显著的提高。我国男排在 2008 年北京奥运会上获得奥运史上中国男排的最佳成绩，名列第 5。中国女排还分别获得 2010 年亚洲运动会和亚洲杯冠军及 2011 年的亚洲锦标赛冠军。2015 年女排世界杯，中国女排夺得冠军，并在 2016 年里约奥运会中成功夺得冠军。

3. 其他形式的排球运动的发展

（1）软式排球

20 世纪 90 年代，软式排球传入我国，这项运动是全民健身的一条有效途径，不仅拥有相对稳固的群众基础，也是我国学校体育教学大纲的一项关键内容。

（2）气排球

气排球是 20 世纪 80 年代传入我国的，最开始的参与者为我国部分地区的中老年人。因为这项运动不仅对中老年人维持与提高身体素质和心理素质有积极作用，还能加快全民健身计划的实施速度。

（3）沙滩排球

沙滩排球在我国的起步时间较晚。1994 年首届全国沙滩排球比赛举办，此后每年举办一次沙滩排球巡回赛。从第 8 届全运会开始，沙滩排球被列为正式比赛项目，且纳入排球运动发展规划。2003 年，我国沙滩排球获得独立编制，为沙滩排球的进一步发展创造了条件。2008 年的北京奥运会上，我国运动者田佳/王洁获得银牌。2012 年伦敦奥运会中国男排无缘运动会，女排获得第 5 名的成绩。2015 年世界杯的最后一轮比赛中，我国女排以 3：1 的成绩力克东道主日本，时隔 12 年获得了自己的第 4 个世界杯冠军，这是中国女排的第 8 个世界冠军（包括奥运会），也是自 2004 年雅典奥运会之后获得的第一个世界冠军，同时，她们还拿到了 2016 年里约奥运会的参赛资格。

三、排球运动的特点

（一）排球运动的击球特点

1. 根据排球竞赛规则，运动者可以使用全身的任何部位触球。排球运动可以使参加该项运动的人，在击球过程中充分体现自我才能，并展现各种高超的击球技巧。

2. 根据排球竞赛规则，在整个过程中是不允许持球的，也就是说，不允许在击球部位停留过长时间，这是除了借助工具击球的乒乓球、网球等项目外，与其他球类运动相区别的一大特点。这一特点既可以促进运动者提高对来球准确地击向预定目标的控制能力，又能提高运动者在短时间内对来球的力量、速度、角度等因素的准确判断能力。

3. 无论是排球比赛还是排球游戏，都必须在空中击球，接本方同伴的球是如此，在接对方的过网球时更是如此，就连自己将球击过网的发球技术，也是将球先抛在空中后才能击球。因此，参加排球运动的人在时间和空间感觉上得到的锻炼和提高是其他球类项目不可比拟的。

（二）技术的全面性和技巧性

在排球比赛中，任何位置的队员都要参与防守和进攻；而且在大多数形式的比赛中，规则还要求队员轮转位置。因此，每个队员都必须全面地掌握攻、防技术。由于排球比赛具有球不能落地、必须击球不能持住、同一名队员不得连续击球两次、每队击球次数又有规定等特点，决定了排球技术的高度技巧性。

（三）形式的多样性和广泛的群众性

由于排球运动对场地、设备的要求比较简单，室内或室外均可，如地板、沙地、草地、雪地，甚至在水中都可以进行排球运动。目前有室内 6 人排球、沙滩排球、软式排球、气排球、墙排球、小排球、妈妈排球、公园排球、草地排球，以及专门为残疾人设计的盲人排球和坐式排球等形式。排球规则容易掌握，人数不受限制，运动量可大可小，适合于不同年龄、不同性别、不同体质、不同训练程度的人。排球是一项全面健身的运动项目，高校学生学习掌握排球运动技术有利于养成终身体育的习惯。

（四）激烈的对抗性和严密的集体性

排球比赛中，双方的攻防转换始终在激烈的对抗中进行。高水平比赛中，对抗的焦点在网上扣球上。在一场比赛中，夺取 1 分往往需要经过多个回合的交锋。水平越高的比赛，对抗争夺也越激烈。排球比赛是集体比赛项目，除发球外，都是在集体配合中进行的。没有严密的集体配合，再好的个人技术也难以发挥，更无法发挥战术的作用。比赛中双方充分利用规则中允许的 3 次击球机会，通过精心设计和巧妙配合，在瞬息间完成攻防转换和完美的战术组合。水平越高的队伍，彼此间的配合就越严密。

在运动中，每一方都在自己的场区内通过个人技术的配合以及团结奋战的斗志去争取胜利。项目的特点使长期参加排球活动者形成了良好的品格：勇敢而不鲁莽，冷静而不犹豫，灵活而不失章法，团结而不失个人风格。这种良好的品格和精神将优化参与者的文化个性，影响参与者的体育行为，甚至使他们在一生的工作和生活中都受益。排球的精神文化不仅体现在参与者的身上，也深入观赏者的心中。20 世纪 80 年代，中国女排队员不怕困难、忘我训练的优良作风和不畏强手、勇敢顽强的拼搏精神，给中国人民以力量、干劲和斗志，激励着人们在社会主义建设中团结奋进、努力向上。

（五）排球运动具有大众文化倾向

排球运动因其具有运动量适中的特点，适合普通人群，因此有着良好的大众化发展基础。同时，随着排球运动的职业化、商业化、社会化，排球不仅是排球运动者表演的一项体育运动，也是市场中一种成熟的文化产品。这种产品源于丰富的大众文化土壤。随着排球运动的改革，竞技排球已经演绎成了大众排球，特别是软式排球、沙滩排球的兴起，使排球家族越来越大。软式排球让小学生和中老年人在运动中理解了生命在于运动的真谛。沙滩排球让人们找到了回归大自然的感觉。排球的大众消费使排球从竞技单一化向竞技与娱乐的双元化方向发展，排球大众文化的兴起是一种必然的趋势。

（六）排球运动具有特殊的运动魅力

在观赏排球比赛时，人们都可以从刁钻的发球、敏捷的防守、巧妙的二传、凶狠的扣杀和坚如磐石的拦网等中体会到排球带来的美好感觉，每一项技术所蕴含的高度技巧都体现出运动者的动作美。排球场上队员相互鼓励、团结和谐的作风和胜不骄败不馁的精神，让人为之赞叹、为之喝彩。严密娴熟的配合、快速多变的立体进攻，又会让人们为运动者巧妙灵活的战术拍案叫绝。排球运动中各项击球动作的短暂性和空间多变的新鲜感，体现出运动技术的灵活性和技巧性，吸引了众多体育爱好者的参与，并通过亲自体会每一个细小的动作、每一次严密的配合所带来的运动快乐感和成就感。特别是在沙滩排球和软式排球比赛中，蔚蓝的天空、松弛的沙地和柔软的球体，使人更接近大自然、更容易获得运动乐趣。

第二节　排球运动的技术培养

一、排球运动无球技术教学指导

准备姿势与移动是排球基本技术之一，属于无球技术，是完成发球、垫球、传球、扣球和拦网等各项有球技术的前提和基础，并对各项有球技术的运用起串联和纽带作用。在准备姿势与移动中需要先做好准备姿势。

（一）准备姿势

运动员在起动、移动和击球前采用的合理的身体姿势，称为准备姿势。合理的准备姿势是指既要使身体重心处于相对稳定的状态，又要便于移动和完成多项击球动作，为迅速起动、快速移动和击球创造最好的条件。可以说，准备姿势是最基础的基本技术，同时它的好坏也是能否准确完成技术动作的关键。

因此，准备姿势是排球技术教学训练的入门启蒙，也是排球训练和比赛从始至终须臾不可离的一项重要的基本技术。对排球运动员来说，首先应该掌握的是"准备姿势"和从静止到移动、从移动到静止的基本技术。然而，正是因为准备姿势是一项最基础的基本技术动作，又属于触球前的"无球"动作，往往被许多教练员和运动员忽略。例如，许多运动员无论是自身的身体条件还是各项基本技术的掌握都不错，但是准备姿势不正确，或者说根本没有准备姿势，因此他们在比赛中经常出现木讷、发呆、反应迟钝的现象，发挥不出自己应有的技术水平，归根结底是缺乏动作间的衔接技术——准备姿势。具体而言，准备姿势的重要性主要表现在以下两个方面。

第一，排球理论是学习排球准备姿势的基本条件。排球运动是一项技术性很强的运动项目。排球运动要求学生在运用技术动作时，应根据临场不同情况，做到在技术动作的幅度、速率、节奏、方向、路线和真假性上有所变化，这样准备姿势也要随之改变。

第二，正确的准备姿势是掌握技术动作的重要环节。排球基本技术中的每个动作都有一定的规格标准和应用范围，在比赛中具有相对的战术价值，其中准备姿势是最基本的，是形成各个技术动作运用的基础，又是取得良好技术效果的保证。

总之，准备姿势是排球运动中的一项基本技术，是各项基本技术动作间的串联和衔接部分，准备姿势直接影响着技术动作的完成情况，必须引起重视。正确准备姿势的培养，不是一朝一夕就能够完成的，必须在长期的、有计划的科学实践训练过程中逐步形成、逐步实现。

通常，依据比赛中（或练习中）完成各项技术动作的需要，按照身体重心的高低，准备姿势可分为一般准备姿势、后排防守准备姿势和前排保护准备姿势三种。

1. 一般准备姿势

技术要点：两脚左右开立与肩同宽，一脚在前，两膝微屈，身体重心位于两脚之间，并稍靠近前脚，后脚跟稍提起，上体稍前倾，两臂放松，自然弯曲置于腹前；两眼注视球并兼顾场上各种情况，两脚保持微动状态（如图8-1）。

图 8-1

技术运用：当对方正在组织进攻，或球虽在本方但离自己较远不需要及时移动击球时，以及在进行二传、扣球和接速度较慢、弧度较高的发球处理球时，可运用一般准备姿势。

2. 后排防守准备姿势

技术要点：两脚开立略比肩宽，两膝弯曲，脚跟自然提起，上体前倾，重心靠前，膝部的垂直线应在脚尖前面，两臂放松，自然弯曲置于腹前，两眼平视，注意来球，两脚始终保持微动（如图8-2）。

图 8-2

技术运用：后排防守准备姿势是排球比赛中最基本的准备姿势，在接发球时运用最多，在传球、拦网时也常运用，同时为短距离移动和防较低的来球时做准备。

3. 前排保护准备姿势

技术要点：身体重心比后排防守准备姿势的更低更靠前，两脚左右、前后的距离更宽一些，膝部弯曲的程度大于后排防守准备姿势，身体重心要更靠前，肩部垂直线过膝，膝部垂直线越过脚尖，两手臂置于胸腹之间（如图8-3）。

图 8-3

技术运用：前排保护准备姿势主要运用于后排防守（接扣球）、前场保护（接拦回球）、接低远的球和衔接各种倒地动作的接球，以扩大防守范围。

（二）移动

运动员从起动到制动之间的位移和动作称为移动。移动的完整过程包括起动、移动、制动三个环节。起动是移动的开始，它是在准备姿势基础上交换身体重心的位置，破坏准备姿势重心的稳定，使身体便于向某一方向移动。移动则是在起动的基础上，利用脚步动作来改变运动员在场上的位置，完成技术动作和战术配合的行动。制动是移动的结束，要及时克服身体的惯性冲力，保持好击球前的身体姿势。

可以说，排球的各项基本技术中，脚步移动技术是最基础也是运用最为广泛的技术，发球、传球、扣球、垫球、拦网等技术都必须依靠脚步移动来完成。在排球比赛中，因为攻防转换的速度非常快，所以就要合理地应用各种移动步法迅速地移动到合理的位置进行有效击球。如果没有熟练地掌握脚步移动技术则会出现无效移动、击球效率低的问题，从而限制了学生对排球各项技术的综合运用，容易引起受伤，影响到学生的学习热情。

1. 起动

起动是指从静止到移动发力动作的过程。它是移动的开始，是在准备姿势基础上变换身体重心的位置，破坏准备姿势的平衡，使身体向目标方向移动。

技术要点（以向前起动为例）：在正确准备姿势的基础上，迅速抬起前腿，收腹使上体向前探出，同时，后腿迅速用力蹬地，使整个身体急速向前起动。起动的快慢是移动的关键，起动的速度取决于反应能力和腰腿部的速度力量。

2. 移动步法

起动后，应根据临场技术战术的需要，灵活地采用多种移动步法进行移动。移动的主要步法和动作方法如下。

（1）并步

技术要点：两脚前后站立与肩同宽，两膝微屈，上体稍前倾，两手自然放松置于腰腹；并步时，前脚向来球方向跨出一步，后脚迅速蹬地跟上，并做好击球前的姿势。并步的特点是容易保持身体平衡，便于做击球动作。并步可向前、后、左、在各个方向移动。

技术运用：并步主要用于近距离的移动，如传球、垫球、拦网等技术；同时，经常与跨步或其他倒地击球技术结合使用。

（2）滑步

技术要点：连续并步就是滑步。

技术运用：滑步主要用于短距离移动中，即来球距体侧稍远，并步不能接近球时运用滑步移动接球。

（3）交叉步

技术要点：两脚左右开立，向右侧交叉步移动时上体稍向右转，左脚从右脚前向右交叉迈出一步，然后右脚再向右侧方向跨出一大步。同时重心移动至右脚，身体转向来球方向，保持击球前的姿势（如图8-4）。交叉步的特点：步子大，动作快，便于制动。

图 8-4

技术运用：交叉步主要用于体侧2～3米的来球，或二传手和拦网者在网前移动及防守两侧来球时运用。

（4）跨步

技术要点：跨步前膝部弯曲，上体前倾，身体重心移至跨出脚上。跨步时，一腿用力蹬地，另一腿向来球方向跨出一大步，后腿随重心前移自然跟上，两臂做好迎球动作（如图8-5）。跨步的特点：跨距大，便于向前、斜前方降低重心进行低点击球。

图 8-5

技术运用：跨步移动可以单独使用，也可与滑步、交叉步、跑步的最后一步结合使用，目前，当来球低、速度快、距离身体1米左右时运用较多。

（5）跑步

技术要点：跑步时脚蹬地起动，另一脚迅速向前迈出，两脚交替进行，两臂配合摆动，不要过早做击球动作的准备，以免影响跑步速度，球在侧方或后方时，应边转身观察球边跑。跑步的特点：移动速度快，便于随时改变方向。

技术运用：跑步移动经常与交叉步、跨步等结合起来运用；如向侧跑步时，常采用交叉步转身的方法来起动，在接近球时，又常用跨步、倒地和各种跳跃动作来制动使之完成击球动作。

3. 制动

由快速移动转为突停状态的过程称为制动。制动既是移动的结束，也是击球动作的开始。制动的方法有一步制动法和两步制动法。

（1）一步制动法

技术要点：一步制动时，在移动的最后跨出一大步，降低身体重心，膝部和脚尖适当内转，全脚掌横向蹬地，以抵住身体重心继续的惯性力；同时以腰腹力量控制上体，使身体重心的垂直线停落在脚的支撑面以内。

技术运用：一步制动法多在短距离移动之后，前冲力不大时采用。

（2）两步制动法

技术要点：两步制动时，以倒数第二步开始做第一次制动，紧接着跨出最后一步做第二次制动，同时身体后倾，回膝弯曲，重心下降，双脚用力蹬地，使身体处于有利于做下一个动作的状态。

技术运用：两步制动法多在快速移动之后，前冲力较大的时候使用。

二、排球运动发球技术教学指导

（一）正面上手发球（以下均以右手击球为例）

正面上手发球是指发球队员面对球网站立，利用收腹转体动作带动手臂加速挥动，在头的右前上方用全手掌击球过网的发球方法。这种发球击球点高，可以充分利用胸腹和上肢的爆发力，加之运用手掌的推压动作使球呈上旋飞行，不易出界。因此，它具有较大的攻击性和准确性（如图8-6）。

图 8-6

为了加强发球力量，可采用一步、两步或多步的助跑发球方法（如图8-7）。

图 8-7

1. 准备姿势：面对球网，两脚自然开立，左脚在前，左手托球于体前。

2. 抛球与引臂：左手将球平稳地抛于右肩的前上方，高度适中，同时右臂抬起，屈肘后引，肘与肩平，上体稍向右侧转动，抬头、挺胸、展腹，手掌自然张开。

3. 挥臂击球：利用蹬地，使上体向左转动，同时收腹，带动手臂向前上方快速挥动；在右肩前上方伸直手臂的最高点处，用全掌击球的后中下部；击球时，手指和手掌要张开与球吻合，手腕要迅速做推压动作（如图 8-8），使击出球的飞行状态呈上旋飞行；击球后，随着重心前移，迅速入场。

图 8-8

（二）正面下手发球

正面下手发球是指发球队员面对球网，手臂由后下方向前摆动，在体前腹部高度击球过网的一种发球方法。其特点是动作简单，容易掌握，准确性大。但由于击球点低，球速慢，攻击性不强。这种发球方法，在比赛中已很少使用，适合初学者，初学者学习这种技术后，有利于进行接发球练习和教学比赛时使用（如图 8-9）。

图 8-9

1. 准备姿势：面对球网，两脚前后开立，左脚在前，两膝弯曲，上体前倾，左手持球置于腹前。

2. 抛球：左手将球轻轻抛起在体前右侧，球离手约一球高度。同时，右臂伸直，以肩为轴向后摆。

3. 击球：右脚蹬地，身体重心随着右臂由后向前摆动而前移，在腹前以全手掌击球后下部；击球后，随击球动作重心前移，迅速进场比赛。

（三）侧面下手发球

如图 8-10 所示，这种发球动作较简单，容易掌握，可借助转体力量来击球，便于用力，适合初学者。发球失误少，但攻击性不强。

1. 准备姿势：左肩对网，两脚左右开立，约与肩同宽，两膝微屈，上体稍前倾，重心落在两脚之间，左手持球置于腹前。

2. 发飘球的用力，不要像大力发球那样全身用力，主要靠挥臂动作。动作幅度可小一些，但发力要突然、快速、短促。如果发远距离飘球，动作幅度可相应加大，以获得较大的初速度。击球时，触及面积宜小，力量要集中、短促，手腕不能前屈或左右晃动。

图 8-10

3. 为了升高击球点，提高攻击性，可以用跳起发飘球。这种发球不需要全力起跳，当球抛至最高点时，队员也应及时跳至最高点击球。击球时，挥臂动作小而快速，使作用力通过球体重心，使球不旋转地向前飞行。

（四）勾手发飘球

勾手发飘球是指发球队员侧对球网站立，利用转体动作带动手臂挥摆，使发出的球不旋转而飘晃不定地向前飞行的一种发球方法。如图 8-11 所示，这种发球，由于发球队员采用侧面站立，可充分利用腰部扭转带动手臂加速挥摆，便于发力，对肩关节负担较小，具有较强的攻击性，适合于各种距离的发球。

图 8-11

1. 准备姿势：侧对网站立，两脚自然开立，左手持球于胸前。

2. 抛球与摆臂：左手采用托送动作，将球平稳地抛至左肩前上方，略高于击球高度；在抛球的同时，右臂放松向体侧后下方摆动，身体重心稍向右移动。

3. 挥臂击球：击球时，右脚蹬地，上体向左转动发力，带动手臂挥动；挥动时，手臂要伸直，在左肩的前上方，用掌根、半握拳或拇指根部等部位击球的后中下部，并使身体重心移至左脚；在击球前，手臂挥动的轨迹，应有一段直线运动；手触球瞬间，五指并拢，手腕后仰，并保持紧张；击球后，手臂挥动有突停动作，使球与手很快分离。

（五）跳发球

跳发球是指发球队员在端线后，利用助跑跳起在空中，像扣球似的将球击入对方场区的一种发球方法。跳发球是近些年来世界排球劲旅越来越普遍采用的一种攻击性很强的发球技术。

由于队员跳起在空中，身体能充分展开并向前游动，不仅可以升高球点，而且缩短了击球点与球间的距离，从而增强发球的力量和攻击性。但与其他发球技术相比，跳发球的技术难度和体力消耗较大。

如图 8-12 所示，跳发球的动作同远网扣球相似，它可运用一步、两步或多步助跑起跳的方法，可正对网助跑或斜对网助跑。现将正面助跑跳发大力球技术方法介绍如下。

图 8-12

1. 准备姿势：队员面对球网，站在离端线 3～4 米处，以右手或双手持球于体侧或腹前。

2. 抛球：用右手或双手将球抛至右肩前上方，抛球高度一般为肩上方 2 米左右，落点在端线附近。

3. 助跑起跳：随着抛球动作，队员迅即向前做 2～3 步助跑起跳；起跳时，两臂要协调而积极地摆动，摆幅要大。

4. 挥臂击球：挥臂击球动作似正面扣球的。

5. 落地：击球后，尽量使双脚同时落地，两膝顺势弯曲缓冲，迅速入场。

（六）正面上手发飘球

正面上手发飘球是采用正面上手的形式，发出球不旋转、不规则地飘晃飞行的一种发球方法。由于面对球网，可以更清楚地观察对方的接发球情况。

准备姿势与正面上手发球的相同，但是抛球比正面上手发球稍低稍靠前。击球前，臂自后向前做直线挥动。击球时，五指并拢，手腕稍微向后仰，用掌根平面击球的中下部，作用力通过球体重心。击球瞬间手指、手腕紧张，手型固定，不加推压动作，手臂有突停动作（如图8-13）。

图 8-13

（七）勾手大力发球

勾手大力发球是指采用勾手发球的形式，充分运用全身的爆发力，发出力量大、速度快、弧度低、旋转强的球。

动作方法：身体侧面对网，两脚自然开立，左手持球于胸前；左手将球抛在左肩前上方约一臂高度；抛球的同时，两腿弯曲，上体顺势向右倾斜，并稍向右转，右臂随着向右侧后方摆动，身体重心移向击球臂同侧的支撑脚上；击球时，利用右脚蹬地、转体动作发力，带动右臂做直臂弧形挥动，同时身体重心由右脚移至左脚；手臂在伸直的最高点，在右肩的前上方以全手掌击球的中下部；击球时手指自然张开，手指手腕主动做推压动作使球产生强烈上旋（如图8-14、8-15）。

图 8-14

图 8-15

为了加强勾手大力发球的攻击性，还可采用助跑勾手大力发球（如图8-16）。

图 8-16

（八）发侧旋球

侧旋球按照球在飞行时侧旋的方向可分为左侧旋球和右侧旋球。

动作方法：准备姿势、抛球和手臂的挥动动作与正面上手发球的相同，击球时，以全手掌击球的右（左）部，从右（左）向左（右）带腕，做旋内（外）的动作，使球向左（右）侧旋飞行。

（九）高吊球

高吊球发球高度高，且旋转，可利用球体下落的速度和弧线造成接发球困难。高吊球高度高，易受光线和风力的影响，故适合在室外运用。

动作方法：右肩对网站立，两脚自然开立，右脚在前，身体重心在右脚上；两膝稍屈，上体微前倾；左手将球抛在脸前，使球在身前一臂之远的地方下落；在抛球的同时，右臂向后摆动，然后借助蹬地展腹以右臂猛烈向上挥动；击球前屈肘以加大前臂挥动速度，在腹前以虎口击球的下部偏左处，使球在旋转中高高上升（如图 8-17）。

图 8-17

三、排球运动垫球技术教学指导

（一）正面双手垫球

正面双手垫球是指运动员用双手在腹前将球垫起的动作方法。它是最基本的垫球方法，是各项垫球技术的基础，适合于接各种发球、扣球和拦回球，有时也用于垫二传。正面双手垫球在垫轻球、垫中等力量球和垫重球时，其动作方法是有区别的。

1. 垫轻球技术环节（如图 8-18）

图 8-18

（1）准备姿势。面对来球，呈半蹲或稍蹲姿势站立。

（2）垫球手形。两手掌根相靠，两手手指重叠，手掌互握，两拇指平行向前，手腕下压，两前臂外翻呈一个平面。

（3）垫球动作。当球飞到腹前约一臂距离时，两臂夹紧前伸，插入球下方，同时配合蹬地、跟腰、提肩、顶肘、压腕、抬臂等全身协调动作迎向来球，身体重心随着击球动作向前上方移动。

（4）击球点。保持在腹前高度。

（5）球触手臂部位和击球部位。用前臂的手腕关节以上 10 厘米左右的两小臂桡骨内侧构成的平面击球的后下部（如图 8-19）。

图 8-19

（6）击球后动作。在击球瞬间，两臂要保持稳定，身体重心继续协调地向抬臂方向伴送球。垫击动作结束后，立即松开双臂做好下一动作的准备。

2. 垫中等力量球技术环节

准备姿势、击球点和手形与垫轻球相同。由于来球有一定力量，手臂击球动作的速度要慢，手臂要适当放松，主要靠来球本身的反弹力将球垫起。击球时，要运用蹬地、跟腰、提肩、压腕、向前抬臂的动作击球的后下部。

3. 垫重球技术环节

采用半蹲或低蹲的准备姿势，两臂放松置于腹前。击球用力时，由于球速快，力量大，触球后球体自身的反弹力也大，因此，不但不能主动用力击来球，还应采用含胸收腹的动作，帮助手臂随球后撤并适当放松肌肉，以缓冲来球力量。同时，用手臂和手腕动作来控制垫球的方向和角度。击球的手形和部位，应根据来球的情况而做变动。当击球点稍高并靠近身体时，仍可用前臂垫球；当击球点低而距身体较远时，就要用屈肘翘腕的动作把球垫在手腕部位的虎口处。

（二）体侧双手垫球

在身体侧面用双手垫球称体侧双手垫球。当来球飞向体侧，队员来不及移动对正来球时，可采用体侧双手垫球。其特点是伸臂动作快，控制范围大，但不容易控制垫球方向，准确性不及正面垫球的。

左侧垫球时，先以右脚前脚掌内侧蹬地，左脚向左跨出一步，重心移至左脚，保持两膝弯曲，同时，两臂向左侧伸出，左臂高于右臂，右肩微向下倾斜。击球时，用右转体和收腹的动作，配合提肩抬臂在身体左侧稍前的位置截住来球，用前臂垫击球的后下部。来球在右侧时，以相反方向的动作击球（如图 8-20）。

图 8-20

（三）背向双手垫球

背对垫球目标，从身前向背后双手垫球称为背向双手垫球。在同伴击起球后球飞得较远而又无法进行正面垫球时，以及必须将球处理过网时运用较多。其特点是垫击点较高，准确性稍差。

背垫球时，要判断好来球的方向，快速移动到球的落点处，背对垫出球的方向，两臂夹紧伸直。击球时，用蹬地、抬头挺胸、展腹和上体后仰的动作带动两臂向后上方摆动抬送，以前臂触球的前下方，将球向后上方击出。背向垫球的击球点一般应在肩前上方（如图 8-21）。

图 8-21

四、排球运动传球技术教学指导

（一）正面传球

如图 8-22 所示，面对目标的传球称正面传球。它是传球中最基本的方法，是掌握和运用其他各种传球技术的基础。

图 8-22

1. 准备姿势：采用稍蹲姿势，上体稍挺起，仰头看球，两手自然抬起，屈肘，放松置于额前。

2. 迎球动作：当来球接近额前时，开始蹬地、伸膝、伸臂，手指微张从脸前向前上方迎出。全身各个部位动作应协调一致。

3. 击球点：在脸额前上约一球距离处。

4. 手形：手触球时，十指应自然张开使两手呈半球状，手腕稍后仰，以拇指内侧，食指全部，中指的二、三指节触球的后下部，无名指和小指在球两侧辅助控制球的方向。两大拇指相对呈"一"字形（如图 8-23）。

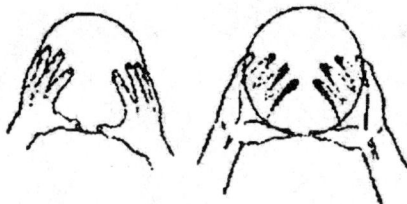

图 8-23

5. 用力方法：在迎球动作的基础上，当手和球即将接触前，手腕和手指要有前屈迎球的动作，当手和球接触时，各大关节继续伸展，最后用手指手腕的弹力将球击出。

（二）背向传球

如图 8-24 所示，背对传球目标的传球称背向传球。背向传球是传球技术中的一种基本方法，在比赛中运用较多。

图 8-24

1. 准备姿势：上体比正面传球时稍后仰，双手自然抬起置于脸前。

2. 迎球动作：抬上臂、挺胸、上体后屈。

3. 击球点：击球时在头上方，比正面传球的略偏后。

4. 手形：手形与正面传球相同，但触球时手腕稍后仰，掌心向上，拇指托在球下，击球下部。

5. 用力方法：利用蹬腿、展体、抬臂、伸肘和手指手腕的弹力，把球向后方传出。

（三）侧向传球

身体侧对传球目标，在不转动身体的情况下，靠双臂向侧方传球的动作称为侧向传球。

侧向传球的准备姿势、手形及迎球动作同正面传球的，但击球点应偏向传出方向一侧。迎球时，通过下肢蹬地使身体重心向上伸展，上体和双臂向传球方向一侧伸展。异侧手臂动作的幅度要大些，伸展的速度也应快些，以双臂和上体侧屈的协调动作将球传出。

（四）跳传

跳起在空中进行单、双手传球叫跳传。

跳传的起跳动作，无论是原地起跳，还是助跑起跳，最好向上垂直起跳，保持好身体的平衡，当身体上升到最高点时，靠迅速伸臂以及加大指腕弹力将球传出（如图 8-25）。跳传可以正传、背传和侧传，其传球手型、击球点分别与正传、背传、侧传的手型和击球点基本相同。

图 8-25

五、排球运动扣球技术教学指导

（一）正面扣球

正面扣球是扣球技术中最基本的一种方法。由于面对球网，便于观察，准确性较高。加之正面扣球挥臂动作灵活，能根据对方防守情况，随时改变扣球的路线和力量，控制落点，因此进攻效果较好。初学者必须在掌握好正面扣球后，再学习其他扣球技术。现以两步助跑、右手扣球为例来分析其动作方法和技术要领，如图 8-26 所示。

图 8-26

1. 准备姿势：扣球助跑前采用稍蹲姿势，两臂自然下垂，站在离网 3 米左右处，身体转向来球方向，观察来球，做好向各个方向助跑起跳的准备。

2. 助跑：助跑开始时，左脚先向前迈出一步，紧接着右脚再快速跨出一大步，左脚同时并上，踏在右脚之前，两脚尖稍向右转，两臂绕体侧向上引摆。

3. 起跳：在助跑跨出最后一步（第二步），左脚并上踏地制动的同时，两臂自后积极向前摆动，随着双脚蹬地向上起跳，两臂配合起跳有力地向上摆动。

4. 空中击球：起跳后，挺胸、展腹，上体稍向右转，右臂由后上方抬起，身体呈反弓形；挥臂时，以迅速转体、收腹动作发力，依次带动肩、肘、腕各个部位关节向前上方呈鞭甩动作挥动（如图 8-27）。击球时，五指微张，以掌心为主，全掌包满球，在手臂伸直的最高点的前上方击球的后中部，同时主动用力屈腕屈指向前推压，使扣出的球呈上旋（如图 8-28）。

图 8-27

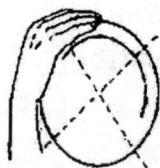

图 8-28

5. 落地：落地时，以两脚前脚掌先着地再迅速过渡到全脚掌落地，同时顺势屈膝、收腹，以缓冲下落的力量，立即作好下一个动作的准备。

（二）单脚起跳扣球

单脚起跳扣球是指助跑的最后一步以单脚踏地，另一只脚直接向前上方摆动帮助起跳的一种扣球方法。这种扣球在现代排球中被各种冲跳扣球大量采用，有了新的发展前景。单脚起跳后第二只脚不再落地而直接上摆，且起跳腿下蹲较浅，因而它比双脚起跳动作快 0.2 秒左右。还由于它能充分利用助跑速度，加上右腿积极上摆的协调动作，比双脚起跳冲得更远，跳得更高。所以它既能高跳扣定点高球，又能追球起跳扣低弧度球，有利于控制时间和空间，兼有空间差和位置差的特点，这对突破和避开拦网有较大作用。单脚起跳扣球，可采用一步、二步或多步助跑。助跑的路线与球网的夹角宜小，以免造成前冲力过大而碰网或过中线犯规。助跑到最后，以左脚向扣球点位置跨出一大步，身体重心稍后倾，在右脚向上摆动时，左脚用力蹬地起跳，两臂积极配合上摆，起跳后的扣球动作与正面扣球动作基本相似（如图 8-29）。

图 8-29

（三）双脚冲跳扣球

双脚冲跳扣球是指队员助跑后，向前上方起跳，而且在空中有一段位移，击球动作在空中移动过程中完成，在后攻和空间差中运用较多。

采用两步助跑的方法，第二步的步幅要小于一般正面扣球的。踏跳过程中，双脚向后下方蹬地，使身体向前上方腾起，在空中抬头、挺胸、展腹，形成背弓，击球时快速收腹，挥臂并用手腕推压击球的后中部。

（四）小抡臂扣球

小抡臂扣球是以肘关节围绕肩关节回旋做加速挥臂击球的一种方法。这种扣球，手臂始终沿圆弧运动。抡臂幅度大，动作连贯，便于发挥手臂的挥动速度。

助跑起跳动作与正面扣球动作相同。引臂时，手臂屈肘，以肩关节为轴心，由后下方向前上方做回旋挥臂。当肘关节摆至肩关节侧后方时，整个击球动作与正面扣球动作相同（如图 8-30）。

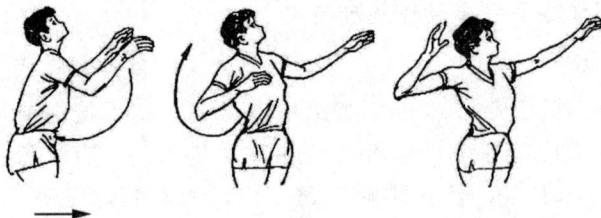

图 8-30

（五）勾手扣球

勾手扣球是起跳后，左肩对网，通过转体动作，带动右臂向左上方挥动击球的一种方法。这种扣球适合于远网扣球或由后排调整过来的球。它可以扩大击球范围，并能弥补起跳过早或冲在球前起跳的缺陷。

助跑的最后一步，两脚平行于中线，左肩对网完成起跳动作或起跳后在空中使左肩转向球网。跳起后，上体稍后仰或稍向右转，右肩下沉，当右臂随着起跳动作摆至脸前，迅速引至体侧，手臂伸直，掌心向上，五指微张，手呈勺形，同时挺胸展腹。击球时，利用向左转体及收腹动作带动伸直的手臂，由下经体侧向上画弧挥动，在头的前上方最高点，用全手掌击球的后中部。整个动作与勾手大力发球动作相似（如图8-31）。

图 8-31

六、排球运动拦网技术教学指导

（一）单人拦网（图 8-32）

图 8-32

1. 准备姿势：队员面对球网，两脚左右开立，约与肩同宽，距网30～40厘米，两膝微屈，两臂屈肘置于胸前。

2. 移动：常用的步法有一步、并步、交叉步和跑步等；无论采用哪种移动步法，都要做好制动动作，以保证向上起跳，避免触网和冲撞同队队员。

3. 起跳：原地起跳时，两腿屈膝，重心降低，随即用力蹬地，两臂以肩发力，在体侧近身处，做画弧前后摆动，帮助身体迅速跳起。移动后的起跳，其起跳动作与原地起跳动作一样，但要注意制动并使移动与起跳动作紧密衔接。

4.空中动作：起跳时，两手从额前沿球网向上方伸出，两臂伸直并保持平行，两肩上提；拦网时，两臂应伸过网去接近球；两手自然张开，屈指屈腕呈半球状；当手触球时，两手要突然紧张，手腕下压盖在球的前上方。

5.落地：拦球后，要做含胸动作，以保持身体平衡；手臂要先后摆或上提，从网上收回至本方上空，再屈肘向下收臂，以免触网；与此同时，屈膝缓冲，双脚着地，随即转身面向后场，准备接应来球或作下一个动作准备。

（二）双人拦网

由前排两个队员互相靠近，同时起跳组成的拦网，为双人拦网。双人拦网是集体拦网的一种，是比赛中最常用的一种拦网形式，主要在对方大力扣球时采用。拦网的技术动作与单人拦网相同。

双人拦网时，应以一人为主拦队员，另一人为配合队员。但主拦队员不是固定的，一般情况下距对方扣球点近的队员应为主拦队员。主拦队员必须抢先移动到对正扣球点的位置，做好起跳准备，配合队员则迅速移动靠近主拦队员准备同时起跳。两名队员之间的距离一定要合适；距离太远，跳起后将出现"空门"；距离太近，起跳时互相干扰，使双方都跳不高。双人拦网起跳时，两人的手臂应该在体前画小弧向上摆伸，尽量垂直向上起跳，防止互相碰撞或干扰。手臂在空中既不能重叠，使拦击面缩小，又不能间隔太宽，造成中间漏球。扣球靠近边线时，靠边线近的拦网队员外侧的手应适当内转，以防打手出界。

第三节　排球运动的战术培养

一、排球战术的基本理论

（一）排球战术的分类

排球战术分类就是按排球运动的特点，把排球战术的内容分为若干类和若干层次，并表明它们之间的关系，以便对排球战术有一个总体的了解（如图8-33、图8-34）。

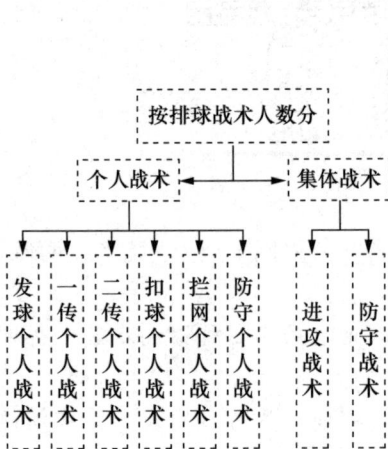

图 8-33

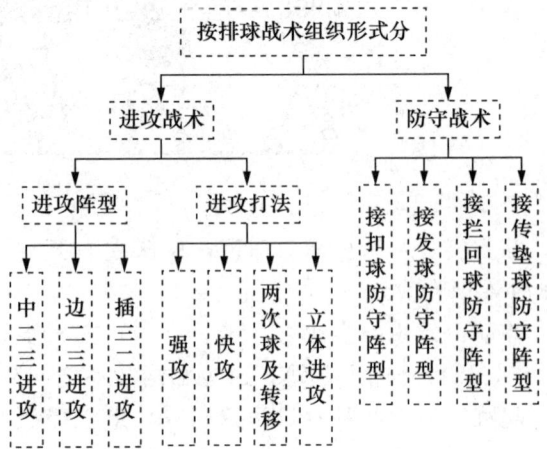

图 8-34

可以说，排球战术有多种分类方法，但对于以上两种分类方法本书未做过多介绍，本书将重点放在对战术运用分类的介绍。具体内容如下。

按照参与战术人数，划分为个人战术和集体战术两个部分。进攻与防守是贯穿排球比赛始终的一对矛盾，无论是个人战术还是集体战术都包括进攻战术和防守战术。个人战术，即个人有目的地运用技术的过程，由于排球技术具有攻防两重性，因此不再把个人战术细分为个人进攻战术与个人防守战术，而直接把个人战术分为发球、一传、二传、扣球、拦网和后排防守等个人战术。集体战术则首先分为集体进攻战术与集体防守战术两大类。集体进攻战术中有多种进攻阵形，如"中二传"、"边二传"和"心二传"等进攻阵形。各种进攻阵形下又有许多进攻打法组合。目前进攻打法组合已从点面结合发展为立体进攻。集体防守战术中同样有多种防守阵形，如接发球阵形、接扣球阵形、接拦回球阵形和接传垫球阵形等，各种防守阵形又有多种变化形式。排球比赛中，除发球外，所有的进攻都是从防守开始的，防守的目的又是进攻，攻防不断迅速转换。实战中进攻战术和防守战术的组合，便形成接发球及其进攻、接扣球及其进攻、接拦回球及其进攻、接传垫球及其进攻四个战术系统（俗称四攻系统）。

（二）排球战术的特点

排球战术，有别于其他大球运动项目的特点与规律，研究、认识与掌握其固有特点和内在规律性，有助于指导训练与比赛实践，促进技术和战术的发展与提高。

排球战术具有以下特点与规律。

1. 完成战术时间短促

在战术运用中，球不能落地，不能停留手中。每人不能连续两次击球（拦网除外），每方击球不能超过三次就必须使球过网。击球动作只在瞬间完成，完成一次战术配合不到5秒钟。

排球完成战术的时间短促性，要求运动员在训练和比赛中必须反应迅速，判断准确，动作衔接，行动连贯，转换及时，应变自如，动作精确，技术熟练。只有这样才能适应实战的需要。

2. 运用战术空间局限

在战术运用中，两队各据一方，彼此隔网对峙，不得任意逾越；双方队员，分站各位，依次轮转，不能越位，在空间上受到一定的限制。

排球战术运用的空间局限性，要求在阵容安排、力量配置和战术组织上，必须做到攻与防尽量兼备，力量相对均衡，高矮适当搭配。还要注意加强各个轮次的密切配合，充分利用有限的空间去组织进攻，并安排好同对方轮次上的力量对比关系等。

3. 组织战术先防后攻

在战术组织中，排球的一切进攻（除发球和一次击球过网外）都必须从防守（接球）开始，防守是进攻的基础，进攻是防守的继续，攻防密切联系，转换迅速及时。没有严密可靠的防守，就不会有卓有成效的进攻；没有成功有效的进攻，防守的一切努力也失去了意义。

排球战术组织的先防后攻特点，要求运动员在训练和比赛中必须力求技术全面，攻守兼备，进可以攻，退可以守，动作连贯，攻防有序。并要树立积极防守、防为了攻的观念，接好各种来球，把防守作为辅助进攻和转入进攻的一种手段，使攻防衔接，转换及时，保持攻防之间的相对平衡。

4. 组合战术分工明确

在战术组合中，要根据本队的实际情况和战术需要，确定"四二"或"五一"的阵容模式。

每一名队员都有各自不同的位置分工及职能，并按其不同分工发挥着积极作用。

排球战术组合的分工明确性，要求运动员必须在掌握全面攻防技术的基础上，有所专精，培养特长，形成特点，这样才能更好地履行自己的职责，发挥各自的积极作用。要求在队伍组建和训练管理上，在抓好主力阵容的同时，重视加强与提高同主力阵容分工相同、数量相等的替补队员，这样才能保持水平长期稳定、队伍后继有人的良好局面。

5. 形成战术协同配合

在战术运用中，排球运动员在场上的传、垫、扣、拦以及无球队员的动作等有目的性的个人技术行动，都要通过两人以上的集体战术配合才能发挥作用。个人技术行动与集体战术行动，是局部与全局、个人与整体的关系。前者是后者的实力基础和组成部分，后者则是前者的合理组织和综合体现。

排球形成战术的配合协同性，要求运动员在场上的每一行动都必须胸怀全局，与队友通力协作、密切配合，努力为本方创造进攻机会和组成严密防守，或主动去弥补队友失手造成的技术漏洞。一方面要把个人技术的发挥融合在集体协同之中，另一方面集体的协同配合又为个人才能的施展创造良好条件。既要提高技术、战术，又要培养集体主义和团队精神。

6. 战术成败每球得分

在战术运用中，无论成功还是失败，各项技术都可能得分，各项技术也都可能失分；多得分可以取胜，少失分也可以赢球；大技术（发、垫、传、扣、拦）失误可以丢分，小技术失手也同样会输球。

排球比赛每球得分的特点，要求运动员不但要技术全面、攻守皆能，而且要熟练准确、配合精密，从而提高各项技术、战术的成功率，减少其失误率。排球技术和战术训练的内容繁多，而且技巧性较强，加之具有上述的各种特点，因此，只有通过"三从一大"和"两严"方针的科学训练，才能适应排球战术特点和规律的需要，实现这些特点和规律提出的要求。

二、个人战术

（一）发球个人战术

发球技术不受对方和同伴的制约，也没有集体配合的问题，全凭个人技术和个人战术的作用。因此，发球时要树立以我为主的观念。在观察和分析对方的具体情况后，有针对性地采用不同的发球战术，以取得先发制人的效果。

1. 发球前的注意事项

（1）应考虑个人发球的技术水平、战术意识及心理状态。

（2）应考虑临场双方比分的增长情况。

（3）应观察了解对方接发球的弱点。

（4）应了解对方对不同性能发球的适应程度。

（5）应看清对方接发球站位阵型、轮次特点及可能运用的进攻战术。

（6）在室外比赛，要利用自然条件，例如阳光、风向。

2. 常见发球战术方法

（1）加强发球的性能

加强发球的性能主要体现在发出的球力量大、速度快、弧度低平、旋转性强或飘晃度大，以达到直接得分或破坏对方进攻的目的。如飘球，利用发球位置的不同，有意识、有目的地发出轻、重、平冲、下沉等各种性能不同的飘球。

相似动作发出不同性能的球：利用发球动作的相似性，以相似动作发出不同性能的球。如：以近似勾飘的动作，击球时突用蹬地、转腰、收腹的力量，以全掌击球，发出勾手大力球。

（2）控制发球的落点

①将球发到对方两个队员之间的连接区，或边线及后场端线附近，以增加接发球到位的难度。

②将球发向对方参加进攻的队员，落在该队员的前、后、左、右，迫使先接球。

③将球发给对方二传或落在该队员跑动的必经路线上，迫使其接球，以破坏对方的进攻节奏。

④将球发给垫传技术差、情绪急躁、精力分散或刚换上场的队员，以造成其接发球失误。

（3）改变发球的方法

①改变发球的位置。发球队员可站在距端线近处发球，也可站在距端线中距离或远距离发球。发球队员可站在端线外右半区发球，也可站在其左半区发球。发球距离和方位不同，可以发出不同性能和不同落点的球。

②改变发球的弧度。发球时，加强上旋或发左旋球、右旋球，改变飞行弧度，从而降低一传到位率。如上空没有障碍物，可以发高吊球，利用球体下降时产生的重力加速度，使对方不适应。

③改变发球的速度。为了达到先发制人的目的，可以采用击球点高、距网近、速度快的飘球或跳发球技术；也可采用高弧度的、慢速度的发球方法，利用速度造成对方的不适应。

（4）改变发球的攻击性和准确性

①如本方得分难、比分落后较多或遇到对方进攻强轮次等情况，可采用加强攻击性的跳发球战术，以改变落后状况。

②如本方比分领先较多，可采用攻击威力大的发球，以扩大战果。

③如本方发球连续失误或对方暂停、换人后以及对方处于进攻较弱的轮次或接发球连续失误，应注意发球的准确性，避免失去得分机会。

④如比赛处于关键时刻，特别是在决胜局时，发球更要注意准确性，避免无谓失分。

（二）一传个人战术

一传个人战术的基本任务是在第一次接来球时，为了组成本队的进攻战术而采用有目的、有意识的击球动作。由于各种进攻战术对一传的要求不同，因此一传的方向、弧度、速度、落点也不一样。

1. 组织快攻战术时：如本方快攻队员来得及进行快攻，一传的弧度要低平，速度稍快，以加快进攻的节奏；如果来不及（防守后的快速反击），则应提高一传弧度。

2. 组织强攻战术时，一传的弧度略高些，为二传队员创造便利条件。

3. 前排队员一传时，力量不宜太大，弧度应稍高。如来球力量不大，可用上手传球。后排队员则相反。

4. 当对方第三次传垫球过网时，一传可用上手传球，以便更准确地组织快速反击或传给网前队员进行两次攻。

5. 如发现对方场区有较大的空当或对方队员无准备，一传可直接用传、垫、挡等动作把球击向对方。

6. 组织交叉战术时，一传弧度要适中。3、4 号位交叉，一传落点要靠近球网中间；2、3 号位交叉，一传落点要在 2、3 号位之间。

7. 组织短平快球时，要根据是 3 号位队员扣球还是 4 号位队员扣球来决定一传的落点。3 号位队员扣球时，一传落点偏向 2 号位；4 号位队员扣球时，一传的落点在球网中间区域为好。

（三）二传个人战术

二传个人战术的基本任务是高效地组织进攻战术，给扣球队员创造有利的进攻条件，突破对方的拦网。具体运用如下。

1. 隐蔽传球：二传队员尽可能地以相似动作，传出不同方向的球，使对方难以判断传球的方向。

2. 晃传和两次球：二传队员先以扣两次球吸引对方拦网队员，然后突然改扣为传；也可先以传球动作麻痹对方，突然改传为扣。

3. 时间差跳传：二传队员在跳传时，改变常规传球的时间，采用延缓传球的方法，在人和球的下落过程中将球传给快攻队员，以造成对方拦网队员的时间误判。

4. 高点二传：二传队员尽可能在跳起的最高点直臂传球，以提高击球点，加快进攻速度。

5. 选择突破点：根据对方拦网的部署，在传球时尽可能避开拦网强的区域，选择薄弱环节作突破口，在局部地区形成以多打少、以强攻弱的优势。

6. 控制比赛节奏：在对方失误较多或场上出现混乱时，可加快比赛节奏，以快攻为主；当本方失误较多或场上队员发挥失常时，可适当放慢比赛节奏，以达稳定情绪、调整战略战术的目的。

（四）扣球个人战术

扣球个人战术的任务是扣球队员根据比赛中对方拦网和防守情况，选择合理的扣球技术和路线，更有效地突破对方的防御。

1. 扣球线路的变化

（1）扣球时采用直线和斜线相结合，长线与短线相结合。

（2）利用助跑路线与扣球路线不同的方向，迷惑对方拦网和防守队员，例如直线助跑扣斜线球、斜线助跑扣直线球等。

（3）朝防守技术差和意志不顽强的队员扣球，或扣向对方空当和防守薄弱区等。

2. 扣球动作的变化

（1）运用转体、转腕的扣球技术，突然改变扣球方向避开对方拦网。

（2）运用超手高点扣球技术，从拦网人手上进行突破进攻。

（3）选用正面扣球变为勾手扣球动作，造成对方拦网判断失误。

（4）利用突然性的两次进攻，形成空网或一对一进攻的有利局面。

（5）高点平打，造成球触拦网手后飞向后场远区或有意向两侧打手出界。

（6）突然用单脚起跳扣球，使对方来不及拦网。

（7）有意识地提早或延迟扣球时间，使对方难以掌握拦网的起跳时间。

（8）运用轻扣或吊球技术，使球随拦网队员一同下落，增加拦网队员自我护球的难度或使球落在对方网前或拦网队员的身后。

（9）利用"时间差""位置差""空间差"个人扣球动作变化，晃开对方拦网。

三、集体防守战术

（一）接发球防守及其阵型

接发球是进攻的基础，它是由守转攻的转折点。如果没有可靠的一传作保证，就难以组成有效的进攻战术，甚至还会造成直接失分。

各队发球攻击性的提高，给接发球及进攻带来了一定的难度。因此，加强接发球能力的训练，提高接发球及进攻水平就显得尤为重要。

1. 接发球的基本要求

（1）正确判断：接发球的质量，很大程度上取决于对球的判断；接发球时，队员的注意力要高度集中，充分做好接发球的准备，根据对方的发球动作、性能、力量及速度，迅速做出正确的判断，及时移动取位，对准来球路线，运用合理的垫球技术将球垫给二传队员。

（2）合理取位：在组成接发球阵型的时候，应以前排靠近边线的队员为基准取位，同列队员之间不要重叠站位，同排队员之间保持适当距离，以免相互影响；根据射出角的原理，快速有力的平直球发不到 A、B 两区；所以，取位时不要站在这两个区域内，2、4 位队员的取位距边线 1 米左右即可（如图 8-35）。

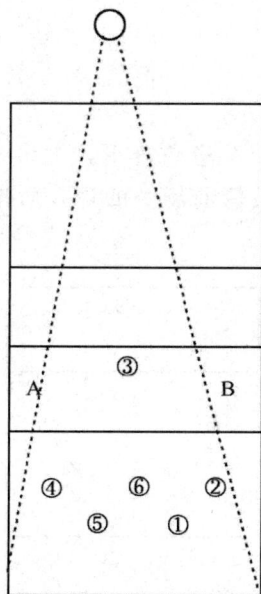

图 8-35

（3）分工与配合：接发球时，每一个接发球队员都应该明确接发球防守的范围；划分范围不仅是平面的，还应根据来球的弧度高度进行立体空间划分；接发球队员之间应既有分工又有配合，注重整体接发球的时效性，接发球能力好的队员范围可大些，后排队员接球范围可大些（如图 8-36）。

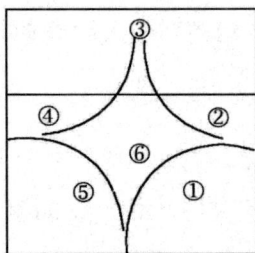

图 8-36

比赛中经常有球落在接发球队员之间的"接合部"，造成无人接球而导致失误。为避免这种现象的发生，队员之间可以遵循以下几条原则：由一传较好的队员或已经主动呼喊"我的"队员去接；球落在快攻与强攻队员之间时，原则上由强攻队员接更有利，以免影响快攻的速度和节奏；球落在前后排之间，最好由后排队员去接，以利于组成快速进攻。讲究集体配合，树立 1 人接球 5 人保护的观念。

2. 接发球阵形

在选择接发球阵形时，不仅要有利于接球，还要考虑本方采用的进攻战术及对方发球的特点。

按接发人数来分，接发球阵形主要有 5 人接发球、4 人接发球、3 人接发球及 2 人接发球等阵形。

（1）5 人接发球阵形及变化

①"W"站位阵形

初学者打比赛多采用"中、边二传"进攻阵形，大多站成"W"形，也称"一二三"型站位。5 名队员分布均衡，前面 3 名队员接前场区的球，后排 2 名队员接后场区的球，职责分明（如图 8-37）。

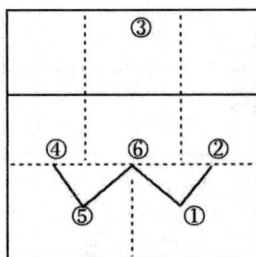

图 8-37

"W"形站位的缺点是队员之间的"接合部"相应增多，也不利于接对方发到边角上的球（如图 8-38）。

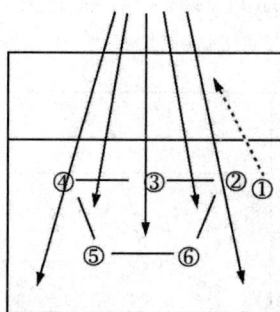

图 8-38

② "M" 站位阵形

"M" 形站位，也称 "一二一二" 站位，其优点是队员分布更加均匀，分工明确，前面 2 名队员接前区球，中间队员负责接中区的球，后面 2 名队员接后区球。这种站位对接落点分散、弧度高、速度慢的下沉飘球、高吊球，以及发到边线、角上的球时较为有利。缺点是不利于接对方发到场地两腰及后区的大力球、平飘球等（如图 8-39）。

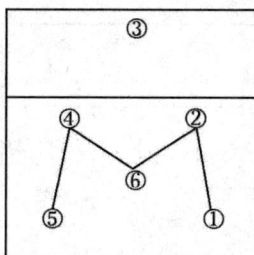

图 8-39

③ "一" 字站位阵形

"一" 字形站位是对付跳发球、大力发球、平冲飘球的有效站位阵形。这几种发球的落点大多集中在球场中后区，接发球时，5 名队员 "一" 字形排开，左右距离较近，每人守一条线，互不干扰（如图 8-40）。

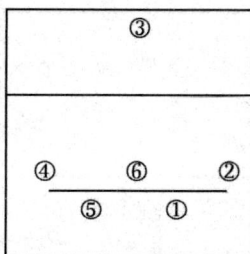

图 8-40

④ "假插上" 站位阵形

二传队员在前排时，可以运用假插上的站位来迷惑对方。2 号位队员站在 3 号位队员身后伴做后排插上，当一传来球弧度较高且靠近网时，假插上队员可突然打两次球或吊球，起到攻其不备的作用。6号位还可以佯攻掩护（如图8-41）。

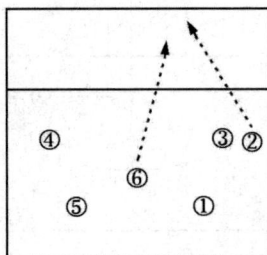

图 8-41

⑤隐蔽站位阵形

接发球站位时，在规则允许的前提下，前排队员隐蔽地站在后排队员习惯站的接发球位置上，并把后排队员安排在前排接发球的位置上进行佯攻，达到迷惑并突袭对方的目的。

第一种：3号位队员隐蔽站位。当1号位队员插上时，5号位队员佯作4号位队员，与2、4号位队员同时上前佯攻，吸引对方拦网队员，3号位队员则按预定的战术进行突袭（如图8-42）。

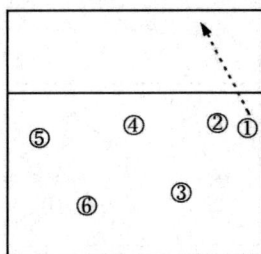

图 8-42

第二种：3号位队员隐蔽站位。5号位队员插上，1号位队员佯攻，3号位队员就可以进行夹塞、梯次、拉开等战术进攻（如图8-43）。

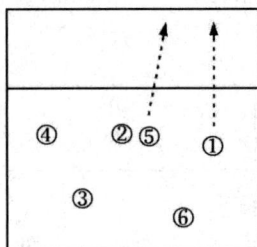

图 8-43

5人接发球阵形的优点是每人接一传的范围相对较小，并在接发球时已经站成基本的进攻阵形，组成战术比较方便。但队员之间"结合部"增多，队员与队员的配合要求较高；5号位插上时，二传队员组织各种进攻有一定的难度；当主攻队员在2号位时，换位不便，经常会导致卡轮现象。

（2）4人接发球阵形及变化

①"浅盆"形站位阵形

"浅盆"形站位，主要是接对方落点靠后或速度平快的发球（如图8-44）。

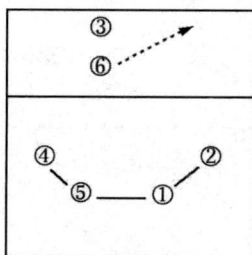

图 8-44

②"一"字形站位阵形

"一"字形站位，主要是接对方的跳发球、大力球及平冲球（如图8-45）。

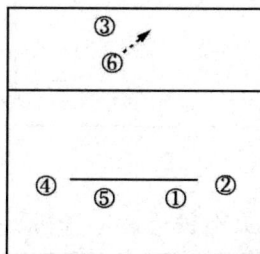

图 8-45

③"深盆"形站位阵形

"深盆"形站位，接发球队员比较均匀地分散在场内，主要是接对方的下沉球及长距离飘球（如图8-46）。

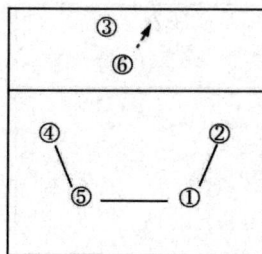

图 8-46

4人接发球阵形优点是便于二传插上，不接发球的前排队员可以充分做好进攻的准备。但是接发球时每人负责一条线，对接发球队员的前后移动和判断能力要求较高。

（3）3人接发球阵形及变化

①"前1后2"站位阵形

由1名前排队员和2名后排队员担负全场的接发球（如图8-47）。

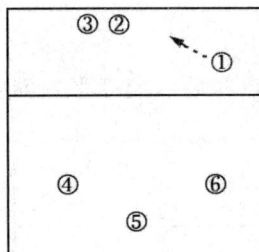

图 8-47

② "后 3" 站位阵形

由后排 3 名队员担负全场的接发球（如图 8-48）。

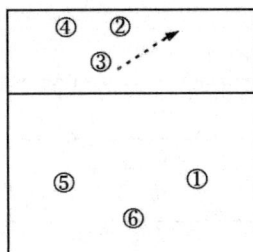

图 8-48

3 人接发球阵形的优点在于快攻队员不接一传，有利于组织快速多变战术；前排队员交换位置更加方便，有利于组成快速多变的战术；可让一传差的队员避开接发球，减少一传的失误。但 3 人接发球阵形每人负责的区域相对较大，对判断、移动及控制球的能力要求较高。

（4）2 人接发球阵形及变化

① "后 2" 站位阵形

2 名后排队员负责全场接发球，另 1 名后排队员不接发球，专门准备进行后排进攻（如图 8-49）。

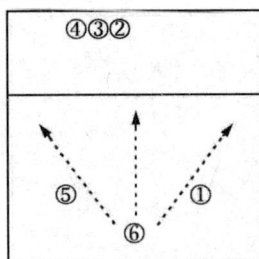

图 8-49

②专人接发球站位阵形

保持 2 名接发球好的队员接发球，采用 "心二传" 进攻阵形，1 号位队员专门准备组织前排和后排进攻战术（如图 8-50）。

2 人接发球阵形是在 3 个接发球阵形的基础上发展演变而来的。其优点是由一传水平最高的队员接发球，保证一传的到位率，能更好地发挥进攻威力。但对接发球队员的要求更高。这种站位方法多用于世界高水平的队伍。

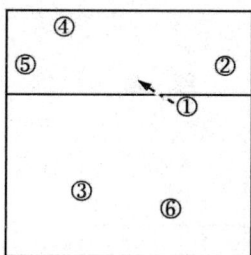

图 8-50

（二）接扣球防守及其阵形

接扣球防守包括拦网、后排防守两个环节。其中拦网是第一道防线，有效的拦网不仅可以遏制对方的进攻能力，减轻后排防守的压力，还能提高放起率，为反攻创造机会。

1. 拦网

（1）拦网的基本要求

拦网分为单人和集体两种形式，集体拦网必须建立在单人拦网技战术的基础上才能更好地发挥威力。这里重点论述集体拦网的基本要求。

①集体拦网时，要确定拦网的主拦队员，如拦对方两翼进攻，本方分别以 2 号位和 4 号位队员为主拦，其他队员密切协同配合，防止各行其是。

②起跳时，相互之间要保持一定的间隔，控制好身体重心，避免互相干扰或冲撞。

③拦网时，尽可能扩大拦阻面，拦网队员手与手之间的距离不能太大，以免漏球。

（2）拦网战术的变化

①人盯区的拦网战术：这是一种对付定位进攻及一般进攻配合较为有效的拦网战术。其特点是把球网分成左、中、右 3 个区，每一名队员负责一个区，以保证每一个区域至少有一名拦网队员拦网，并在可能的情况下，协助同伴组成集体拦网。

对方运用交叉和拉开进攻时，本方由负责左侧区域的 4 号位队员主拦 3 号位快球，负责中区的 3 号位队员主拦对方 2 号位交叉进攻，右侧 2 号位队员负责主拦对方 4 号位的拉开进攻。3 号位和 2 号位拦网队员相互兼顾，争取组成双人拦网（如图 8-51）。

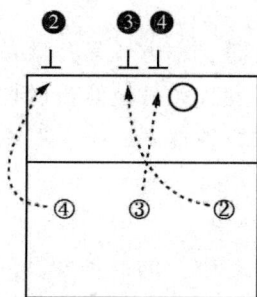

图 8-51

对方运用"夹塞"进攻和背后拉开进攻时，本方 2 号位队员负责拦对方 3 号位的短平快球，

3 号位队员负责拦对方 4 号位的"夹塞"进攻，4 号位队员负责拦对方 2 号位的背后拉开进攻（如图 8-52）。

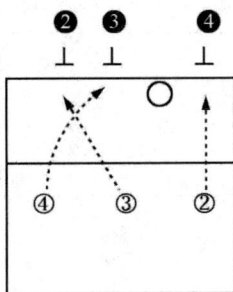

图 8-52

在运用人盯区拦网战术时，应对对方的常用战术有所了解，负责拦快攻战术的 2 名队员，要根据对方战术的变化，确定谁主拦对方的第一球，避免判断错误。

②人盯人的拦网战术：拦网队员各自负责拦对方与自己相对应位置的进攻队员，进行固定人员的拦网，这种形式称为"人盯人"拦网。其优点是职责清楚，分工明确。但当对方进行交叉进攻时，需要及时交换盯人拦网，以免造成无人拦网的被动局面。

对方中间近体快，两翼拉开进攻时，本方 3 号位队员负责拦中间快球，2 号位和 4 号位队员分别负责拦两翼的拉开进攻，并在此基础上尽可能组成双人拦网（如图 8-53）。

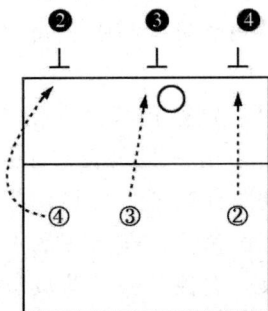

图 8-53

对方采用交叉进攻及背后拉开进攻时，本方 4 号位队员拦对方 2 号位的拉开进攻。2 号位队员在盯住对方 4 号位进攻队员时，一旦发现 4 号位队员内切进行快攻，应立即与本方 3 号位队员呼应，换盯人对象，即 3 号位队员拦对方快球，2 号位队员拦对方 3 号位队员的交叉进攻（如图 8-54）。

（3）重叠拦网战术

重叠拦网战术是在人盯人拦网战术基础上的一种发展。

采用人盯人拦网对一般的配合进攻有一定的效果。但对付"交叉""夹塞"等多变的快攻战术时，拦网就会出现漏洞，此时最好采用拦网队员前后重叠站位的拦网战术加以弥补，避免无人拦网。

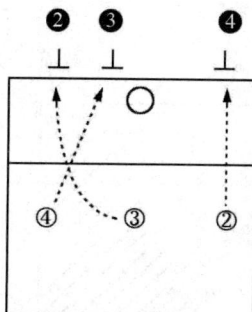

图 8-54

对方采用"交叉"进攻战术时，本方以重叠拦网应对（如图 8-55）。

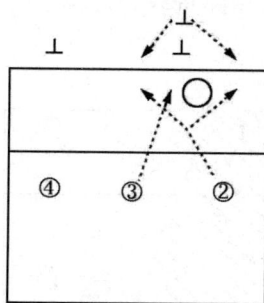

图 8-55

对方采用"双快-游动"进攻战术时，本方以双重叠拦网应对（如图 8-56）。

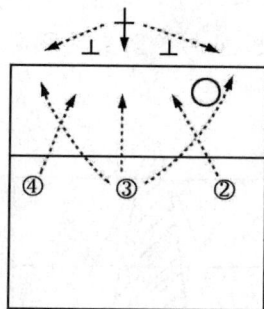

图 8-56

2. 后排防守

后排防守是第二道防线，是减少失分和争取反攻得分的基础。虽然拦网技术有了很大的提高，但仍有很多球突破拦网后进入本方场区，成功的防守不仅能争取得分机会，还能起到鼓舞士气的作用。其基本要求如下。

（1）后排防守要与前排拦网密切配合，相互弥补

一般来讲，拦网队员应封住对方的主要进攻线路，后排防守队员的主要任务是防对方的次要路线、吊球和触拦网队员的球。

前排拦网队员已封住对方的中路进攻，1 号位队员取位防直线，5 号位和 6 号位队员侧重防

斜线（如图 8-57）。

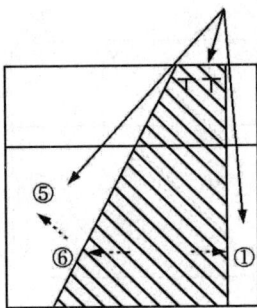

图 8-57

前排拦网队员已封住对方的直线及中路进攻，5 号位队员前移防吊球，1 号位和 6 号位队员侧重防斜线（如图 8-58）。

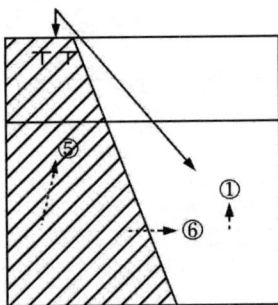

图 8-58

前排单人拦网封住对方的中路进攻，6 号位队员前移防吊球，1 号位和 5 号位队员取位进行"双卡"防守（如图 8-59）。

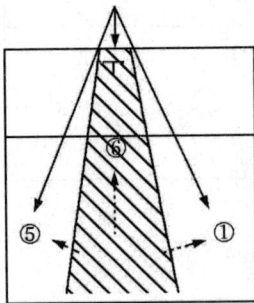

图 8-59

（2）防守队员之间相互保护

由于每名防守队员判断取位或垫击时都可能出现错误，防起球的飞行方向也很不规律，场上其他队员都应采取补救措施，作好向各个方向移动的准备。

3. 接扣球防守阵形及其变化

根据前排拦网队员的多少可划分为：单人拦网的防守阵形、双人拦网的防守阵形、三人拦网的防守阵形和无人拦网下的防守阵形。每个队必须熟练掌握并运用各种防守阵形，才能适应比赛。

（1）单人拦网时的防守阵形及其变化

当对方技术水平一般、进攻能力较弱或对方战术多变无法组织集体拦网时，可采用单人拦网下的防守战术。

①与对方扣球队员相对应位置队员拦网的防守阵形

以对方4号位进攻为例，由本方2号位队员单人拦网，3号位队员后撤防吊球，4号位队员后撤防小斜线或吊球，后排3名队员组成半弧形防守圈，每人负责防守一个区域（如图8-60）。

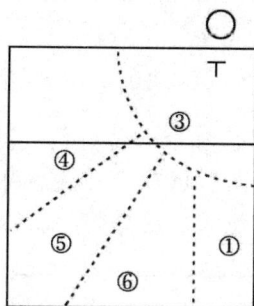

图 8-60

②固定3号位队员拦网的防守阵形

对方进攻队员从任何位置进攻，均由3号位队员拦网，2号位和4号位队员后撤与后排3人共同组成防守阵形（如图8-61）。

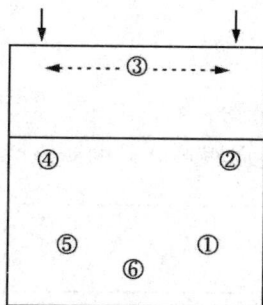

图 8-61

对方3号位队员进攻，本方3号位队员拦网时，6号位队员迅速向前移动防吊球，其他队员负责各自的防守区域（如图8-62）。

单人拦网的优点是增加了后防人数，便于组织进攻。在水平较高的比赛中，由于对方进攻战术多变，只能被迫采用单人拦网时，其他队员应立即下撤参加防守。

（2）双人拦网时的防守阵形及其变化

①"边跟进"防守阵形

"边跟进"防守阵形也称为"马蹄形"防守阵形或"1号位和5号位跟进"防守阵形。在对方进攻能力比较强、战术变化多、吊球少时采用。其主要有"活跟""死跟""内撤""双卡"等阵形变化。

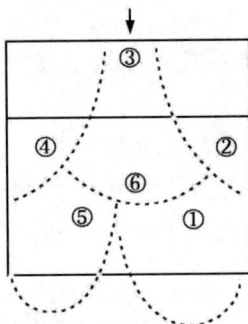

图 8-62

以对方 4 号位进攻为例。本方 2 号位和 3 号位队员拦网，1 号位队员"边跟进"防吊球，兼顾防直线及打手出界的球。6 号位队员防后场球，并注意弥补 1 号位或 5 号位的空隙。5 号位队员重点防斜线球和中场空心地区。4 号位队员后撤防小斜线及吊球（如图 8-63）。

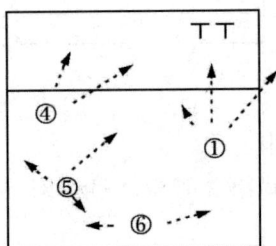

图 8-63

A. 活跟

在对方扣球路线变化多，而且打吊结合的情况下，应采用活跟。跟进与否由 1 号位和 5 号位队员灵活掌握，如跟进，6 号位队员要向跟进队员的防守区域一侧移动补位（如图 8-64）。

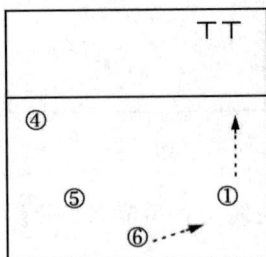

图 8-64

B. 死跟

在对方扣直线少、吊球多或本方拦网能完全封住直线时，1 号位队员或 5 号位队员可以坚决跟进，以防吊球为主，兼顾防打手出界的球。6 号位队员要迅速向跟进队员的防守区域一侧移动补位（如图 8-65）。

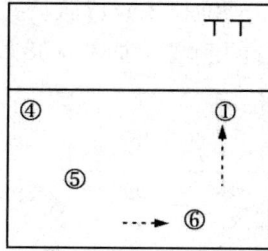

图 8-65

C. 内撤

在对方扣球直线多，并经常吊"心"的情况下，4 号位或 2 号位队员可内撤到中场空心区域，重点防吊球。5 号位队员或 1 号位队员主要补防小斜线附近的球（如图 8-66）。

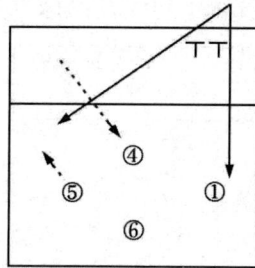

图 8-66

D. 双卡

对方以吊球和轻打为主，打吊结合，本方拦网较强时，就可以采用 4 号位内撤，1 号位跟进的"双卡"防守阵形，2 人协同防守前排的吊球。2 人跟进要适时，过早跟进易被对方识破，造成后防不利（如图 8-67）。

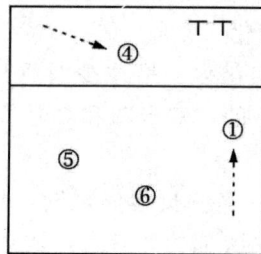

图 8-67

① "边跟进"防守阵形

"边跟进"防守阵形的优点是能够防守对方的大力扣杀。弱点是球场中间空隙较大，容易形成"心空"；防对方直线进攻的能力减弱。

② "心跟进"防守阵形

"心跟进"防守阵形也称为"6 号位跟进"防守。在对方经常运用打吊结合，而本方拦网能力较强的情况下，可采用"心跟进"防守阵形。

第一种防对方 4 号位进攻。本方 2 号位和 3 号位队员拦网，6 号位队员"心跟进"防吊球及接应落入中场的球。其他队员负责各自的区域（如图 8-68）。

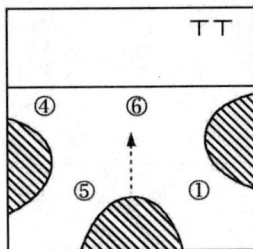

图 8-68

第二种防对方 4 号位进攻。6 号位队员主要防吊球、拦起球，接应后排防起的球。1 号位和 5 号位负责后场区所有的球。4 号位队员防小斜线及吊球（如图 8-69）。

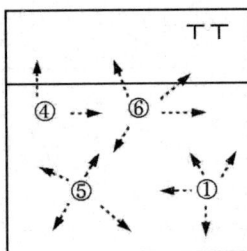

图 8-69

"心跟进"防守阵形对防吊球和防拦起球有利，也便于接应和组织反攻。但后场及"两腰"空隙较大，容易形成空当。

"边跟进"和"心跟进"两种防守形式各有利弊，在比赛中不应单一的采用某一种形式进行防守，应根据本队的具体情况及临场变化，灵活地运用这两种防守战术。

（3）3 人拦网时的防守阵形及其变化

在对方扣球队员攻击性强、线路变化多、吊球少时采用，主要是拦对方的强攻。三人拦网的基本防守阵形有 1 号位和 5 号位队员的"双卡"和 6 号位队员的"跟进"两种阵形。

①双卡

对方 3 号位队员扣球，本方前排 3 名队员集体拦网，1 号位队员和 5 号位队员扼守两腰，6 号位队员负责后场球。此阵形对防守两腰部的球有利，弱点是后场两角空隙较大（如图 8-70）。

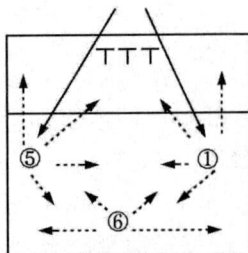

图 8-70

②跟进

对方 4 号位队员扣球，6 号位队员迅速跟进到场心区域，防守中场及前场区的吊球，1 号位队员和 5 号位队员防守直线斜线重扣、两腰和后场球。此阵形对防守吊心球有利，弱点是后场中路及两腰部空当较大（如图 8-71）。

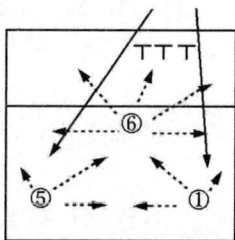

图 8-71

3 人拦网固然加强了第一道防线的力量，但后场空隙较大，反而给拦网后组织反攻增加了难度。因此，在比赛中要灵活运用。要求拦网队员坚决果断，后撤迅速，积极参与反攻。

（4）无人拦网时的防守阵形及其变化

比赛中，由于对方战术多变，本方拦网受挫，因此出现无人拦网的情况。在这种情况下，只能根据临场变化灵活取位，力争把球防起。在对方扣球能力很弱或进攻时球离网很远的情况下，可以主动不拦网，以"中二传""边二传""心二传"进攻阵形布防。初学者在比赛中常以穿、垫球为进攻手段，可以不拦网，以加强防守的力量。

（三）接拦回球防守及其阵形

随着排球运动的发展，由于运动员的身高、拦网高度和技巧的提高，扣球被直接拦死或拦回的比例逐渐增大，故接拦回球的能力对比赛胜负的影响也越来越大。

1. 接拦回球的基本要求

（1）进攻队员要从心理上做好防拦回球的准备，养成自我防拦回球的习惯。场上队员要具备"一人扣球，全体防拦回球"的整体防拦回球意识。

（2）以前场为重点防拦回球的区域。接拦回球时采用低重心、上体相对直立的防守姿势。充分利用各种垫球、挡球等技术动作，提高起球率。

（3）二传队员最了解本方的进攻点，及时参与接拦回球。

（4）接拦回球时的起球弧度要高一点，以便组成有效的进攻。

（5）接拦回球时，应尽可能把球垫给二传队员，以便组成各种战术进攻。

2. 接拦回球阵形

根据本方进攻战术的需要及对方拦网队员的具体情况，灵活地采用适宜的接拦回球阵形。

（1）5 人接拦回球阵形

本方以强攻为主时，进攻点明确，除进攻队员外，其他 5 名队员都可以参加接拦回球。

①"三、二"阵形

"三、二"阵形的使用较为普遍，在对方拦网强、拦回球落点大多集中网前时采用。以 4 号位进攻为例，3 号位、5 号位和 6 号位队员组成第一道防线，1 号位和 2 号位队员组成第二道线。

② "二、二、一" 阵形

"二、二、一" 阵形在对方拦回球落点比较分散时采用。以 4 号位进攻为例，3 号位和 5 号位队员负责前场区，2 号位和 6 号位队员负责中场区，1 号位队员负责后场区。

③ "二、三" 阵形

"二、三" 阵形在对方拦网能力一般、拦回球落点比较分散时采用。以 4 号位进攻为例，3 号位和 5 号位队员负责前场区，1 号位、2 号位和 6 号位队员负责中场区和后场区。

(2) 4 人接拦回球阵形

本方以插上及快球进攻为主时，进攻点经常变化，除进攻队员及二传外，只有 4 名队员能参加接拦回球。

"二、二" 阵形：以 2 号位进攻为例，1 号位队员插上，跳传给 2 号位进攻，3 号位和 5 号位队员负责前场区，4 号位和 6 号位队员负责中场区及后场区。

(3) 3 人接拦回球阵形

本方以前排快攻配合为主时，进攻点变化较大，前排 3 名队员在掩护、跑动，二传队员组织进攻后立即参与接拦回球，形成 3 人接拦回球阵形。

前排 3 名队员掩护、跑动，最终的进攻点在 2 号位，1 号位队员传球后立即下撤，5 号位和 6 号位队员迅速向 2 号位移动接拦回球。

(4) 2 人或 1 人接拦回球阵形

本方以 "立体进攻" 为主时，进攻点分散且变化大，场上 4 名队员或 5 名队员在掩护、跑动进攻。因此。二传队员组织进攻后应立即参与接拦回球，形成 2 人或 1 人接拦回球阵形。

前排 3 名队员掩护、跑动，后排 6 号位队员进行后排进攻，1 号位队员传球后立即下撤，5 号位队员迅速向进攻点移动接拦回球。

前排 3 名队员掩护、跑动，后排 1 号位和 6 号位队员进行后排进攻。5 号位队员传球后立即下撤，迅速向进攻点移动接拦回球。其他没有扣球的队员都应尽可能地参与接拦回球，以加强接拦回球的力量。

（四）接传、垫球防守及其阵形

当对方无法组织有力的进攻，被迫将球传、垫、挡过网时，则是本方得分的极好机会。这种球在初级水平的比赛中出现较多，高水平比赛中偶尔会出现。

1. 接传、垫球的基本要求

(1) 集中注意力，观察对方的意图，准确判断球的落点。

(2) 接球队员应根据本方进攻战术的需要，确保传、垫球到位。

(3) 二传队员要掌握好 "插上" 时机，不宜过早。其他队员应及时补位。

2. 接传、垫球阵形

可采用 "中、边二传" 或 "心二传" 阵形，以利于组织战术进攻。

四、集体进攻战术

随着世界排球运动的发展，进攻战术丰富多彩，单纯地依靠个人体能和技战术能力，是难以战胜对手的。从前排队员的活点进攻，发展到今天全方位的立体进攻，无不显示出集体战术的威力。

集体战术是指两个或两个以上队员之间有组织、有目的地集体协同配合。任何集体进攻战术的变化都建立在进攻阵形和进攻打法的基础上。

（一）进攻阵形

进攻阵形，就是进攻时采取的基本队形。合理地选择进攻阵形是各种进攻战术变化的基础，过去排球界取得共识的进攻阵形有"中一二""边一二""插上""两次球及其转移"4种。随着排球运动的发展，作为现代排球一个重要部分的全攻全守整体排球，在技战术打法上已经形成高快结合、前后结合、全面型进攻的局面。原先的由前排中担任二传，2号位和4号队员为扣球的"中一二"进攻阵形，由前排2号位做二传，3号位和4号位队员扣球的"边一二"进攻阵形都已不能涵盖当前1名队员做二传，其他5名队员都参与进攻的立体进攻阵形。为此，我们以二传组织进攻时的位置，把目前的进攻阵形定名为"中二传"进攻阵形、"边二传"进攻阵形和"心二传"进攻阵形，以期能更准确地表达其内涵。

1."中二传"进攻阵形及其变化

由一名前排队员或后排队员在前排位置做二传，其他队员参与进攻的阵形，称为"中二传"进攻阵形。"中二传"进攻阵形是最基本的进攻阵形，其特点是二传队员在中间，一传容易到位，战术可简可繁，适合不同技术水平的队。技术水平较低的队可组织前排2号位和4号位扣一般高球，技术水平较高的队可组织各种战术进攻乃至立体进攻。其站位及变化如下。

（1）"大三角"站位

"大三角"站位是最基本的站位方法，其变化主要以2号位和4号位进攻为主，辅之后排进攻等。

（2）"小三角"站位

4号位队员位置不变，2号位队员站在中场接发球，3号位队员站在2号位和4号位队员之间的网前。这种站位实际上也是一种隐蔽站位的方法，1号位队员可在2号位做佯攻，2号位队员从中路进攻，后排队员从后排进攻。这种阵形有利于各种交叉换位进攻。

若2号位队员左手扣球得力，则可以在场区右侧站成"小三角"，即2号位队员位置不变，4号位队员中场接发球，3号位队员站在2号位队员与4号位队员之间的网前做二传，5号位队员在4号位做佯攻，后排队员后排进攻。

（3）换位成"中二传"阵形

二传队员在4号位和2号位时，可以换位成"中二传"阵形。

（4）"插上"成"中二传"阵形

后排队员都可以"插上"做二传，如6号位队员从3号位队员右侧"插上"成"中二传"阵形，其他队员分别进行前排进攻或后排进攻。

2."边二传"进攻阵形及其变化

由一名前排队员或后排队员在前排2号位做二传，其他队员参与进攻的阵形，称作"边二传"进攻阵形。"边二传"进攻阵形也是基本的进攻阵形，其特点是二传队员在边上，对一传的要求稍高，但战术变化比"中二传"进攻阵形多，战术可简可繁，适合不同技术水平的队。其站位及其变化如下。

（1）"边二传"阵形

2号位队员站在网前任二传，3号位和4号位队员前排进攻，其他队员参与后排进攻。

（2）反"边二传"阵形

4号位队员站在网前做二传，其他队员参与进攻。如果2号位和3号位队员是左手扣球，采用这种阵形比较有利。

（3）换位成"边二传"阵形

通常采用反"边二传"换位成"边二传"阵形。

（4）"插上"成"边二传"阵形

后排队员都可以"插上"做二传，如1号位队员从2号位队员右侧"插上"成"边二传"阵形，其他队员分别进行前排进攻或后排进攻。

（5）"假插上"成"边二传"阵形

3号位队员在4号位队员的右侧做假"插上"，形成"边二传"阵形，1号位队员做佯攻掩护，其他队员参与进攻。

采用"中、边二传"进攻阵形时需要注意以下几点。

①采用"中二传"进攻阵形时，二传队员的站位应稍靠近2号位，避免与6号位队员重叠，以免阻挡视线影响其接发球。

②采用"边二传"进攻阵形时，二传队员的站位不宜太靠近边线，以免运用"拉开""环绕"等快攻战术时，因距离远而影响战术质量。

③采用换位成反"边二传"阵形时，4号位的二传队员采用换位成反"边二传"阵形时，4号位的二传队员既要靠网站又要靠边线站，以免造成与3号位队员位置错误或影响3号位和4号位队员的接发球。

插上队员应站在同列队员的侧后方，选择最短的插上距离、最佳的插上时机。并要及时后撤参与防守。

3. "心二传"进攻阵形及其变化

二传队员在中场进攻线附近组织进攻的阵形称作"心二传"进攻阵形。"心二传"是近年来创新的一种进攻阵形。其特点是二传队员在中场位置进行二传，有利于组织后排进攻及前后排相互掩护进攻，战术变化多，适合技术水平较高的队伍使用，但对一传及队员间的配合要求较高。其站位及变化如下。

（1）6号位作二传的"心二传"阵形

后排6号位队员在进攻线附近担任二传，其他队员分别进行前排进攻或后排进攻。

（2）3号位作二传的"心二传"阵形

前排3号位队员在进攻线附近担任二传，1号位队员专门后排跑动进攻，其他队员分别进行前排进攻或后排进攻。

（3）后排"插上"成"心二传"阵形

6号位队员从3号位队员右侧"插上"成"心二传"进攻阵形，其他队员分别进行前排进攻或后排进攻。

运用"心二传"进攻阵形时应注意以下几点。

①二传要具备熟练的传球技术和较高的战术素养。

②本队接发球水平稳定。

③后排队员有较强的后排进攻能力。

(二) 进攻打法

进攻打法是指二传队员与扣球队员之间组成的各种配合。每一种进攻阵形中都可以灵活地运用多种进攻打法，以达到避开拦网、突破防线、争取主动的战术目的。进攻打法可分为强攻、快攻、两次攻及其转移、立体进攻等。

1. 强攻

在无掩护或掩护较小的情况下，主要凭借个人力量、高度和技巧强行突破对方的拦、防。

（1）集中进攻

在4号位或2号位组织比较集中的不拉开的高球进攻，或在3号位扣一般高球。这种打法易掌握，也易被拦，适合初学者和水平较低的队伍运用。

（2）拉开进攻

二传队员将球传到标志杆附近进攻的打法，叫拉开进攻。拉开进攻可以扩大攻击面，以避开拦网，有利于线路变化及打手出界。

（3）围绕进攻

围绕跑动换位的目的是发挥自己的扣球特长，避开对方拦网的有效区域。

进攻队员从二传队员前面绕到后面去扣球，称为"后围绕"进攻。

进攻队员从二传队员后面绕到前面去扣球，称为"前围绕"进攻。

（4）调整进攻

当一传或防起的球不到位，球的落点离网较远时，由二传队员或其他队员，把球调整到网前有利于扣球的位置上进行强攻的打法称之为调整进攻。调整进攻在接扣球反击中运用较多，并占有比较重要的位置。调整进攻对运动员的体能要求较高，运动员必须具备一定的弹跳素质和力量素质才能有效地突破对方的拦网和防守。

（5）后排进攻

后排队员在进攻线后起跳扣球，称为后排进攻。由于击球点离网较远，过网面加宽，给对方的拦网造成了较大的困难，比赛中的运用效果是显而易见的。后排进攻已从过去的"被动式"转变为"主动式"，并被各队普遍采用。

强攻是现代排球比赛中制胜的关键，世界一流水平的队，无论在强攻扣球的力量与速度上，还是在强攻扣球的高度与变化上，都占有明显优势。

2. 快攻

各种快球以及以快攻作为掩护，由同伴或本人进行的进攻，均称为快攻。

（1）快球进攻

二传队员将球或快或平传给扣球队员，扣球队员快速挥臂击球，称为快球进攻。快球进攻是我国的传统打法。其特点是速度快、突然、掩护作用强，有利于争取时间、空间和组织多变的战术。

组织快球战术，主要靠二传队员与扣球队员之间密切配合。二传队员要了解扣球队员的特点，还要根据当时扣球队员上步情况，主动配合传球。扣球队员也应根据一传的特点及二传的特点，主动地加以配合。其中重要的一点是要相信二传队员，否则就会犹豫不决，贻误战机。

（2）自我掩护进攻

用自己打各种快球的假动作来掩护自己的第二个实扣进攻，称为自我掩护进攻。

①"时间差"进攻

"时间差"进攻在运用时要求扣球队员与二传之间通过暗号密切配合。扣球队员的第一次佯攻助跑上步、急停制动动作要做得逼真，同时也要与快球实扣交替使用才能收效。二传球的高度定在对方拦网队员下落之际，本方扣球队员能突然原地起跳实扣为佳。

②"位置差"进攻

扣球队员的佯攻要逼真，错位的移动要连贯，并与快攻实扣灵活交替运用，方能取得良好效果。"位置差"进攻打法有多种。

A."短平快前错位"

3号位做短平快佯攻后向右跨步，用双脚或单脚起跳扣集中的半高球。

B."体快前错位"

3号位近体快球佯攻，然后突然向左跨步起跳扣拉开的半高球。

C."近体快后错位"

3号位近体快球佯攻，然后突然向右侧跨步围绕到二传队员背后扣半高球。

③"空间差"进攻

"空间差"进攻也称空中位移进攻。这种打法进攻面宽，突然性大，很容易摆脱对方的拦网，但要求扣球队员有良好的弹跳及冲跳能力，并要与二传队员密切配合才能完成。

A."前飞"

队员在扣短平快的起跳点上做佯攻，利用向前冲跳的惯性，使身体在空中水平位移到二传队员附近，扣半高球。

B."背飞"

队员在二传队员体侧起跳，利用向前冲跳的惯性，在空中移到二传队员背后1～2米扣半高球。

C."假背飞"

扣球队员在3号位佯做单脚"背飞"扣球，突然起跳扣背快球。这种战术是在单脚起跳"背飞"的基础上发展起来的，不同的是最后一步较大，摆臂向上，增加踏跳的垂直分力，减小水平位移，起跳后扣背快球。

D."后飞"

扣球队员在2号位佯扣背溜球或短平快球，踏跳后向3号位"起飞"扣背快球。

E."拉三"

扣球队员在3号位佯扣近体快球，踏跳时向左侧冲跳，利用空中位移追扣二传队员向3号位传出的短平快球，以达到避开对方拦网的目的。

F."拉四"

扣球队员在短平快起跳点佯扣，踏跳时向左侧冲跳，利用空中位移，追扣二传队员传向3号位和4号位之间的拉开球。

"空间差"进攻打法尚有很大的发展潜力，如能与"位置差"等打法结合起来运用，如错位后加"前飞"等，还可以进一步丰富"空间差"的战术打法，增强"空间差"进攻打法的效果。

G. 快球掩护进攻

利用各种快球吸引对方拦网，然后给其他队员创造一打一或空网扣球的进攻打法，称为"快球掩护"进攻。在快球掩护下，其他队员还可以进行各种形式的跑动进攻，快球掩护进攻具有出其不意、攻其不备、集中兵力、以多打少、避实就虚的作用。随着排球运动的发展，掩护的方法越来越多，现已从单人掩护发展到多人掩护，从前排队员掩护发展到后排队员掩护。

在快球掩护进攻中，主要有交叉进攻、梯次进攻、夹塞进攻、双快或三快进攻和双快一跑动进攻等多种打法。

第九章 当代大学生乒乓球运动技能的培养研究

第一节 乒乓球运动的基本理论

一、乒乓球运动的溯源

英国是乒乓球运动的起源地，然后传遍整个欧洲，时间为 19 世纪末期。乒乓球运动在后来的规则上与网球有很多类似的地方，英语的意思就是"桌上网球"。根据相关文献，在 19 世纪下半叶，一些英国学生为了在室内也能玩到网球，于是将网球运动的规则大体移至一种室内游戏中，这就是现代乒乓球运动的雏形。

这种运动的规则为将球直接送到桌子的另一侧，或者在跳到另一侧之前将球送到台面。球拍由羊皮纸制成，形状为长椭圆形，内部为空心。为了防止球砸碎和损坏其他设施，通常用橡胶球或软木实心球，并且外面还会包裹上毛线。这种游戏可在桌上摆网进行，也可以使用两把椅子在地板上作为支柱，并将网悬挂在中间开展。虽然这些简单的器材不能使比赛看起来很激烈，但趣味性却很强。这种游戏起初并没有完善的规则，每局分值可根据双方商定定为 10 分制或 20 分制，甚至更多。后来，一位名叫詹姆斯·吉布的英国人前往美国，偶然发现了一个由具有强弹性的赛璐珞材料制成的空心玩具球。因此他将这种材料球应用于早期的乒乓球游戏，以此取代过去的橡胶或实心球。1890 年左右在英国举办的乒乓球游戏都开始使用这种质地的球，随后普及到更多国家。因为使用的球拍在击打球的时候会发出好玩的"乒乒乓乓"的声音，所以人们也就非常生动地称这个游戏为"乒乓球"。起初，乒乓球在宫廷和贵族中开展，后来这种游戏开始在民间开展，最终传播到全世界。

二、乒乓球运动的发展

（一）世界乒乓球运动的发展

世界乒乓球锦标赛（简称"世锦赛"或"世乒赛"）是乒乓球运动最顶尖的赛事。第 1 届世乒赛于 1926 年举办。在此，主要以世乒赛为主线，对世界乒乓球运动的发展情况进行梳理。具体来看，乒乓球运动的发展主要为如下几个时期。

1. 欧洲全盛期（1926～1951 年）

最初，运动者使用的球拍是木制的，速度有限，而且旋转弱，所以打法单一。出现胶皮拍后，技术变化多了一些，削下旋的防守型打法开始出现。这一时期，世界乒乓球运动发展的重点和优势都集中在欧洲国家。世乒赛冠军大部分出身于欧洲，其中匈牙利选手所获得的成绩最突出，所以这一时期被称为欧洲全盛时期。

防守多于进攻是这一时期欧洲选手的基本打法，他们战胜对手主要是靠稳削下旋球。力争自己不失误，等待对方失误以取胜是欧洲选手参赛的指导思想。因此，在比赛中，打"蘑菇球"的局面曾不止一次地出现，最后裁判员只能用掷钱币的方法决定胜负。鉴于此，国际乒联通过修改规则、限定比赛时间来鼓励选手积极进攻，避免消极打法。此后，削中反攻打法有了一定的发展。

2. 第二阶段（1952～1959 年）

1952 年，在第 19 届世界锦标赛中，采用远台长抽打法的日本运动者击败了采用下旋削球打法的欧洲选手，上旋打法的优势逐渐显现。此外，日本选手使用海绵球拍来增加进攻速度。这种新的打法远远领先于欧洲的防守型打法。日本运动者在第 19 届锦标赛中夺得 4 项冠军，打破了欧洲在世界乒坛的垄断地位。

这一时期举行的世界锦标赛中，共产生 49 枚世界冠军金牌，其中，日本选手夺走 24 枚。尤其是在第 25 届世界锦标赛上日本选手获得 6 项冠军，达到高峰状态。

3. 第三阶段（1959～1969 年）

20 世纪 50 年代，日本选手称霸世界乒坛时，中国乒乓球运动员开始崭露头角，中国队不仅加强了基本功训练，还在技术上保持快、狠的同时，提高击球的准确性，强化拉攻技术，逐渐形成和创造了直拍近台快攻打法，该打法技术风格独特，可以概括为"快、准、狠、变"。

1961 年，第 26 届世界锦标赛中，中国队战胜了欧洲和日本选手，首次摘得男子团体世界冠军的金牌，并在第 27、28 届男子团体项目上连续获得冠军，中国队所获得的成绩，对于世界乒坛而言，可谓是一个不小的震撼。中国近台快攻的打法与日本远台攻球打法相比又是一大进步。

20 世纪 60 年代，中国乒乓球的技术水平在世界乒坛位于最前列，占据绝对的技术优势。

4. 第四阶段（1971～1979 年）

在日本、中国乒乓球运动快速崛起的同时，虽然欧洲乒乓球处于探索和动荡中，但是他们不断总结经验，学习日本和中国的打法，吸收优点。最终经过多年的努力，创造出了以弧圈球为主结合快攻和以快攻为主，结合弧圈球的两种先进打法，形成了适合自己的风格特点的打法，这些打法具有速度快、旋转强、能拉能打、正反手都能拉弧圈球、回球威胁大等特点。他们密切结合了旋转和速度，促进了乒乓球技术的新发展。

20 世纪 70 年代以来，中国的近台快攻打法也在不断发展，如加力推、减力挡、推挤弧圈球等推挡技术的发展，正反手高抛发球的创新，正手快带弧圈球、正手快拉小弧圈等新技术的发明，这些新技术具有很强的威力。另外，中国直拍快攻结合弧圈球的打法也取得了一定的成绩，横拍快攻结合弧圈打法的运动员也在乒乓球国际比赛中彰显了实力，取得了好成绩。在第 31～39 届世界锦标赛中，中国队共获得世界冠军 42 项，实力不容小觑。

5. 第五阶段（1981 年至今）

1988 年，乒乓球被列入奥运会正式比赛项目，这对世界乒乓球运动的发展来说是一个难得的机遇。从此，世界各国特别是欧亚乒乓球强国对普及与提高乒乓球运动更加重视，并不断在乒乓球器材、技术上进行创新。技术创新是中国乒乓球长盛不衰的主要原因。总之，现代世界乒乓球运动正向着"积极主动、特长突出、技术全面、战术多样"的方向全面发展。

（二）中国乒乓球运动的发展演进

1. 乒乓球的发展

1904 年，乒乓球运动传入中国。1916 年，中华基督教青年会上海分会童子部首先开设乒乓球房。1918 年，上海成立全市的乒乓球联合会，乒乓球队纷纷建立，并在 1923 年第一次举办比赛。同年，全国乒乓球联合会在上海成立，中国乒乓球运动取得初步发展。

2. 中华人民共和国乒乓球运动的开展

中华人民共和国成立后，中国乒乓球运动的发展经历了以下几个阶段。

（1）领先于世界（20 世纪 50 至 60 年代）

我国乒乓球运动从 20 世纪 50 年代开始飞速发展。我国在 1953 年第一次参加世乒赛，1959 年，我国首次夺得世界锦标赛男单冠军，从此在世界崛起。1961 年，我国主办第 26 届世锦赛，并获得 3 项冠军。1965 年，我国男女队在世锦赛上斩获 5 项冠军，从此走向世界乒坛前列。

（2）技术创新、改革与发展（20 世纪 70 年代）

中国队在技术上不断发展和创新，在"快、准、狠、变"的风格特点上增加了"转"，直板正胶普遍增加了上旋球，随后在第 32～35 届世锦赛上又取得了骄人的成绩。

另外，我国在这一时期形成了新型直板反胶进攻打法和横直板两面不同性能球拍的"倒板"打法。这些创新推动了我国乒乓球在 20 世纪 80 年代的进一步发展。

（3）培养新人，再创辉煌（20 世纪 80 年代）

在 1981 年的世界乒乓球锦标赛上，我国乒乓球运动者夺得 7 项冠军，达到新的高峰，创造了奇迹。在 20 世纪 80 年代的 5 届世乒赛中，金牌总数的 80% 都由中国运动者获得。

（4）为国争光，勇攀高峰（20 世纪 90 年代至今）

20 世纪 90 年代，世界乒乓球的发展呈现出多元化趋向，我国也受到了潜在的威胁。在第 40 届和 41 届世界乒乓球锦标赛上，中国队接连失利，但经过反思后加强技术创新，狠抓管理，培养新人，最终走出低谷，在第 42 届世乒赛上，夺得 4 项冠军，再创辉煌。此后，中国队在世界乒坛一直处于顶峰，中国乒乓球运动者不断在世界大赛中创造佳绩，为国争光。从中国队最新在世界乒乓球大赛中取得的成绩中也能看到中国乒乓球的实力与地位，如 2016 年的马来西亚世乒赛团体赛，中国男女团分别在决赛中战胜日本队双双夺冠。2016 年的里约奥运会上，中国乒乓球队包揽了 4 枚金牌，单打项目各 2 人参赛均包揽金银牌。2017 年世界乒乓球锦标赛 5 项比赛中国队收获金牌 4 枚，女单丁宁夺冠，男单马龙夺冠。2018 年的乒乓球世界杯上，樊振东夺得男单冠军，丁宁夺得女子冠军，中国男队、女队在团体决赛中双双夺冠。2019 年在布达佩斯举行的第 55 届世乒赛上，中国队伍获得全部 5 项冠军。

综观我国乒乓球运动的发展历史，有过领先于世界的辉煌，也有过失去领先的痛楚。但值得我们骄傲的是，长期形成的"乒乓精神"对一代又一代运动者产生了巨大的激励作用，使其坚持不懈地奋斗、钻研、创新、为国争光，这种精神也激励着我们每一个国人。

三、乒乓球运动的特点

乒乓球是一项具有广泛群众基础的小球运动，其特点主要表现在以下几个方面。

（一）球体轻、球速快

乒乓球是一项非常易于开展的运动项目，尤其是在中国，乒乓球运动有着"国球"之称。

乒乓球是最小的球类体育运动，原来乒乓球的球体直径仅为 38 毫米，重 2.5 克。从 2000 年 10 月 1 日开始，乒乓球运动比赛开始使用直径为 40 毫米的大球，球重为 2.7 克。球应用赛璐珞材料或类似的塑料制成，在比赛中可以使用白、黄、橙三种颜色的球。

乒乓球与排球、网球、羽毛球、毽球、藤球等球类运动都属于隔网竞技的运动项目，乒乓球还同网球、羽毛球一道被称为"三拍运动"。乒乓球在体育运动项目中常被认为是"聪明人的运动"，该运动素以速度快、变化多、技巧性强、趣味性高而著称。在乒乓球运动中，乒乓球的球速最快可达 50 米/秒左右，加转弧圈球的转速高达 176 转/秒，各种不同的旋转多达 26 种。同时，乒乓球球小、速度快、变化多，能够造就练习者在短时间内拥有对瞬息万变的击球的较强的反应能力和应变能力。

（二）器材设备简单

乒乓球台是乒乓球运动的重要设备。标准乒乓球台的长为 2.74 米、宽为 1.525 米、高为 76 厘米，台子可以用任何材料（国际规定应该由坚实木料）制成，对于台面的厚度并没有具体的规定，但是应该具有均匀、合适的弹性，具体的弹性要求是用标准乒乓球从台面上空 30 厘米处落下后弹起 23 厘米即为合适。

乒乓球台的中间为球网，球网由网、网柱以及支架三部分组成。网的高度为 15.25 厘米，台面四周应该画上 2 厘米宽的白线，双打时还需要在台面中央画一条 3 毫米宽的白线。球台的颜色并没有具体的限制，但是台面应该呈现均匀的暗色，无光泽，多为墨绿色与海蓝色（目前大型比赛常选用海蓝色球台同红色地面、黄色乒乓球相配套）。

乒乓球运动所需要的场地空间并不是非常大，一般场地为 20 米长、7 米宽、4 米高。乒乓球运动场地的面积仅是足球场的 1/73、网球场的 1/7。由此可见，场地对于乒乓球运动的限制性是非常有限的。

（三）群众基础非常广泛

乒乓球运动对于运动者的反应速度有着非常高的要求，能够很好地进行反应速度的训练，它对于参与者的年龄也没有严格的限制，无论是老人还是小孩甚至是患有伤病的残疾人都能够参与到乒乓球运动当中，因此它具有非常广泛的群众基础。除此之外，乒乓球运动的设备也较为简单，不管是在室内还是室外都能够进行，运动者的运动量也可以根据自身的身体状况以及年龄特征等因素进行合理的调整。

由此可见，乒乓球运动项目的特点决定了它具有广泛的适应性与很好的运动价值，因此，该项运动的开展非常普遍，且具有广泛的群众基础。

（四）具有很强的健身性与竞技性

乒乓球运动不仅球速非常快，而且富于变化，同时球在来回击打的过程中还带有强烈的旋转，能够很好地锻炼运动者的反应能力与临场应变能力，从而起到相应的健身效果。经常参与乒乓球运动的群体往往具有很好的身体协调性与敏捷性，上下肢的运动能力也要优于常人。此外，参与乒乓球运动可以显著改善人体心血管系统的功能，促进机体的新陈代谢，有效增强运动者的身体体质。

乒乓球运动包括单打、双打、团体等形式，比赛双方所使用器材的材质（如球板、胶皮等）也各不相同，打法与技战术的应用各不相同，因此也使得乒乓球运动的比赛充满制约与反制约、适应与反适应的矛盾转化。对于乒乓球运动的参与者而言，乒乓球比赛不仅能够很好地培养自己独立思考与团队作战的能力，还能够有效地提升自身思想、意志等方面的能力，同时，这些也很好地体现出乒乓球运动的对抗性特征。

第二节　乒乓球运动的技术培养

一、大学生乒乓球运动无球技术实践研究

（一）基本站位

乒乓球比赛中，参赛者为了准备回击各种不同落点和性能的来球，根据自身打法、特点及对方打法、特点，在每次击球前选定一个相对固定的位置范围，并保持一种相对稳定的准备姿势。这个相对固定的位置范围就是基本站位。

1. 一般情况下的基本站位

不同类型打法及特点的选手，其基本站位区域也不相同。正确的站位，应能保证其向任何方向迅速移动，并有利于自身保持稳定的击球姿势。比赛中基本站位是否合理，将直接影响个人技术、战术水平和特长的发挥。当然，基本站位只是一个大概的范围，比赛中应根据自身的技术特长、身体高度、步法形态、击球习惯以及对方的打法特点灵活调整。

不同类型打法选手的基本站位如下：

左推右攻打法，基本站位在近台、偏左 1/3 处。

直拍近台两面攻打法，基本站位在近台、中间略偏左处。

直拍弧圈球打法，基本站位在中远台、偏左 1/3 处。

横拍弧圈球打法，基本站位在中远台、中间略偏左处。

直拍快攻结合弧圈球打法，基本站位在中近台、偏左 1/3 处。

横拍快攻结合弧圈球打法，基本站位在中近台、中间略偏左处。

削球打法，基本站位在远台、中间位置。其中攻削结合型离球台稍近一点，削攻结合型离球台稍远一点。

2. 易犯错误及纠正方法

（1）左推左攻打法站在球台中间偏右位置

纠正方法：用粉笔在球台偏左 1/3 处画线示意，规范左推左攻打法正确站位区域。增加练习次数，建立正确的站位概念。

（2）近台快攻打法站在中远台

纠正方法：讲解站位区域的划分，示范正确的站位范围，提高初学者对站位重要性的认识。

（3）削球类打法站在中近台

纠正方法：采用正、误对比方法，要求站在离球台 1 米左右处。

（二）基本姿势

基本姿势包括击球前的准备姿势和连续击球之间需要保持的身体姿态。打乒乓球必须注意保持恰当的基本姿势，从而保证迅速起动、及时找到合理的击球位置，同时维持身体重心的相对平衡与稳定。

正确的基本姿势可使身体各个部位有更多的肌肉处在"应激"状态，"一触即发"，随时准备回击来球。

（三）步法

1. 步法特点与作用

步法指运动者为选择合适的击球位置采用的脚步移动方法。其特点是起动快、移动快、频率快。

比赛中来球的落点不断变化，要用正确的步法使自己移动到合适的击球位置。没有灵活的步法是不能适应训练和比赛需要的，相对来说，也会影响技术水平的提高。

从乒乓球临场统计资料看，若每场比赛移动 100～250 次，移动距离有 1 000～3 000 米。这说明步法移动的重要性，并可看出步法与身体素质之间存在密切的关系。

步法移功的基本因素：运动者运用下肢力量作用于地面，使地面产生大小相等、方向相反的支撑反作用力。

2. 步法种类与动作要点

乒乓球步法的区分：从移动范围来说有大、中、小三种不同范围；从移动方向来说，有向前、向后、向左、向右、斜前方、斜后方等不同方向；从移动方法来说，有单脚、双脚、交叉等不同方法；从移动形式来说，有平动、滑动、跳动等不同形式。其种类有：跳步、单步、跨步、并步、交叉步、侧身步、小碎步等。

（1）单步

在来球距个人身体一步以内的较小范围、角度不大的情况下采用。

动作要点：以一脚前脚掌内侧蹬地用力，并以此前脚掌为轴稍转动，另一脚向来球方向前、后、左、右移动一步（图 9-1）。

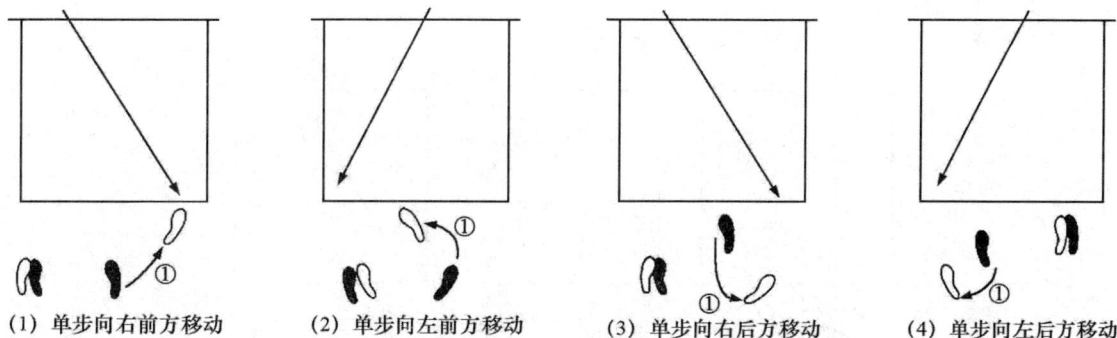

| (1) 单步向右前方移动 | (2) 单步向左前方移动 | (3) 单步向右后方移动 | (4) 单步向左后方移动 |

图 9-1

在还击追身球或近网短球时常采用此种步法。在做单步移动时，身体重心必须向击球方向移动，并应注意立即用移动脚的前脚掌内侧用力蹬地还原，保持准备姿势。

（2）并步（亦称滑步或换步）

当来球距个人身体一步以上而移动幅度又不大时采用。由于此步法没有腾空动作，所以其优点是移动后，能保持身体的平衡和稳定的击球姿势，便于后续发力和连续进攻。

并步是削球打法选手的常用步法，欧洲横拍快攻结合弧圈型选手采用最多。近台左推右攻选手从左至右正手攻时，也采用此步法。

动作要点：移动时，先以来球反方向的脚用力蹬地迅速向另一脚并拢；同时，来球同方向的脚用前脚掌内侧蹬地，用力向来球方向滑一步，两脚几乎同时蹬地与着地；第一步小、第二步大，保持准备姿势（图 9-2）。

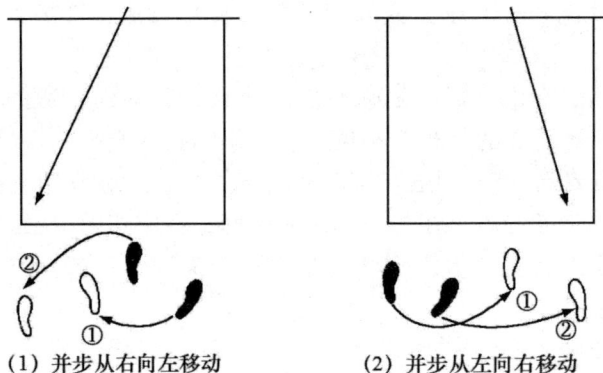

（1）并步从右向左移动　　　　　　　（2）并步从左向右移动

图 9-2

由于并步是由两步组成的，因此两脚移动时的动作速度应快捷。

（3）跨步

在来球距个人身体一大步的范围时采用。此步法的优点是移动速度快，便于还原。直拍左推右攻打法选手在还击正手位大角度来球时多用此步法；削球选手在中台接突击球时，也往往采用此步法。

动作要点：来球方向的异侧脚前脚掌内侧用力蹬地，另一脚向来球方向侧跨一大步；同时，脚尖应转向来球方向，并用前脚掌内侧蹬地制动起缓冲作用，另一脚再迅速跟着移动；球离拍后应立即迅速还原，保持准备姿势（图 9-3）。

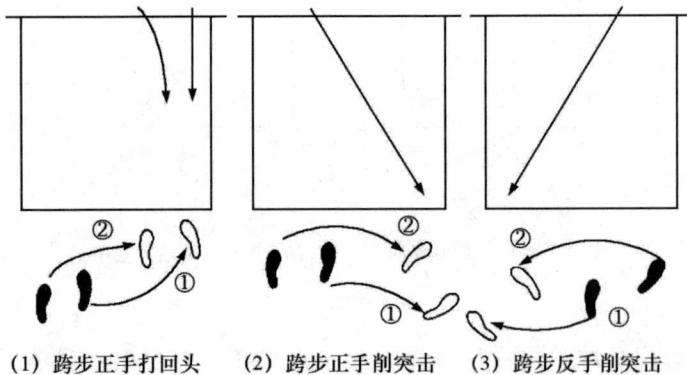

（1）跨步正手打回头　　（2）跨步正手削突击　　（3）跨步反手削突击

图 9-3

（4）跳步

①小跳步

小跳步亦可称作小垫步。两脚的前脚掌几乎同时上下轻轻跳一下或踮一下，有时两脚是不离开地面的。一般用于还原身体重心或脚距，调节击球姿势。优秀的运动员在发球后，常用小跳步进行还原，伺机进行抢攻。否则身体重心压在右脚上或侧向球台，很难起动结合下一次击球。又如削球选手，每削完一次球后，会借助小跳步进行动作还原，从而使步伐移动速度得到提升。

在运用小跳步时，应注意上、下跳动的幅度不宜过大，否则延误时间，对还击下一次来球造成不利影响。

②大跳步

在来球较快、角度较大时采用。即来球反方向的一脚前脚掌内侧用力蹬地，使两脚离开地面的同时向前、后、左、右方向跳动，蹬地脚先着地（图9-4）。

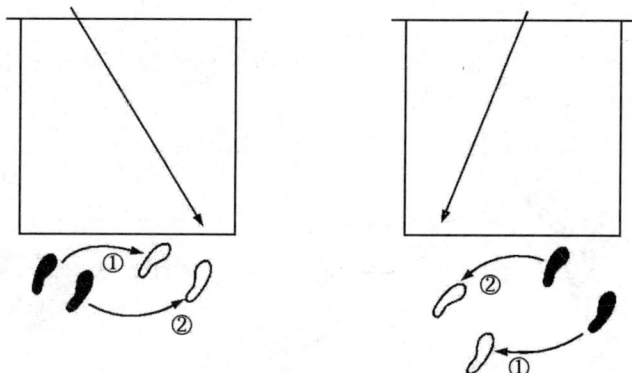

图9-4

在做跳步时，通常是依靠膝关节和踝关节的缓冲来减少重心的上下起伏。

（四）握拍技术

握拍法指手握乒乓球球拍的方法。它与击球动作有着密切的关系，在相当程度上影响着每个人的技术特点。目前世界上流行的握拍法主要分为直拍握法和横拍握法，前者多为亚洲运动员所采用，而后者是欧洲的传统，两者各有其优缺点。选用何种握法，因人而异。可根据个人的身体条件、兴趣爱好、技术特点进行握拍法的选择。

正确的握拍法不仅对调整击球时的引拍位置、拍形角度、拍面方向和发力方向等有着重要作用，也与掌握乒乓球基本技术和提高乒乓球技巧有着密切关系。

1. 握拍法动作要点

（1）直拍握法

①中钳式握法

直拍握法由于拇指和食指间距离大小，分为大钳式、中钳式、小钳式3种握法。采用中钳式较为合理。其握法如图9-5所示。

图9-5

拇指、食指自然弯曲，以拇指第一关节和食指第二关节压住球拍的两肩，两指间距适中

（一般以一指宽距离为宜）。中指、无名指、小指自然弯曲斜形重叠，以中指第一关节偏左侧部托于球拍背面上 1/3 处；或小指、无名指微屈，同时压住拍面。

中钳式握拍法适合近台快攻型打法选手采用，如李富荣、江嘉良等。

大钳式握法：大拇指和食指间距离大于一指宽以上。因影响手指手腕灵活性，此握法已十分少见。

小钳式握法：大拇指和食指间距离小于一指宽，往往贴近连在一起。此握法虽利于正、反攻球，但不利于发力。

②食指扣拍式握法

球拍的拍身大多为长方形，在拍柄部位有一较高的软木垫，便于扣拍。因日本和朝鲜选手使用此种球拍较早且多，亦称"日式"球拍。

食指扣拍式握法如图 9-6 所示。

图 9-6

大拇指紧贴在拍柄的左侧，食指扣住拍柄、形成一个小环状，紧握拍柄。中指、无名指、小指自然弯曲顶在球拍的背部约 1/3 处。此握法适用于弧圈球型打法。

③削球式握法

采用直拍削球打法的著名选手有中国的姜永宁、张燮林，20 世纪 70 年代有辽宁的男选手王俊、河南的女选手葛新爱，他们均登上了世界冠军的技术高峰。削球式握法因技术难度大，目前使用的人数较少。削球式握拍方法如图 9-7 所示。

图 9-7

拇指和其余四指分开握球拍的两面。拇指弯曲紧贴拍柄的左侧肩部，食指、中指、无名指和小指托住球拍的背面。此握法在正手削球时，引拍至肩高，为减少来球冲力，拍形垂直或稍后仰，击球后尽量使球拍后仰；反手削球时，拍后四指灵活地把球拍"兜"起，使拍柄向下压住来球。

④直拍横打型握法（图 9-8）

直拍横打是 20 世纪 90 年代我国对乒乓球运动的一项技术创新。我国采用直拍横打型握法的著名选手有刘国梁、王皓等。在击球工具上，改变原有直拍单面覆盖正胶或反胶、单面击球的状况，而是在另一面粘上反胶，使球拍正、反面都可以击球。中国运动员直拍横打技术完善、丰富，拓宽了快攻打法的球路，使传统的左推右攻打法朝着"两面开弓"方向发展，使直拍的反手位，从"死角"变"活角"。

图 9-8

"直拍横打"用正面击球时，握拍方法与传统握拍方法相同。当用直拍横打反面击球时，握拍方法是人拇指用力压住球拍，食指相对放松，球拍背面三指弯曲度加大并移向拍柄，形状类似于半握拳，腾出拍面，避免击球时球打在手指上，拍面易于稳定。

直拍握法优、缺点如下。

优点：手腕与手指比较灵活，易于调节拍形角度和拍面方向；正、反手击球时摆臂速度快；发球和攻台内球时多变、灵巧。

缺点：手腕不易固定，拍形相应难以稳定；反手正面攻球时，不易掌握和发力；拍柄延伸长度短，左右照顾范围小。

（2）横拍握法

横拍握法因每个人的习惯、特点不同，分深握和浅握两种。因手指动作相似，均称"八"字式握法。其握拍方法如图 9-9 所示。

图 9-9

虎口压住球拍右上肩，拇指和食指自然弯曲分别握在拍身前、后两面。中指、无名指、小指弯曲握住拍柄。

此握法适用于快攻型或弧圈型打法。正手攻球时，食指在拍身背面应稍向上移位。反手攻球时，拇指稍向上移位，便于固定板形，易于发力击球（图 9-10）。

图 9-10

同一类型打法的选手，由于握拍方法有差异，其技术特点亦有不同。例如，同样是横拍快攻结合弧圈型选手，波兰名将格鲁巴（Grubana）、俄罗斯的马祖诺夫（Mazunov）兄弟俩，是拍肩偏食指握法。技术特点是反手强、正手弱。中国优秀选手马文革、许增才，是拍肩偏拇指握法，技术特点是正手强、反手弱。瑞典的简·诺瓦·瓦尔德内尔（Jan－Ove Waldner）、米克尔·阿佩伊伦（Mikael Appelgren）等，则是拍肩正对虎口握法，技术特点是正、反手都较全面。这说明，握拍法与各类型打法联系紧密。

横拍握法优、缺点如下。

优点：拍柄延伸距离长，左右照顾范围大；反手进攻时，因拍形固定且不受身体阻挡，易于发力；另外，攻球和削球时手法变化不大，易于从进攻转为防守，又由相持转入进攻。

缺点：因拍形比较固定，手腕不太灵活，还击台内短球难度增大；正、反手攻球时，左右转动拍面击球，手臂做旋内和旋外动作幅度大，故挥拍摆速慢。

（3）握拍法练习方法

①练习步骤

A 手模仿练习。教师检查初学者握拍时各个手指位置及用力情况。

B. 两人一组做若干次正、反手平提球或正手攻球后，互相检查、纠正握拍动作。

C. 观看优秀选手握拍技术录像。

②易犯错误及纠正方法

A. 握拍手指关节僵硬、不灵活。

纠正方法：采用"本体感受"法，即教师示范正确握法，要求初学者用手触摸教师执拍手各个部位的关节，对比肌肉屈伸、收缩放松程度的正、误。

B. 忽视用手指侧面压拍动作，影响击球力量和拍面转动灵活性。

纠正方法：采用"手把手"教授手段，检查、纠正练习者的手指动作；强调击球时，手指的偏侧部用力可发挥各个关节的灵活与配合。

C. 直握拍者中指、无名指、小指分开顶板，变反手位击球时摆速慢。

纠正方法：此握法虽便于正手进攻与发力，但影响反手位击球；应反复强调正确的握法对技术全面发展的作用，不可偏废一方。

二、大学生乒乓球运动有球技术实践研究

（一）发球技术

发球是乒乓球比赛中每一分球的开始，它是乒乓球技术中唯一不受对方来球制约的技术，可以最大限度地实现自己的战术意图，其主动性显而易见。正因如此，它也是最有潜力的一项技术。

发球技术的种类较多。有以速度为主的，如正手、反手奔球；有以旋转为主的，如高抛，低抛，左、右侧上、侧下旋球；有上手式发球，如下蹲式侧上、侧下旋球等。

现在的发球都把旋转与速度结合放在首位，讲究落点，形成套路，并且每套发球力求动作相似，以造成对方判断的困难。由于"直拍横打"技术的创新，运用直拍背面发球，又丰富了发球的内容，成为比赛中引人注目的新景观。

1. 主要发球技术介绍

（1）平击发球

特点：平击发球发出的球一般不带旋转，速度中等。熟练后可发平击快球。其击球动作简

单易学，是最基本的发球方法，也是掌握其他复杂发球的基础。

①正手发平击球的动作方法（图9-11）

图9-11

击球前：左脚稍前，身体略向右转，左掌心托球置于身体右侧前方，右手持拍于身体右侧；左掌向上抛球的同时，右臂内旋，使拍面角度前倾呈半横状，并向右后方引拍。

击球时：当球下落时，身体重心由右脚向左脚移，腰带动上臂，上臂带动前臂挥拍；球落至稍比网高时，快速挥拍击球的中部偏上，球击出后第一落点在球台中间。

击球后：手臂顺势前挥并迅速还原。

②反手发平击球的动作方法（图9-12）

图9-12

击球前：右脚稍前或平站，身体略向左转，左手掌心托球置于身体左侧前方，左手将球向上抛起，同时右臂外旋，拍面稍前倾呈半横状，并向身体左侧后方引拍；球从高点下落时，持拍手臂从身体左侧后方向右前方挥动。

击球时：当球下落至稍比网高时，腰带动手臂击球，击球点在中上部并向右前方发力；球击出后的第一落点应为球台中央。

击球后：持拍右臂随球向右前方挥动，应为迅速还原。

（2）正手发下旋加转球与不转球

特点：运用正手发下旋加转球与不转球的发球方法发出的球速度慢，前冲力小，旋转变化大，手法近似，动作隐蔽，通过旋转变化来迷惑对方，造成对方的失误或为自己抢攻创造有利条件。

①正手发下旋加转球的动作方法（图9-13）

击球前：左脚稍前，身体略向右偏斜，左手掌心托球置于身体右前方，向上抛球时，右臂持拍向身体右后方引拍。

击球时：当球由高点下落时，腰部带动右臂，从身体右后上方向左前下方做浅弧形的挥拍；当球落至约与网同高时，前臂加速向左前下方作弧形发力，同时持拍手以拇指压拍，腕做屈内收，用球拍的左侧偏下部位触球，击球的后中下部并向底部快速摩擦。

图 9-13

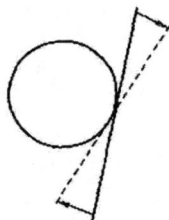

击球后：手臂继续向左前下方随势挥动，并迅速还原。

②正手发下旋不转球的动作方法（图 9-14）

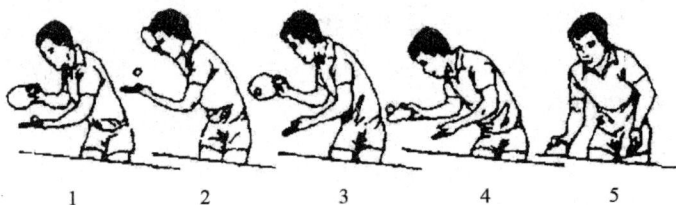

图 9-14

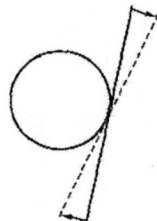

正手发下旋不转球的动作方法大致与正手发下旋加转球的动作方法相同，主要区别在于：击球瞬间手臂外旋幅度小，减小拍面后仰角度；击球中部或中下部，减少向下的摩擦力；球触拍的位置在中间偏右；拍触球时稍加向前推力，尽量使作用力接近球心，形成不转球。

（3）反手发下旋加转球与不转球

特点：与正手发下旋加转球与不转球的特点相同，只是反手的难度比正手大；较适合横握球拍的选手。

①反手发下旋加转球的方法

击球前：右脚稍前或平站，身体略向左偏斜，左手掌心托球置于身体左前方，向上抛球时右臂外旋，直握球拍手腕做屈，横握球拍手腕外展，使拍面后仰，向身体左后方引拍。

击球时：球从高点下落时，持拍手臂从身体左后上方向右前下方挥动迎球，当落至网高时，持拍手前臂加速，以前臂和手腕发力，直拍手腕做伸，横拍手腕内收，击球中下部并向底部摩擦球；球击出后第一落点在中台。

击球后：手臂继续向右前下方挥动，并迅速还原成准备姿势。

②反手发下旋不转球的方法

大致与发下旋加转球的相同，主要区别在于：手臂内旋幅度小，减小拍面后仰角度，拍击球中部或稍下位置，减少摩擦力，稍加向前推力，尽量使作用力接近球的中心，从而形成不转球。

（4）正手发左侧上（下）旋球

特点：用近似的发球方法发出旋转方向完全不同的两种球，极易迷惑对方，并具有较大的威胁性，是极重要、极常用的发球技术，该技术发出的球均具有较强烈的左侧旋。

①正手发左侧上旋球的动作方法（图 9-15）

击球前：站位左半台，左脚稍前，身体略向右偏，左手掌心托球位于身体右前方，向上抛球时，右臂外旋，直握球拍手腕做伸，横握球拍手腕外展，使拍面方向略向左偏，并向右上方引拍，腰部略向右转。

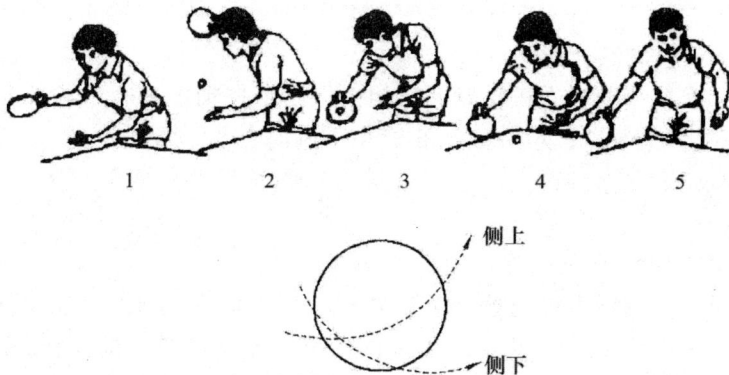

图 9-15

击球时：球从高点下落时，持拍手从右上方向左下方挥拍，当球落至网高时，持拍前臂加速挥摆，手腕发力使球拍加速向左下方挥动，此时直握球拍手腕做屈，横握球拍手腕内收，拍击球的中部并向左侧上方摩擦；根据发球的长短调整第一落点的远近。

击球后：持拍手臂随势向左方挥动，并立即还原。

②正手发左侧下旋球的动作方法

正手发左侧下旋球的动作方法与正手发左侧上旋球的动作方法大致相同，区别仅在于：挥拍击球时，侧上旋是屈腕垂拍，侧下旋是沉腕拇指压拍，击球中下部并向左侧下方摩擦球。横握球拍发左侧上（下）旋时，手指不宜紧握球拍，以免对手腕的灵活性造成影响。

（5）反手发右侧上（下）旋球

特点：与正手发左侧上（下）旋球相同。

①反手发右侧上旋球的动作方法（图 9-16）

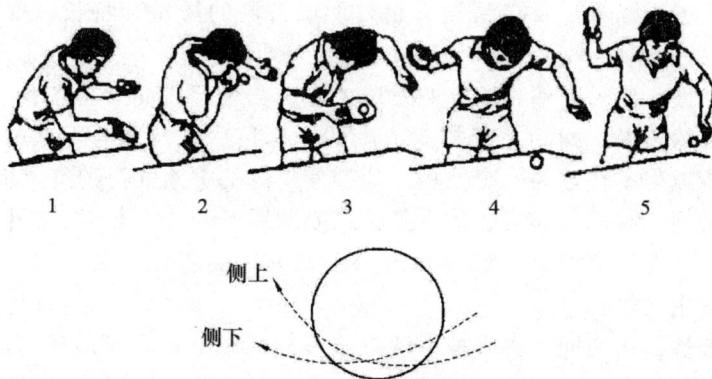

图 9-16

击球前：站位左半台，右脚稍前或平站，身体略向左偏，左手掌心托球位于身体左前方，向上抛球时，右臂内旋，持拍手向左后方引拍，拍面几乎垂直，拍柄略向下，腰部略向左转。

击球时：球从高点下落时，持拍手从身体左后方向右前挥拍，当球落至与网同高时，腰部配合，前臂和手腕同时发力挥拍击球，击球点在球右中部略偏下位置，在触球瞬间手腕快速向右上方抖动摩擦球；根据发长球或短球来调整第一落点的远近。

击球后：持拍手臂随势向右上方挥动后应迅速还原。

②反手发右侧下旋球的动作方法

与反手发右侧上旋球的发球方法相似。区别仅在于：挥拍击球时，球拍与手腕的位置不同，发侧上旋是屈腕垂拍，拍柄在上方；发侧下旋是手腕与前臂较平直，大拇指压拍，拍面较平，击球的中下部并向右侧下方摩擦球。注意，在横握球拍发反手右侧上（下）旋球时要加大右上臂向右方挥摆的幅度。

2. 发球练习方法

进行发球练习时，应遵循由易到难、由浅入深、循序渐进的原则，先进行平击发球技术的学习，让初学者熟悉和掌握发球技术的几个关键环节，即抛球与击球动作的配合关系、击球后第一落点与长短球的关系、旋转球与急（奔）球的关系。之后，在提高发球准确性的基础上，进一步强调发球的旋转、弧线与落点的变化。练习中同样要做到因材施教，区别对待，不应强求一律。

（1）练习方法与步骤

①模仿练习：持拍做发球动作的模仿练习，体会发球时抛球与挥击动作的配合。

②抛球练习：讲解竞赛规则对抛球的要求后进行抛球练习，体会、掌握抛球动作技术以及配合击球的协调性。

③两人一组在台上进行单一发球练习。

④单人多球的发球练习。

⑤进行先斜线后直线、先不定点后定点的发球练习。

⑥先进行单一旋转性能的发球练习，后进行同一手法发不同旋转、不同落点的发球练习。

（2）注意事项

①发球技术应有特长。初学者应先掌握全面的发球技术，然后依据个人情况，选择一两种适合自己的发球方法进行练习，要求精益求精，形成自己的风格和特长。要防止发球技术过于平淡与单调。

②发球应有突然性。让对手感到意外的发球才有威胁性。因此要将各种发球技术配套使用，这样，可以收到更好的效果。如侧上旋与侧下旋的配套使用、长球与短球的配套使用、斜线与直线的配套使用、转球与不转球的配套使用，能够使发球的突然性得到有效提升。

③发球应有针对性。旋转、速度、落点是提高发球质量的3个要素，3个要素结合，可以发出各种各样变化的球。在比赛中，要尽快找出对手接发球的弱点，采用有针对性的发球方法来克制对方，从而赢取主动权。

④发球应有隐蔽性。运用同一种发球手法发出不同性能的球，可取得好的发球效果。因此，发球手法越相似，越能隐藏自己的发球意图，使对手不易判断，从而获得更好的发球效果。

⑤发球应为抢攻服务。在激烈对抗中发球直接得分的机会毕竟不多。因此，掌握发球权时，不仅要发出高质量的球，还应了解对方接发球的回球规律——来球的旋转与落点的变化规律，

形成预见性，为下一步抢攻争取主动权。

⑥发球应养成良好的习惯。在学习发球的过程中，应严格按照竞赛规则的要求进行训练。这样可以避免比赛中因发球违规造成的被动局面。

（二）接发球技术

随着乒乓球运动的不断发展，接发球技术变得越来越重要。从形式上看，发球技术如矛，接发球技术如盾，但是，这种形式绝不是不变的。通过自身努力，把这种形式上的被动局面转变为主动的局面，会大大增强自身赢得比赛胜利的信心，从而更有利于发挥技术特点。

1. 接发球的站位

不同打法的人，往往采取不同的站位，两面攻打法的人，多站于球台中间，两脚平行开立（图9-17）。这样，对方发球到反手，可以左脚撤后一步用反手起板。对方发球到正手，可以右脚撤后一步用正手起板。在接对方发来的中路球时，可左脚上斜前一小步，然后侧身用正手起板。

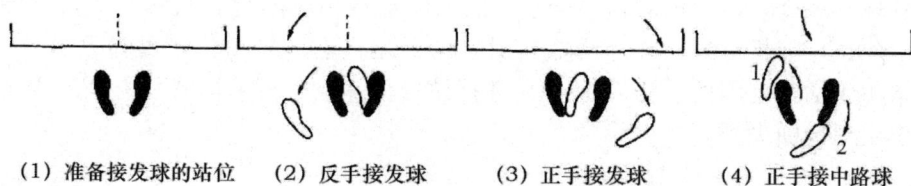

(1) 准备接发球的站位　(2) 反手接发球　(3) 正手接发球　(4) 正手接中路球

图 9-17

左推右攻打法的人，多站于球台中间偏左方，比两面攻打法者略近一点球台。左脚稍前，右脚稍后，以利于正手攻球（图9-18）。这样，用推挡接反手来球时，只需将身体重心移至左脚，而不必移动脚步；正手接发球时，右脚略向后移动即可；接中路球时，只是右脚向后移动大些，即可侧身。

图 9-18

以削球为主打法的人，多站于球台中间，距球台较上两种打法的人远一点。右脚稍前（图9-19），左脚稍后或两脚平站。右脚稍前的站法是考虑到反手接球时转体不如正手时的灵活，平站则可以平均照顾到左右两面接发球。一般来说，在接对方发来的左右近网短球时，多上右脚。这是因为右手便于伸长距离到台内去接球，能争取到及时击球。但若要用上左脚的方法接左方短球，则有利于在对方还击后用正手反攻。

由此看来，接发球时，选好站位对充分发挥技术特长起着很大作用。站位不恰当则不利于摆脱接发球的被动地位。

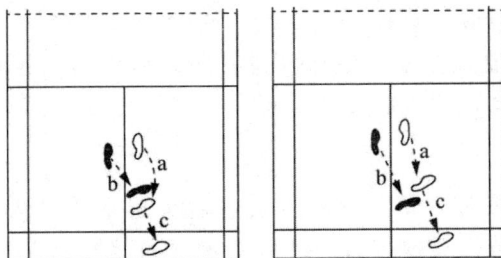

图 9-19

选择接发球站位的原则：第一，根据自己的技术特点来站位；第二，为充分发挥自己的技术特点，可采取独特的站位，如日本运动员的站位；第三，为弥补自己的技术弱点，可以采取相适应的站位，如削球运动员正手技术差而反手技术好时，就可采用左脚稍前、右脚稍后的站位，同时，这种站位法还有利于反手逼角后用正手反攻。

选好基本站位后，还要注意对方角度的变化，以便适当调整自己的站位。如果对方站在球台靠左角处发球，那么，接球时，自己左方照顾的范围相应的增大（图 9-20），对此，应略向左方调整一下站位。如果对方站在球台靠右时，则需略向右方调整一下站位。另外一种方法是把注意力多集中于增大范围的一方，而不必进行站位的调整。这样，便可以隐藏自己接发球的意图，使对手出现判断失误。

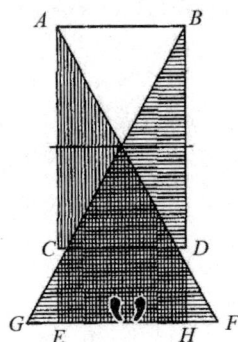

□ABCD球台的四个点
△AEF对方站在右角发球，球的运行区域
∠BGH对方站在左角发球，球的运行区域
E-F 对方在右角发球时，接发球的左右距离
G-H 对方在左角发球时，接发球的左右距离
H-F 对方在右角发球时，接发球右方增大的距离
G-E 对方在左角发球时，接发球左方增大的距离

图 9-20

2. 接发球的准备姿势

选好站位后，还要有一个合理的准备接发球姿势，这样才能做到快速而准确地接发球。接发球的准备姿势要做到以下几点。

（1）下肢关节要保持一定程度的弯曲

髋关节屈，协助腹肌收缩，使身体保持一定的前倾；膝关节屈，保持 140 度～150 度。同时，踝关节背屈，使膝关节的地面投影在脚尖稍前部位（图 9-21）。两脚尖朝前或略向内呈内八字形，两脚跟略微抬起，以前脚掌着地，身体重心落在两前脚掌之间。两脚之间的距离约同肩宽或略宽于肩，这样，整个下肢肌肉就像加了压力的弹簧，一旦起动去接发球，就能迅速地移动到接球的位置。

（2）上体保持略带前倾

以右手持拍为例，持拍手臂处于自然半紧张状态，将拍置于身前，比台面略高，肘关节自然靠近身体右侧。持拍手前臂和上臂保持弯曲（进攻者角度较大，便于向下后引拍；削球者角度较小，便于向上引拍），另一只手臂也保持与持拍手臂差不多的自然弯曲，置于身体左侧前，以维持身体的平衡稳定。

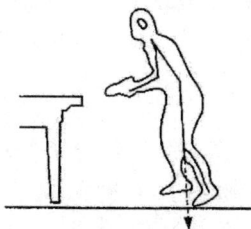

图 9-21

这样，在接发球时，不仅有利于照顾到左右两面范围，还有利于照顾和处理台内、外和高、低球。这里应注意，如果肘部离开身体右侧太多，就会使正手接发球时肘部抬高，不利于回接低而长的球，同时也会影响到反手接发球的动作速度。如果肘部过于偏向身体左侧，虽然有利于反手接发球，但是会影响正手接发球的速度。

对于个子矮小的少年儿童，为保持球拍略高于台面，前臂与上臂之间的弯曲度，需小于 90 度，假如前臂过于放松，手持拍于台面以下，则不利于回接台面内发球。假如前臂过于紧张，手持拍于台面太高，则会影响回接低而急的远台球的速度。

（3）头部保持正直，收下颌，自然地屏住呼吸，两眼平视，集中注意力于对方发球的动作上

总体来说，接发球的准备姿势要求全身肌肉都处于静力工作状态，特别是下肢尤其重要，大腿前部的股四头肌和小腿后部的小腿三头肌协同用力完成屈膝提踵的动作。同时，思想上要平心静气，集中注意力。

3. 接发球手法

在各种击球手法中，最复杂、最难于掌握的就是接发球的手法，因为在比赛时的一般击球中，对方来球的旋转都是单纯的一种旋转，一般来说不是上旋就是下旋。如果对方击球中偶带侧旋就会感觉比较难以还击。而接发球遇到的这种情况就很多了，一会儿是侧上旋，一会儿又可能是侧下旋，两者发球的动作相似，落点忽长忽短，对比，接发球的手法也要变换得快、准、果断。另外，在接较复杂的旋转发球时，还要控制好落点，力争主动，这就比一般的击球更难了。但是，只要我们心定神怡，及时判断，迅速移步，反复练习各种手法，一定会达到得心应手的程度。

在接发球中，可以用相同的手法或不同的手法来控制对方发球的速度、落点和旋转球。

（1）控制速度

用相同的方法（抽球或削球）可以在对方发球的上升期、高点期或下降期接触球（图 9-22）。在上升期接发球，可以加快回球的速度，从而缩短对方发球后第二板（抢攻）的准备时间，使对方抢攻无力或来不及抢攻。这时接发球，要特别注意控制住对方发球的强烈旋转，因为这时正是对方发球带着的旋转发挥转速的时间。在高点期接发球，球速较前慢些，但是这时球弹起最高，可通过加力回击，提高接发球回球的力量。在下降期接发球，由于发球的旋转大大减弱，这时回接更容易提高接发球的准确性，并获得以慢制快的效果。总之，善于抓住有利

时机，灵活地在对方发球的不同时期接发球，有利于加强接发球的主动性。

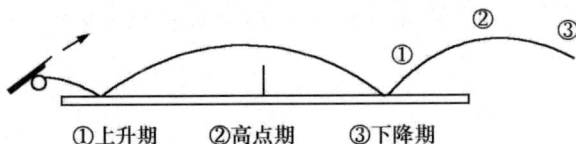

①上升期　②高点期　③下降期

图 9-22

进攻手法中：快推是在上升期接触球，加力推是在高点期接触球；快搓是在上升期接触球，慢搓或加转搓球是在高点期或下降期接触球；前冲弧圈是在上升期或高点期接触球，加转弧圈则是在下降期接触球。防守手法中，近台削球是在高点期或下降前期接触球，远台削球或加转削球是在下降后期接触球。

另外，用不同手法可以自然地在相应的发球弹起时期接发球，控制对方的速度。如用推挡在上升期接发球，配合用拉前冲弧圈在高点期接发球或再配合用削球在下降期接发球，以不同的旋转和击球时间来控制对方的发球速度。

（2）控制落点

对方发球有斜线、直线和长短球的落点变化。接发球时，可以采用逢斜变直、逢直变斜、同线回接、逢长变短、逢短变长、同点回接的控制方法。

①逢斜变直。对方发大角度斜线球后，接发球可回直线到对方右角，逼使对方不能侧身抢攻。这时应注意，接发球前手臂和拍形要顺着对方发球的斜线方向后撤，向前击球时手臂和拍形再突然改变直线方向，增加变直线的突然性。

②逢直变斜。对方发直线球后，接发球可送斜线，迫使对方加大移动距离去打第二板，形成被动。这时应注意，接球前手臂和球拍需顺着对方发球的直线方向后撤，然后，向前击球时手臂向斜线方向挥动，同时控制拍形朝向斜线方向。

③同线回接。对方发斜线球（或直线球）后，根据不同情况，同样回接斜线（或直线），使对方不能抢攻。这时注意，接球前手臂和球拍方向随来球方向后撤，击球时再迎着来球方向移动，拍形不变。

④逢长变短。对方发长球后准备加力抢攻，接发球时可用减力挡、搓球、竖直拍形的削球，回接成近网短球，使对方不能加力抢攻。这时，一方面，应注意消减对方发球的前冲力；另一方面，要控制好自己接发球的前进力。

⑤逢短变长。对方发短球后，可用推挡、搓球或台内挑拨、抽、扣等手法接成长球，迫使对方必须后退击球。这时，要力争在来球的高点期接触球，才能加强接发球的主动性。同时要注意手臂伸进台内的过程中，肘关节不要抬高，要沿着台面前移，否则会因球拍插不到球下，形成错误的弧线，使接球下网。

⑥同点回接。对方发长球后，接发球同样回长球。对方发短球后，可以用轻搓、挡或挑拨的手法同样回接短球，达到反客为主的目的。

（3）控制旋转球

对方发球不仅有速度和落点的变化，更重要的是带有复杂的旋转变化。对方发来上、下旋球或左、右侧旋球，以及两种旋转混合在一起的发球后，接发球时要根据对方发球的不同旋转来调整拍形、球拍、球的接触点、用力方向和用力大小。

①接上旋球。用推挡或抽、扣接发球时，拍形要前倾，多向前下用力，并根据旋转的强弱来加大或减小拍形前倾和向前下用力的程度。用搓球、削球接发球时，要将球拍竖起一些，多向下用力削。如要加转削球，可离台远一些再接触球，并且增加向前用力。总之，不论用什么手法都要注意控制来球的前冲力，以免接发球出界。

②接下旋球。用搓球、削球接发球时，要使球拍多后倾一些，多向前用力，并根据来球旋转的强弱增大或减小拍形后倾和向前用力的程度。用反手推挡接发球时，拍形要先后倾，以便接触球的中下部（像搓球时的接触点一样），击球时前臂外旋用力，同时伸肘，向前上用力。用抽或拉接发球时，要加力向上挥拍。用扣杀接发球时，要用拉扣结合（先拉后扣）的手法。总之，不论用什么手法，都要注意控制来球下旋的下坠力，以免接发球下网。

③接左侧旋球。不论用什么手法接这种发球，都要注意控制来球不向球台的右边（指接发球一方）飞出。如接对方发的直线球，则接发球要使球拍接触球的中后部。如接对方发的斜线球，则要使球拍接触球的中部偏右。对方发球的侧旋力越强，球拍接触球的部位越要注意偏向右边。用同线回接的方法，准确性较高。若用逢斜变直或逢直变斜的方法，则要注意球拍接触球的部位稍微向球的左方变换一下，并且要向上拉抽或向下削搓用力加转。还要注意，对方站在球台左角用正手发左侧旋球时，最好用异线回接，即逢斜变直、逢直变斜的方法接发球。

④接右侧旋球。同接左侧旋球方向正好相反。接直线球时，球拍接触球的中后部；接斜线球时，球拍接触球的中部偏左，才能使球拍控制住球不向球台左边飞出。

⑤接左侧上旋球和左侧下旋球。接左侧上旋球时，要使球拍接触球的偏右中上部。这样，在控制左侧旋转力的同时，还能控制来球的前冲力。接左侧下旋球时，要使球拍接触球的偏右中下部。这样，在控制左侧旋转力的同时，还能控制发球的下坠力。

⑥接右侧上旋球和右侧下旋球。接右侧上旋球（或右侧下旋球）时，要使球拍接触球的偏左中上部（或偏左中下部）。这样，在控制了右侧旋转力的同时，也控制了上旋（或下旋）力。

水平较高的人往往每一个发球都可能具有强烈的旋转、刁钻的落点和出人意料的速度。这就要求接发球时具有熟练的手法同时控制对方发球的旋转、落点和速度。熟能生巧，只要多想多练，就能做到在 0.1~0.2 秒的时间内判清来球，准确地接发球。

（三）推挡球技术

推挡球是直拍快攻打法的主要技术之一，它具有站位近、动作小、速度快、变化多等特点。在比赛中常用快速推挡结合力量、落点及旋转的变化来控制和调动对方，为正手攻球和侧身抢攻创造有利的条件。在被动防守时，推挡也可以起到积极的防御作用。

1. 推挡球技术

推挡球可分为挡球、减力挡、快推、加力推和推下旋等技术动作。

（1）挡球（图 9-23）

特点：球速慢，力量轻，变化小，动作简单，容易掌握，属于初学者的入门技术。

动作方法：两脚平行站位，身体靠近球台；击球前，上臂贴近身体，前臂约与台面平行，球拍置于腹前，略高于台面呈半横状，拍面近乎垂直；击球时，调整好拍形，在来球上升前期触球中部或中上部，借来球的反弹力将球挡回；击球后迅速还原，准备进行下一次击球。

图 9-23

（2）减力挡（图 9-24）

图 9-24

特点：回球弧线低，球速慢，落点近，能缓冲来球的反弹力，借以控制对方的进攻。

动作方法：站位与挡球时相同；击球时，在触球的瞬间手臂前移的动作稍微回缩，以减弱来球的反弹力。

（3）快推（图 9-25）

图 9-25

特点：站位近，动作小，速度快，变化灵活，可为争取主动和助攻创造条件，是快攻类打法中运用最为普遍的一种基本技术。

动作方法：站位近台偏左，两脚平行站立或右脚稍后，上臂和肘关节靠近身体右侧旁；击球前，前臂稍向后引，击球时前臂向前推出，同时配合食指压拍，拇指放松，使拍面前倾，在来球的上升前期击球的中上部，击球后，手臂顺势前送。

（4）加力推（图 9-26）

特点：回球力量大，球速快，变化突然，能有效地牵制对方，夺得主动，属于推挡技术中威力较大的一种技术。

动作方法：站位、准备姿势与快推相同；击球前，前臂上提，球拍后引，肘部贴近身体，球拍位置高于击球点，拍面稍前倾；击球时，中指顶住拍背，拍形较为固定，执拍手由后向前推压，同时配合伸髋转腰的动作，在来球上升后期或最高点时击球中上部。

图 9-26

2. 练习步骤

（1）熟悉球性，先做托球和对墙击球的练习。

（2）徒手挥拍模仿推挡练习，体会击球的动作要领。

（3）台上挡球练习以稳健为主。

（4）左半台反手推挡练习。

（5）快推和挡球结合练习。

（6）两人在台上先推中线，再推直线和斜线，逐渐加快速度，体会快推动作。

（7）反手由一点推二点或由一点推不同落点。

3. 注意事项

（1）挡球或快推时，不要挺胸、挺腹，两脚不要并拢，两膝不要伸直站立。

（2）推挡时，肘关节应贴近身体，以免影响前臂发力和减小左方的照顾范围。

（3）推挡时，注意击球时食指用力，大拇指适当放松，前臂前推或后引幅度不宜过大，以免影响回收速度。

（四）攻球技术

乒乓球攻球技术是指在击球方式上以撞击为主的进攻性技术。它是乒乓球运动中获取分值的主要技术之一。

1. 正手攻球技术

技术特点是近台攻球的站位离台约 50 厘米，击球点在来球的上升期或高点期，球的速度比较快，动作幅度比较小，借对方来球的力量发力；中远台攻球的站位离台约 70～100 厘米，击球点在来球的下降期，球的速度比较慢，动作幅度比较大，主要靠主动发力。

（1）直拍正手攻球技术（图 9-27）

图 9-27

①技术动作标准

站位：判断来球，选好站位。

引拍：引拍时，重心向右脚移，向后下方引拍，但球拍不要低于球台，右肩随转腰略下沉；拍形前倾，握拍手的大拇指稍用力压拍，中指、无名指前端顶住球板。

挥拍击球：向前上方挥拍，在高点前期击球的中上部，身体重心由右脚移至左脚。

还原：注意还原。

②技术动作关键点

A. 引拍动作不要过大，注意运用腰的转动。

B. 击球点在身体的侧前方。

C. 要主动迎击来球。

（2）直拍正手侧身攻技术（图9-28）

图9-28

①技术动作标准

步法移动与选位：判断来球线路、落点和旋转性质，运用侧身步法选好站位。

引拍：在身体移动的同时，根据来球性质决定引拍的位置；右肩随转腰略下沉，拍形前倾，握拍手的拇指稍用力压拍，中指、无名指前端顶住球板。

挥拍击球：向前上方挥拍，在高点期击球的中上部，身体重心由右脚移至左脚。

还原：注意还原。

②技术动作关键点

A. 步法移动迅速，选位基本正确，如有不足可以通过手法的调节来进行弥补。

B. 引拍动作不要过大，注意运用腰的转动。

C. 击球点在身体的侧前方。

D. 要主动迎击来球。

（3）直拍正手交叉步攻球技术（图9-29）

图9-29

①技术动作标准

步法移动与选位：判断来球线路、落点和旋转性质，运用交叉步抢到最佳的击球位置。

引拍：在身体移动的同时，根据来球性质决定引拍的位置；右肩随转腰略后转，拍形前倾，握拍手的拇指稍用力压拍，中指、无名指前端顶住球板。

挥拍击球：向前上方挥拍，在高点期击球的中上部；通常应是在交叉脚落地的同时进行击球，身体重心位置通过右脚落地支撑进行调节。

还原：用小跳步的方式快速还原。

②技术动作关键点

A. 步法移动迅速，选位要基本正确，如有不足可以通过手法的调节来进行弥补。

B. 引拍动作不要过大，注意运用腰的转动。

C. 击球点在身体的侧前方。

D. 要主动迎击来球。

（4）直拍正手跨步攻球技术（图 9-30）

图 9-30

①技术动作标准

步法移动与选位：判断来球线路、落点和旋转性质，运用跨步抢到最佳的击球位置。

引拍：在身体移动的同时，根据来球性质决定引拍的位置；右肩随转腰略后转，拍形前倾，握拍手的拇指稍用力压拍，中指、无名指前端顶住球板。

挥拍击球：向前上方挥拍，在高点期击球的中上部；通常是在右脚落地的同时进行击球，身体重心位置通过右脚落地支撑进行调节。

还原：用右脚回蹬的方式迅速还原。

②技术动作关键点

A. 步法移动迅速，选位要基本正确，如有不足可以通过手法的调节来进行弥补。

B. 引拍动作不要过大，注意运用腰的转动。

C. 击球点在身体的侧前方。

D. 要主动迎击来球。

2. 反手攻球技术

技术特点是反手近台攻球的站位离台 40～50 厘米，击球时出手具有比较强的隐蔽性，突然性强，速度快；反手中远台攻球的站位离台 70～100 厘米，对于正手位进攻后回反手位或相持中保持连续进攻有着重要作用。

（1）直拍反手攻球技术（图 9-31）

图 9-31

①技术动作标准

站位：靠近球台，右脚略前。

引拍：拍向后方引，转体同时沉右肩，球拍与手臂基本保持在一条线上，肘关节和右肩略前顶。

挥拍击球：向前上方挥拍，球拍略前倾，击球点在体侧前方；转腰时重心转至右脚，击球时发力。

还原：结束动作要与还原动作结合起来。

②技术动作关键点

A. 站位要正确。

B. 引拍动作和腰的转动做到充分结合。

C. 注意前臂和手腕的用力。

（2）直拍反面攻球技术（图 9-32）

图 9-32

①技术动作标准

选位：判断来球，调整好击球位置。

引拍：肘关节略抬起，手腕外撇，前臂后引至腹前；略含胸，大拇指压住球拍，中指、无名指的指头顶住底板。

挥拍击球：球拍向前方挥动，在来球的高点期击球时，通过手腕内收使拍面前倾变小，以肘关节为轴，通过挥动前臂和手腕弹击的力量击球的中上部。

还原：击球后迅速还原。

②技术动作关键点

A. 引拍时，手腕要适当放松。

B. 手腕内收使球拍前倾角度变小，并使拍面略微外撇。

C. 以有打有弹的发力方式击球。

（3）横拍反手攻球技术（图 9-33）

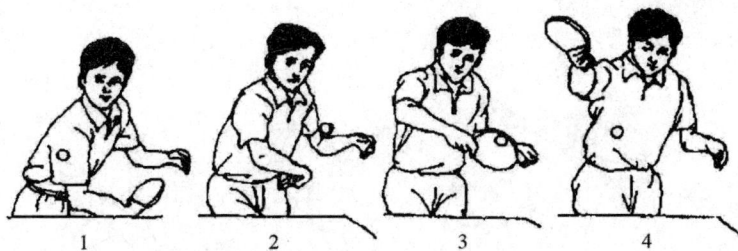

图 9-33

①技术动作标准

站位：靠近球台，两脚平行。

引拍：拍向后方引，腹部侧转并内收，手腕内收，同时肘关节前顶。

挥拍击球：球拍略前倾，击球点在体前偏侧方，挥拍向前上方，击球时以前臂发力为主。

还原：注意还原。

②技术动作关键点

A. 站位要正确。

B. 引拍动作和腹部的内收要与转动做到充分结合。

C. 注意前臂和手腕的用力。

3. 杀高球技术

技术特点是击球点高，动作幅度大，力量大，回球弧线比较平直。

（1）直拍杀高球技术（图 9-34）

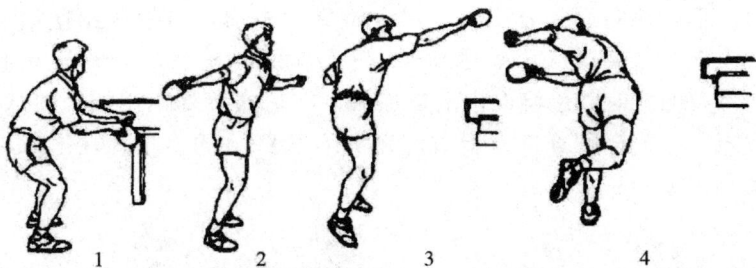

图 9-34

①技术动作标准

对杀高球而言，直、横拍在技术上的要求是一致的，在此一并讲解。

选位：判断来球，选好位置。

引拍：球拍向后下引，转腰，重心右移。

挥拍击球：在头的前上方击球，拍向前下方挥，击球时手腕下压，身体重心同时向左移。

还原：注意保持身体平衡并迅速还原。

②技术动作关键点

A. 判断来球的高度，做好引拍。

B. 合理使用身体的力量。

（2）横拍杀高球技术（图9-35）

图9-35

横拍杀高球技术与前述直拍技术一致。

（五）弧圈球技术

1. 弧圈球的技术动作

弧圈球是一种上旋力非常强的进攻技术。它从20世纪60年代初到现在，不仅被各国运动员所掌握，而且有很大的发展空间，现已出现了以弧圈球为快攻创造机会、被动时将弧圈球作为过渡和主动时以弧圈球发力拉冲直接得分等多种用途。

（1）正手高吊弧圈球

特点：球速较慢，弧线较高，上旋性特强，着台后向下滑落快，回击不当易出界或击出高球，可为扣杀创造机会。一般遇到低而转的来球时，打这种球的比较多。

动作方法：两脚开立，右脚稍后，身体略向右转，两膝微屈，重心放在右脚上；准备击球时，持拍手臂自然下垂，并向后下方引拍，右肩略低于左肩，拇指压拍使拍形略为前倾，呈半横立状，并使拍形固定；当来球从台面弹起时，手臂向前上方挥动，前臂在上臂带动下爆发性用力做快收动作；将要触球时，手腕向前上方加力，在球的下降期用拍摩擦球的中部或中上部；球拍擦击球时，应当注意配合腰部向左上方转动和右腿蹬地的力量。在击球后，重心需移动至左脚（图9-36，图9-37）。

图9-36

随着乒乓球运动的发展，又出现了不转弧圈球。该技术的动作要领近似高吊弧圈球。在击球时，球拍需在球的底部将球提拉出去。

图 9-37

（2）正手前冲弧圈球

特点：弧线低，上旋力强，球速快，着台后前冲力大。使用这种打法既可直接得分，又可为扣杀创造机会。

动作方法：两脚开立，右脚稍后，身体略向右转，重心放在右脚上，将球拍自然地拉至身后（约与台面同高），拍形保持前倾，与地面之间呈 35 度～40 度夹角；当球从台面弹起还未达到高点期时，腰部向左转动，手臂向前上方挥出，前臂在上臂的带动下，迅速内收，手腕略微转动，在高点期或下降期前用拍擦击球的中上部，使之呈较低的弧线落在对方的台面上；击球后，重心需移动至左脚（图 9-38，图 9-39）。

图 9-38

图 9-39

（3）正手侧旋弧圈球

特点：带有强烈上旋力及侧旋力，着台后下落快，还会出现拐弯现象，给对方的回球造成一定的阻碍。

动作方法：击球准备姿势与加转弧圈球的相似；在击球时，拍面呈半横立状，应略向右侧，上臂带动前臂和手腕，结合腰部向右旋转的力量，在下降期用拍擦击球的右中部或右中上部，使球带有强烈右侧上旋；击球后，重心移动至左脚（图 9-40）。

图 9-40

（4）反手弧圈球

特点：反手弧圈球的使用者多为横拍使用者。相对来说，该技术没有正手弧圈球的威力大，但是结合正手扣杀技术，寻找机会，有时也可以直接获得分值。

动作方法：两脚平行或左脚稍后站立，两膝微屈，重心较低；击球前，将球拍引至腹部下方，腹部略内收，肘部略向前，手腕下垂，拍形前倾；当球从球台弹起时，以肘关节为轴，前臂迅速向上挥动，结合手腕向上转动的力量，在下降期用拍擦击球的中部或中上部；在击球过程中，两腿向上蹬伸（图 9-41）。

图 9-41

2. 弧圈球技术分析

弧圈球是球拍与球体摩擦后而产生的上旋力特强的一种旋转球，球拍作用于球体时，它的作用力线远离球心。但这不等于说，摩擦球体愈薄愈好，而是需要一定的正压力（垂直于接触面的压力），否则"挂不住球"，球不仅拉不转，而且会出现滑落的问题（因为 $F = KN$，即摩擦力等于摩擦系数与正压力的乘积）。拉弧圈球时，引拍后的拍面与发力方向是比较一致的。球拍与球体的作用点，一般都在中部或中上部。发力方向是以从下往上为主（加转弧圈球）或以从后向前为主（前冲弧圈球）。由于弧圈球并非一般上旋球，因此，要想拉出高的弧圈球，需要求作用力大（击球动作幅度大，爆发力强），摩擦球薄（力臂长），球拍富有黏性（摩擦系数大），摩擦时间长（增大力的冲量）。

（六）直拍横打技术

直拍横打的出现和发展，较好地弥补了传统直拍反手位进攻能力不足的缺陷，从而成为现代直板运动员必须掌握的一项技术。具体来说，直拍反面进攻技术包括平挡、快拨、快带、快撕、挑打、弹击、拉球、反拉和贴弧圈等。

1. 技术简介

（1）反面平挡

动作方法：除握拍外，准备姿势与快推类似，但引拍时前臂稍内旋，手腕略屈，重心更多地放在右脚上；以转腰带动手臂自然前迎，在来球的上升期向前略向上击球中上部，以前臂为主，手腕保持相对固定，借力还击。

（2）反面拉下旋球（图 9-42）

图 9-42

动作方法：拍形与平挡相同，击球原理方面可借鉴横拍的反手拉弧圈球的击球原理，但引拍时手腕可自然下垂，拍头向下，在高点期或下降前期击球，手腕同时做外展，触球时手腕用力成分相对较多。

（3）反面快拨（图 9-43）

图 9-43

①特点与作用

直拍反面快拨技术是在相持阶段中常用的技术。它和推挡结合能起到变化击球节奏的目的，是反手位进攻得分的辅助手段。

②动作方法

A. 站位与反手推挡的相同，屈膝收腹、左脚稍前、两脚距离略比肩宽。

B. 手腕朝左斜上方稍立起，向左后方引拍，拍形角度前倾 45 度～50 度。

C. 来球弹起，身体重心从右脚移至左脚，前臂、手腕以肘关节为轴迅速挥拍迎球，在来球上升期摩擦球的中上部。击球时食指自然放松，以拇指和中指发力。

（4）反面快撕（图 9-44）

动作方法：站位和引拍与快拨的基本相同，屈膝收腹、左脚稍前、两脚距离略比肩宽；手腕朝左斜上方稍立起，向左后方引拍，拍形角度前倾 45 度～50 度。

来球弹起，身体重心从右脚移至左脚，前臂、手腕以肘关节为轴迅速挥拍迎球，在来球上升期或高点期摩擦球的中上部。击球时食指自然放松，以大拇指和中指发力，挥臂的距离大于快拨。

图 9-44

2. 训练方法

（1）徒手挥拍练习

徒手挥拍练习的要求如下：

①熟悉技术动作过程。

②注意或改进挥拍方向、发力方式和拍头位置。

（2）一人平击发球一人拉加转弧圈球练习

要求：体会拉加转弧圈球的挥拍方向和用力方法。

（3）一人推拨一人拉加转弧圈球练习

一人推拨一人拉加转弧圈球练习的要求如下：

①开始拉加转弧圈球时，力量轻一些，弧线高一些，体会拉加转弧圈球的发力方式。

②连续拉加转弧圈球练习时，体会动作的稳定性。

（4）多球练习

要求：强化或改进拉加转弧圈球的技术动作。

（七）搓球技术

搓球是运用在近台和台内回击下旋球的一种过渡性、比较稳健的技术，既是初学者起步入门先行掌握的技术之一，也是各种类型打法都不可或缺的技术，更是初学削球者必须掌握的入门技术。

搓球技术按击球的位置不同可划分为正手搓球和反手搓球；按击球时间的早晚不同，可划分为快搓和慢搓；按球的旋转强弱不同，可划分为搓转球与搓不转球；按旋转方向不同可划分为下旋和侧下、上旋等。

1. 技术动作简介

（1）反手慢搓（图 9-45）

图 9-45

①特点和作用

反手慢搓是最稳健的一种搓球。其特点是动作较大，速度较慢，利于加转与搓不转球的结合，由于旋转差距大，对方不易进攻。同快搓和摆短相结合，能有效地变化击球节奏和落点，增加对方的回击难度，争取并创造主动进攻的机会。

②动作要点

A. 站位近台，在球台中间偏左，身体离台约 50 厘米，右脚稍前。

B. 击球前，手臂自然弯曲，前臂略提起并内旋，引拍至身体左上方，拍面稍后仰，腰、髋略向左转，重心转向左脚。

C. 击球时，前臂和手腕向右前下方挥拍，击来球的下降期中段，触球的中下部。

D. 触球时，击球瞬间手腕辅助前臂发力摩擦球，同时，上体微向右摆，重心转移到右脚或两脚之间。

E. 击球后，手臂顺势向右前下挥动，并迅速还原，准备击下一板球。

（2）反手快搓（图 9-46）

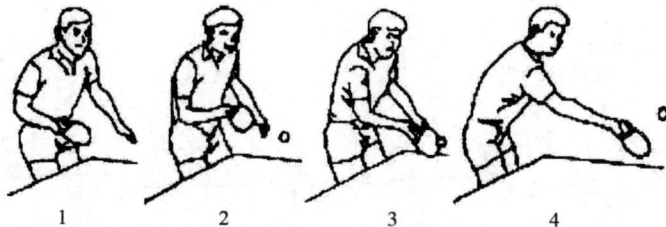

图 9-46

①特点和作用

动作小，击球时间早，回球速度快，与慢搓结合可以变化节奏。主要用来对付对方发过来的和搓、削过来的近网下旋球。可以回搓近网短球，也可以回搓底线长球，为争取主动、抢先上手创造有利条件。

②动作要点

A. 站位在球台中间稍偏左，离台约 40 厘米，右脚在前。

B. 击球前，左脚向左前方上步，重心落在左前脚掌，身体向前略向左转，手臂向左前方迅速前伸迎球，同时前臂略内旋，使拍面稍后仰。

C. 击球时，在上升前期击球。来球下旋强时，拍触球的底部，前臂和手腕向前用大一些的力摩擦球；来球下旋弱时，拍触球的中下部，前臂和手腕向下前用大一些的力摩擦球。注意，应根据来球的旋转程度进行拍形的调节。

D. 触球时，击球瞬间手腕辅助前臂用短促小爆发力摩擦球。

E. 击球后，手臂迅速放松，左脚掌向后蹬地还原，准备击下一板球。

（3）正手慢搓（图 9-47）

①特点和作用

与反手慢搓基本相同。比反手慢搓难度大，使用率低。

②动作要点

A. 站位稍偏左，离台约 50 厘米，左脚稍前，手臂自然弯曲。

图 9-47

B. 击球前，前臂略提起并外旋，引拍至身体右上方，拍面后仰，上体略向右转，重心落在右脚。

C. 击球时，前臂和手腕向左前下方挥拍，击来球的下降期，球拍击球的中下部。

D. 触球时，击球瞬间手腕辅助前臂发力摩擦球，上体微向左转，重心移至左脚。

E. 击球后，手臂迅速放松，用小跳步还原，准备击下一板球。

（4）正手快搓（图 9-48）

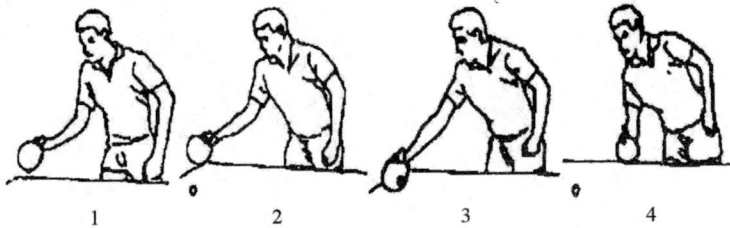

图 9-48

①特点和作用

与反手快搓相同。

②动作要点

A. 站位稍偏左，离台约 40 厘米，左脚在前，重心在两脚之间偏左脚。

B. 击球前，引拍时，右脚往右前方上步，重心落在右前脚掌，前臂略提起并外旋，引拍至身体右前上方，使拍面稍后仰。

C. 击球时，前臂和手腕向左前下方挥拍迎球，身体向前略向左转，在来球的上升期击球的中下部。

D. 触球时，球拍击球瞬间前臂和手腕借来球反弹力适当用力，向左前下方摩擦球。

E. 击球后，手臂迅速放松，用右前脚掌向后蹬地小跳步还原，准备击下一板球。

（5）反手搓侧旋球（图 9-49）

图 9-49

①特点和作用

球速慢，弧线低，带右侧旋偏拐，不易"吃转"。通常在接发球和对搓中运用。对方回击时，易从右侧出界或回球较高，从而为自己创造抢攻的机会。

②动作要点

A．站位稍偏左，离台约 50 厘米，右脚稍前，身体向前略向左转。

B．击球前，手臂自然弯曲，前臂提起并内旋，引拍至身体左侧前方，使拍面稍后仰。

C．击球时，前臂和手腕向左前方挥拍迎球，击来球的高点期或下降前期，触击球的中下部。

D．触球时，击球瞬间以前臂为主向右前发力摩擦球，同时手腕辅助用力。直拍型运动员，手腕向右有一拧挑动作，也可以向右上拧挑出侧上旋球。

E．击球后，手臂迅速放松，用小跳步还原，准备击下一板球。

2. 搓球练习方法

（1）徒手模仿搓球动作练习

徒手模仿或徒手搓带轴球，建立各种搓球动作的正确概念和摩擦球方法。

（2）自抛自搓动作练习

自己抛球至本方台面，根据不同的击球时间、击球部位和拍形角度变化将球搓击过去。掌握搓球的用力方向和用力方法。

（3）搓对方下旋发球动作练习

陪练者可正手或反手发下旋球，练习者用搓球接发球。发球的落点可由定点至不定点，旋转强度和变化可逐渐增大，以提高搓球的协调性与稳定性。

（4）对搓练习

先固定练习路线，如双方用反（正）手对搓中路直线、左方斜线、左方直线、右方斜线、右方直线，提高搓球的准确性。先练慢搓，后练快搓转球与快搓不转球，提高搓球的节奏和旋转变化。

（八）削球技术

削球技术是欧洲选手在 20 世纪 50 年代前称霸世界乒坛的重要技术。它不仅是一种积极的防御性技术，也是削攻打法的主要技术。具有稳健性好、冒险性小的特点。

削球属于以柔克刚的技术。它的击球动作舒展大方，有一种独特的美感。它的击球时间较晚，运行弧线较长，具有球速慢、命中率高、旋转和落点变化多的特点。对方不易发力进攻。通过旋转和落点的变化可调动对方，迫使对方失误，同时配合伺机反攻而得分。

1. 常用技术

（1）正手近台削球（图 9-50）

图 9-50

①特点和作用

动作较小，击球点较高，节奏和球速较快，线路和落点变化多。有利于近削逼角，能使对方左右移动，回击困难，可伺机反攻。主要在对方拉球力量不大、旋转不强时使用。

②动作要点

A. 站位一般在离台 1 米以内，左脚在前，重心放在右脚，身体稍向右转。

B. 击球前，手臂自然弯曲，前臂略向右上方提起并外旋，引拍至身体右上方，拍面稍后仰，同时右脚向右上一步。

C. 击球时，前臂和手腕向左前下方迅速挥拍迎球，击来球高点期或下降前期。

D. 触球时，触球的中部偏下，击球瞬间上臂带动前臂和手腕协调用力，向左前下方摩擦切削击球。

E. 击球后，手臂顺势挥动并放松，用跳步迅速还原，准备击下一板球。

（2）正手远台削球（图 9-51）

图 9-51

①特点和作用

动作较大，击球点较低，球速较慢，飞行弧线较低且长，比较稳健。可运用旋转变化控制对方，通常在接弧圈球时使用。

②动作要点

A. 站位一般在离台 1 米以外，左脚稍前，重心放在偏右脚，身体向右稍转。

B. 击球前，上臂外展，前臂略提起并外旋，引拍至身体右上方，拍形稍后仰，同时右脚向右上迈一步。

C. 击球时，前臂带动手腕向左前下方迅速挥拍迎球并外旋，击来球的下降后期。

D. 触球时，触球的中下部，击球瞬间身体和手臂同时协调用力，向左前下方摩擦球。

E. 击球后，手臂顺势挥动并放松，用跳步还原，准备击下一板球。

（3）反手近台削球（图 9-52）

图 9-52

①特点和作用

同正手近台削球。

②动作要点

A. 站位一般在离台 1 米以内，右脚稍前，身体略向左转。

B. 击球前，前臂略提起并内旋，引拍至左上方约与肩平，拍面稍后仰。

C. 触球时，击球中部或中下部，击球瞬间以前臂和手腕发力为主，向右前下方摩擦切削击球。

D. 击球后，手臂顺势挥动并放松，用跳步迅速还原，准备击下一板球。

（4）反手远台削球

①特点和作用

同正手远台削球。

②动作要点

A. 站位一般在离台 1 米以外，右脚在前，左脚稍后，身体略向左转。

B. 击球前，前臂略提起并内旋，引拍至身体左后上方与肩高处，拍形后仰。

C. 击球时，上臂带动前臂向右前下方挥拍迎球，击来球的下降期。

D. 触球时，触球的中下部，击球瞬间身体、手臂、手腕协调用力，向右前下方摩擦切削击球。

E. 击球后，手臂顺势挥动并放松，用跳步还原，准备击下一板球。

2. 削球的练习方法

（1）原地做徒手模仿正反手、远近台削球技术动作挥拍练习。

（2）运用单步移动击球，跳步还原做徒手模仿正反手、远近台削球技术动作挥拍击球练习。

（3）上台练习。用多球练接发平球，先练正手削球，后练反手削球，再练正反手结合削球。先练原地削球，后练移动削球。

（4）练习正手和反手连续削回对方轻拉过来的球，并结合单步、跳步移动，先练固定落点削球，后练不固定落点削球。

（5）练习正反手结合连续削球。方法同上。

（6）练习近削逼角和远削逼角。一人轻拉陪练，运用正反手削球到对方左角，然后到对方右角。

第三节　乒乓球运动的战术培养

一、大学生乒乓球运动基本战术实践研究

（一）发球技术的战术运用

发球技术是乒乓球比赛中唯一不受对方控制的技术，因而在战术上占有举足轻重的地位。它除直接得分外，还可以为抢攻创造机会。基于发球技术在使用上所具有的主动性，使得人们不断对发球技术进行创新，以期获得制胜的主动权。

1. 主要发球技术的战术运用

在比赛中，主要发球技术的战术运用是指被参赛者经常采用的，且行之有效的发球战术。

它主要包括以下 3 种：正手转与不转发球战术，正手侧上、下旋发球战术和反手侧上、下旋发球战术。

（1）正手转与不转发球的战术运用

①战术特点

A. 正手转与不转发球具有强烈的下旋和相对不转的特点，球的旋转反差比较明显，便于抢攻。

B. 通过发球时的假动作干扰对方，使其难以对来球的旋转程度进行准确判断。

②战术意识

A. 要考虑如何通过发球的旋转、假动作，结合线路和落点的变化，使对方在判断不清来球性质的情况下，直接出现接发球的失误。

B. 借助于比较高质量的下旋发球，为不转球产生作用打下基础。再通过不转球的使用，让对方接出机会球，形成抢攻得分的局面。

C. 通过下旋发球，迫使对方和自己打下旋球，使比赛进入自己擅长的搓拉（攻）节奏。

D. 发球在战术运用上的最低要求，是使发球不被对方上手抢攻或被对方控制。

③战术运用要点

A. 站位策略

站在侧身位发球，让开右半台（以右手持拍为例，以下同），这是为了便于正手抢攻技术的使用。如果运动员启动比较快，跑动能力比较强，可以采用此站位。站位在中路偏左是为了缩小扑正手时的步法移动范围，如果运动员善于侧身而不是扑正手，或者运动员善于用反手拉或攻，可以采用此站位。

B. 运用条件

首先要在赛前了解对方回接转与不转发球的能力，或者在比赛开始后通过几轮发球加以了解。另外对使用长胶球拍者，应尽量用转与不转的发球，避免长胶对混合旋转的利用带来的麻烦。

C. 运用方法

·线路落点方面的变化

发球线路和落点变化，要根据对方站位、步法移动和抢位抢攻能力而定。如果对方站位靠球台左半侧，正手位空当较大，可以考虑用图 9-53A 中的 1 号线路和落点。即发对方正手位短球，以此来使其在移动中接，从而出现失误或降低回接球的质量。在对方的接发球注意力集中于正手位短球，站位往正手位靠，且离台距离比较近时，可以结合反手位斜线长球，即图 9-53A 中的 2 号线路，迫使对方用反手搓接。如果对方是横拍弧圈打法，则可迫使对方被动拉接，使其失误或接出机会球。

在对方站位偏中时采用图 9-53B 的发球线路和落点比较好。发中路短球即图 9-53B 的 1 号线，可以避免被对方正手挑打或回搓正手位的大角度。结合发对方反手底线长球即图 9-53B 的 2 号线，可使对方因回接困难而出现失误或回出机会球。另外，还可迫使对方不断进行站位调整，打乱对方的战术计划。

·旋转方面的变化

在线路和落点变化的基础上，必须加上旋转的变化。一般来说，如果正手下旋发球以转球为主，那么发不转球时的效果就非常明显。如果正手发转与不转球时动作相似性高，则对方难以区分，发球直接得分或出机会球的可能性就大。所以在注意发下旋球质量的同时，还必须使转与不转发球的动作保持较高的一致性。

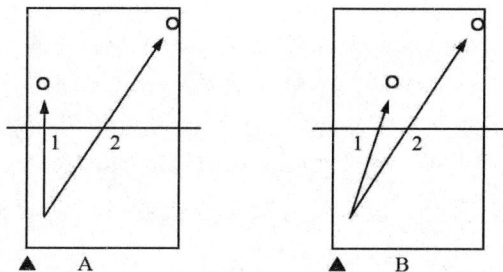

图 9-53

比赛中运用旋转变化时，要对对手在回接正手转与不转发球的心态有所把握。如果对方比较怕下旋球，可以考虑以发下旋球为主，以发不转发球作为干扰，配合运用。反之亦然。转与不转发球的旋转变化以及和线路、落点的配合，必须依据对手技术水平和在比赛中的具体表现合理运用。

·速度方面的变化

在正手发转与不转球时，除线路、落点、旋转外，还要做到使发球具有一定的速度。尽管正手转与不转发球，在发到对方正手位近网短球时，其速度不算太快，但要追求击球的出手速度，以保证发球的质量，从而给对方带来更大的压力和威胁。在发底线长球时，更应该使球有一定的速度，迫使对方的击球时间变晚，即在对方回接球时，球拍有被球"顶"的感觉。发球的弧线也要引起重视。如果有了线路、落点和旋转变化，在发球的速度上也做得不错，但是弧线过高，同样会使发球质量降低很多，可能被对方一拍打死。所以，发球的弧线不可过高。

·假动作的运用

正手转与不转发球的假动作，是通过使对手难以判断来球性质的干扰性动作的运用，造成对方接发球失误。假动作就是给发球做了一个非常巧妙的伪装。正手发转与不转球的假动作，必须以发球有一定质量（有较好的线路、落点、旋转、速度变化）和发球转与不转动作的相似性为基础，否则就只能是一种花哨的装饰。

（2）正手侧手上、下旋发球的战术运用

①战术特点

A. 侧上、下旋发球的弧线较低，宜于发出急而长的侧上下旋球。

B. 球从对方台面反弹后会明显地向侧边拐弯，易于使对方球拍击球点部位偏移。

C. 通过假动作的使用，使侧上、下旋发球动作难以区分，从而直接得分或获得上手抢攻的机会。

②战术意识

A. 要让对方在判断不清来球是侧上旋球还是侧下旋球的情况下，通过落点和线路的变化使对方出现接发球失误。

B. 迫使对方回接出机会球。

C. 迫使对方按照己方擅长（打上旋球或打下旋球）的技术和战术回接发球。

D. 发侧上、下旋球的最低要求，是不能让对方上手而获得比赛的主动权。

③战术运用要点

A. 站位策略

正手发侧上、下旋球时，不论是高抛发球还是低抛发球，在站位策略上都有一个共同的要点，就是为了使发球能长能短、能发斜线也能发直线，在站位上要考虑兼顾上述两个方面。站位偏于球台外侧，有利于发斜线大角度侧旋球（长、短）（图 9-54A），而靠近球台中部，则有利于发直线球（长、短）（图 9-54B），但一旦形成必须依靠调整站位才能发出不同线路球的习惯，发球的战术意图就容易被对手发现。这是因为对手很快就可以从两种不同的站位上预知你的发球在线路上的变化。

采用同一站位，完全可以发出两种线路的侧上、下旋球，前提是确保击球点位置不超出球台一侧的边线（图 9-54C）。这个站位不仅满足了线路变化的需要，而且对发球后的抢攻也十分有利。它把步法跑动控制在了一个比较合理的范围内，既利于正手位的进攻，也利于侧身位的进攻。另外一个要注意的点是，为了保证发球的速度，站位应尽可能靠近球台。

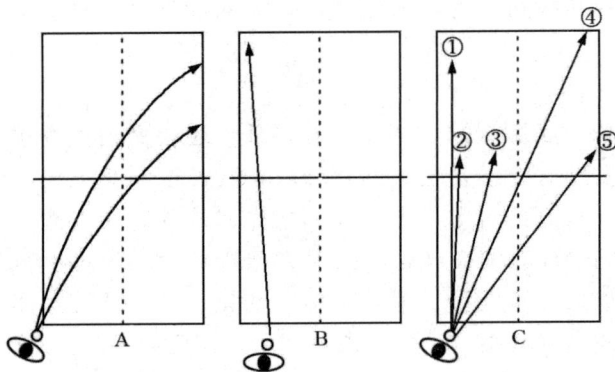

图 9-54

B. 运用条件

通过观察（比赛前和比赛中），了解对方是怕侧上旋发球还是怕侧下旋发球，怕接斜线大角度球还是怕接直线（长、短）球。所谓的怕包括两点：一是技术动作本身有问题，处理不好侧旋球；二是心理上的惧怕感。除对方直接失误外，还要注意通过正手侧上、下旋发球创造抢攻机会。尽管对方不太会直接失误，但回接正手侧上、下旋发球时由于控制能力的缺乏，给出的机会球就比较多。这种情形下，可将正手侧上、下旋发球作为比赛中主要的发球战术。

C. 运用方式

·线路落点方面的变化

如果己方与对手持拍手左右相反，可以考虑使用斜线大角度发球到对方正手大角度的策略（图9-54C的④⑤号线路）。

如果对手正手进攻能力比较强，或站位离台比较远，则可以考虑以短球为主的策略限制对方的进攻（图9-54C的②③⑤号线路）。

如果对手的步法移动能力比较差，可以考虑以发左右两个角度的球为主的策略，迫使对方在较大范围内在移动中接发球（图 9-54C 的①②⑤号线路）。

在实战中，上述 3 种情况兼而有之。这要求发球方根据比赛中对手的实际情况做出发什么球的决定。

· 旋转方面的变化

正手侧上、下旋发球在旋转的变化上，表现出混合性旋转的特点。一般而言，在正手侧上、下旋发球中，侧旋的价值主要在于控制对手的回球范围，干扰对方对下旋球的判断。侧下旋球和侧上旋球的价值是使对方失误或接出机会球。

需要指出的是，侧下旋发球是基础性的，侧上旋球以此为基础发挥作用。在运用时，必须通过较好的侧下旋发球，使对方感到此球下旋性很强。当给对方建立这种概念后，配合侧上旋发球，能够获得较为理想的效果。当然，和正手转与不转发球一样，正手侧上、下旋发球动作的相似性也非常重要。旋转变化成功与否，除了旋转质量好坏的影响外，动作的相似性也发挥着举足轻重的作用。因为相似性能够影响对方的判断，所以使对方判断失误永远是发球或成功的前提。

如果对手反手位搓球或推拨能力差，就意味着在回接侧下旋球时下网或回接侧上旋球时出界的可能性较高。根据情况可采用以发侧下旋球到其反手位为主的策略。

如果对手侧身抢攻反手位上旋发球比较好，可以采用侧下旋发球，迫使对方侧身抢攻时击球下网。

如果对方正手挑打侧上旋压不住球，则要以发近网中路侧上旋短球为主，使对方在挑打时球出界，然后再伺机发侧下旋球。

· 速度方面的变化

正手侧上、下旋发球可以发出比较快的球，尤其是两个大角的长球。在比赛中，可以通过向这两个大角发球，把侧上、下旋和速度结合来，以此打破对方习惯于接台内球的节奏。在发近网球时，尽管速度的特性不明显，但它们有两个大角度急长球的配合，也会给对方的回接带来一定的困难。

为了加快速度，必须尽可能压低弧线；而为了防止对方上手挑打近网球，则更须压低弧线。

· 假动作的运用

正手侧上、下旋发球的假动作，同样建立在发球动作相似性的基础上。如果说相似性是让对方难以判断来球性质的话，那么假动作则是诱导对方做出错误的判断。

（3）反手侧上、下旋发球的战术运用

①战术特点

A. 动作小，出手快，和正手侧上、下旋发球一样，宜于发出长球和近网球。

B. 比较容易为两面（正反手）进攻制造机会。技术动作比较规范，不易引起争议。

②战术意识

反手侧上、下旋发球作为主要发球技术之一，对大多数参赛者而言，在比赛中的使用率要少于前两种发球技术。但其作用在于当正手发球被对方适应，战术实施遇到困难时，使用反手发球可以出奇制胜。典型的战例是第 27 届悉尼奥运会男单决赛中孔令辉与瓦尔德内尔的第 5 局比赛。此局孔令辉反手发球使用率在 95％以上，取得了很好的战术效果，遏制了瓦尔德内尔的连胜势头，终获奥运会金牌。

③战术运用要点

A. 站位策略

目前优秀的直拍参赛者少见用反手发球，横拍参赛者则较为常用。横拍参赛者为兼顾正反手的上手进攻，一般站位都在台中稍偏左半台。直拍参赛者则偏左半台站位，发球后便于侧身进攻。

B. 运用条件

如果反手侧上、下旋发球是自己主要的发球技术，可参见正手侧上、下旋发球的运用条件。如果是辅助性的发球技术且较少使用，在比赛中可考虑在正手转与不转发球和侧上、下旋发球打不开局面时采用，以此来打破被动或僵持的局面。尽管反手侧上、下旋发球的变化不多，但运用得当，效果还是非常好的。

C. 运用方式

·线路落点方面的变化

反手侧上、下旋发球的主要线路落点是对手中路偏正手位近网处，配合发对方正手位与反手位的两个大角（图 9-55）。

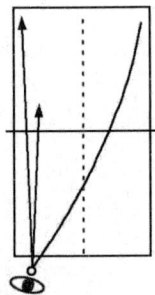

图 9-55

如果对手步法移动比较慢，3 个线路和落点可以结合起来使用。

如果对手反手比较弱，不擅长侧身攻，但正手位进攻能力比较强，则可以多发反手位大角球。

如果对方接偏正手位或正手位的近网短球能力差，只会搓接或挑打失误比较多，可以多发近网短球。

·旋转方面的变化

反手侧上、下旋发球也是混合性旋转球，可根据对手对侧旋或上、下旋的适应情况，在运用时加以变化。

如果对手推挡、拨球技术比较差，而长于搓球，可以加大发侧上旋球的比例，使对方在回接侧上旋发球时的办法不多而出现失误。

如果对手推挡、拨球的技术比较好，而不长于搓球，则应多发侧下旋球。

如果对手正手位短球不会挑打，则可以考虑发侧上旋球到其正手位近网处。

·速度方面的变化

为了配合线路落点和旋转的变化，在速度上要做到有疾有徐，意在打乱对方接发球的节奏。

• 假动作的运用

反手侧上、下旋发球的假动作，在运用上的要求与正手侧上、下旋发球的一样，都要注意在动作的相似性上做文章，这是最有效的。

2. 辅助性发球技术的战术运用

在比赛中，除主要发球技术外，还有一些在战术上起干扰作用，保证主要发球技术更好地发挥战术效果的辅助性发球技术。尽管它们在比赛中的使用次数比较少，但对比赛局势的控制和扭转起到积极作用。这类发球技术主要是正、反手的奔球。

（1）战术特点

①奔球的速度快，突然性强，线路长。在战术上是实施"偷袭"策略的首选技术。

②和假动作结合，使对方不易判断发球在线路上的变化，以此遏制对方侧身接发球抢拉、挑接和晃接，迫使对方把注意力转移到正手位上。

③奔球可以带有侧旋或下旋，加大回接难度。

（2）战术意识

①使用奔球时，主要是发挥它的突然性。即当对方的站位过于偏向左半台时，可以考虑发奔球到对方正手位，从而使对方出现失误。

②当对方频繁侧身接发球抢攻时也可以使用，能够迫使对方减少侧身次数。

③对方正手位进攻能力比较弱，引拍比较慢时，可以利用奔球的速度制胜。

（3）战术运用要点

①站位策略

发正手奔球的站位和侧上、下旋发球的站位一样，这样便于发直线奔球到对方的正手位。发反手奔球的站位同反手侧上、下旋发球的站位。

②运用条件

当对方频繁侧身接发球时，可以用正手发直线奔球来牵制对方；当对方是削球打法的参赛者时，采用此发球，也是一种有效制造进攻机会的手段；当对方推挡比较差时，可用反手发奔球，迫使对方陷入被动。

③运用方式

A. 线路落点方面的变化

正手奔球一般多发直线正手位（图 9-56 中的 A 线路）。目前，在进攻型参赛者运用正手在侧身位接发球的情况下，正手奔球更是有了特殊的价值。反手奔球多发斜线的反手位（图 9-56 中的 B 线路）。

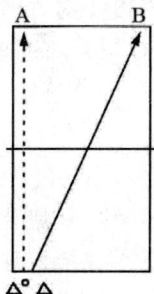

图 9-56

B. 旋转方面的变化

奔球一般是急上旋球，因为使球产生急上旋，可以增加球的速度和落台后的前冲力，突出速度效果。另外，奔球还可以加上侧旋或下旋，使对方在进攻时，可能因为对旋转的判断出错而出现失误。

C. 速度方面的变化

为了保证速度，在发球时出手要快，手腕发力要短促有力，近乎是用球拍做弹击的动作。

D. 假动作的运用

发奔球的动作和发侧上、下旋球动作结合起来使用，其效果更好。往往使对方由于注意奔球而失去侧身拉接斜线长球的时机；或由于认为是斜线发球，但在侧身时却被发了一个直线奔球。

（二）接发球技术的战术运用

乒乓球比赛的第二板是接发球。接发球质量的好坏对能否获胜影响很大。如果接不好发球，就意味着取胜的机会失去了一半。

接发球技术根据技术使用的难易程度，可以分为搓、推（拨）、摆短、劈长、晃接、挑打和拉等。它们为接发球战术的实施提供了多种可能。在比赛中，如果要接好发球，首先要对发球的性质有比较准确的判断，其次要采用比较正确的回接技术。对于一般参赛者而言，采用回接技术是单一性的，即只准备了一种接发球技术去回接，而优秀参赛者一般会有两种技术去接发球的准备，以应对较高质量的发球，并根据比赛中瞬间出现的情况，实施更合理和更有效的回接球战术。

1. 接发球基础技术的战术运用

搓和推（拨）是接发球技术中的基础，也是一般比赛中最常用的接发球方法。搓接球技术可以分为慢搓接发球和快搓接发球两种。

（1）慢搓接发球的战术运用

①战术特点

A. 慢搓是在球的下降期击球，因此有比较充裕的时间判断来球性质（旋转、落点等）。

B. 由于动作比较大，速度比较慢，因此技术的稳定性比较好。

C. 容易加力摩擦，给球制造出的下旋比较强。

②战术意识

A. 确认对方发球的质量、回接球的难度和对方抢攻的技术能力。一般而言，如果发球的质量比较高，回接球的难度比较大，可以使用慢搓的方法回接。

B. 确认对方对回接的慢搓下旋球，没有较大的进攻优势和进攻的成功率时，方可使用。

C. 确认对方对回接的较强下旋搓球，是否缺乏较好的回击能力，如果是，则可使用。

③战术运用要点

A. 站位策略

慢搓接发球时，站位可以稍离台一些（约 70 厘米），这有利于充分做动作和加力摩擦球。站在球台的中间偏反手位一些，便于正、反手搓接发球技术的运用。

B. 运用方式

慢搓接发球在战术中的运用方式包括两个方面。最基本的要求是，在判断清楚的基础上能搓接过去不失误，即如何接。进一步的要求是能较好地对球进行控制，使对方的再次回球变得困难，即如何接好。

· 如何接——把球接过去

当判断出对方发下旋球时，要注意避免搓球下网。慢搓时拍可稍后仰（与地面夹角130度～140度），向前下方搓出（图9-57A）。拍触球时，注意手腕要有一个小的加力摩擦动作。

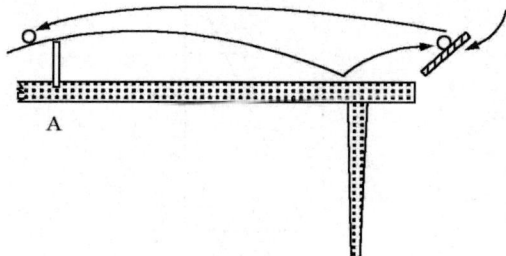

图 9-57A

当判断对方发的是不转球时，要注意避免搓球出界。慢搓时球拍应比搓下旋发球稍立起一些（与地面夹角约100度），动作向前方挥动多一些，便于控制球，不要因为弧线过高而出界（图9-57B）。

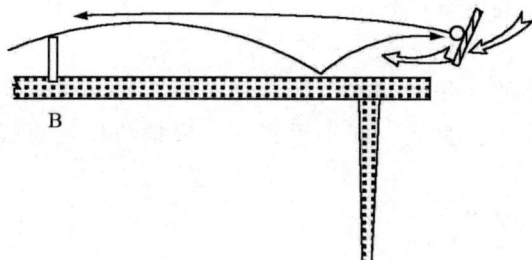

图 9-57B

对方正手（右手持拍）发侧下旋球，慢搓回接时要注意两点，一是球从对方台面左侧出界，二是球下网。反手慢搓时，拍面要向对方右侧偏斜（图9-57C中的1线路）并后仰，侧向来球，抵消其侧旋，向前下方挥拍。此方法可有效避免在慢搓侧下旋发球时从对方台面左侧出界以及下网的问题出现。如果对方发反手（右手持拍）侧下旋，拍面偏向对方左侧即可（图9-57C中的2线路）。

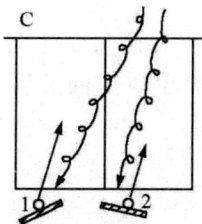

图 9-57C

· 如何接好——提高回接球的质量

在线路落点的变化方面，搓球时要控制球到对方反手位底线（图9-57D中的A线路）。如果搓接对方发的下旋球与不转球，拍面对向搓球线路方向，可以直接搓球；如果搓侧下旋发球，则可以稍微调节一下拍形，借侧旋的效果来搓球；如果要搓对方的正手位直线，在搓转与不转发球时拍面对向其线路方向，而在搓侧下旋发球时，拍面则要明显地向外撇，以抵消侧旋球对回接线路的影响（图9-57D中的B线路）。

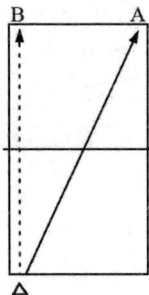

图 9-57D

慢搓时尽量不要试图搓短球，因为球速慢，击球点较低，弧线较高，对对手产生的威胁不大。

在旋转变化方面，慢搓可以做些文章。因为有足够的时间来进行加力摩擦，所以在搓球时可以考虑通过搓转与不转球来控制对方。

· 假动作方面的运用

可以将搓不同线路落点的动作做得尽可能相似，使对方难以预判。在反手搓时，开始动作是搓斜线，触球时突然转腕，变直线。在正手搓时，挥拍动作是直线，但触球时突然扣腕变成"切"斜线球。

（2）快搓接发球的战术运用

①战术特点

A. 动作幅度小，出手快，击球的上升期，弧线比较低，回球速度快。在战术的意义上讲，更多地注重对其速度的利用，使对手没有充足的时间实施进攻。

B. 是下旋球过渡性战术中比较重要和常用的战术之一。

②战术意识

A. 如果用快搓控制对方抢攻，必须判断准确和出手坚决。在来球的上升期搓接，使球有比较快的速度。强调速度是要使对方没有充分上手进攻的时间，或在仓促中上手进攻，从而降低对手进攻的质量和成功率。

B. 要把快搓的速度、线路、落点以及旋转的变化结合起来，根据对手的具体技术和战术情况，增加快搓在突然性中的变化性，以加大快搓的威胁，达到控制对方的目的，并为自己的进攻创造机会。

③战术运用的要点

A. 站位策略

快搓接发球比慢搓接发球更具有实战上的价值，能否比较熟练地使用，也是初中级水平参赛者能否向高级水平过渡的一个重要标志。快搓站位策略明显体现出为进攻创造条件的意图，即它一般站位偏左，且靠近球台，并做好了来球是长球时的拉和来球是短球时的快搓这两种准备。

B. 运用方式

快搓接发球（对搓）是慢搓技术的进一步发展，它在旋转的基础上增加了速度，以加大回球的威胁。

·如何接——把球接过去

当对方发侧下或下旋球时，要对旋转和落点的情况有一个基本判断。快搓时的指导思想是争取以快来控制对方的进攻，并为自己的进攻创造机会。在处理球的侧旋转和控制球的弧线上，快搓与慢搓同理，都要注意拍面方向随来球的侧旋情况进行调整。

·如何接好——提高回球的质量

如果和较高水平的对手比赛，慢搓是控制不了对方的，即使是旋转做得不错，也很难控制对方的攻势。所以慢搓必须由快搓取而代之。快搓接发球，不能只准备去快搓，还应当使快搓发生在接发球不能上手进攻之后的过程中，所以对快搓质量的要求就不仅仅是快搓本身的技术问题了。

快搓接发球技术分为两个方面。首先是快搓质量，主要体现在出手要快，击球的上升期，弧线要低，尽管不是摆短，但落点以不使对方有上手机会和能为下一板创造机会为原则。出手快、击球上升期的前提是判断准确和步法及时到位。弧线低要求不要用球拍碰球，而是摩擦住球，以摩擦的寸劲"压"住球。在落点变化上：一是动作要有隐蔽性，使对方不能从你的拍面方向来预知你往哪里搓；二是要根据对方步法移动能力和站位情况随机变化落点。

其次是准备上手。尽管我们常用快搓来接发球，但准备上手拉接发球的意识不能丢。

快搓和准备上手进攻，在接发球时，有正负两个方面的效果。正效果是如果运用好，主动上手意识和准备动作会使对手产生压力，使其不敢贸然抢攻，并做防拉（攻）的准备；再转搓时，对方会因准备不足而失去抢拉（攻）的机会，尽管快搓在质量上并不算太好。负效果是如果两者结合不好，勉强为之，快搓会完全变成被动回接，从而失去控制，导致对方可以从容进攻。

（3）推（拨）接发球的战术运用

①战术特点

A. 具有一定威胁性，是回击上旋球或下旋球的有效控制性技术之一。

B. 击球速度快，借力发力，有一定的突然性。

C. 落点和线路变化都比较大。

D. 能为正手进攻制造机会或直接得分。

②战术意识

A. 要判断清楚对方发球的性质，如果可以用推（拨）来接球，就要果断出手，不要因为有失误的可能，而对使用该技术产生犹豫。要善于发挥推（拨）技术在速度上的优势，以及由于其技术的使用，在战术上给对手的发球和下一板进攻在心理上造成一定的影响。

B. 在推（拨）接发球时，根据对手的技术战术情况，明确回击球的线路和落点。目的是通过不同线路、落点的回接球，干扰和控制住对方，以便实施既定的战术思路，同时争取直接得分。

③战术运用的要点

A. 站位策略

与快搓站位基本一致。要注意的是，不能为了推挡动作而使同侧的脚放在前面，即右手持拍者不要让右脚放在前面，而应让左脚略前（起码两只脚是平行站位），这样是为了便于正手的进攻。

B. 运用方式

· 如何接——把球接过去

当判断出对方发不转球时，用推（拨）接比搓接更具主动性。推时球拍不宜前倾，可立起来，以推下旋的方式推接，动作向前偏向上。拨接时拍形可以稍前倾，利用摩擦打出适当的弧线。

当对方发侧上旋球时，为防止球从球台侧面出界，可以调节一下拍面方向。如果接正手发球，拍面向对方右方调节；接反手发球时，拍面向对方的左方调节。在拍面方向调整这一点上，与搓接侧旋发球相同。

为了防止出界和回球过高，在调节拍面方向时，还要注意球拍要适当前倾，以便降低回球弧线。球拍前倾角度的大小、挥拍方向与对手侧上旋发球的旋转程度相关，上旋得越强，球拍前倾的角度越大，且挥拍动作也要多向前一些。

· 如何接好——回接球的质量

在线路落点变化方面，要有变线和压大角的意识。当推（拨）接发球时，要根据对方正反手的技术实力和步法、站位的综合情况，考虑是推直线还是推斜线大角，如正手攻球有一定实力，但步法比较差，且在侧身位发球正手位空当比较大，可以采用推接直线球的策略（图9-58）。通常在技术、步法和站位3个因素中，有两个存在弱点时，便可在线路落点变化上强调多变。

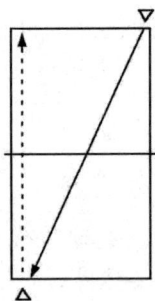

图9-58

在速度变化方面，推（拨）接要体现出突然性。这要求推（拨）出的动作要快速而且"干净"，如果推（拨）接时犹豫不决，则会失去其突然性而不再具有威胁。

在假动作变化方面，可于推（拨）球的一瞬间，通过手腕动作的变化来改变球的线路。

2. 接发球高级技术的战术运用

所谓接发球的高级技术，包括两个相互关联的因素：一是技术难度大，二是威胁性大。接发球高级技术主要有：摆短技术、挑打技术和晃接技术。

（1）摆短接发球的战术运用

①战术特点

A. 这是对付近网下旋发球的有效技术。

B. 动作幅度小，出手快，回球短。

C. 摆短可以有效地控制对手发球抢攻战术的实施，并为自己的进攻创造有利条件。

②战术意识

A. 摆短技术控制的是落点，变化的是线路，就是要使球的第二跳不出台，以此来限制对方上手冲拉弧圈球。

B. 在摆短限制对方上手进攻的同时，还要为自己的进攻创造有利条件。

③战术运用的要点

A. 站位策略与快搓相同。

B. 运用方式

· 如何接——把球接过去

摆短球一般是回摆对方发出的近网发球，如果对方发的是长球，就不宜采用了。因为一是难度大，由底线球搓摆成短球不容易做好，往往会回出机会球；二是没有必要，既然已经是出台球，最好的接发球方法便是主动抢攻。

· 如何接好——提高回接球的质量

在线路、落点变化方面，无论是正手摆短还是反手摆短，都要根据对方正、反手回接短球的能力加以选择。在回摆短球时，还可以时不时地加以劈长球，从而破坏原有接发球的规律性，打乱对方可能形成的习惯（图9-59）。

在旋转变化方面，要尽可能地使球有较强的下旋。所以在回摆的时候，决不能去碰球，而是要快速干净地去摩擦球。此时，手腕的动作和感觉很重要。

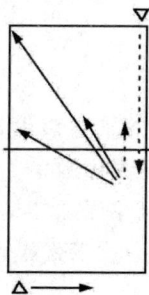

图9-59

在假动作方面，不要让对方看清你动作的意图。即不要从引拍和走位的习惯中，体现出有规律的东西，而应在引拍或拍面方向上采用"声东击西"的方法来迷惑对方。

（2）挑打接发球的战术运用

①战术特点

A. 这是接近网下旋不强或不转发球的一项进攻技术。

B. 动作幅度小，突发性强，落点变化大。

C. 在战术意义上，挑打技术的使用对破坏对方近网发球的自信心效果显著。

②战术意识

A. 在战术上突出的是攻击性和突然性，即速度优势。运用得好可以一板得分。

B. 可以通过挑打落点来破坏对方进攻，并为下一板己方进攻创造机会。

C. 在以下旋回接发球技术为主时，使用上旋进攻的回接技术，可以在战术上打乱对方的阵脚。

③战术运用的要点

A. 站位策略同快搓的。

B. 运用方式

·如何接——把球接过去

挑打球一般建立在两个基本条件之上：一个是发过来的球下旋不强，就可以考虑采用挑打的方法；二是发过来的球弧线控制得不好，比较高，容易进行挑打。

当对方发转与不转球，判断清楚来球不转时，可以进行挑打。当对方发侧上、下旋近网球时，挑打时要考虑来球的侧旋性质，通过调整拍面方向，避免使球从球台侧面出界。挑打侧下旋发球时（如果弧线比较高的话），球拍要立起来一些，并注意摩擦球。

·如何接好——提高回接球的质量

在线路落点变化方面，当对方侧身发球到本方正手位近网时，挑打对方的斜线正手位是最有威胁的，而且斜线的线路比较长，容易控制，挑打成功的可能性比较高。如果打直线或中路，可以适当减少一些力量，以保证技术的稳定性。

在速度变化方面，要充分发挥挑打的速度优势。判断清楚对方发球，决定上手挑打时，出手要果断，犹豫不决会使动作迟缓，击球偏慢，从而使击球进攻的速度下降，失去应有的威力，甚至出现失误。

在假动作方面，利用挑打技术动作和摆短技术动作在准备阶段相近似的特点，可以先做出摆短技术动作来迷惑对方，然后在击球瞬间突然变成挑打。另外，还可以通过手腕在击球瞬间的变向，使对方不易看清楚是打哪条线路。

（3）侧身位正手晃接发球的战术运用

①战术特点

A. 在侧身位，用正手搓球回接近网球并辅之以假动作，通过侧身动作的晃动干扰对方使其作出准备防守的选择，以此限制对方试图侧身进攻的可能。

B. 用正手晃接，在影响对方侧身抢攻企图的同时，还可为自己的进攻占据有利位置。

C. 晃接技术符合世界乒乓球积极主动的技术发展趋势，成为从第二板开始实施自己主动进攻战术的一个必需技术。

②战术意识

利用晃接在战术上的干扰性，限制对方进行发球抢攻，效果十分明显。晃接的侧身动作，除对近网短球进行晃接外，还要为出台球进行抢拉做好准备。通过晃接的侧抹动作改变来球的下旋性质，以侧旋为主的方式回接到对方的反手，由于假动作的干扰、球的速度又比较快，导致对方无法高质量地回击，从而形成第四板上手（接发球后抢攻）或主动打相持球的局面。

③战术运用的要点

A. 站位策略

当对方发球后（主要是正手在侧身位的发球），随即侧身用正手晃接发过来的近网球。

B. 运用方式

·如何接——把球接过去

晃接是将反手位的近网发球，用侧身正手搓加假动作的方法回接过去的一种出现于 20 世纪 90 年代的接发球技术。目前，晃接技术也包括正手在正手位的使用。当对方发转与不转球时，先判断清楚旋转的性质，如果是不转球，在晃接时球拍可以稍微立起一些，动作由后向前侧方，连搓带抹，以抹为主，将球接至对方反手大角。如果是下旋，球拍则稍后仰，动作多向前送，做连搓带抹以搓为主的动作。当对方发侧上、下旋球到反手近网时，如果是侧上旋球，拍面方向可以稍稍调整一点，与接不转球时的动作一样，连搓带抹，以抹为主，借侧旋力将球送至对方反手大角。如果是接侧下旋球，球拍稍仰，连搓带抹，以搓为主，借侧旋力将球搓至对方反手大角。

·如何接好——提高接球的质量

在线路落点变化方面，晃接一般是回接到对方反手位，以此来限制对方进攻和为自己抢攻创造机会。如果这种技术的使用方式形成规律，即失去了战术意义。这就是说，晃接技术必须和挑打、摆短、劈长结合起来使用，才可以充分发挥包括晃接在内的各项接发球技术的特有效果，获得主动权。所以在线路落点变化上，把晃接和劈长（劈正手位直线长球）、摆短（正手位直线近球）结合起来，才是一套高效的接发球技术。

在旋转变化方面，晃接基本上是借力打力和借转制转的。它本身不是一种依赖旋转来取胜的战术，而是依赖变化和落点控制为其后的进攻创造机会。

在假动作方面，晃接动作像是要在侧身位抢拉，也像是摆短或是劈长，但事实是做晃接。前面的几个接发球技术，在接发球瞬间，其技术动作的相似性和使用上的可能性，为晃接的使用提供了最好的战术性掩护，它们使晃接极具欺骗性。正是因为如此，晃接技术成为当今世界优秀的进攻参赛者最常用的接发球技术。

（三）进攻技术的战术运用

进攻技术是乒乓球战术中最为重要的一项技术内容，其有效地运用是取得比赛胜利的根本保证。进攻技术在乒乓球比赛中，既可能出现在第二板的接发球中（抢攻、抢拉），也可能出现在第三板的发球后抢攻（拉）中，还可能出现在相持阶段的任何一次击球中。

进攻技术主要指正反手的攻球技术和正反手的弧圈球技术。在战术运用中，这些进攻技术会受到对方在线路、落点、旋转等因素上的控制，如何克服控制、实施卓有成效的攻击，则是我们将要讨论的问题。

在实战中，所有的进攻技术都要在移动和动作的不断调整中完成。移动和动作的不断调整意味着：一是击球位置的不固定；二是每球落点、线路、旋转、速度、弧线的变化，因此，每次击球都不是单一动作的重复；三是每次击球都要对进攻技术的整体进行调节，以适应不同性质的来球；四是保持基本动作的稳定性和还原能力；五是正确地完成战术任务。

1. 正、反手攻球技术的战术运用

（1）跨步正手攻球的战术运用要点

①运用条件

当对方推挡变线到正手位，且角度不大时；当自己的站位在左半台，且没有做侧身攻的步

法移动时；当自己主动控制对方，迫使对方变正手时。

②运用方法

在站位左半台时，用推挡控制对方，伺机在正手位进攻。选择进攻路线的基本原则：打对方的空当；打对方防御技术差的一侧；打对方的中路；打直线时，击球时间稍晚一些，在身体的侧面；打斜线时，击球时间稍提前一些，击球点在身体的侧面偏前。

（2）正手位交叉步攻球的战术运用要点

①运用条件

当对方突然推变正手位时；当对方是左手持拍，推中突变正手位大角度时；当自己被对方压反手大角度后，随即变正手位时。

②运用方法

站位偏左半台时，回击正手位球的距离比较远，必须采用交叉步的方法来保证获得一个比较合理的击球位置。在击球线路的战术选择上是打直线、中路还是打斜线，方法都与正手位跨步攻球技术的相同。

（3）正手侧身攻的战术运用要点

①运用条件

当对推、对搓或接发球过程中，对方推或搓斜线时产生控制上的失误，出现机会球（球长、速度慢、弧线较高等）时；当主动进行推或搓的控制，压住对方反手大角球，迫使对方回击时变线和摆短困难时；当出于战术需要，必须积极主动加强进攻来抑制对方的战术策略时。

②运用方法

如果正手攻比较好，又欲更多发挥侧身攻的技术优势，在站位上可以稍偏左台角一些，以利于快速侧身。在回击球的线路选择上，如果打斜线，击球时间可以稍晚一些（在身体侧）；或击球时间不变，拍面向外稍撇一些。如果打直线，击球时间可早一些（在身体侧前方）；或击球的时间不变，拍面向内稍扣一些。侧身时机的把握有两点很关键。一是自己对球的控制能力，如果是搓或推对方的反手大角度，而且球有速度变化或有旋转变化，对手忙于回接时，可以预见到可能回接的大致范围，即这个范围基本上因为你的主动控制而被限定（图9-60）。对方回接范围基本上在A和B两点之间。由于对方失去了最佳击球时间，如果搓或推直线C，失误的可能性很大。对方一般不敢冒险。二是在侧身前，眼睛盯住对方球拍触球瞬间的拍形变化，一旦碰球后，便可决定是否侧身，而不要等到球已过网时再做决定。这是一个判断上的习惯，多注意便可以培养出来。

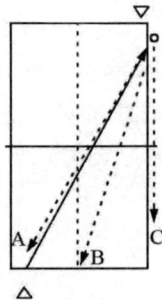

图 9-60

（4）反手攻球的战术运用要点

①运用条件

由于有反手进攻能力，当扑正手攻后，反手位形成空当，对手回击反手位球时，采用反手进攻技术，可以形成正手进攻和反手进攻结合运用的战术策略。当对推或对搓时，反手位出现机会球（或用侧身攻来不及时），可以运用反手攻，给对方防守增加压力。

②运用方法

在回反手位采用反手攻时，对方压反手位的来球质量比较好，可以采用控制性的以中等力量为主、打落点的方法，不追求一下打死对方，而是通过反手的控制性进攻，使比赛进入相持阶段。如果还原比较及时（或者有机会球时），可以考虑发力打，一板制胜。

2. 正、反手拉弧圈球技术的战术运用

（1）正手位并步拉弧圈球的战术运用要点

①运用条件

当对方搓或推正手位直线，可用并步抢位方法拉弧圈技术还击。当自己主动控制对方，迫使对方被动变线时，也可以采用并步抢位来获得充分的时间。此时可以拉出比较多的线路，以达到战术上的目的。

②运用方法

弧圈技术打法的参赛者，因长于打下旋球，故可以用搓球技术控制对方，制造正手位拉的机会。如果对方侧身位进攻能力差，则可坚持打搓拉战术，在对搓中等待机会。看清变线球的性质，注意左脚蹬地时的转腰引拍动作，根据需要发力的大小和来球是上旋或下旋的性质，决定转腰引拍的幅度。如要发力，或针对下旋来球，一般转腰引拍幅度要大一些，反之则小。并步的时候，即左脚开始做支撑时，挥拍拉球。在这个时间要注意判断对方移动的位置，以决定回拉球的线路。

（2）交叉步扑正手位拉弧圈球的战术运用要点

①运用条件

当站位偏左半台或准备侧身时，对方变直线大角度。当对方是左手持拍，在推或搓中变正手位时。当自己在控制球过程中处于被动状态，对方此时变直线正手位时。

②运用方法

运用交叉步跑动距离大的特点，应对正手位大角度的来球，力争变被动为主动。在步法移动中，左脚蹬地要充分，并注意来球的速度和角度，不要因用力不够而使身体不到位，也不要因用力过大而使身体跑过位。手法和步法配合的关键体现在左脚交叉落地时挥拍击球。拉上旋球时，引拍位置高一些，球拍前倾一些；拉下旋球时，引拍位置低一些（通过降低身体重心来实现），球拍稍立起一些。

击球线路选择以及对旋转的利用，是交叉步扑正手位拉弧圈球实现由被动转主动的关键。如果能够抓住对方的空当，或者在旋转上有所加强和变化，即可实现逆转。在拉球线路的选择上，可以通过击球时间或拍面方向变化来实现（击球时间早一点，或拍面稍内扣一点，可拉斜线；直线则相反）。

（3）侧身位抢冲的战术运用要点

①运用条件

当在发球、接发球和相持中，在左半台的推（拨）球和搓球时出现机会球，即可侧身抢拉弧圈球。由于主动控制（快搓或快推）住对手反手位，可以制造出侧身抢拉的机会。侧身位正手发球后，可以进行侧身抢拉。

②运用方法

侧身位抢冲在比赛中是主动进攻得分的主要战术。侧身位抢拉的机会建立在抢拉前技术运用的合理和战术策略有效的基础上，不管是发球、搓球、推挡还是晃接，只有抢拉前的技术在战术上能够比较成功地实施，才可能为侧身抢拉得分创造机会。

一般来讲，站位偏左半台，在这个位置上便于进行侧身。步法移动中，对来球的角度要有判断，做到侧身位置适度。针对来球不同的旋转性质，要注意区别来球引拍位置和拍面角度。由于侧身拉，正手位让出的空当比较大，要注意拉球后身体的迅速还原。

（4）反手拉弧圈球的战术运用要点

①运用条件

当对方搓或推（拨）至反手位长球，没有侧身的机会时，可以采用反手拉。当对方对正手位控制得比较严，而在反手位疏于控制时，可用反手拉。正手进攻后回反手位比较及时，可用反手拉。

②运用方法

反手发球抢攻和接发球抢攻，由于隐蔽性好，出手快，往往会直接得分或赢得主动权。在线路的变化上，可以通过手腕动作的调节（稍撇和稍勾）和击球时机的把握（击球点稍后和稍前）拉出直、斜两条线。在移动中拉反手弧圈球时，步法抢位是第一位，失去位置就等于丢掉了拉球的机会。如果正手位能够发出较高质量（线路、落点、旋转、速度）的弧圈球，多是因为对方的防御比较消极。一般在转反手拉时，会有时间去判断来球和移动步法，如果正手位弧圈球质量不高，被对方反拉或反打的可能性就很大，这时再来反手拉，一般是没有机会的。

3. 反带技术的战术运用

（1）战术特点

①在对攻中，以被动求主动的一种具有一定进攻性的技术。

②出手快，是控制弧圈球的有效方法之一。

③落点变化多。

（2）战术意识

利用反带的突然性和速度来限制对方弧圈球的使用质量，以及被连续拉的可能性。不要因求稳而出现以反挡代替反带的现象。

（3）战术要点

①运用条件

当对方有了机会球，上手拉得比较凶时，可以采用反带技术来回击。在相持中，可以用近台的反带打破相持的节奏，获得主动权。

②运用方法

反带比反拉在技术上简单一些，技术的稳定性要高一些，可以在比较被动的情况下使用，使用的方法大体与反拉的相似，对此，可参见对反拉的讲解。只是反带动作小一些，更紧凑一些。

4. 反弹技术的战术运用

（1）战术特点

①力量比较大，弧线比较低，速度比较快。

②突然性强。

③是对付一般拉球或推（拨）球的进攻技术。

（2）战术意识

用反弹技术来改善反手位的攻击性，在推（拨）技术上增加速度和力量变化，以获取主动权或得分。利用由反弹技术的突然性带来的节奏变化，可以改变反手位争夺中的被动局面。

（3）战术要点

①运用条件

当对攻过程中，在反手位出现机会球，或自身站位正确，准备充分时，可用反弹技术回击；在反手适当运用反弹技术时，可给对方形成心理压力；当出现质量不高的弧圈球时，可以用反弹技术回击。

②运用方法

注意来球的落点，找好击球的位置。对来球的旋转、速度及对方的位置有一个判断，以保证正确地调整拍面角度和发力方向，提高战术的有效性。

（四）削球技术的战术运用

1. 中台削球技术的战术运用

（1）战术特点

①站位中台，击球时间比较早，回削球的速度比较快。

②控制回接的范围比较大。

③通过速度和旋转、落点、线路变化的结合，在防守中求主动。

（2）战术意识

削球要转。通过削出不同旋转（转与不转）的球来牵制对方，干扰对方的判断，造成对方进攻失误，或为自己的进攻创造机会。

削球要稳。就是能削弧圈球和顶大板，尤其是在被动中削好弧圈球和顶住大板。

削球的弧线要低。削弧圈球时的弧线要低，不能让对方有发力进攻的机会。

削球要为进攻制造机会。进攻是当今削球打法中一项主要的得分手段。

削球要变化。变化是一个综合性的要求，削球在战术的使用上应当具有积极主动的意识，即应当是主动施变。以此来造成对方的失误，或为自己创造进攻的机会。在比赛中，能够及时根据对方技术上和战术上的强弱，主动调整自己的战术，以保证取得胜利。

（3）战术要点

①运用条件

当对方采用发球抢冲或扣杀，以及在对搓相持中突然抢拉时，可以采用中台削球的方法进行回击。

②运用方法

中台削球打法对付抢攻（拉）技术的战术之一。在削对方拉过来的球时，站位尽可能不要远离球台，击球点比较高，弧线比较低，以便使球的落点和速度结合起来，迫使对方在跑动中拉球，以降低对方进攻的威力，或导致对方直接拉球失误。

2. 远台削球技术的战术运用

（1）战术特点

①站位离台比较远，击球的下降期，此时其弧圈球和扣杀球的力量和旋转由于球的飞行距离长而相对减弱。

②有比较充足的时间施加旋转变化，以此来瓦解对方的攻势。

③在处理爆冲和大力扣杀时，技术的稳定性比较好。

（2）战术意识

与中台削球技术运用时的战术意识相同。

（3）战术要点

①运用条件

当对方有爆冲或大力扣杀的机会时，可以及时退到远台进行防御，采用稳削的战术。

②运用方法

当对方爆冲或大力扣杀时，站位在远台，等对手强攻球的力量和旋转由于飞行距离延长而相对减弱时再进行削球。在削球时，尽可能压低削球的弧线，不给对方发力连续进攻的机会，并等待机会球的出现。采用这个战术时要有耐心。

二、大学生乒乓球运动双打战术实践研究

（一）乒乓球双打战术

1. 双打配阵

双打的配阵，主要指力争有利的接、发球次序。由于规则规定发球者必须从本方球台的右半台发至对方球台的右半台，受发球区域的限制，发球一方不如接发球一方有利。另外，接发球一方还可根据发球者的不同技术水平自行决定本方的接发球次序。所以在双打比赛中，较多的参赛者会首先选择接发球。

在配阵时，可考虑以下事项。

（1）在选择接发球后，根据对手情况决定选择接、发球次序。

①虽然女参赛者极易被男参赛者克制，但是女参赛者使用不同性能或非常规球拍时，亦可选择女打女的次序。因为非常规（如长胶）球拍击过去的球易被男参赛者抢攻，而女参赛者往往易吃此球。

②在男双或女双比赛时，可选择以强打强的次序。弱者的攻击力和控制对方的能力是不如强者的，我方强者便于从中寻求机会攻击对方的强者，使对方强者的攻击力难以发挥。

③选择接对方比较适应的一名参赛者的球，打另一名参赛者的次序。如甲 A 特别适应乙 A 的球路，那么甲方就应选择甲 A 接乙 A 球的次序。

（2）当对对手的技术情况不了解时，也可以先选择发球权，即使第一局失利，第二局也可

以通过调整接发球的人选，来改变不利的局面。这是一种后发制人的战术。

（3）在双方技术水平比较悬殊的情况下，力量较强的一方也常会使用先发球的配阵，假如第一局赢了，那么以后就会越打越顺利。

（4）若本方被确定为先发球（当对方选择了接发球，或在不了解对方的情况下，本方中签选择了发球），应由本方发球技术好的参赛者担任第一发球员，尽可能地争取开局的主动权。对此，在混合双打中优先选择男参赛者先发球较为有利。

2. 双打暗示

乒乓球双打比赛中，常采用手势、暗语及某些特定形式来传递本方参赛者的想法，以达到控制比赛的目的。

3. 双打的战术

双打是技术特长和风格不尽相同的两人协同作战。因此，在战术运用上比单打要复杂一些。除要很好地研究对方的特点外，还要根据配对两人的特点来进行战术的确定。在双打比赛中，先发制人、力争主动的战术思想尤为突出，往往在前四板中就决定一分球的胜负。即使是以削为主的配对，也应贯彻积极防御的思想，力争以旋转和落点的变化控制对方，伺机组织进攻。下面介绍几种主要的配对在对付不同类型打法的对手时运用的主要战术。

（1）快攻类打法对快攻或弧圈类打法的主要战术

①发球抢攻的战术运用

发球者以发侧上、下旋或转与不转的近网短球为主，配合发长球至对方的右大角和中线稍偏右处进行抢攻。抢攻者必须根据回球的落点、长短、旋转进行抢攻，用力大小要善于根据回球来加以调节，要求抢得快、落点活，如能向对方的空当发动攻势效果更好。

②接发球抢攻的战术运用

首先对发来的球要判断清楚，以快点为主或用快拉去回击，必须树立敢打必胜的信念。要求出手快、落点活，配合突然的假动作，主要攻击对方空当。有时也可做相反的运用，以便为同伴创造进攻机会。当不能起板进攻时，可运用多种技术（摆短、切、撇等）过渡一板。要求落点好、具有突然性，使对手不容易抢攻，为同伴的下一板进攻创造机会。

③从中路突破再变线的战术运用

如果对方是两名身材高大，右手横握球拍（欧洲此类打法较多），技术水平较高，正、反手均能拉弧圈球的参赛者，那么就要从中路突破。首先应在发球、接发球方面严格控制台内短球，伺机抢先突击，力争主动打至对方中路，使对方处于被动防守的局面后，突击变线，从而为扣杀创造更多的机会。切不可过分求稳、防御过多，以至形成被动挨打的局面。

④专门向对方的身体进攻

使回击者必须迅速让位，造成其回球的困难或被动，伺机进行扣杀。

（2）弧圈类打法对快攻类打法的主要战术

①发球抢攻的战术运用

发球者以发下旋、侧下旋近网短球为主，配合急侧下旋球，以牵扯对方的注意力，使对方在接近网短球上只能以搓球回接，充分发挥弧圈球的威力，这需要两名参赛者在场上的默契配合，要求拉弧圈球参赛者在旋转、落点等方面保证高质量，以为同伴创造更多连续冲或扣杀的机会。

②接发球抢攻的战术运用

如自己中台对攻的能力较强，可多用拉或撇的方法去接发球，主动与对手展开对攻。如估计自己的对攻能力较弱，则可多用搓短球去回接，然后再伺机拉弧圈球去争取主动。

③以不变应万变的战术运用

当对方的技战术出现明显漏洞或在对方两名参赛者中有一名实力明显较弱的情况下，有意识、有目的地把所有来球都控制回击到对方的某一区域或某一人，能起到很好的效果；而对另一名技术水平较强的参赛者，在控制落点、旋转等方面要极为谨慎，不给对方进攻的机会。

（3）以攻为主类打法对以削为主类打法的主要战术

①发球抢攻或接发球抢攻的战术运用

利用发球抢攻与接发球抢攻打乱对方的战术意图，在发球后或接发球时，看准旋转，尤其是对底线加转下旋球，充分利用弧圈球或突击到对方的中间偏右处，再伺机扣杀或爆冲另一方的近身或两大角。接发球寻找机会突然起板，使对方措手不及判断失误，打乱对方的战术部署，为全局的胜利奠定优势。

②拉一点突击两大角的战术运用

先拉对方固定一点，当对方两名参赛者移位不及时，进行突击和连续扣杀；或拉弧圈球（突击）至对方两名参赛者不同的空当，迫使对方左右奔跑，出现机会再伺机扣杀。

③运用长短球找机会

伺机向站位近台的参赛者进行突击；亦可吊短球给站位离台远的对手，然后伺机扣杀。还可利用上旋强烈的弧圈球迫使对方两个人都后退进行防御，再突然放短球，伺机冲杀追身或两大角。另外，还可采用拉搓结合的打法，变化回球旋转与落点长短，伺机冲杀。

（4）弧圈类打法对弧圈类打法的主要战术

①发球抢攻的战术运用

一直一横参赛者的配对，发球者多以中路近网侧上、下旋或转与不转球为主，适当配合有速度的中路长球，这种突出"中路"的特点主要是为了限制对方回大角度球，为同伴创造机会。现在的最新技术是，当对方快拉、挑、点过来的球时，同伴应利用反削或反撕技术至其空当，这往往使对方措手不及。

②接发球抢攻的战术运用

充分利用弧圈球技术的特点，积极主动抢先上手（滑板、快拉、挑、点）打对方的空当。当对方站位远离球台或进攻能力较弱时，可用摆短至中路过渡，为同伴进攻创造机会，要求回球旋转强、弧线低、落点好。

③防守反攻的战术运用

首先应具备顽强的意志与必胜的信心，其次应具有良好的防御能力、手上感觉及灵活的步法。通过激烈争夺而取得的一分球，能够鼓舞士气，增强心理优势，扭转整场比赛的战局。采用此战术时，防守要求弧线长、落点刁、旋转强，为同伴反攻创造有利条件。

（二）乒乓球双打训练

1. 双打训练的指导思想

一般来说，双打技术是建立在单打技术基础上的，单打技术水平高，双打水平也会较高，但这不是绝对的。因为双打是每人按次序各击球一次，除发球和接发球外，接下来的还击球在速度、旋转、力量、落点和节奏上都比单打难度大、变化多。这是双打与单打的最大区别，也是双打的特点。根据这一特点，经过多年训练和比赛形成的我国乒乓球双打训练的指导思想有以下几点。

（1）常年坚持，保证训练时间

双打要求两人感情交流，相互信任和技术上的默契，这不是一朝一夕能做到的，需要通过较长的训练时间磨合。据此，我们认为双打要天天练，一般情况下每天练一次，一次练一小时左右，实践中还可根据具体情况适当调整。比如，接近大赛前夕，训练次数和训练时间要再增加，道理是"熟能生巧"。

（2）强调双打的实用性和针对性

双打要根据主要对手的特点（包括对方的弱点）进行训练，把两人的技战术融合在一起，光是拼命地练，并不能取得预期的效果。实用技术靠平时一个一个地去解决，基本技战术的练习可采用一对二，或者多球训练法。

（3）抓好发、接、抢技战术

双打比赛中发、接、抢和控制前四板球是重点，这两项使用率加起来占全局比分的55％～65％。最低也超过一半，最高接近全局的2/3。很明显，把这4个环节训练抓紧抓好了，取胜便有了保证。

（4）要练好几种主要步法

"八"字形步法（一左一右配对）、三角形（环形）步法（两个右手配对）和灵活的跑动位置是打好相持球的基础。因为双打是在走动中击球，并且还要让位置给同伴还击，所以双打跑动范围相对比单打的大，除向左、右、前、后、斜上下方做"八"字形和向右方做绕圈循环跑动外，对角度大的来球有时还要做一前一后的跑动，步法不能停顿。要打出威力大（既有速度，又有旋转、力量及节奏变化）又命中率高的高质量回球，如果缺少灵活合理的步法则难以做到。还有一种主要用于两名削球手的"T"字形步法，近削者向左、右移动呈"～"字形，远削者向左、右、前、后移动，两者组合呈"乒乓"字形。

2. 双打训练的具体方法

（1）发球与接发球抢攻的练习方法

①发球练习

一定要以提高发球质量为主，要重视发球训练，不能产生枯燥乏味的想法。练习时可采用多球训练，以节省时间。可先将两人拆开，分别站在球台的右角，有计划地进行各种发球练习。

要求学练者发到规定的落点，在发落点的同时要结合旋转与速度，力求出手速度快，动作相似，转与不转差距大。在单人练习发球时，可根据球越网后在对方台面上能跳多少次来检查质量，跳的次数越多，说明球发得越短，有些发球不但次数跳得多，而且能从对方台面缩回来，这说明球的下旋很强。右侧上旋发球也可以用上述方法来观察，球跳至对方台面后往右拐弯越厉害，说明侧旋越强。

有时也可以以一方发球为主，另一方练接发球。发球后如对方失误多，出机会球多，无法抢攻，说明发球质量高，效果好；反之，对方接发球较易抢攻，说明发球质量低，效果差。

②发球与抢攻的结合练习

训练发球抢攻时，可以用单人来陪练，双人一方先发球，开始要求对方回接的落点固定在1/2台内，使同伴练习抢攻。单人一方在回接方法上也可以先简单些，固定以拉、削或搓来回接，使回球难度小一些，以提高双人一方抢攻的走位与命中率。然后再逐渐增大难度，单人一方回球可以不限落点，以提高双人一方步法移动的灵活性。最后让单人一方采用各种不同的回接方法，这样双人一方发球与抢攻更接近实战。这一练习过程能使训练逐渐贴近比赛，有助于提高实战能力。

③用比赛方法进行发球抢攻训练

教练员可用统计方法来检查训练质量。一方将球发出后，另一方可以不限接法，但发球一方必须进行连续进攻，进攻不超过三板才能得分，否则即算失分。通过统计可以看出抢攻的命中率与威力，若连续攻三板不得分，说明抢攻落点不好或攻球力量不重或战术运用有问题等。通过这种比赛也可以从统计中看出对方接发球的水平与防御能力的强弱。

（2）接发球和接发球抢攻的练习方法

①用多球方法进行接发球练习

用多球方法练习可以节省时间、增加密度。方法是将配对拆开，各占球台一方，一方以发球为主，一方以接发球为主，发球者可根据接发球者提出的要求发球（包括落点、长短、旋转性能等），接发球一方以快点或快拉为主配合快搓与其他回接的方法回接。回接要速度快，弧线低，控制落点，逐步提高接发球的质量。

②重点回接不同性质的来球练习

在接发球的训练中要特别强调判断清楚，移位及时，并要在很短的时间内将球回击到对方台上。通过接发球反复练习，提高学练者前臂及手腕控制球的能力。以攻为主的学练者在训练接发球时，重点应放在多接近网下旋（转与不转）或侧下旋短球上，以接长球为辅；以削球为主的学练者，重点应放在多接一些侧上旋、急下旋等长球上，以接短球为辅。有时也可根据个人在接发球技术上的某些缺点练习，以提高接发球的能力。

③用多球专门进行接球抢攻的练习

发球一方可用单人来发，接发球一方可以双人配合来做接发球抢攻练习。若结合实战需要训练，则效果更好。

④用比赛方法进行接发球抢攻训练

在这项训练中，教练员可用统计数字来检查接发球抢攻的使用率和得分率。

方法是接发球一方先抢攻，然后同伴继续攻，不超过三板可得分，否则算失分。通过统计可以看出接发球抢攻直接得分的多少。得分多说明接发球抢攻水平高；连续进攻三板尚未得分，说明接发球抢攻能力比较弱。同时从统计中也可以检查另一方的发球质量与防御能力。

（3）上旋相持球的训练方法

①正手弧圈球相持练习

可采用一人用推挡（拨）连续打全台，使主练一方两个人不断地在走动中练习正手拉。适当采用多球训练，效果更好。

②发球抢攻后转相持球练习

可单人与双人进行对练。此种练习方法由发球抢攻开始，陪练一方被攻后连续回击不同落点，主练一方两人在走动中不断进行正反手回击。

③单线近台封堵和中远台对拉练习

以快攻为主者在近台封堵，以旋转为主者在中、远台对拉，提高相持能力。

（4）搓、拉结合的训练方法

①双打搓球练习

可参照双打走位练习的方法，既可采用单人对双人的练习，也可采用双人对双人的练习，既可做定点走位搓球练习，也可做不同落点搓一点的练习，最后还可采用任意对搓不同落点的练习，在搓中逐步掌握和提高搓得快、低、短、转的能力，以及搓的落点变化或旋转变化的能力。

②搓中抢拉练习

先要判断清楚来球距网高度、长短、旋转程度和落点，然后进行抢拉，在抢拉时要注意力量的调节，因为双方均重视搓中控制，是爆冲还是拉落点，应视机会而定。没有把握时，应在50%～70%的力量中进行调节（搓中的练习，既可采用单人与双人对练，也可采用双人与双人对练）。搓球的落点可以不受限制，但抢拉可以一方为主，先攻规定一点，另一方练搓球控制和提高防御能力。最后双方可以任意搓不同落点和随意找机会抢攻，然后打相持球。

第十章 当代大学生羽毛球运动技能的培养研究

第一节 羽毛球运动的基本理论

一、羽毛球运动的起源

目前，对于羽毛球运动的起源，仍然没有一个较为确切的说法。在众多关于羽毛球运动起源的说法中，人们最认可的观点是羽毛球是由毽子球游戏演变而来的。世界羽毛球联合会，在其成立 50 周年的纪念册上这样写道："羽毛球运动早在 1934 年前就有着悠久的历史，很多世纪以前，在荷兰和中国就有使用球拍的类似当今羽毛球的体育游戏。"但从文字记载和相关学者的研究中，羽毛球运动的起源从整体上可以分为古代羽毛球和现代羽毛球两种。

（一）古代羽毛球运动的起源

关于古代羽毛球游戏的起源，其主要有三种说法，即中国、日本和印度起源说，具体如下。

1. 中国古代羽毛球游戏

在我国的《民族体育集锦》中对羽毛球运动有着一定的记载："相传，中国在远古时期就有类似羽毛球活动的存在，其玩法、性质以及所用的一些器材，同世界上较早有这项活动的国家相比没有太大的差异，只是在对这种游戏活动的称呼上不同而已。"时至今日，仍旧可以从我国一些少数民族的游戏中看到羽毛球活动的影子。如苗族祖先在正月间把一些五颜六色的鸡毛做成花毽，然后成群结队玩"打花毽"游戏。游戏在称作"毽塘"的场地上进行。又如古代基诺人的"打鸡毛球"，其所用的球是将一束美丽的羽毛插入用油布包着的木炭球托上，制球原理和结构非常接近今天的羽毛球。

2. 日本的"追羽根"

日本也有关于羽毛球运动的记载，日本贞享二年（1685），日本流行一种名为"追羽根"的游戏，日本女子在新年正月里，一面歌唱似地数数，一面用羽子板做"追羽根"游戏，这种游戏与现代羽毛球运动非常相似，不过由于此游戏的器材造价较高，虽然在日本没能得到广泛的推广，但是却作为一种传统保留了下来。

3. 印度人的乡土游戏

古代羽毛球运动在印度也有相似的游戏，被印度人称为"浦那"，这种游戏据说是 1820 年的印度孟买城浦那街道的居民发明的，其球是用直径大约 6 厘米的圆形硬纸板或以绒线编织成球形，中间插上羽毛而制成，板是木质的。其玩法是两人相对站着，手执木板来回反复地击球。从中可以看出，这种游戏与羽毛球运动极为相似。这也与后来现代羽毛球的兴起联系非常紧密，以后逐渐普及全印度乃至全世界。

（二）现代羽毛球运动的起源

据考证，现代羽毛球运动的诞生地是英国。1870 年，印度返英度假的英国军官把"浦那"游戏带回了英国，这种游戏就是羽毛球运动的前身。当时的羽毛球是一个毽子，而网球拍则当作毽子板，以后毽子板与毽子逐渐改良，逐渐成为今日的羽毛球运动。因这项活动极富趣味性，很快就风行开来。此后，羽毛球作为一种高雅的娱乐性活动快速在英国流行。

1877 年英国制定第一本羽毛球比赛规则，其中一些内容在今天的羽毛球规则中仍保留使用。1893 年，英国成立了世界上最早的羽毛球协会。1899 年，该协会举办了第 1 届全英羽毛球锦标赛，以后每年 3 月份的最后一周都要在伦敦温布利体育中心进行比赛。

现代羽毛球运动诞生后，经过一段时间的传播与发展，迅速在世界范围内流行起来，先是从不列颠诸岛流传到英联邦各国和斯堪的纳维亚半岛，随后又流传到美洲、亚洲、大洋洲各地，最后传到非洲。发展至今，羽毛球运动已经成为名副其实全世界盛行的一项体育运动，深受人们的欢迎和喜爱。

1934 年，世界羽毛球联合会成立，其主要是由英国、法国、丹麦、加拿大、新西兰、荷兰、苏格兰、爱尔兰、威尔士等国家和地区联合成立的，总部设在伦敦。1939 年世界羽毛球联合会通过了各会员国共同遵守的《羽毛球竞赛规则》。该规则的出现标志着现代羽毛球运动开始在世界范围内得到规范化的发展。

二、羽毛球运动的发展

（一）世界各国羽毛球运动的发展

现代羽毛球运动在诞生初期只是在欧美地区开展，准确说主要是在北欧的少数国家。20 世纪 40 年代举办"汤姆斯"杯赛后，羽毛球运动便开始进入快速发展期。

1. 从欧洲走向世界

在英国举办的"全英羽毛球锦标赛"是历史最为悠久的羽毛球比赛。它是在 1899 年开始举办的，起初由英国人垄断了所有比赛项目的冠军，而后的数十年里，丹麦人打破了垄断，成为新的世界羽毛球运动的领先者。到了 20 世纪 40 年代末，马来西亚的羽毛球选手横空出世，他们的出现打破了欧美垄断的局面。从此，使得羽毛球运动从欧洲开始向亚洲倾斜。

2. 马来西亚——亚洲羽毛球运动的先驱

1937 年，马来亚成为第一个正式加入世界羽毛球联合会的亚洲国家，在国际羽毛球运动的历史上占有重要的地位。在全英羽毛球锦标赛中，马来西亚是亚洲最早取得男子单打冠军和"汤姆斯"杯冠军的国家，并且一直独具领先地位，始终在国际羽坛上发挥着重要作用。

到了 20 世纪 50 年代，马来西亚著名羽毛球运动者黄秉璇以全面精湛的技术所向披靡，成为当时世界羽毛球运动重要的代表人物。同时，另一名马来西亚选手庄友民与黄秉璇一起，从1950 年至 1957 年交替霸占全英羽毛球锦标赛男子单打冠军长达 8 年。到了 20 世纪 80 年代，西德克兄弟为马来西亚羽毛球运动做出了卓越的贡献。由此可见，马来西亚是亚洲羽毛球运动的先驱，其在世界羽毛球运动发展中，占据着非常重要的位置。

马来西亚的运动者在世界羽毛球男子团体赛——"汤姆斯"杯赛中，取得了较为显赫的战绩，并且曾连续获得第 1、2、3 届"汤姆斯"杯冠军，后来又分别获得第 7 和第 17 届冠军。

3. 印度尼西亚——羽毛球王国

印度尼西亚的优秀羽毛球运动者人才辈出，被认为是世界羽毛球王国。印度尼西亚在 1953 年加入国际羽联。1957 年，印度尼西亚首次参加第 4 届"汤姆斯"杯赛，便崭露头角，不仅在大胜新西兰和澳大利亚后进入次年的决赛，还在决赛时终止了马来西亚连获第 1、2、3 届"汤姆斯"杯冠军的局面。其后，一直成绩优异。在 2000 年以前所举行的 21 届"汤姆斯"杯比赛中，印度尼西亚一共获得 12 次冠军。这足以说明印度尼西亚取代马来西亚成为新的羽毛球运动强国。

在印度尼西亚，梁海量是羽毛球运动中的"天皇巨星"，他在 1968 年至 1976 年间，一共获得了 8 次全英羽毛球锦标赛的单打冠军，在国际比赛中几乎没有出现败绩。他由于全面的技术，良好的球场作风，赢得世界羽毛球界的尊敬，是印度尼西亚乃至世界羽坛的代表人物。梁海量之后，印度尼西亚的林水镜凭借凌厉的杀球上网，在世界羽坛非常著名，印度尼西亚风头一时无两。从此，羽毛球运动成为印度尼西亚的国球。

印度尼西亚的女子羽毛球运动也在男子羽毛球队称雄世界羽坛之后迅速崛起。

4. 丹麦——欧洲羽毛球运动的佼佼者

羽毛球运动在丹麦极为普及，因为丹麦不仅是国际羽联创始国之一，也是欧洲羽坛的巨擘，其羽毛球运动的竞技水平一直在欧洲各国处于领先地位。丹麦的优秀羽毛球运动者不断地涌现，例如在 20 世纪 60 年代的男子选手考普斯、20 世纪 70 年代的女子选手科彭、20 世纪 90 年代初的著名男子单打选手莫顿·弗罗斯特，以及走红的彼特·盖德、彼特·拉斯姆森等。在 1996 年的亚特兰大奥运会上，拉尔森获得羽毛球男子单打的金牌。这是欧洲羽毛球运动者在奥运会羽毛球比赛中夺得的唯一一块金牌。

（二）我国羽毛球运动的发展

羽毛球运动在 20 世纪初传入中国，中华人民共和国成立后，我国的羽毛球运动得到了蓬勃的发展，现已居于世界一流之列。总体来看，我国的羽毛球运动发展过程可分为以下几个阶段。

1. 起步阶段

1953 年，在天津首次举办了全国篮球、排球、网球、羽毛球 4 项球类运动会。1954 年 6 月，王文教、陈福寿、黄世明、施宁安等一批印尼爱国华侨回到祖国定居，他们带回了羽毛球运动的先进技术，全面推动了我国羽毛球运动的发展。

中国羽毛球协会在 1958 年 9 月正式成立，标志着我国羽毛球运动进入了组织化管理的阶段，当时协会根据世界羽毛球运动的发展状况，对全国羽毛球竞技运动发展目标进行了规划，并提出目标。印尼羽毛球队在 1956 年 2 月来我国访问，与中国队进行了 10 场比赛，在此次比赛中，印尼队全胜。经过一番刻苦训练，1957 年 4 月，我国羽毛球队回访印尼时，情况有了好转，在 9 场比赛中 7 胜 2 负。

2. "无冕之王"时期

20 世纪 60 年代，中国竞技羽毛球运动进入了赶超世界水平的阶段。虽然我国的羽毛球队在当时并没有出现于任何的正式比赛中，但在许多与世界强队的互访比赛中，所获得的比赛成绩足以说明我国羽毛球的竞技水平已经达到了世界的先进水平。

1963 年和 1964 年，中国队两次以大比分击败世界冠军印尼队。1965 年，中国队出访欧洲取得全胜的辉煌战绩。访问丹麦的比赛中，汤仙虎在一局比赛中曾以 15∶0 的成绩战胜 6 次获得全英锦标赛男单冠军的丹麦名将考普斯，并在与外国羽毛球选手比赛中保持全胜的战绩。至此，中国羽毛球赢得了国际羽坛"无冕之王"的称号，这一时期也是中国羽毛球运动的第一个"黄金时期"。

3. 国际羽坛的"中国时代"

1981 年 5 月，中国羽毛球协会正式成为世界羽毛球联合会的会员。1981 年 5 月 10 日～21 日，中国男子羽毛球队第一次参加英国伦敦举行的第 12 届汤姆斯杯赛决赛阶段的比赛。经过 10 天的激战，中国队成功夺得汤姆斯杯。这是我国羽毛球队首次获得世界男子羽毛球团体冠军。国际羽坛人士称："中国队首次参赛就获得汤姆斯杯，标志着世界羽毛球运动从此进入了一个新的时代。"而在随后的第 14、15、16 届汤姆斯杯中，中国男子羽毛球队实现了"三连冠"，也正式宣布国际羽坛"中国时代"的到来。

中国女子羽毛球队在 1984 年首次组队参加尤伯杯赛，其快速多变的打法令世人耳目一新。中国女队以 5∶0 的比分击败英格兰、韩国、丹麦、日本和印尼，获得第 10 届尤伯杯赛冠军，第一次成为世界女子羽毛球团体冠军。随后，中国羽毛球女队又连续 4 届夺得尤伯杯，创造尤伯杯赛设立以来的"五连冠"纪录。

20 世纪 80 年代，中国羽毛球运动全面发展的目标已经逐渐实现，具备男女单打、男女双打和混合双打 5 个单项与国际一流的选手抗衡的实力。该时期，中国羽毛球队在各项国际比赛中一共获得 65 项世界冠军，所以 20 世纪 80 年代是名副其实的"中国时代"。

4. 调整及恢复时期

20 世纪 90 年代，中国羽毛球成为其他国家的主要研究对象，许多针对中国羽毛球技术的打法不断被研究出来。诸多因素导致了中国羽毛球出现严重滑坡的现象。在 1994 年日本广岛举行的亚运会上，我国羽毛球男女选手无一人进入决赛。

5. 鼎盛阶段

20 世纪 90 年代中期开始，中国羽毛球运动的调整与改革逐步取得效果，管理方法和训练手段越来越合理，社会各界人士对羽毛球运动的参与和支持、新闻媒体对羽毛球比赛的关注等都达到了前所未有的程度。1995 年，中国羽毛球队获得第 4 届世界男女羽毛球混合团体赛苏迪曼杯冠军。1996 年，在美国亚特兰大奥运会羽毛球比赛中，中国女子双打选手葛菲和顾俊取得冠军，实现中国羽毛球在奥运会上金牌"零"的突破，这标志着中国竞技羽毛球运动的全面恢复与发展。

随后在 2000 年和 2004 年的两届奥运会中，中国羽毛球队获得了 10 枚金牌中的 7 枚金牌。在 2008 年北京奥运会上，中国羽毛球队获得了 3 金 2 银 3 铜的骄人成绩。2012 年伦敦奥运会上，我国羽毛球队更是创造了历史新高，包揽了所有羽毛球项目的金牌，这也正式向世界宣布中国羽毛球重回世界霸主的地位。

三、羽毛球运动的特点

（一）不确定性

在进行羽毛球运动时，从击球时的某一单个的击球手法和移动步法来看，是有一定规律的。

但受对方击球后来球的方向有左有右、来球的角度和弧度有大有小、来球的距离有长有短和来球的力量有强有弱等不定因素的影响，球的落点变化无常，因此，运动中技术动作没有固定的模式，一切技术、战术都是在"动态"的状况下完成的。同一情况可以用几种不同的方法处理，而且由于对手的状况不同，回击球对自己的影响也是不同的。

羽毛球多变和不确定的运动特点，要求选手具有在场上全方位出击的能力，选手必须在极短的时间里，运用交叉步、垫步、跨步、蹲跨步、蹬跳步、起跳等各种步法向来球的方向迅速移动到适当位置，并以发球、前场、中场和后场等手法技术将球击向对方场区。羽毛球运动这种不确定性特点，决定了速度力量和速度耐力素质是这一运动的基础。

（二）比赛无时限

羽毛球竞赛方式要求选手具备长时间持续工作的能力，随球忽快、忽慢不停地移动击球。羽毛球运动要求的素质不是长跑运动者所具备的周期性运动耐力素质，而是一种符合羽毛球运动特点的专门化速度耐力素质。耐久力很强的长跑健将，在羽毛球场上往往会比羽毛球选手更快地感到疲劳，因为长跑运动者习惯于持续的周期性运动，而羽毛球选手则具备一种强度经常变化，并与速度和灵敏性紧密结合的专门性速度耐力。其变化幅度的强弱，则取决于竞赛双方选手的技战术质量。

羽毛球比赛通常采用三局两胜制，先得到规定分数的一方为胜方，不受时间限制。大型比赛中，无论是单打还是双打比赛，双方选手实力相当，久攻不下的情况比比皆是，有时一个球的竞争就要打 100 多拍，得 1 分都非常不容易，一场比赛可能持续一个多小时，甚至两个小时，双方体力消耗巨大。这种发展趋势，使比赛变得更加艰苦，对选手身体和心理素质能力的要求也就更高了。

（三）全身的运动项目

无论是进行有规则的羽毛球比赛还是作为一般性的健身活动，都要在场地上不停地进行脚步移动、跳跃、转体、挥拍，合理地运用各种击球技术和步法将球在场上往返对击，从而增大了上肢、下肢和腰部肌肉的力量，加快了锻炼者全身血液循环，增强了心血管系统和呼吸系统的功能。据统计，大强度羽毛球运动者的心率可达到 160～180 次/分，中强度的心率可达到 140～150 次/分。低强度的运动心率也可达到 100～130 次/分。长期进行羽毛球锻炼，可使心跳强而有力，肺活量加大，耐久力提高。

（四）快速爆发力量

从羽毛球选手在场上身体运动的动作来观察，选手的上肢运动是通过手臂肌肉运动产生爆发力，并挥动羽毛球拍将球击出；下肢运动是下肢肌肉在力的作用下，产生快速移动，使人体在短时间内到达合适的位置，协调上肢完成击球动作。因此，羽毛球运动者需要的力量素质必须与速度紧密联系在一起，是一种动力性的速度力量，即爆发力。这种力量素质要求在短时间内产生强大的爆发性力量。下肢爆发性的起动蹬力，会加速身体的移动速度；上肢爆发性的手指与腕部力量，能使击球动作更加有力。

（五）可调节运动量

羽毛球运动适合于男女老幼，运动量可根据个人年龄、体质、运动水平和场地环境的特点而定。青少年可作为促进生长发育、提高身体机能的有效手段进行锻炼，运动量宜为中强度，活动时间以 40～50 分钟为宜。适量的羽毛球运动能促进青少年增长身高，培养青少年自信、勇敢、果断等优良的心理素质。老年人和体弱者可作为保健康复的方法进行锻炼，运动量宜较小，活动时间以 20～30 分钟为宜，达到出出汗、弯弯腰、伸伸关节的目的，以增强心血管和神经系统的功能，预防和治疗老年心血管和神经系统方面的疾病。大学生可作为活动性游戏方法来进行锻炼，在阳光下奔跑跳跃，培养不畏困难、不怕吃苦、不甘落后的品质。

（六）瞬息万变

羽毛球飞行的速度可达每小时 300 多公里，对选手的灵敏素质提出了很高的要求。选手在运动中动作转换的快慢，对来球的判断是否准确，都会直接影响对抗中的主动权。每一项技术、战术的运用与实施，都离不开选手的判断快、反应快、起动快、移动快、蹬跳快、击球动作快和回动快，既要在变化莫测的瞬间判断来球的方向，迅速向来球方向移动击球，又要根据对手的位置迅速决定回击的路线对策。因此，羽毛球选手只有具备了这种快速灵敏素质和思维决断能力，才能在高速度的激烈竞争中立于不败之地。

（七）简便性

1. 不受场地的限制

羽毛球活动对设备的基本要求比较简单，只需两个球拍、一个球和一条绳索即可。正规比赛场地面积仅 65～80 平方米，平时进行羽毛球活动只要有平整的空地就可以了。在风不大的情况下，可以在户外进行活动，只要把球网架起来，就可以在一定长度和宽度的空地上画上几条线，双方对练。因此它不仅可以在正规的室内运动场进行，也可以在公园、生活小区等处广泛地开展。当它作为户外运动时，还可使锻炼者吸入新鲜空气，受到阳光照射，改善人体的血液循环和新陈代谢，感受大自然的美丽，在运动中怡心健体。

2. 集体、个人皆宜

羽毛球运动既可单兵作战（两人对练），又可集体会战（双打练习或三人对三人对练）。单人对练时，练习者可以随心所欲地打出任何弧线、任何远度、任何力量、任何速度、任何落点的球；集体会战则可以使练习者养成协调配合的习惯，还可以培养其集体主义观念。

3. 不受年龄、性别的限制

羽毛球运动游戏性较强，运动量可大可小。身强力壮的年轻人可以将球打得又刁又重，拼尽全力扑救任何来球，尽情散发自己的青春气息；年老体弱的练习者可以把球轻轻地击来打去，根据自己的要求变换击球节奏，从而达到锻炼身体、延年益寿的功效，既活动了身体，又娱乐了心情。因此，不同年龄、不同性别以及不同体质的人在羽毛球运动中均能寻找到自己的乐趣。

（八）娱乐性

羽毛球运动有很强的娱乐性，既可自娱又可娱人。

1. 自娱性

人的本性是自由、富于幻想的。自由、创造性的生活使人精神充实，有所寄托。一旦生活中失去了自由创造的条件，人们就要寻求新的寄托，羽毛球运动无疑是人们寻求某种满足的较好选择。人物寄情于此，在娱乐和竞争中克服各种心理和生理的障碍，使人回归自由、创造的本性。通过不同的羽毛球技术练习，用美妙的身体语言尽情地挥洒自己，表现自我，既在运动中锻炼了身体，又陶冶了情操。

2. 娱人性

羽毛球运动有很高的可观赏性。如猛虎下山般的上网技术，蛟龙出水一样的跳起击球，身如满弓般的扣杀，犀牛望月似的抢扑救球，进攻时似高屋建瓴、势如破竹，防守时有如绵绵细雨、固若金汤。一切都在展示着羽毛球运动的力与美，使观赏者像吟读一首动人的诗，如浏览一幅悦目的画卷，令人心旷神怡，流连忘返。

第二节 羽毛球运动的技术培养

一、握拍法

羽毛球球拍的握拍方法，对于掌握和提高羽毛球技术水平有着重要的影响。羽毛球技术中的握拍和指法是多种多样的，但是基本的握拍方法有两种。

（一）正手握拍

1. 一般正手握拍方法（以右手持拍为例）

先用左手拿住球拍杆，使球拍面与地面垂直，然后张开右手，使手掌下部（小鱼际肌）靠近球拍柄端，虎口对准拍柄窄面内侧的小棱边，小指、无名指、中指自然地并拢，食指与中指稍稍分开，自然地弯曲并贴在球拍柄上。在击球之前，握拍一定要放松、自然，在击球的一刹那才紧握球拍。基础握拍方法一般运用在正手发球、左场区头顶击球和右场区各种击球动作（图 10-1）。

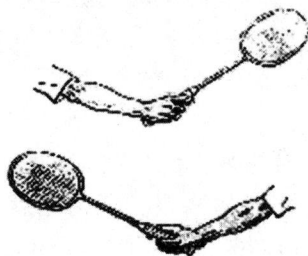

图 10-1

2. 特殊情况下的正手握拍方法

在正手握拍的基础上，大拇指、食指、中指和无名指稍松开，使拍柄离开掌心，食指稍前伸，第二指节斜贴在拍柄外侧的宽面上，拍头略微下沉。这种握拍方式一般运用在正手放网前球及正手搓球的技术上（图 10-2）。

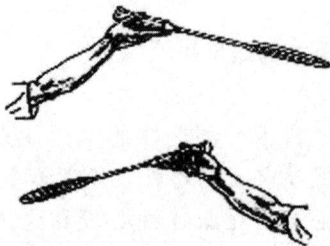

图 10-2

（二）反手握拍

1. 一般反手握拍方法

这种握拍方法是在正手握拍的基础上，把球拍边框往外转，大拇指上提，食指收拢，拇指贴在拍柄的宽面上，食指、中指、无名指、小指稍微向下并拢。一般反手握拍方法主要运用于反手扑球、反手防守和反手平抽球（图 10-3）。

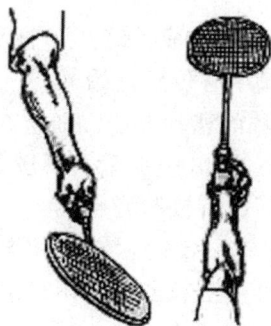

图 10-3

2. 特殊情况下的反手握拍方法

在正手握拍的基础上把球拍边框外转，大拇指贴在球拍柄的棱上。反手握拍时，手心与拍柄之间要留有空隙，食指、中指、无名指、小指并拢在球拍柄上侧，拍头略微下沉，大拇指处于拍柄下侧面的棱边上。这样握拍有利于手腕力量和手指力量的灵活运用，适用于反手放网前球、反手搓球技术（图 10-4）。

图 10-4

（三）易犯错误及纠正方法

1. 正手握拍时，大拇指紧贴在拍柄的内侧宽面上或食指伸直压在外侧的宽面上。此种握拍手形无论运用何种方式击球都无力且球拍易脱手。

2. 正手握拍时，持拍手虎口对在第一或第四条斜棱上，或者拍柄宽面上，影响击球发力效果和击球拍面的角度。

3. 握拍太紧，各个手指相互紧靠，拍柄和掌心没有空隙，影响击球力量和速度。击球前握拍要松，击球时抓紧，依靠手掌和球拍柄之间一松一紧的空间，犹如杠杆一般发力击球。

4. 反手握拍发力时，大拇指没有前顶，食指没有明显的下靠动作，影响反手击球力量。反手击球时，必须相应地调整为反手握拍，如果击反手球时还保持击正手球的握拍方式，则出球必定没有力量。

二、步法

步法是打羽毛球的一项很重要的基本技术，它与手法相辅相成，不可分割。没有正确的步法，必然会影响各种击球技术的完成。如果在比赛中没有快速、准确的到位步法，手法就会失去其威胁性，所以学习和掌握熟练的、快速而准确的步法是打好羽毛球、提高运动水平的重要环节。

（一）步法的组成

羽毛球步法通常由以下一些基本步法组成：跨步、垫步、并步、交叉步和蹬跳步等。通常情况下，每一种步法的移动都是从球场中心位置开始的。

1. 跨步：指向击球点迈出较大步幅的移动方法。通常在上网步法的最后一步时使用。

2. 垫步：在右（左）脚向前（后）迈出一步后，紧接着经同一脚向同一方向再迈一步叫垫步。一般用于上网步法以及各种步法间的衔接和调整。

3. 并步：右脚向前（或向后）移动一步时，左脚即刻向右脚跟并一步，紧接着右脚再向前（或向后）移一步，称为并步。这种步法较多地运用在上网、接杀球和后退步法中。

4. 交叉步：侧对击球点方向，两脚交替向前、向侧或向后交叉的移动方法。经另一脚前面超越的为前交叉步，经另一脚跟后超越的为后交叉步。

5. 蹬跳步：在移动到最后一步时，采用单脚或双脚起跳击球的一种移动方法。如网前扑球时，为加快速度抢点击球，后脚用力蹬伸，前脚呈弓步前跃；在后场突击扣杀时，先转体用垫步或并步移动，最后一步再用单脚或双脚起跳扣杀。使用这种步法，要求协调性好，弹跳力强，在击球后还要善于控制自己的身体重心，以便于连贯好下一拍的击球。

（二）步法的结构

一次完整的步法，包括起动、移动、到位击球和回位四个环节。

1. 起动

两脚同时向上微微跳起，调整身体重心，双脚前脚掌迅速蹬地向来球方向起动。判断起动快是迅速移动到位、争取有利击球位置的前提保证。在该环节中，需特别加强反应速度的练习，提高判断能力。

2. 移动

从中心位置到击球位置叫移动。运动员在球场上的速度很大程度上取决于移动速度。为提高步法的移动速度，可以采用专项速度训练进行练习。

3. 到位击球（制动）

羽毛球击球，不单是上肢挥拍击球，还需要下肢配合共同发力协调完成，这是步法结构中的关键。如果动作不协调，是不可能击出速度快、落点准的球的，所以要求动作准确、合理、协调，给人一种轻松自如的感觉。

4. 回位

击球后迅速从接球的位置向球场中心位置移动叫回位。击球后保持身体平衡是快速回位的关键。

（三）步法的分类

羽毛球步法，根据场区位置划分大致可分为后场后退步法、前场上网步法和中场两侧移动步法。不论是后场后退步法还是前场上网步法，运动员都可以根据来球远近，采用一步到位击球或两步、三步移动到位击球。右手持拍者到位击球时的最后一步一般都是右脚在前、左脚在后，朝向球场的中心位置。

不论用哪种步法，其站位及准备姿势都是一样的。即站位取中心位置：两脚左右开立，右脚稍前，约同肩宽，两膝微屈，两脚前脚掌着地，后脚跟稍提起并左右微动；上体稍前倾，右手持拍于体前，两眼注视对方的来球。

1. 后场后退步法

后场后退步法是指从球场中心位置后退到端线的移动步法。是完成回击高远球、吊球、杀球、后场抽球的步法，包括正手后退步法、头顶后退步法、反手后退步法、正手后退并步加跳步和头顶侧身加跳步。

（1）正手后退步法

身体面对来球，往身体右后侧的后场区域移动接球的步法，称为后场正手后退步法。后场正手后退步法根据身体与来球之间距离的远近可分为，蹬转一步起跳后退、并步后退和交叉步后退 3 种后退接球步法（图 10-5 和图 10-6）。

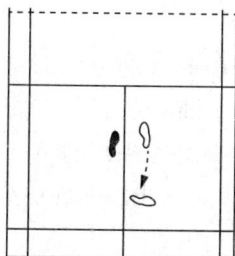
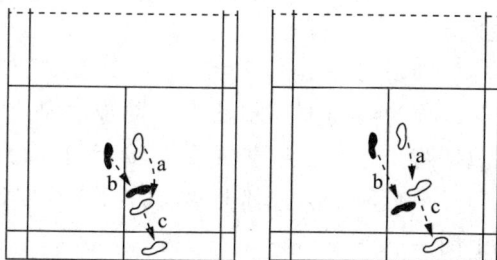

图 10-5　　　　　　　　　　　　　　　图 10-6

（2）头顶后退步法

在身体左侧的后场区域运用正手绕头顶接球的后退步法称为后场头顶后退步法。后场头顶后退步法同后场正手后退步法一样，根据来球与身体之间的距离，可分为头顶蹬转一步起跳后退、并步后退和交叉步后退 3 种接球步法。

右脚蹬地撤向左后方，同时，髋关节及上体向右后方转动（转动的幅度比正手后退要大些），且稍有后仰。左脚用并步或交叉步后撤，右脚再退至来球位置，用头顶击球技术击球。击球后，迅速回到中心位置（图 10-7）。

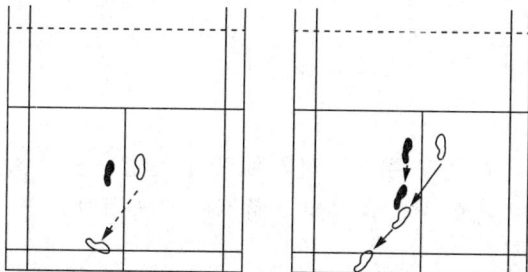

图 10-7

（3）反手后退步法

运用反手接球方法在身体左侧后场区域位置接球的移动方式称为反手后退步法。根据来球与身体之间距离的远近，分为后场反手三步后退和三步后退两种接球步法。当球在后场反手区域时，应根据离球距离的远近来调整移动步子。如离球较近，可采用两步后退步法。一种是左脚先向左后方撤一步，接着，上体左转，右脚向左后方跨一步，背对网。另一种是右脚先向左脚并一步，左脚向左后方跨一步，同时上体左转，右肩对网做反手击球（图10-8）。

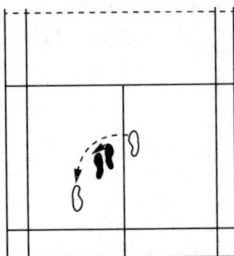

图 10-8

2. 前场上网步法

从球场中心的准备姿势站位开始，运用并步、交叉步、蹬跨步等移动方式向前场区域方向移动接球的步法，称为前场上网步法。上网步法是完成上网搓球、推球、钩对角球、扑球及挑球的步法，它包括跨步上网、垫步或交叉步上网、蹬跳上网。根据对方来球方向不同，可分为正手上网步法和反手上网步法。其上网前的站位及准备姿势跟后场后退步法的准备姿势相同。

（1）跨步上网

准确判断对方来球后，左脚掌内侧用力蹬地并侧身向来球的方向迈出，接着右脚也向来球方向迈一大步，以脚跟先落地，再过渡到前脚掌，右膝关节弯曲并呈弓箭步。紧接着左脚自然地向前脚着地方向靠上小半步。击球后，右脚蹬地用小步、交叉步或并步回到中心位置（图10-9）。

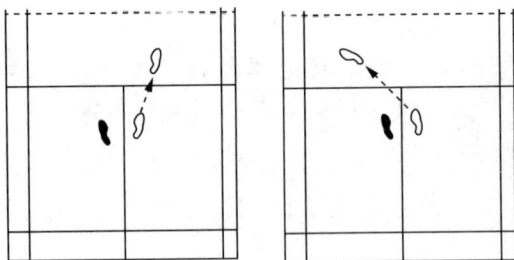

图 10-9

跨步上网时的注意事项：右腿呈弓箭步时，要防止因上网前冲力过大使重心越过右腿而失去身体平衡，另外，前脚脚尖应朝着边线方向，而不应朝向内侧。

（2）并步或交叉步上网

准确判断对方来球后，右脚向来球的方向迈出一小步，左脚立即向右脚并一小步（或从右脚后交叉迈出一小步），左脚着地后，脚内侧用力蹬地，右脚再向网前跨一大步呈弓箭步，身体重心在前脚。击球后，前脚朝后蹬地，利用小步、交叉步或并步退回到中心位置（图 10-10）。

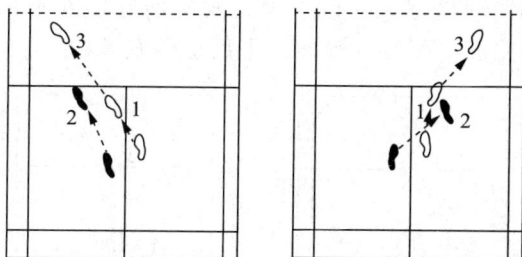

图 10-10

并步或交叉步上网的优点：步子调整能力强，在被动情况下，能利用蹬力强、速度快的特点迅速调整脚步，同时迎击来球，并步或交叉步上网的注意事项与跨步上网相同。

（3）蹬跳上网

蹬跳上网是在预先判断来球的基础上，利用脚的蹬地，迅速扑向球网，以争取在球刚越过网时立即进行还击。单打或双打中常用此步法上网扑球。其步法是站位稍靠前，对方一有打网前球的意图，右脚稍向前一点便蹬地起跳侧身扑向网前。击球后应立即退回中心位置。蹬跳上网既要快，又要防止因向前冲力过大而触网或过中线犯规。

3. 中场两侧移动步法

中场两侧移动步法是完成中场的回击步法，如接杀球和对方打来的半场低平球，包括右侧移动步法和左侧移动步法等。

（1）右侧移动步法

准确判断来球后，上体稍倾倒向左侧，用左脚掌内侧用力蹬地，右脚同时向右侧跨一大步，髋关节随之右转，上体稍倾倒向右侧，重心在右脚上。若距离来球较近，可采用上述动作，若距离来球较远，则需左脚先向右脚垫一小步再起蹬，右脚同时向右侧跨大步（图 10-11）。

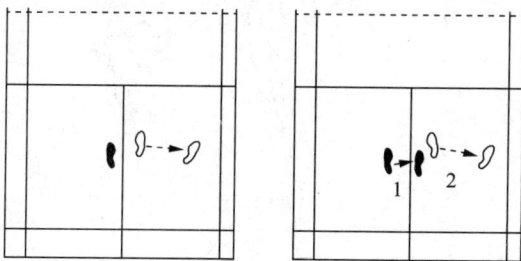

图 10-11

（2）左侧移动步法

准确判断来球后，上体稍倾倒向右侧，用右脚掌内侧用力蹬地，左脚随髋关节转动的同时向左侧跨一大步。若来球较远，左脚先向左侧移动一小步，紧接着右脚向左侧方向蹬地并转身，向左跨一大步（图 10-12）。

三、发球技术

发球是运动员在发球区将球由静止状态用球拍击出，使之在空中飞行，落到对方的接、发球区的技术动作。发球可分为正手发球和反手发球。若按球在空中飞行的弧线，可分为发高远球、发平高球、发平快球和发网前球。一般来说，发网前球、发平快球和发平高球均可以用正手发球或反手发球的技术来完成，而发高远球须采用正手发球。

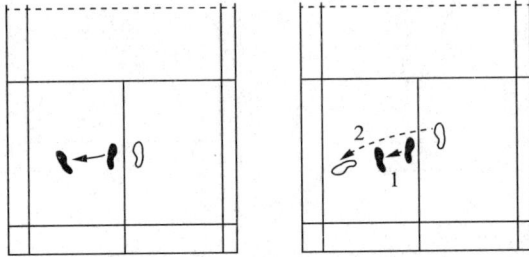

图 10-12

（一）正手发球

两脚自然分开，左脚在前，脚尖对网，右脚在后，脚尖稍微转向右侧，重心在右脚上。左手拇指、食指和中指夹持羽毛球中部，自然抬举至胸前方。右手正手握拍放松屈举至体后侧呈发球前的准备姿势。准备发力击球时，先放开球，持拍手大臂外旋带动小臂充分伸腕，自右后方沿身体向前左上方挥动，同时身体随挥拍动作转体，重心由右脚移至左脚。

在身体右侧、左脚尖的前下方将球击出。发正手不同的弧线球，击球前准备与前期动作是一致的，只是在击球时及其后的动作有所不同。

1. 发正手高远球击球动作

当拍面与球接触的瞬间，紧握球拍，大小臂迅速内旋带动手腕向前上方屈指展腕闪动发力，用正拍面将球击出（图 10-13）。

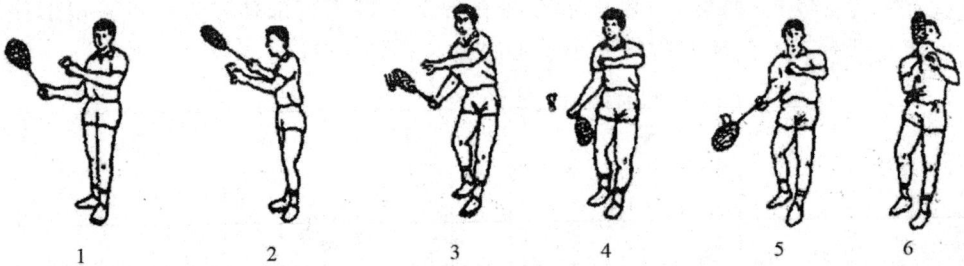

图 10-13

2. 发正手平高球击球动作

击球点在右前下方略高于发高远球的击球位置。击球时小臂带动手腕发力，球与球拍接触时，球拍后仰的程度比发高远球时小（球拍与地面形成的仰角一般为 120 度～130 度），拍面向前推送击球（图 10-14）。

3. 发正手平快球击球动作

击球点在规则允许的范围内争取略高，拍面与地面呈近似 95 度的仰角，前臂内旋带动手腕快速闪动屈指向前发力击球。关键点是击球动作小而快，爆发力和目的性强。

4. 发正手网前球击球动作

击球时握拍要放松，小臂前摆，手指控制力量收腕发力，用斜拍面往前推送切击球托，使球轻轻擦网而过，落入对方前发球区内。为控制好击球力量，挥拍动作要比发高远球要小一些、柔和一些，发球后手腕以收腕姿势制动结束。

图 10-14

5. 易犯错误及纠正方法

（1）握拍太紧，无法产生爆发力。击球前握拍应放松，击球时抓紧，依靠手掌与球拍之间一松一紧的空间发力。

（2）站位错误，引拍时身体重心无法转移，右臂不是向右后上方摆起而是向后方摆，无法形成较好的发力机制。发球前应准备好发球的站位姿势。

（3）挥拍击球时，挥拍动作僵硬，与放球时间不协调。挥拍时避免肘关节伸得太直，腕部动作向后伸展，找到击球时机。

（4）击球时，击球点离身体太近或太远、太左或太右，使得击球时不是正拍面击中球，而是斜面击球。所以击球时抓住击球点很重要。

（5）发球后很快进行制动动作，没有随惯性挥向左肩上方，而是挥向右肩上方。注意动作的协调、完整性。

（二）反手发球

发球站位可在前发球线后 10～50 厘米及中线附近，也可在前发球线后及边线附近。

面向球网，两脚前后开立（左脚在前或右脚在前均可），上体稍前倾，身体重心在前脚上。右手臂屈肘，用反手握拍将球拍横举在腰间，拍面在身体左侧腰下。左手拇指、食指和中指捏住球的两三根羽毛，球托朝下，斜放在球拍前面。击球时，前臂带动手腕朝前横切推送。

1. 反手网前球击球动作

击球时，球拍由后向前推送击球，使球飞行的弧线是最高点略高于网顶，球拍触球时，拍面呈切削式击球，使球落到对方场区的前发球区。发网前球时，用力要轻，主要靠"切送"（图10-15）。

2. 反手平快球击球动作

在击球瞬间，手腕有弹性的击球，拍面与地面的角度接近垂直，将球击到双打后发球线以内的区域。

3. 易犯错误及纠正方法

（1）握拍太紧，手指和手腕僵硬，用前臂向前推拍。击球时要利用手指、手腕的发力。

（2）持球的手没有使球自然下落而是向上抛球，影响击球的稳定性。

图 10-15

（3）击球时出现不同的击球面，造成击球不过网或者球飞行弧线过高。击球时要找到合适的击球面，拍面的角度不宜过大或过小。

（4）发网前球后没有制动动作，挥拍的动作过大，使球向上飞行，影响适应的飞行弧线。

（5）持球的手举球过高，击球时容易出现"过腰""过手"的违例现象。

四、接发球技术

发球方、接发球方是一对矛盾。发球方想方设法发出各种不同弧线的球，以此来控制对方；接发球方则后发制人，达到反控制的目的。羽毛球比赛就是在这种控制与反控制的争夺中给人以刺激、乐趣和启示。

（一）接发球的站位

1. 不论是单打还是双打，都应选择一个合理的接发球站位。一般情况下，单打的接发球站位离前发球线约 1.5 米处；在右发球区应站在靠中线的位置，在左发球区则站在中间稍偏边线的位置，主要防备对方发球攻击反手部位。

2. 双打接发球时站位可靠近前发球线，因双打的后发球线距前发球线比单打的短 0.76 米，发高远球易被扣杀。所以，双打接发球的主要精力应在对付发网前球上。

（二）接发球的准备姿势

1. 单打接发球的准备姿势：左脚在前，右脚在后，双膝微屈，收腹含胸，身体重心在前脚上，后脚脚跟稍提起，收腹含胸，持拍于右身前，两眼注视对方。

2. 双打接发球准备姿势：与单打姿势基本相同，只是身体前倾较大，身体重心可前可后，球拍高举在肩上，在球飞行到网上最高点时击球，争取主动；但是要注意对方在右场区发平快球突袭反手部位。

五、击球技术

击球是羽毛球运动的一项重要技术。只有熟练地掌握击球技术，才能积极主动地控制球速和落点，充分发挥击球的威力。

（一）后场击球技术

后场击球技术可分为：高远球、平高球、吊球和扣杀球。它一般在后场用来主动进攻或调动、控制对方，所以也称为后场主动进攻技术，在比赛中，后场区域是双方的必争之地，后场技术在羽毛球技术中是极为重要的部分。

1. 正手高远球

采用正手握拍法，用正拍面击出的击球点在身体右侧上方的高远球。击球前，首先判断来球的方向和落点，侧身后退使球在自己右肩稍前上方的位置，左肩对网，左脚在前，右脚在后，重心在右脚上，左臂屈肘，左手自然高举，右手持拍，手臂自然弯曲，将球拍举在右肩上方，两眼注视来球。击球时，大臂后引，肘关节上提，将球拍后引至头后，自然伸腕，然后在后脚蹬地、转体和腰腹的协调用力下，以肩为轴，大臂带动小臂快速向前上方甩动手腕，在手臂伸直的最高点击球。击球后，持拍手臂顺惯性往前下方挥动并收拍至体前。与此同时，左脚后撤，右脚向前迈出，身体重心由后脚移到前脚（图 10-16）。

图 10-16

2. 反手高远球

采用反手握拍法，用反拍面击出的击球点在身体左侧上方的高远球。击球前，首先判断对方来球的方向和落点，迅速将身体转向左后方，步法到位后，右脚前交叉跨到左侧底线，背对网，含胸收腹，身体重心在右脚上，使球在身体的右肩上方。击球前，由正手握拍法迅速换为反手握拍，并持拍于胸前，拍面朝上。击球时，以大臂带动小臂，通过手腕的闪动、自上而下的甩臂将球击出。在最后用力时，要注意大拇指的顶力与甩腕的配合，同时还要利用两腿的蹬地、转体等协调全身用力（图 10-17）。

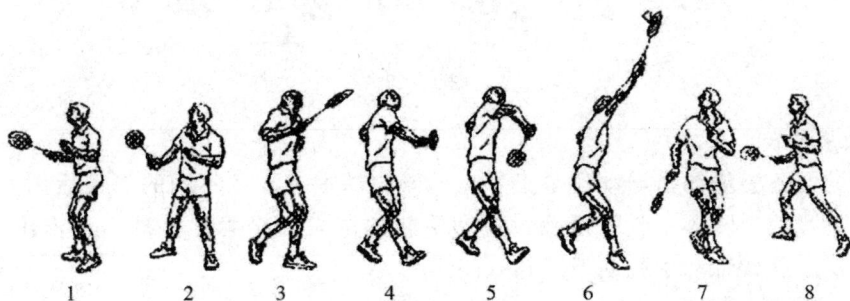

图 10-17

3. 头顶高远球

击球前的准备姿势以及击球动作同正手高远球的基本一致。不同的是头顶高远球的击球点在左肩上方（因为球是飞向左后角的）。准备击球时，侧身（左肩对网）稍左后仰。击球时，大臂带动小臂使球拍绕过头顶，从左上方向前加速挥动，在用力击球时，注意发挥手腕的爆发力和充分利用蹬地以及收腹的力量。击球后，左脚在身后着地并立即回蹬，同时右脚前移，重心移至右脚（图10-18）。

图 10-18

4. 吊球

击球前期动作同正手高远球的。击球时，拍面正面向内倾斜，手腕做快速切削下压动作。若劈吊斜线球，则球拍切削球托的右侧，并向左下方发力；若劈吊直线球，则拍面正对前方，向前下方切削（图10-19）。

图 10-19

5. 正手扣杀球

其击球前的准备姿势和击球动作与正手高远球的基本一样。不同的是最后用力的方向朝下，而且要充分利用蹬地、转体、收腹以及手臂和手腕的爆发力全力地将球向下击出，击球的一刹那要紧握球拍，用前臂带动手腕向下猛扣（图10-20）。

6. 易犯错误及纠正方法

（1）握拍不正确。不是采用正手握拍法握拍，习惯"一把抓"或是"苍蝇拍握法"；或者在击球前已握紧球拍，整个动作紧张僵硬，影响发力。

纠正方法：平时多进行一些徒手的挥拍练习，重点体会从松握球拍到击球瞬间突然握紧球拍的发力方法与手指的灵活性。

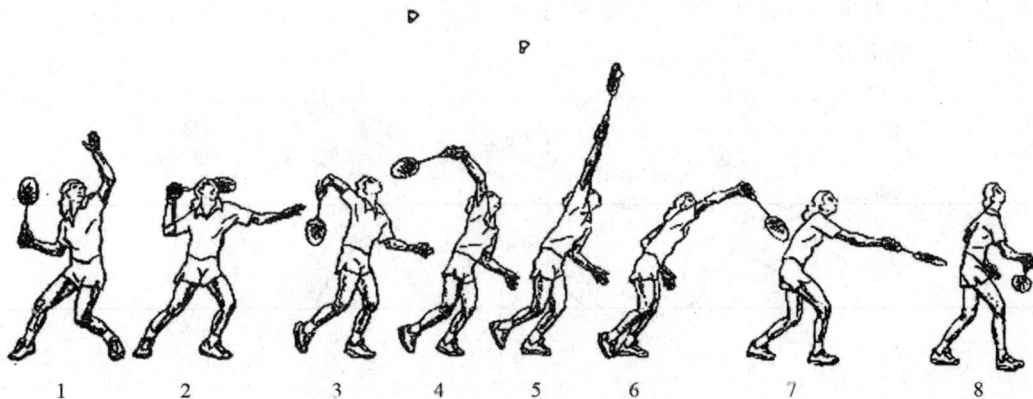

图 10-20

（2）身体正对球网击球。影响了利用腿部蹬地的力量及身体转体的力量来协调上肢的发力击球。

纠正方法：应做到向后方撤步，侧身对网，重心落在后撤的脚上，作好击球前的准备。

（3）引拍时，没有及时把拍放到身后，无法形成挥拍的最长距离，限制了爆发力的发挥，所以击球时无法产生"鞭"打动作，而形成"推"打动作。

纠正方法：引拍时，持拍手肘部上抬，手臂外旋，充分后仰，以肩为轴做回环引拍动作，手腕充分伸展，形成较长的力臂。

（4）击球点不正确。击球点偏低、偏前或偏后。

纠正方法：根据不同的击球技术，选择好击球点。

（5）球的落点差，出球的弧线掌握不好。高球打不到底线，高度不够，杀球压不下来，吊球过网弧线太高，落点掌握不好。

纠正方法：首先应区分各种击球的点、拍面角度和发力方向的不同要求；高远球的击球点在右臂上方伸直处，拍面稍后仰向前上方用力；杀球、吊球的击球点在右臂上方稍前处，拍面要适当前倾，向前下方发力；平高球的击球点同高远球的相似，拍面后仰程度略小。

（二）前场击球技术

前场击球技术是调动对方、寻找战机的重要手段。前场击球技术包括：搓球、钩对角球、推球、扑球和挑球。其中搓球、推球、钩对角球和扑球属于进攻技术。要求击球前期动作有一致性，击球刹那间产生突变；握拍要活，动作细腻，手腕、手指要灵巧，以控制好球的落点。前场击球的威胁较大，因球飞行距离较短，落地快，常使对手措手不及而直接得分。即使不能直接得分，也能迫使对方被动回球，创造下一拍的机会。若网前进攻和中后场进攻能紧密结合起来，则能发挥前后场的连续进攻，掌握主动权。

1. 搓球

击球时，拍面稍前倾，利用手腕和手指的力量向前"切削"球托底部或向后"提拉"，使球击出后旋转过网或滚动过网。正反手搓球除握拍不同外，其他要领相同（图 10-21）。

2. 钩对角球

在网前把来球回击到对角线网前叫钩对角球。击球时，拍面斜向对方右（左）网前。正手钩对角时击球托的右侧，手腕和手指带动球拍向左内勾动；反手钩对角时，击球托的左侧，同时向右内勾动（图10-22）。

图 10-21

图 10-22

3. 推球

在网上将来球用较平的弧线快速推到对方场区底线叫推球。击球时，拍面向前倾几乎与网平行。利用前臂带动手腕和手指的快速"闪动"将球击出。正手推球多用食指的力量，反手推球多用大拇指的力量（图10-23）。

图 10-23

4. 扑球

在网上把飞行的弧线高于网的来球迅速扑压下去叫扑球。击球时，拍面向前倾，前臂带动手腕和手指的快速闪动发力，击球后立即收拍，以免触网犯规。扑球时要求判断准、上步快、抢点高、动作小。正反手均可（图10-24）。

5. 挑球

不论是正手挑球还是反手挑球，最后一步应是右脚在前。正手挑球时，以正手握拍法握拍，击球前前臂充分外展，手腕尽量后伸。击球时以前臂带动手腕由右下向右前方至左上方挥拍击球（图10-25）。在此基础上，若球拍向右前上方挥动，挑出的是直线高球；若球拍向左前方挥动，挑出的则是对角高球。反手挑球时，以反手握拍法握拍，击球时，肘关节稍抬高，并以肘关节为轴，前臂带动手腕由下向上挥动（图10-26）。

图10-24

图10-25

图10-26

（三）中场击球技术

中场击球技术除接杀球外，还有平抽技术和平挡球技术。中场击球技术的特点是攻防转换速度快。要求判断、反应、起动和出手要快，挥拍预摆动作小。要掌握好中场击球技术，重要的是"巧"。实际运用中，根据出球质量，不但击球意识要强，预期判断，提前准备，还要懂得如何取位，并在取位的同时，正反手握拍调整转换要快。

1. 正、反手接杀挑后场高球

接杀挑后场高球是将对方杀过来的球向对方后场底线区域附近挑高的击球方式。当球杀到身体右侧或体前时，采用正手握拍方法，右脚向右侧跨出一步，以肩、肘为轴心，小臂和手腕迅速向内旋转，食指紧扣拍柄，展腕发力将球击出；当球杀到左侧或体前时，采用反手握拍方法，左脚向左侧跨出同时，上体稍向左后侧转体，以肩、肘为轴心，小臂和手腕迅速外旋，利用拇指的顶力发力，紧握球拍，手腕以收腕动作将球击出。

2. 正、反手平抽球

正、反手平抽球是中场击球技术中的一种主动击球技术。运动员站位于中心附近，两脚左右开立，面对球网，两膝微屈，右手持拍于体前。击球时，判断准来球并向右（左）侧横跨一步，同时挥拍，依靠前臂和手腕的闪动发力击球。正手平抽球时，多用食指的力量向前发力；反手平抽球时，多用拇指的反压力朝前发力。此外，不论是正手平抽球还是反手平抽，其击球点都应争取在身体侧前方，这更便于手臂的发力。

易犯错误：引拍时后摆不够充分，难以取得向前挥拍的最长工作距离，发力欠佳；击球时手腕未充分发力，而是以肩为轴，手腕未由后伸至伸直做闪腕发力。

纠正方法：规范击球动作，特别是相互击球时保持拍面与地面正确的角度；提高反应速度，及早击到球；加强上肢力量，保证正手的攻击性。

3. 半蹲式平击球

半蹲式平击球主要运用在双打比赛中，这是进行对攻的一种击球技术。这种技术是将对方击来的位于肩部或面部附近的球，在半蹲姿势下还击回去。击球时，看准来球，迅速取半蹲姿势，同时举拍在正面或头顶等位置以前臂带动手腕快速闪动挥拍击球。

易犯错误：准备动作的站位采用了前后开立姿势，不利于还击左右落点稍远些的来球；引拍时后摆不够充分，因此发力不足，挥拍击球时手腕无发力闪动的动作，只有前推；随前动作回收得太慢，对方重复回击平球时来不及准备。

纠正方法：注意身体重心的调整，做好正反手握拍的转换；规范击球动作，特别是相互击球时保持拍面与地面正确的角度；提高反应速度，及早击到球；最后就是加强上肢力量，保证正手的攻击性。

4. 正、反手平挡

正、反手平挡是把位于体前的来球，用正反拍弹击过去，使球过网后落于网前区，它是双打的反攻技术。准备姿势是两脚分开，右脚稍前，左脚在后，两膝弯曲呈半蹲式，右手持拍自然举在胸前。当判断来球是在右场内时，采用正手平挡，右脚向右侧跨出一步到位。随步法移动向右侧后引拍，同时髋关节也向右后，为接近来球腾出适当的空位，击球时由于来球力量大、速度快，因此不必做较大的动作，只需借来球之力，利用球拍击球托的底部，将球轻轻挡回网前区；当判断来球是在左场内时，采用反手平挡，右前臂往左摆，身体稍向左转至右肩对网，左脚也往左侧迈一小步，同时上体稍向左侧闪，让出适当的击球空位。击球时，不必做较大挥拍动作，只需靠来球之力和手腕内收，由屈腕至伸直手腕，利用握紧拍柄产生的力量击球后底部，即可将球轻轻地反弹至对方网前区。

易犯错误：转体不够充分，空位未腾出；手腕和手指控制拍面角度不佳，因此过网太高，形成被动，或被对方扑死，或回球太低未过网。

纠正方法：注意对球性的练习，提高对球的反应速度及控制能力；加强速度反应练习，可以做些眼力练习，如将球吊起，双眼注视左右摇摆的球5分钟等。

第三节　羽毛球运动的战术培养

战术与打法的关系是很密切的。在实战中，战术是根据双方的打法和场上的具体情况而定的。"以己之长，攻彼之短"是一大原则，现简单介绍一些常用的战术。

一、单打战术

（一）发球抢攻战术

从发球的第一拍起，争取控制对方，以攻杀得分。发球强攻战术，一般为发网前低球结合平快球、平高球，争取第三拍的主动进攻。用这种战术对付应变能力较差的对手，或实施于比赛的关键时刻，效果往往很好。实施这一战术时，应有高质量的发球予以保证，否则很难成功。

（二）攻后场战术

攻后场战术是通过高球、重复压对方的底线两角，使对方被动，然后寻找机会进攻。用它来对付初学者，或后场还击能力较差者，或后退步子较慢者以及急于上网的对手十分有效。

（三）攻前场战术

对网前技术较差的对手，可运用攻前场战术先将其吸引到网前，然后再攻击其后场。采用此战术，自己首先要有较好的网前击球技术。

（四）打四方球战术

若对手步子较慢、体力较差、技术不全面，可以快速准确的落点攻击对方场区的四个角落，寻找机会向空当进攻。打四方球战术的主要目的是通过打落点，逼迫对方前后奔跑、被动应付，并在其回球质量下降或露出破绽时乘虚而入。

（五）杀、吊上网战术

对对手打来的后场高球，本方先以杀球配合吊球把球下压，落点选在场区的两条边线附近，致使对手被动回球。若对手回网前球，本方迅速上网搓球、钩对角球或平推球，创造在中场大力扣杀的机会。运用杀、吊上网战术时，必须控制好杀、吊球的落点，只有这样才能在使对方被动回球时，主动迅速上网。

（六）打对角线战术

对付身体灵活性差、转体较慢的对手，不论是进攻还是防守，均应以打对角线球为主。这样，对方因移动困难而被动，才能为我方创造进攻机会。

（七）防守反击战术

在对方主动进攻、我方被动防守时，我方可高质量地接杀挡网；或抓住对方攻杀力量减弱之机，或抓住落点不好之机会，以平抽底线球还击对方后场，扭转被动局面，并进行反击。

二、双打战术

（一）攻人战术

集中攻击对方中有明显弱点的人，并伺机攻击另一人忽而露出的空当，或对此人偷袭。双打比赛中的配对选手的技术，一般总有一人好些，另一人稍差些。即便两人水平相差不多，若能集中力量攻击其中一人，也可给其造成很大的心理压力，从而使其出现失误。

（二）攻中路战术

当对方分边站位防守时，将球攻击到对方两人的中间；当对方前后站位时，可将球下压或平推至两边半场。这样可使对方防守时因互相争抢或互让而出现失误。

（三）攻后场战术

对方扣杀能力差，本方可采用平高球、推平球、接杀挑底线，把对方一人紧逼在底线两角移动。当对方被动还击时，则抓住机会大力扣杀。如另一对手后退支援，即可攻网前空当。

（四）后攻前封战术

当本方处于主动进攻前后站位时，站在后场的队员见高球就杀或吊网前球，迫使对方接球挡网前，这为本方前场队员创造了封网扑杀机会。前场队员要积极封锁网前，迫使对方被动挑高球。一旦对手挑高球达不到后场，就为本方创造了再进攻的机会。

（五）防守反攻战术

在防守中寻找反攻的机会，以便摆脱困境，转被动为主动。例如：挑底线高球。即不论对方从哪里进攻，本方都应设法把球挑到进攻者的另一边底线。如对方正手后场攻直线，就挑对角线，如对方攻对角就挑直线。这是一种较容易争得主动的防守战术，在女子双打中运用更为有效。时机有利，即可运用反抽或挡网前回击对方的杀球，从防守中反攻，争得主动权。运用此战术时，要注意挑高球一定要挑到底线，否则将会出现对方连续攻杀而本方无力反击的局面。

第十一章 当代大学生网球运动技能的培养研究

第一节 网球运动的基本理论

一、网球运动的源起

世界公认的网球运动的起源地是法国。在 12～13 世纪时法国的传教士数量众多，他们致力于将欧洲的宗教和文明等事物传播到各地，网球运动也包括在内。不过，当时的网球运动并非是一项规则完善、规格严谨的体育运动，而更像是一种运动类的游戏。当时法国传教士常常在教堂的回廊里用手掌击打种类似小球的物体来充实生活，渐渐地这种活动传入了法国宫廷，并立刻受到了王室贵族的青睐。当时这种游戏称为"掌球戏"。最初这种游戏开展的地方多为室内，后来人们不再满足于在相对狭小的室内开展活动了，于是转战室外继续进行这种游戏。在室外，人们将一条绳子架在中间作为左右半场的分界线，两边各站一人，双方用手来回击打一种裹着头发的布球。

14 世纪中叶，法国王储赠送给了英国国王亨利五世一件礼物，该礼物就是网球游戏时使用的球拍。借由此，这种有趣的游戏便传入了英国。起初，在英国这种游戏尚未被命名，后来由于该游戏用球的表面覆盖的是埃及坦尼斯镇所生产的绒布，因此英国人就这种游戏称为网球，结果这个名字流传了开来，最终成为网球运动的正式名称，沿用至今。

15 世纪，网球游戏的器材出现了一些改进，羊皮纸做拍面的卵形球拍逐渐成为主流器材。不过，这种新衍生出的器材的样子看起来并不好看，而且整体重量略重，不利于使用者的携带移动和快速挥拍。不过，器材的改良始终是运动发展的一个侧面，也绝对算是一种进步了。不仅是球拍出现了变化，为了更好地判定球是否过网，减少分歧，原先在中间分隔左右半场的绳子也换成了由无数网眼构成的网子。这一系列的改变使得网球游戏一下又增添了许多乐趣性和可玩性。于是这种游戏在贵族中再度兴起。鉴于当时这种对场地和器材要求较为严苛的运动不是一般民众可以玩得起的，所以从事这项运动的基本为皇亲国戚，故在当时网球运动被称为"宫廷网球"和"皇家网球"，如此自然就被赋予了高贵的身份。这种势头几乎一直延续到今天，由于支持网球运动的高昂费用，使得这项运动一直难以成为大多数普通民众可以参与的项目。

到 16～17 世纪时，网球游戏开始出现了竞技性的分化，加入了更多的竞技化元素，完善了规则，它不再是一种单纯的游戏，而是逐渐成为一种竞技比赛形式。在此基础上还制定了标准化规格，建造了专门的球场。18 世纪，网球运动在各阶层中开展起来，19 世纪，网球成为欧美盛行的一项运动。1873 年，英国人首次将网球场地移到草坪上，并出版了《草地网球》一书。

这本书在当时就是一本相当系统具体的对当时网球技战术打法进行实践指导的用书。1874 年又对网球的场地规格等硬件做了进一步规定。1875 年英国板球俱乐部修订了网球比赛规则后，于 1877 年 7 月举办了第 1 届温布尔登草地网球锦标赛。历经几次修改后，该组织最终将网球场地的规格定为长 23.77 米、宽 8.23 米的长方形，球网中央高度为 99 厘米，并确定了每局采用 15、30、40、平分的记分方法。1884 年，网高再度被调整到 91.4 厘米。至此，现代网球运动基本定型。

为了能够更好地协调世界网球运动，促进各国网球的交流，在美国人杜安尼·威廉姆斯、瑞典人查尔斯、巴德和法国人亨利、沃利特的努力下，经过几年的准备，最终于 1913 年 3 月 1 日在巴黎成立了国际网球联合会，该协会的总部设在伦敦。刚成立时，该组织会员国包括英国、法国、澳大利亚、奥地利、比利时、丹麦、德国、荷兰、南非、俄国、瑞典和瑞士。我国加入国际网联的时间为 1980 年。

1972 年，国际男子职业网球协会成立，英文简称"ATP"。ATP 赛事的参加成员要求较为严格，即必须是名列当年世界前 200 名的男子网球运动者，该协会成立的目的主要为了维护职业网球运动者的利益，为他们更多地提供比赛和挣得奖金的机会。后来，为了传播和发展的需要，该协会还发行了《国际网球周刊》杂志，定期对国际网球运动的重大赛事、发展情况、运动者访谈等内容做详细解读。在 ATP 之后，女子职业网球协会也宣布成立，即 WTA，其成立宗旨与男子相同。

从网球历史看，世界上最早的国际网球赛事是 1877 年在伦敦郊外温布尔登举行的男子单打比赛。鉴于网球运动开展的效果良好，影响力较大，致使其在 1896 年举办的第 1 届现代奥运会上就成为正式比赛项目，该届奥运会设置了男单与男双两个网球项目。然而此后的 7 届奥运会都没有出现网球比赛，究其原因是由于国际奥委会和国际网球联合会在协商运动者参加奥运会网球赛事的资质问题上出现了重大分歧，其争论的重点就是是否允许职业网球运动者参加奥运会，双方就此问题僵持不下，最终谈判破裂，网球运动暂时退出奥运会。直到 1984 年洛杉矶奥运会，网球运动才被列为表演项目，并于 1988 年的汉城奥运会重新又被列为正式比赛项目。

时至今日，网球运动成为世界范围内开展较为普遍的运动，其高度的职业化和产业化也表明了这项运动的顽强生命力和受到大众的超高认可度。

二、我国网球运动的发展

网球运动传入我国的时间为 1885 年左右。刚刚进入中国的网球运动首先在较大的城市中传播，如上海或广州等沿海经济发达的城市。在这些城市中的传教士是该项运动得以传播的重要媒介，一些教会学校中也会相应地开展这项运动，其中比较典型的有北京汇文学校、通州协和书院、上海圣约翰书院、广州岭南学校以及香港的教会学校。1898 年，上海圣约翰书院举行了我国网球历史上的第一场杯赛。从 1906 年开始，当时京城的一些著名学校也组织了一些校际网球友谊赛，这种赛事在其他地区的多所高校中也有所开展。校际网球比赛的举办在一定程度上促进了网球运动在中国的传播。

1910 年，我国举行第 1 届全运会，网球列为正式比赛项目，只有男子参加。后历届全运会均设立网球项目，但单项因届而异。1924 年第 3 届全运会允许女子参加，但无人报名。1930 年第 4 届全运会女子首次登上网球赛场。

20世纪初开始举办的远东运动会是东亚地区较为盛大的综合性运动会。网球运动在1913年举办的第1届远东运动会时就被列为正式比赛项目，此后的几届赛事中，网球赛事均未缺席。我国参加该运动会的网球赛事是从1915年的第2届开始的。1923年起，我国还派人参加了第6届至第10届远东运动会的女子网球表演赛。1927年第8届远东运动会上，中国队首次战胜日本队和菲律宾队，获得冠军，从而结束了中国参加国际网球赛无冠军的历史。中国曾6次派人参加戴维斯杯网球赛。

我国体育界开始逐渐重视网球这项当时的新兴运动，纷纷从理论角度开始了研究。其中比较具有影响力的是我国首部关于网球理论的著作《网球术》。该书于1917年2月由中国图书公司出版。书中详细介绍了网球运动的起源与发展，网球运动的场地与器材、比赛方法、基本击球技术等内容。该专著的问世对我国网球运动的传播起到了极大的促进作用。

1924年，我国网球选手邱飞海参加了第44届温布尔登网球锦标赛，创造了中国人首次出现在四大满贯赛事的纪录，而且在这次首次参赛中，邱飞海通过首轮关，成功晋级次轮，这个成绩在国内引发了极大关注。

1938年，我国选手许承基参加了第58届温布尔登网球锦标赛，被赛会列为8号种子。许承基不负众望连过三关杀入第四轮，创造了又一个中国人在四大满贯赛事中的最好成绩纪录。除这一优异的成绩外，他还蝉联了1938年和1939年英国硬地网球锦标赛的两届单打冠军。

1953年在天津首次举办了包括网球在内的四项球类运动会。1956年举行全国网球锦标赛，在获得了良好效果后，网球赛事在我国进一步升级为比赛更多、周期更长的联赛赛制，甚至还有升降级制度。除此之外，一时间网球赛事如雨后春笋般出现，如定期举办的全国网球单项比赛、全国硬地网球冠军赛、全国青少年网球比赛等。网球运动逐渐被民众所认识，进而参与的人群更多，如老年网球比赛、学校网球赛、少年网球赛等也蓬勃开展。可以说20世纪50年代中后期是我国网球运动蓬勃发展的时期。

1956年7月9日至8月17日，印度尼西亚网球队应邀来华进行访问比赛，双方先后在北京、天津、上海、南京、广州等地进行了24场比赛。这是中华人民共和国成立后举办的首次国际网球交流活动，不仅促进了网球运动在中国的发展，同时也让世界重新认识了中国网球运动的开展情况。

我国网球运动水平的又一次大发展时期是20世纪80年代，在这个时期，我国网球运动者在洲际赛场甚至世界赛场上取得了一系列令人瞩目的成绩。1986年第10届汉城亚洲运动会网球赛，我国李心意获女子单打冠军。1990年第11届北京亚洲运动会网球比赛，我国运动者获3块金牌、3块银牌和1块铜牌（男子团体冠军、潘兵获男子单打冠军、夏嘉平和孟强华获男子双打冠军）。女子队参加1991年联合会杯网球团体赛，在58个参赛队中进入16强。

21世纪后，我国网球运动开始进入到快速发展期。这一阶段取得的成绩更加具有说服力，在世界网坛也更具影响力。2004年雅典奥运会上，我国女子双打选手李婷、孙甜甜获得双打金牌，成为我国首个奥运会金牌获得者；郑洁、晏紫分别在2006年的法网和2010年的温网打进女单四强，此外，两人还合作双打获得了2006年澳网和温网的两项大满贯冠军。女子单打方面，中国李娜夺得了2011年澳网的亚军和法网的冠军。2013年，李娜再度折桂澳网冠军，成为两夺大满贯女单冠军的首位亚洲选手。2014年李娜再次征战澳网，一举夺得澳网冠军。

三、网球运动的特点

(一)网球自身个性鲜明

网球运动本身具有个性鲜明的特色,具体内容如下。

1. 发球方法的独特性和多样性

网球规则规定参加运动的双方在一局中一人连续发球,直到该局结束,此局被称为发球局。在每次的发球中,均有两次机会,即一发失误,还有二发的机会,使得发球威力大增。由于个体的特征不同,发球动作也呈现出不同的特色。例如,罗迪克的大力发球注重的是力量,费德勒的发球则更加强调角度和落点的变化。

2. 空中击球的动作快速而有力

网球运动参与者,无论是网球运动者还是一般的网球运动爱好者,都必须用拍子击空中球、地面反弹球和接对方击球。网球运动在空中击球,球速必须快而有力。因此,参加网球运动的人在时间和空间上的感觉是其他运动项目难以比拟的。

3. 计分方式与众不同

与其他运动项目记分方式不同,在网球运动的每局比赛中,采用的是 15、30、40 以及平分的计分方法,每盘比赛采用 6 局形式,这种以 15 分为单元的计分法始于中世纪。

4. 比赛时间难以控制

无论是正式的网球比赛还是业余性质的网球比赛,想要分出胜负都不会很容易,需要耗费一定的时间,这是由网球运动特殊的计分方式及其运动特征的独特性决定的。正式的网球比赛为男子五盘三胜、女子为三盘两胜。一般比赛时间在 3～5 小时,历史上最长的比赛时间达到 6 个多小时。

5. 比赛强度较大

在正式的网球比赛中,如果遇到实力相当的选手,会使比赛时间消耗过长,从而进一步提高了对运动者体能的要求。在比赛中,有时会因为运动者体能储备不足而导致伤病现象的发生,从而影响比赛成绩。由此可见,网球运动的比赛强度较大。

6. 对运动者心理要求较高

网球运动的比赛规则有严格的要求,除了团体比赛在交换场地时,教练可以进行场外指导外,其他任何比赛,不管是单打还是双打都不允许教练在旁指导,就连打手势等动作都不可以,如果违反则要接受惩罚。整个网球比赛过程中都要靠个人独立作战,因此,自我调节心理的变化很重要。如果没有过硬的心理素质,是不能取得比赛胜利的。所以说,网球运动对运动者的心理要求很高。

7. 网球运动适宜人群较广

由于网球运动不仅可使运动者消耗多余热量,还可使运动者从网球运动中获得极大乐趣。因此,网球运动受到全世界许多人的喜爱。另外,网球运动对参与人群没有限制,更不要求完美的体形,适宜大部分人参与其中。网球运动适宜人群范围较广,男女老少、高矮胖瘦的人都可以参与其中。

(二)网球运动赛事频繁

纵观世界体坛所有的体育比赛项目,网球比赛尤为活跃。是在 1968 年规定职业和业余网球运动者均可参加同一比赛后，网球比赛的次数和名目增加得越来越快。国际网坛几乎每周都有大型的各种各样的网球赛事，比如世界锦标赛、大奖赛挑战赛、巡回赛等。

在国际性的网球大赛中，温布尔顿网球锦标赛、美国网球公开赛、法国网球公开赛、澳大利亚网球公开赛和戴维斯杯赛、联合会杯赛这 6 个著名比赛是影响最大、水平最高，且久负盛誉的重大比赛。其中，前 4 个是单项比赛，号称世界"四大网球公开赛"，后面两个是公认的国际网坛最重大的团体锦标赛。

第二节　网球运动的技术培养

一、高校网球单打技术训练实践研究

压力训练的核心与灵魂就是各种实战性练习。单打练习中利用各种战术手段并采用计分的方式进行（如同在网球比赛中一样）。这种训练为运动员创造了解决问题、作出决断的环境。单打训练的过程富有挑战性、启发性、压力性、刺激性及娱乐性。

单打练习由下面 6 个战术部分构成。

· 发球。

· 接发球。

· 建立优势。

· 旋转。

· 施加压力。

· 复位还原。

发球、接发球练习。成功地进行发球和接发球是运动员必须掌握的最基本要求。这个要求看似简单，但实际上存在很多问题，如同篮球的罚篮和击高尔夫球入洞一样。发球的结果完全在运动员的控制之下，队员有足够的时间思考可能出现的积极或消极的情况。但无论在什么水平的比赛中，发球都会产生压力，而在比赛关键时刻出现的失误绝大部分是发球者的心理压力造成的。

作为发球者，首先强调的是第二发球的质量，其次是双打的一发，最后才是单打的一发；作为接发球者，则强调接第一发时要力争得分，而在接第二发球时向对手施加压力。

令人惊奇的是，在比赛中包括发球和接发球在内，1 分球往往很难持续 4 拍以上。对此，不仅要让运动员意识到前几拍球的重要性，还要让他们了解发球、接发球的练习只持续 2~5 拍的原因。在高水平的比赛中，发球、接发球预示着每一分球的走向，运动员要么在一发时主动施压得分，要么在二发时尽力回击来球。

建立优势练习。建立优势或在底线训练中如何给对手施压是网球比赛的基础，运动员要保持积极的进攻态度，抓住对手回球较浅和内侧底线击球的机会。

旋转或击球选择练习（上旋高球、切削球或上旋抽球）。运动员至少应该掌握 3 种形式的击球方法，及如何回击这 3 种形式的来球。利用旋转的变化可以使运动员适应不同的对手，并且最重要的是将球打到对手意想不到的区域。

施加压力练习。回击强有力的底线球后随上和从 3/4 区域进行截击会给对手制造压力。压力练习无疑是一种高强度的训练。

复位还原练习。运动员会经常进行复位还原练习，虽然提高复位还原能力主要是为了加强防守能力，但它也会给对手造成压力从而直接得分。

除战术练习外，还有一些"疯狂"练习，主要是单打方面的，非常有趣，也对比赛很有帮助。每一次比赛、每一个抢七局都可能有不同的打法。因此，做这些练习时一定要有明确的目的，并在一定的压力下完成才会有效果。

(一) 发球和接发球练习

练习 1（图 11-1）

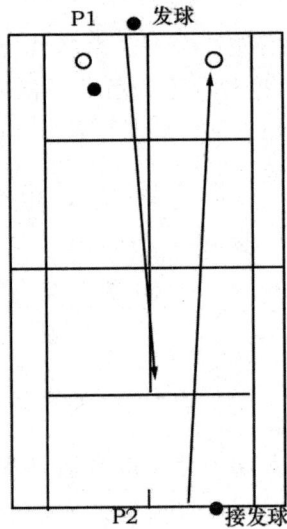

图 11-1

目的

练习第二发球和接发球的回球线路。

时间

自定（约 10 分钟）。

方法——单打场地

1. P1 在右区和左区各发 10 个第二发球，P2 进行不同线路的接发球。

2. P1 与 P2 轮流交换练习。

3. 接发球后此练习结束。

P1 发球，P2 接发球：

P1 发第二发球；

P2 用不同线路接发球（外侧击球时不变线或内侧击球时变线）。左区可以采用正手外角斜线球。

记录

记下发球的数据。例如，P1 发 20 个第二发球，发中 18 个。成功的标准是发 20 个球发中 17

个以上。

要点

· 接发球者要调动对手（开始时尽量打对角斜线），迫使其移动。

· 线路的变化是接发球的指导方针——不变线的外侧击球和变线的内侧击球。

· 在进行更高一级水平的接发球练习之前，这种练习是一种很好的方法。

变化

1. 提高接发球质量。

2. 对发球者限定第二发球的落点。

3. 发球者可以全部或偶尔采用发球上网。

4. 接发球者必须用正手进行接发球。

5. 在左区接正手外角斜线球。

练习 2（图 11-2）

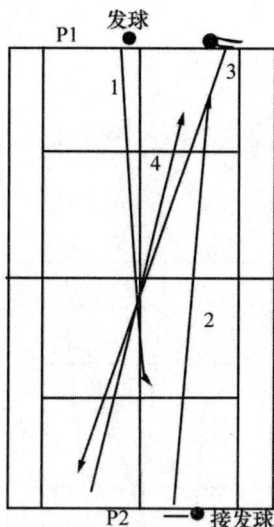

图 11-2

目的

1. 练习第二发球及接发球的回球线路。

2. 练习前 4 拍击球。

时间

自定（约 15 分钟）。

方法——单打场地

1. P1 在右区和左区各发 10 个第二发球，P2 进行不同线路的接发球。

2. 发球与接发球后，P1 和 P2 交换练习。

3. P2 进行 20 个第二发球，P1 接发球重复练习。

P1 发球，P2 接发球：

P1 进行第二发球；

P2 回击第二发球；

P1 击落地球；

P2 击落地球。

在第 4 拍击球（P2 的第二拍球）后结束练习。

记录

记录发球的数据。例如，P1 在 20 个第二发球中成功 18 个。标准是发 20 个球成功 17 个以上。

要点

·这是一个对第二发球和接第二发球非常有益的练习，练习时强调快速、积极的反应和运用穿透力强的接发球。

·在比赛中很少出现超过 4 拍的击球，运动员要学会如何开局。

变化

1. 对发球者限定第二发球的落点。

2. 发球者可以全部或偶尔采用发球上网。

3. 接发球者可以接发球上网。

4. 接发球者必须用正手接发球，并立刻给对手施压。

练习 3（图 11-3）

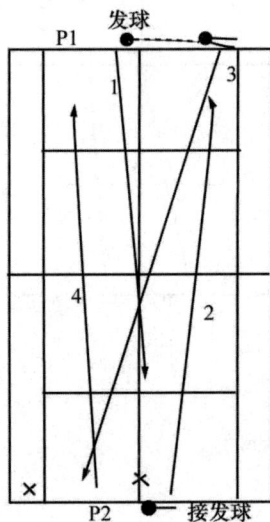

图 11-3

目的

掌握如何运用正手向对手的第二发球施加压力的技巧，以取得这一分的控制权。

时间

自定（约 15 分钟）。

方法——单打场地

1. P1 在右区和左区各发 10 个第二发球，P2 接发球。

2. 在发球和接发球之后，运动员各打一拍落地球。

3. 接发球者用正手接球。

4. 在发球者发球时，接发球者要将左脚踩在画"×"的地方（右区发球时"×"在底线的中央，左区发球时"×"在单打线和双打线之间）。

P1 发球，P2 接发球：

P1 发第二发球；

P2 运用正手施加压力；

P1 回一个落地球；

P2 再次施加压力。

击 4 拍球后结束练习（P2 的第二拍施压击球之后）。

记录

记录发球的数据。例如，P1 发 20 个球成功 18 个。成功的标准是发 20 个球成功 17 个以上。

要点

· 接左区发球时建议使用侧身正手击球。

· 利用正手给发球者以巨大的压力。接发球者从"×"处开始给予对手强有力的进攻，正手接发球会带来意想不到的效果。

变化

1. 对发球者限定第二发球的落点。

2. 接发球者可以接发球上网。

练习 4（图 11-4）

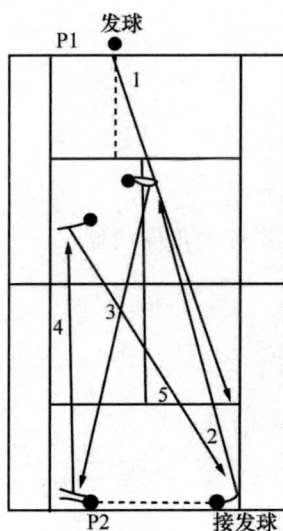

图 11-4

目的

练习发球上网，提高二发上网的前 5 拍能力。

时间

自定（约 15 分钟）。

方法——单打场地

1. P1 发球上网。在右区和左区各发 10 个第二发球，P2 接发球。

2. 发球、接发球后，发球者打两拍截击，接发球者打一拍落地球。接发球时要保证发球者能打到第一拍截击。

3. 第一拍截击后，接发球者可以打穿越球，此球结束于 P1 的第二拍截击。

P1 发球，P2 接发球：

P1 发第二发球；

P2 回第二发球；

P1 截击；

P2 进行穿越；

P1 截击。

这一球在第 5 拍（P1 的第二拍截击）后结束。

记录

记录发球数据。例如，P1 发 20 个球成功 18 个。成功的标准是发 20 个球成功 17 个以上。

要点

·这是一个提高发球上网截击水平的有效练习方法，同时也训练了接发球者如何应对上网攻击类型运动员的发球。

·截击时要学会用第一拍截击给底线制造压力，为第二拍截击得分创造机会。

·最好练习线路变化的截击。

变化

1. 对发球者限定第二发球的落点。

2. 接发球者要运用线路的变化。

3. 截击时要遵循线路变化的指导原则。

4. 第一拍截击要深，第二拍截击要打大角度浅球。

（二）建立得分优势练习

练习 1（图 11-5）

目的

利用外侧落地球进行建立得分优势的练习。

时间

3～4 分钟。

方法——单打场地对角半场

1. 在左右两区的对角上进行。

2. 运动员必须复位到距底线中央（T 点）一步左右的画线处，右脚踩线，而左脚放在右区内。复位是为了确保运动员保持在整个单打场地击球时的移动习惯。理想的是在右区只用正手击球，在左区只用反手击球。

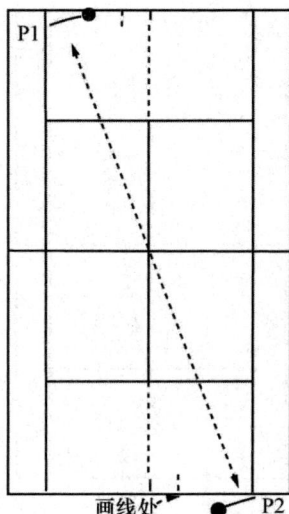

图 11-5

3. P1 发两分球，然后 P2 发两分球，每分球只有一次发球机会。

P1 发第二发球；

P2 接发球打斜线；

P1 正手打斜线；

P2 正手打斜线。

这一分在斜线上进行。

记录

记录下网、出底线和边线的失误次数。可针对队员的具体情况加以纠正和提高。

要点

· 网球的战术，特别是线路上的变化必须先以斜线球为基础。

· 斜线球练习是网球中最基本的练习内容。

· 高质量的斜线球可形成外侧回浅球的机会。

· 运动员应注意过网高度，避免球出边线。

· 运动员在建立得分优势期时的进攻性上旋球和弧线球是最有效的得分手段。

变化

1. 下网和出边线失误判失两分。

2. 可用送球代替二发开始。

练习 2（图 11-6）

目的

练习在左区建立优势期时使用正手内角斜线击球。

时间

4 分钟。P1 和 P2 各进行两分钟的正手内角斜线练习。

方法——对角线上的半块场地

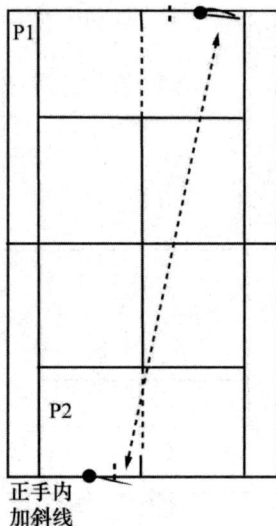

图 11-6

1. 发球者和接发球者各在自己场地的左区，发球者用反手回斜线，接发球者采用正手内角斜线回球。

2. P1 用反手将球击至 P2 距底线中央一步左右的画线位置，让 P2 尽可能在合理的位置上进行正手内角斜线击球。

3. P1 击球后用自己的内侧脚（右脚）踩在距底线中央一步左右的画线位置。

4. 运动员每 1 分只有一次发球机会。

P1 在左区进行第二发球；

P2 利用正手内角斜线回球；

P1 斜线反手击球；

P2 正手内角斜线击球。

在左区斜线上进行练习。

记录

记录比分。

要点

· 习惯正手大力击球的运动员必须多练习这项内容。

· 侧身内侧正手击球时必须有穿透力，并且过网高度合适。

· 目的是使对手回球过浅，从而给其施压。

变化

1. 下网或出边线算失两分。

2. 如果运动员在底线内进行侧身位的内侧正手击球，就可以将球击向对手的右区，进行 90 度角变线，然后将此球打完（单打全场）。

3. 每分从送球开始而不是从发球开始。

练习3（图11-7）

目的

练习在建立优势期时创造并捕捉底线内侧击球的机会。

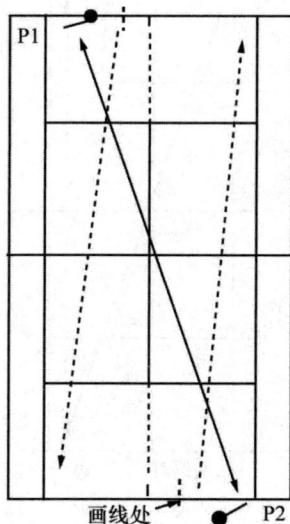

图 11-7

时间

3～4 分钟。

方法——单打场地

1. 练习从右区或左区的任意区域开始。

2. 运动员击出变线的内侧底线球后，这1分就在整个单打场地上进行。

3. 运动员在每一次外侧击球后，都要尽可能地回到距底线中央一步左右的画线处。

4. P1 在右区发两分球，然后 P2 再在左区发两分球，运动员每分只有一次发球机会。

P1 发第二发球；

P2 接发球回斜线；

P1 正手击斜线球（创造底线内侧变线球的机会）；

P2 正手击斜线球（创造底线内侧变线球的机会）。

此分在变线之后在整个单打场地上进行。

记录

记录比分。

要点

· 该练习要求运动员掌握底线内侧变线球攻击对手空当的能力。

· 变线时注意站位要靠前，并尽量在球的上升期击球。

· 积极的具有穿透力的外侧击球才能创造出更多的内侧变线击球的机会。

变化

1. 下网、出边线或变线上的失分不能多于两分。

2. 每分从送球开始而不是从发球开始。

练习 4（图 11-8）

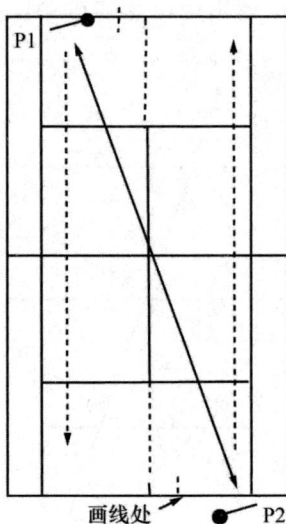

图 11-8

目的

1. 练习在对手回球较浅时利用外侧击球施压。

2. 按 90 度角变线的原则进行外侧击球变线。

时间

3～4 分钟。

方法——二单打场地

1. 练习时可以从右区或左区开始。

2. 当出现 90 度角变线后，此分在整个单打场地上进行。

3. 为了使练习具有合理性，运动员必须将右脚（在右区时为左脚）复位至距底线中央一步的画线处。

4. 在右区用正手，在左区用反手。

5. P1 和 P2 各发两分球，每分只有一次发球机会。

P1 发第二发球；

P2 接发球回斜线；

P1 正手击斜线球（适当的站位可创造 90 度角变线的机会）。

在出现 90 度角变线球后，此分球才在整个单打场地上进行。

记录

记录比分。

要点

·运动员应学会依据场上位置站位（在底线内还是在底线上），把握 90 度角变线的机会，学会保持平衡并控制压力的能力。

· 每名运动员都有各自进行 90 度角变线的能力，了解这种能力十分重要。

· 在运用外侧击球变线时要遵循 90 度角变线原则。要充分利用攻击性强、有穿透力的外侧底线球，创造出较多的 90 度角变线进攻施压的机会。

变化

1. 下网、出边线或变线失误记失两分。

2. 由送球开始而不是由发球开始。

（三）旋转练习

练习 1（图 11-9）

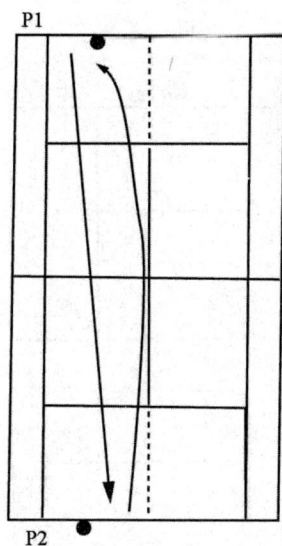

图 11-9

目的

练习抽球以对付拉球，练习拉球以对付抽球。

时间

2×2 分钟，两名运动员相互抽球与拉球。

方法——半块双打场地

1. 抽球的人为送球者。

2. 两分钟后互换击球方式。

P1 送球至 3/4 后场；

P2 回上旋拉球；

P1 回上旋抽球；

P1 抽球、P2 拉球，计分。

记录

记录比分。

要点

·练习目的就是学会如何运用上旋抽球来对付上旋拉球，以及学会如何用上旋拉球来对付上旋抽球。

·运动员应记住，抽球只略带上旋，不要想一拍置对手于死地。

·拉弧线球的反弹高度要超过对手的肩膀或更高，以迫使对手远离最佳击球位置。

变化

1. 从发球开始，接发球回斜线。

2. 下网或出边线算失两分。

3. 在整块单打场地进行。

练习 2（图 11-10）

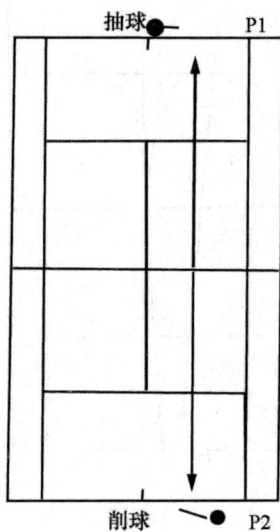

图 11-10

目的

1. 用抽球对付削球。

2. 用削球对付抽球。

时间

2×2 分钟，运动员轮换进行两种方式的击球。

方法——半块双打场地

1. 抽球的人为送球者。

2. 两分钟后互换击球方式。

P1 送球至场地后 3/4 处；

P2 回削球；

P1 回带上旋球的抽球；

P1 抽球、P2 切削球直至此分结束。

记录

记录比分。

要点

·掌握如何用带上旋的抽球对付削球，以及如何用削球对付抽球。理想的切削球要使对手在膝关节以下击球，从而迫使其向上拉高回球，减弱攻击力。

·正手和反手都可以进行削球练习。

变化

1. 从发球开始，接发球回斜线球。

2. 只在左区打斜线，因为现代网球的切削球只在反手时使用。

3. 在整块单打场地进行。

练习 3（图 11-11）

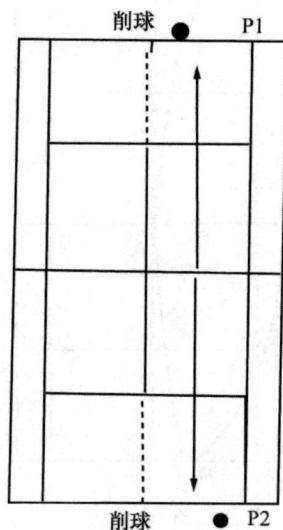

图 11-11

目的

练习削球对付削球。

时间

3 分钟。

方法——半块双打场地

P1 和 P2 各送 2 分球。

P1 将球送至对方场地 3/4 处；

P2 回削球；

P1 回削球；

P1 与 P2 切削球对打。

记录

记录比分。

要点

· 练习如何利用削球对付削球。对付低削球的最好办法就是切削，直到出现抽球的机会。

· 正手和反手都可以切削。

变化

1. 从发球开始，接发球回斜线。

2. 只在左区进行斜线对削，因为现代网球比赛中切削球几乎都出现在反手位。

3. 在整块单打场地进行。

4. 对于落在发球区内的球可削球上网，同时对手可利用上旋球或下旋高球破网。

5. 利用切削球放小球直接得分，算两分。

练习 4（图 11-12）

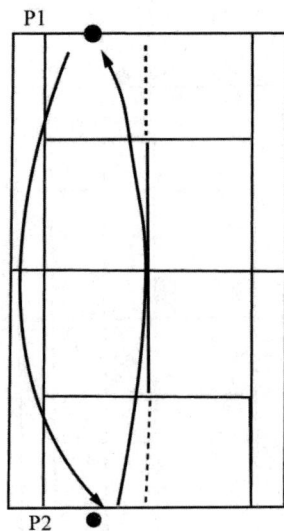

图 11-12

目的

利用拉球对付拉球。

时间

3 分钟。

方法——半块双打场地

1. P1 和 P2 各送两分球。

2. 为确保深度，发球区画在底线外。

P1 送球至场地 3/4 处；

P2 拉球落点在发球线外以确保深度；

P1 同 P2。两人进行弧线球对拉。

记录

记录比分。

要点

· 拉球要带有强烈的上旋，反弹高度要超过对手肩部，迫使对手在底线外较远处击球。

· 通过反弹高的拉球，创造出抽球进攻的机会。

· 拉球的深度非常重要。

变化

1. 从发球开始，接发球回斜线。

2. 当一方出现浅球时，另一方则可以利用抽球后随球上网得分。

（四）压力练习

练习 1（图 11-13）

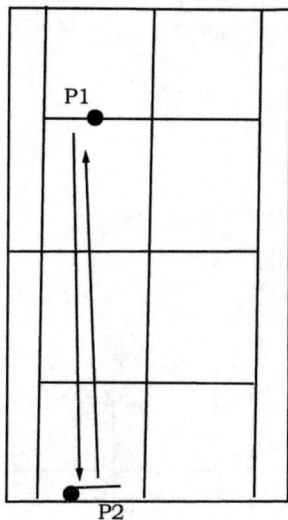

图 11-13

目的

防守对方在底线或底线以内的抽球破网。

时间

2×2 分钟。

方法——半块单打场地

1. P1 在发球线处，P2 在底线或底线内。

2. 两分钟后互换。

P1 站在发球线处送球至 P2 处；

P2 击落地球给 P1；

P1 上前封网截击；

P2 在底线与 P1 对打，但不能挑高球。

记录

只记截击者的分数。两人轮换各截击一次之后，得分多的截击者为胜者。底线击球者必须在底线上或底线内击球，否则算失分。

要点

·压迫式截击对于提高截击能力非常有益。同样，底线的快速反应对打破压迫式截击也很有用。

·现代网球的单、双打比赛，网前和底线快节奏的对抗非常重要，有助于提高运动员的快速对抗能力。

·此练习迫使运动员要在极短的时间内处理网前或底线的来球。由于是半块单打场地，因此根本没有什么空当，就看谁先失误。

变化

1.非受迫性失误（无论是截击还是底线球）算失两分。

2.网前截击两拍后，底线击球者可以挑高球。

3.底线击球者可将球击至对手脚下，使其回击反弹球（对网前者来讲，这是练习脚下反弹球的好机会）。

4.可以在半块双打场地上进行。

（五）复位还原练习

复位还原练习最好以两人对抗的形式进行。不过，3个人也可以，一个人进攻施加压力，另两个人进行复位还原练习。建议教练员送球。

练习1（图11-14）

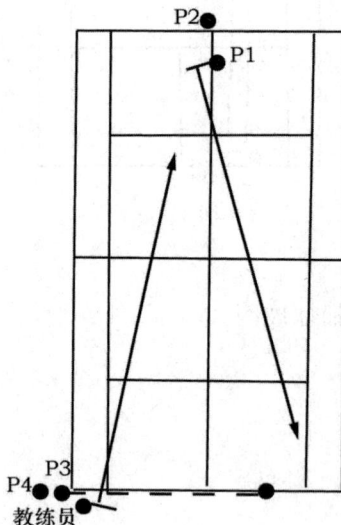

图 11-14

目的

1.通过击内侧底线球后复位还原化解压力。

2.练习在后场用内侧底线击球施压。

时间

6分钟，每组3分钟。

方法——单打场地

1.4 名队员分为两队，一队制造进攻压力，另一队进行复位还原练习，运动员轮流击打教练员送出的球。

2. 复位还原的队员从双打场地外开始移动，也可以在教练员指定的地点开始移动。要依据运动员的能力决定开始移动的位置。

3. 教练员应根据运动员是正手击球还是反手击球，决定从右区送球还是从左区送球。

注：在此例中从右区送球。

教练员将球送至 3/4 场地处给 P1 打正手内侧球；

P1 底线击球变线至对手右区（P1 应击出具有穿透力的底线球）；

P3 跑动接 P1 的内侧球，尽量复位打斜线；

直至此分结束，如果可能，运动员可以上网；

P2 和 P4 打下一个球。

记录

只记进攻者得分。两轮过后，分别计算两队得分数，高分者获胜。

要点

· 内侧底线击球是控制每分主动权的机会。

· 在后场击球时的站位很重要，因此运动员应向前移动并在球的上升期击球。

· 运动员复位还原，就是要通过击斜线球重新恢复场上的主动权并给进攻者增大压力。变化从左区送球至右区，用内侧底线正手回球。

二、高校网球双打技术训练实践研究

双打训练作为网球训练重要的组成部分常常被青少年运动员忽略，这很令人失望。因为在网球强调力量与压力的今天，双打练习对单打技术的提升有很大的帮助。在双打练习中，球员不仅能提高自己快速回合中的击球能力，还能够发现其中充满了挑战和乐趣。双打训练包括 3 个战术阶段。

· 发球与接发球阶段。

· 建立优势阶段。

· 施压阶段。

发球与接发球阶段是打好双打的秘诀。双打中，发球和接发球这两项技术的重要性不言而喻。在双打中，第一发球很重要，因为它为此分奠定了基础，高成功率的一发会让接球者处于防守态势，使本方获得网前的主动地位。双打一发与单打一发不同的是，双打一发需要更多旋转而不是速度。在发球后，强烈的旋转会令发球者有充分的时间进行封网。发球的落点也十分重要，因为发球者要随时考虑如何让自己的同伴抢网。

接发球的任务就是将球接过去，让这分进行下去。理想的接发球通常是将球回到发球者的脚下，这种球也有利于接发球者的同伴抢网截击得分。

另一个重要方面是建立优势阶段。双打是在斜线上进行这个阶段的。很显然此阶段不是两人同时在底线上进行，不管是单打还是双打，这样的练习不仅仅是在斜线打一两个来回就可以结束的。

利用一发使自己控制网前，利用拦网和高压球形成对对手的巨大压力。施加压力阶段的训练者要注重的就是截击,即封网和高压球。

双打练习要有 3~4 名运动员在场上。下面将就 1 对 1、2 对 1 和 2 对 2 这几种练习的好处进行阐述。

·1 对 1。众所周知,双打的重点就是一发、接发球和一拦,这 3 拍球通常只有两名运动员进行——发球者和接发球者。根据经验,最明智的练习方法就是将双打当作场上只有两个人,并加以反复练习。注意力的集中也很重要。这种练习也可以给底线球员练习多拍破网的机会,底线者不要击球落网——尽量使网前者多截击几拍。

·2 对 1。2 对 1 是实施两人战术组合的最佳方法,特别体现在与之配合实施战术时。另外,2 对 1 练习在时间和人员上最大限度地满足了双打队员的专门需要。

·2 对 2。有 4 个人在场上,这是进行比赛的好机会。2 对 2 练习就是模拟真实的比赛并实施战术组合。

·双打比赛。除常规的双打教学或练习比赛外,双打练习还有许多种有益又有趣的训练方法。记住,一定要明确练习的目的并使之富有成效。

(一)对打中发球及接球练习

练习 1(图 11-15)

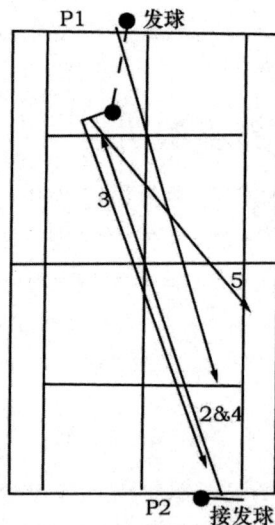

图 11-15

目的

练习双打中的前 5 拍技术,即发球、接发球、一拦、接发球者的第一次回球和发球方的二拦——强调大角度拦网。

时间

不限(约 15 分钟)。

方法——半块双打场地(在对角线上进行)

1. P1 发球,在右区和左区各发 10 个二发。P2 接发球回斜线。

2. 同样 P2 也发 20 个球,P1 接发球。

P1 发完第二发球后上网截击；

P2 接发球回斜线低平球；

P1 斜线截击并封网；

P2 以截击形式将球回击给 P1；

P1 截击一记小角度的斜线浅球。

此分在第 5 拍击球后结束。

记录

记下发球数。例如，P1 发 20 个第二发球，成功 18 个。标准是发 20 个球成功 17 个。

要点

·发球者的第二拍截击要有角度，而且落点要浅。

·接发球者作为合作者，要确保发球者成功地进行截击。

·接发球者将球送至使截击者截击小斜线的位置更为理想。这是一个必须以小斜线截击对付双底线站位选手的模拟练习。

变化

发球者明确发球落点。

练习 2（图 11-16）

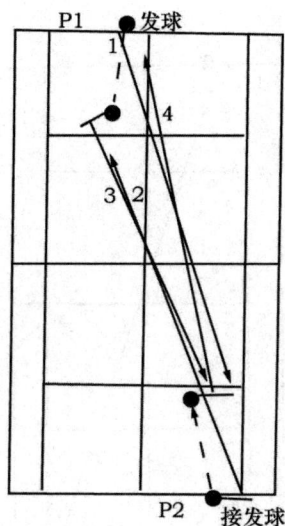

图 11-16

目的

1. 练习接第二发球后随球上网。

2. 练习接发球者接二发时随球上网的防御能力。

时间

不限（约 15 分钟）。

方法——半块双打场地（对角线上进行）

1. P1 在右区和左区各发 10 个第二发球，P2 接发球上网。

2. 同样 P2 也发 20 个第二发球，P1 接发球上网。

P1 发第二发球并留在底线；

P2 接发球回斜线并随球上网；

P1 击底线落地球；

P2 截击。

此分在第 4 拍击球后结束。

记录

记下发球数。例如，P1 发 20 个第二发球，成功 18 个。标准是发 20 个球成功 17 个。

要点

· 为了在发球区内获得有利的网前截击位置，接发球者应在接发球后随球一起向前移动。

· 为了有足够的上网时间和获得有利的站位，接发球者可以利用切削球上网。

· 发球者应确保接发球者能上网截击，理想的方法是击反弹球。

变化

1. 发球要明确落点。

2. 可用切削技术接发球。

（二）建立优势阶段

练习 3 （图 11-17）

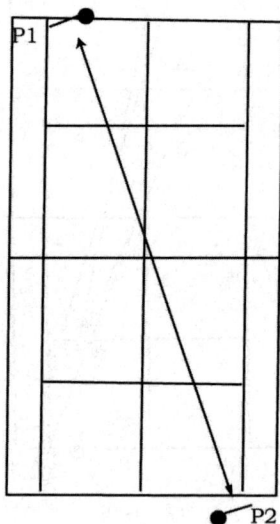

图 11-17

目的

提高在底线相持中建立优势的能力。

时间

3～4 分钟。

方法——半块双打场地 （对角线上进行）

1. 运动员在底线上击斜线球，并复位到指定的画线处。

2. 在右区进行正手练习，在左区进行反手练习。

3. 此练习在左右斜线上都可进行。

4. 运动员各发两分球。

P1 发球后留在后场；

P2 接发球回斜线；

P1 以斜线回击落地球。

此分一直在斜线上进行。

记录

记录每 1 分。

要点

· 这个练习与单打斜线练习形式相似，但要打出双打的场地范围。

· 斜线练习是使球员在双打区域内进一步加强底线技术，并且是双打练习前一个极好的练习方法。

· 可以将单打边线作为击球的目标。

变化

1. 发球上网截击、放小球、切削球和进攻性挑高球在斜线上进行。

2. 下网失误记失两分。

3. 运动员有两次发球机会。

4. 对发球者限定发球落点。

（三）施加压力阶段

练习 4（图 11-18）

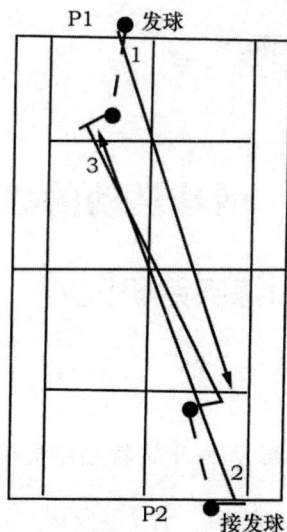

图 11-18

目的

提高发球者和接发球者的快速上网技术，以及主动进攻和上网截击的意识。

时间

3～4 分钟。

方法——半块双打场地（对角线上进行）

1. 此分在斜线上进行并只有一次发球机会。

2. 发球者发球上网截击，接发球者接发球上网。

3. 每名运动员发两分球（左右区各 1 分）

4. 只有在发球和接发球时，球可以落地两次，其余均为凌空球。

P1 发球后上网；

P2 接发球回斜线并上网；

P1 截击或击反弹斜线球；

P2 截击斜线。

直至此分结束，球不能落地。

记录

记录比分。发球者一拦后不能打反弹球，否则判失分。

要点

· 此练习能够培养运动员积极上网的意识。教练员不用再提醒运动员上网，而运动员也别无选择。

· 这是一个提高快速来回截击能力的练习。

变化

1. 练习可以在左右区交替进行。

2. 发球者有两次发球机会。

3. 网前的非受迫性失误记失两分。

4. 发球、接发球和一拦失误记失两分。

5. 规定是否可以挑高球。

6. 对发球者指定发球落点。

第三节　网球运动的战术培养

一、高校网球单打战术训练实践研究

（一）发球

1. 一般情况

对自己的发球具有信心，利用发球从一开始就控制局势，变换发球位置和目标，使对方捉摸不定。

2. 一发

（1）通常将球发向对手弱的一侧，不要忘记发追身球。

（2）不要用力过大，通常用 70%～80% 的力量即可。如是大力发球，可考虑上网截击。如用中等力量发球，要有角度，球路明确，随即掌握场上主动。

（3）发球要稳，力求达到 70% 的成功率。

（4）如一发很弱，留在后场，等候对手回球，估计会击向你最弱的一侧。

3. 二发

（1）要稳，二发要有 100% 的成功率。

（2）变换旋转和速度，用二发进行攻击，不要忘记发追身球。

（3）尽量发深球，不要发近网球。

（4）如发球好，向前移动或上网截击；如二发很弱，留在后场，等待对手回球，回球可能击向你最弱的一侧。

4. 球路、旋转等

（1）根据场地类型采用旋转发球，并变换发球落点，使对手捉摸不定。

（2）发左区时，发外角侧旋球；发右区时，发内角侧旋球。

（3）发平击球时，发左右区的内角；发上旋球时，发左区的内角，发右区的外角。

5. 发球上网截击

（1）多数情况下，利用良好的一发上网截击得分。

（2）沿可能的回球线路移动上网截击。

（3）关键分时又是二发，发球上网截击不失为出奇制胜的一招。

6. 发球后击落地球

发球后移至左侧和中央位置（右手握拍型选手），用正手进攻。

（二）接发球

1. 一般情况

（1）力求将球击入场地一个特定位置（如对手的弱点）。

（2）变换接发球方式，可能时改变接发球的速度和旋转。

（3）力求判断和"看穿"发球方的意图（注意抛球动作），并根据发球方的站位变换接发球的位置。

（4）对付大力发球时，采用挡球式接发球。用一个正确的转髋和转肩动作向后引拍，动作要小；接力量小的发球时要提前准备，朝球的方向斜线移动，迎上去挥拍击球。接弹跳高的发球时，提前移动作好准备，侧身正手击球。用削球接发球可能是一种备用武器。

2. 一发

（1）接一发时要稳，力求不让对方一发"轻易"得分。

（2）如对手留在后场，接发球时用挡击打一个深的直线球，或有角度的球，或用上旋高球送至对方反手。根据接发球的类型，上网截击或留在后场。

3. 二发

（1）每当出现机会时，应有攻击二发的意识。攻击二发时，当球上升至肩高时击球，以保持场上的主动权。

（2）用正手侧身攻或跑动中正手打直线球，偶尔打一个轻吊球。

（3）对手二发时，向前移动或向反手一侧移动，侧身正手进攻。

（4）如对手上网，用一个近网上旋斜线球或深的直线球攻击回球。根据接发球的类型，上网截击或留在后场；如对手留在后场，接发球时用一个深的直线球或小斜线球攻击。

（三）双方都在底线

1. 一般情况

（1）通过连续施压迫使对手出现失误；击球位置靠近底线，迫使对手加长回球时间；要利用整个场地，调动对手。

（2）坚持打深，使用斜线对拉战术，以争取时间和控制。采用组合击球战术（如打深的直线球后接打对角斜线球）。

（3）用平击球和上旋球进攻，对攻时要变换节奏，可以快慢结合，长短结合，各种旋转球的结合。

（4）处于被动时，多打控制球，少发力。用高而深的慢速球变换速度，接打角度刁或速度快的来球。

2. 击落地球

（1）正手：在 3/4 的场地内用正手进攻和回击所有可能的回球。

（2）反手：打斜线是为了从底线对攻，打直线是为了随球上网抢分。

（3）感到紧张时，勿放小球。

3. 处于进攻

（1）力求调动对方。

（2）使用轻吊球，令对手措手不及。

4. 相持

（1）要打高而深的球和斜线球，调动对方。

（2）如对方主动打你的反手，争取朝反手方向移动，用正手攻击。

5. 处于防守

（1）打调整球瓦解对手的优势。

（2）打高球、深球、角度刁的球。

（3）跑动救任何可能救起的球。

6. 对手移动差

（1）力求用低球、挑高球、各种旋转球等的变化打法打乱对手的步法。

（2）当对手在跑动中或从远离的位置击出直线球时，打一小斜线球。

7. 对手是一个好的底线型选手

（1）使用发球上网截击战术。

（2）要耐心回球，等待机会，减少失误。

（3）用角度刁的近网削球将对手吸引到网前。

8. 对手是技术全面型选手

（1）击落地球时要稳。

（2）不要出现自杀性失误。

9. 对手是上网型选手

（1）打深球和角度大的球。

（2）将对手压在后场。

（3）使用挑高球。

（四）随球上网或是在网前

1. 一般情况

（1）从中场使用大力准确地击球或球在上升时击球，控制局面，威胁对方。

（2）上网，令对手措施不及。

（3）随球上网，把球击向对手弱的一侧。

（4）截击前先跨步。

（5）不要过多地使用轻吊或空中短击，使用它们是为了将对手调至网前或作为一种出其不意的战术。

（6）中场截击球要深而低，网前区截击球应有角度，短而有力。

（7）随时防备对手挑高球。

2. 中场打法

（1）截击空位得分。

（2）始终将球击向对手弱的一侧。

（3）随球上网，朝空位截击。

（4）如果你打出深而高的球，等候对手的反应，对手回球时，上去封住穿越球。

（5）如果你挑一高球，对手不用高球扣杀，此时你应上网，但当心对手挑高球。

（6）如果你击出一轻吊球，对手上来救球，你应上网封死角度。

（7）如果来球是一个没有威力的中场高球，用空中截击、空中扣杀或空中抽杀攻击对手。

（8）如果来球是一个齐腰高的中场球，打深的截击球，移动至网前。

（9）如果来球是一个打在脚下的低的中场球，击深的反弹球，或击直线低截击，或让球弹起后击落地球。

3. 网前打法

（1）如果是一个齐腰高的球，用最佳截击打空当。

（2）如果是一个近网低球，用低截击球打空当或打追身球，也可打角度刁的轻吊截击球。

（3）防备对手的穿越球或挑高球。

（4）如果是一个很高的慢速球，用空中截击或高压击向空当。

（5）如果是一个很高的中场球，用空中高压打空当。

（6）被迫打反弹球时，要在身前击球。

（7）不必过早防备挑高球，观察对手击球时的拍面。

（五）穿越球

1. 所有的穿越球应是低球。

2. 避免不必要的冒险。让对手在别扭的情况下（如打中路低球）截击，然后再打穿越球（2次穿越球战术）。

3. 斜线穿越球应是角度刁的击球；打直线穿越球时应发力，打深。

（六）单打攻击术

1. 放小球

（1）特点与作用

放小球技术是一种调动、干扰、牵制对方的有力武器，它具有很好的隐蔽性和突然性特点。在比赛中配合运用放小球，可以更有效地发挥自己特长技术的攻击性，使对方不能专心于防守，打乱对方的站位、击球节奏，而使自己各项技术得到充分发挥。在对方体力大幅度下降的情况下，运用放小球战术可以摧垮对方的意志，加快对方的体力消耗。

放小球的时机之一是，当对手前后移动慢、网前技术差时，把对手从后场引至前场，创造进攻得分机会；另一个时机是，当对手站在后场或大角度跑出场外时，突然放小球，使对手来不及到位而得分。掌握了放小球技术，可使自己打法多变，令对手捉摸不定。

（2）技术方法与要领

放小球采用常规的正反手引拍动作，就像在挑高球时，在击球前呈开放拍面打下旋球，球拍稍微加速，使球落在网前。在放小球之前，要考虑球场的地面材质、风速及风向、来球的球速、自己距离球网的距离等。

①握拍

为了使击球具有隐蔽性，正、反手放小球的握拍相同，可使用东方式握拍法或大陆式握拍法。

②准备姿势和引拍

球员的站位姿势和引拍动作应与正反手击球动作一样，以使动作具有隐蔽性。放小球的击球动作类似于反手削球或正手下旋球，相比较而言它的引拍要稍微小一些，而随挥要小得多。实战中，观察对手的位置后，可向前突然发力下切来球，通过轻巧的触球让球产生下旋，这样可以使球刚好过网，并且反弹得很低。

③击球

眼睛注视来球，击球的中下部，触球时拍面打开，腕部松开，球拍在触球时向下移动。充分向上倾斜拍面同样可以制造更多下旋，不过需要在隐蔽动作的最后一瞬间做出，否则会被对手识破。要控制好挥拍速度，在球拍将要与球接触的过程中逐渐放慢拍速能起到卸力的作用。在放小球时球拍不要握得过紧，放松持拍手有利于让自己的击球变得更柔和，并且能够改进触球瞬间的感觉。击球必须在能够控制的范围内产生尽可能多的下旋，务必让球落在刚过网的位置。

④随球动作

随球动作幅度很小，通常大约在腰部高度结束，随球动作结束时，拍面打开。

（3）易犯错误及纠正方法

错误1：开拍太早，隐蔽性差。

纠正方法：后摆引拍采用正确的正反手击球动作。

错误2：击球太深，对手能轻易击到球。

纠正方法：随球动作幅度很小，腕部松开，减力击球。

错误3：击球点太后，击球匆忙，常失误。

纠正方法：多送前点球，练习向前跨步削击球。

（4）练习方法

放小球要解决的主要问题是放球的距离问题。太深容易让对手有充分的时间作好击球的准备；太浅容易导致球直接下网。因此，必须熟练掌握下旋切球的技巧。

①对墙放小球练习

练习目的：体会放小球的动作方法。

练习方法：练习者距墙 5～6 米，用球拍送球上墙后，等球落地两次或一次后再轻削送球上墙，可用正手或反手练习。

练习要点：能用切削推送并减速的方法完成放小球动作，保持连续进行。

②反弹放小球自我练习

练习目的：体会放小球动作方法与控球力量。

练习方法：练习者站在底线，自我抛球，待球落地反弹后，用正手或反手下旋方式切球，送至对方网前。

练习要点：眼睛看球，击球时手腕由握紧到适度放松，轻巧的触球能够让球产生明显的下旋特征，使球刚好过网，并且反弹得很低。

③凌空放小球练习

练习目的：提高对球的判断和控球能力。

练习方法：练习者站在底线将球抛起，高于头顶约 0.5 米，用正手切削球方式或反手切削球方式，凌空送球。

练习要点：不要让球落地直接送球，如果一开始的感觉不准，不好控制球的话，也可以先让球落地，待它反弹后再切球，随后重新抛球，尝试凌空直接切球。

④场地实战练习

练习目的：提高在移动中放小球的能力，改善临场应变能力。

练习方法：同伴站在底线向对面场地任一区域送球，练习者判断移动后，用削球动作放小球。

练习要点：要让球过网后落在距离球网 2～3 米内，且落地后能产生向后反弹的效果；较熟练后，放小球动作要有一定的隐蔽性，不可过早暴露意图。

2. 底线型打法

底线型打法是以底线正、反手抽击球为基础组织的战术。它是用速度、旋转和落点的变化来创造进攻机会的。

底线型打法的主要战术有：对攻、拉攻、侧身攻、紧逼攻和防守反击。

（1）对攻战术

①以正、反手强有力地抽击球，连续攻击对方一点，突然变线攻击其另一点。

②利用正、反手抽击球的速度和力量的优势，攻击对方的弱点。

③利用正、反手的有力击球，不断变换击球路线，调动对方，使其大角度跑动，同时寻找进攻得分机会。

④打大角度的球，调动对方两边跑动时，突然连续打重复球，再突然加变线。

（2）拉攻战术

拉攻战术是底线型打法中比较常用的一种战术。它是以底线正、反手拉出上旋球或正手拉上旋球，反手切削球，调动对方左右跑动，抓住战机，出奇制胜。

①拉上旋球到对方反手深处，再伺机突击对方的正手。

②用正、反手拉上旋球到对方底线两边大角深处，压住对方，不给对方上网及底线起拍的机会，再寻找机会进行突击。

③在正、反手拉上旋球时，同时加拉正、反手小斜角，增加对手跑动距离，并使对手打出质量较差的回球，然后伺机进攻。

（3）侧身攻战术

侧身攻战术是底线型打法中的一项主要进攻手段。它是利用正手强而有力的抽击球、良好的判断及快速步法来移动，在三分之二的场地上，再用正手有力地攻击对方。

①连续用正手逼攻对方反手，再突击变线，突击对方正手。

②连续用正手攻击对方，创造得分机会。

③用正手攻击对方时，连续打出重复球。

④用正手进攻，调动对方移动，再利用反手控制落点，伺机用正手突击进攻。

（4）紧逼战术

底线型打法的紧逼战术是利用底线快节奏的正、反手抽击球，迎击上升球，控制准确的落点，节节紧逼地进攻对方。这是当今世界网坛优秀选手常用的一种攻击对方的战术。

①紧逼对方两边，使对方被动和回球出现错误，再伺机上网。

②连续紧逼对方反手，再突然攻击对方正手，待机上网。

③接发球时就紧逼对方向前进攻，使对方发完球后来不及准备，从而产生紧张的心理压力。

（5）防守反击战术

防守反击战术在底线型打法中占有很重要的位置。它是以判断反应快、步法灵活、体力充沛、击球准确的特点和底线控制球能力强的优势，调动对方，以达到在防守中伺机反击的目的。

①在对方运用随球上网进攻时，加强底线破网第一拍的成功率和突击性，提高破网球的质量，伺机第二次破网反击。

②在对方运用发球上网战术进攻时，接发球采用迎上借力接球，把球快速打到对方脚下或两边小角，然后再将第二拍准备反击破网。

③当对方进行底线紧逼攻战术时，利用底线正、反手拉上旋球至对方底线两边大角深处，不给对方进攻得分机会，然后再伺机进行反击。

（6）上网型打法

上网型打法战术是利用网前进攻得分为主要手段的战术。它的基本战术可分为发球上网、接发球上网、随球上网、偷袭上网、伺机上网和放轻球上网。

3. 发球上网战术

发球上网战术是上网型选手利用发球的力量或发球的旋转进行主动进攻，先发制人，然后迅速上网抢攻的一项主要战术，是上网型选手在比赛中的主要得分手段。

（1）用第一发球的大力发出侧旋球，打在对方发球区右区外角，然后迅速上网冲至发球线中线偏左，以封住对方正手接直线球，截击来球至对方反手区。（如图 11-19 所示）

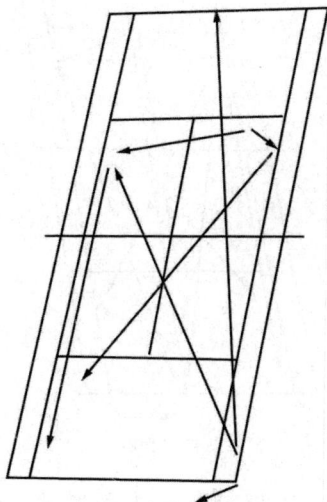

图 11-19

（2）用第一发球的力量发上旋球，打在对方发球区左区外角，然后迅速上网冲至发球线偏右处，以封住对方反手接直线球，截击来球至对方正手区。（如图 11-20 所示）

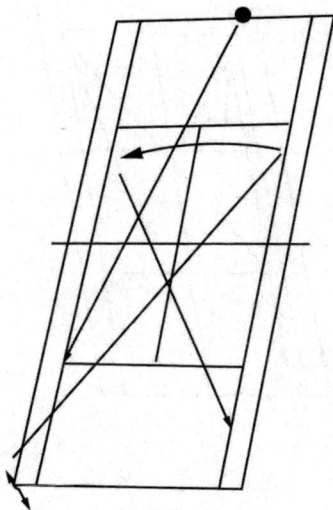

图 11-20

（3）用第一发球发平击球或用第一发球发上旋球，打在对方发球区右区内角，然后迅速上网冲至发球线中线，判断来球，截击至对方底线正、反手深区，随中场截击贴近网。（如图 11-21 所示）

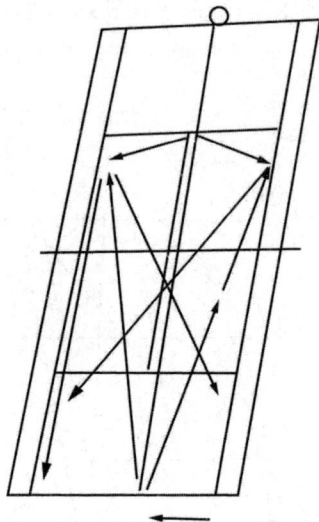

图 11-21

（4）用平击球发球或侧旋发球，发球到左区内角上网，快速跑到中场处，判断来球，截击至对方正、反手底线深区，然后随球跟进，准备上网截击。（如图 11-22 所示）

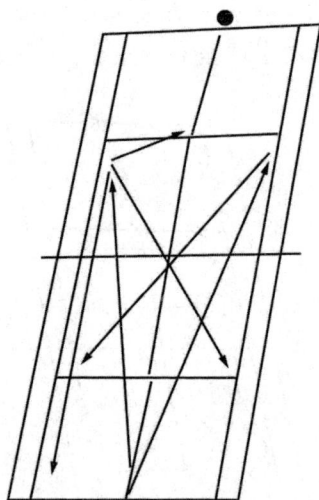

图 11-22

运用发球上网战术时要注意：在发球时，重心要略上升，击球点要稍前些，这样便于重心前移，也能较快冲上网；冲上网时要判断对方来球，不论冲到发球线与否，在对方击球瞬间都要急停、判断，然后再第二次启动向前截击；发球的落点旋转要有变化，以便破坏对方接发球的节奏；中场第一截击球的质量要高；第一发球的命中率要高，应达到 60% 以上，这样才能发挥出发球的优势，为上网创造条件。

4. 接发球上网

接发球时必须积极主动，抢先进入，上网型打法要积极利用快速多变的各种手段来接发球，随即上网截击。在接对方的第二发球时，要抢攻上网或推切上网直接得分，充分发挥自己上网型打法的特点。

（1）接对方一区外角第二发球时，用有力的正手击球或推切球，来回击直线上网。（如图 11-23 所示）

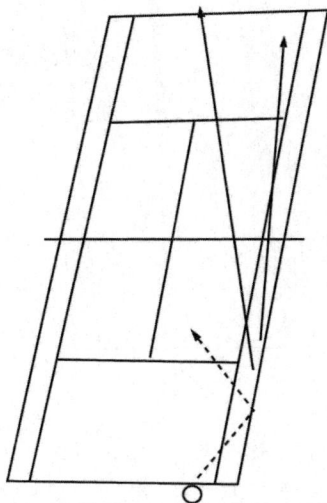

图 11-23

（2）接对方一区内角第二发球时，果断利用正手侧身抽击球钳制对方弱点上网。（如图 11- 24 所示）

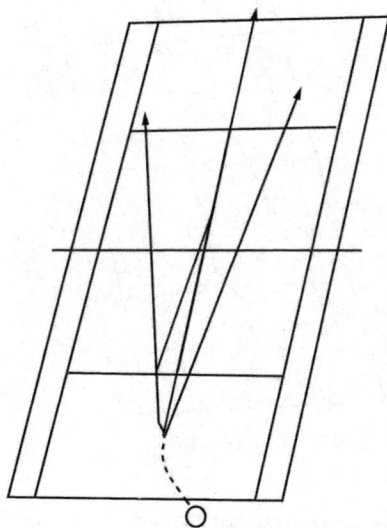

图 11-24

（3）接对方一区内角第二发球时，用反手击球或推切球，以回击对方反手上网。（如图 11- 25 所示）

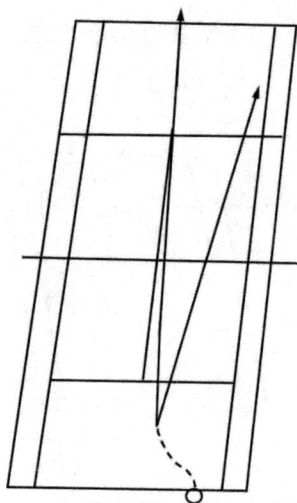

图 11-25

（4）接对方二区外角第二发球时，根据对方技术情况，利用反手抽击或推切球，打击对方弱点上网，最好是打直线球上网。这样有两个好处：一是距离短，对方准备时间少；二是上网后容易封住角度。（如图 11-26 所示）

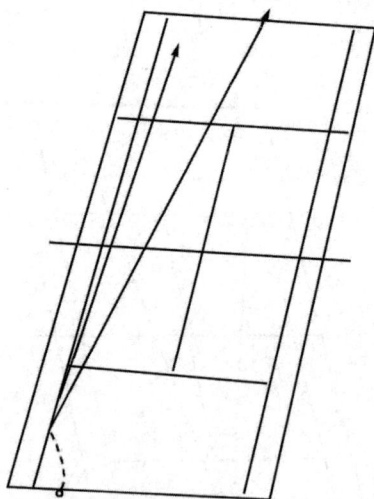

图 11-26

二、高校网球双打战术训练实践研究

要取得双打比赛的胜利，合理的战术制订和与同伴间的密切配合是非常重要的。两个一流的单打运动员未必是最理想的双打伙伴，这是因为他们习惯于用单打战术来处理双打过程中所遇到的问题。

（一）双打的发球局战术

在研究发球局战术前首先遇到的问题是我方应该由谁先发球更有利。赛前主裁判让双方抽签选择发球权和场区，如果我方抽中，一般应选择发球权。待对方决定场区后，我方再商量由谁先发球。比赛开始后的第一个发球局无疑是很重要的，如能顺利拿下，先声夺人，可对下面的比赛起到鼓舞作用。考虑谁先发球应从以下几点出发。

第一点，双打中的核心队员、经验丰富者。

第二点，发球的攻击力强且稳定性好、能与网前同伴密切配合者。

第三点，有充分的思想准备、能很快地进入比赛状态、对客观条件（如阳光、风向、场地、观众、裁判等）的适应能力强者。但有些实力强、经验丰富的双打在比赛开始故意选择接发球，因为在第一局双方不了解和未充分活动开时很容易抢到对方的发球局，即使抢不到，第二局发球也有把握再赶上来。

1. 双打发球局的站位

发球局的站位应贯彻"以我为主、以攻为主"的指导思想，从有利于发球局的战术意图出发来决定两人的位置，到通过比赛观察对方战术情况进行调整。主要站位方法分为以下几种。

（1）常规站位（异侧前后站位）。

（2）非常规站位（同侧前后站位）。

（3）特殊的站位。为了达到战术目的或扰乱、迷惑对方，无论是发球员还是他的网前同伴都有许多特殊的站位方法。

①发球员的特殊站位。发球员的站位向外侧延伸接近双打边线，但此站位务必需要网前同伴的配合。这样的站位发球目的在于拉开对方可攻击中路空当得分，但 B 与 A 因距离较远，全交叉换位抢网难度太大，且对方回击球的面积大、落点变化多，不宜用得过多。

与此相反的变化站法是发球员向中点靠近，有利于发球攻击中路让同伴封住网前截击。这种站位有两大优点：攻击中路，对方接球没有回击角度，便于在网前拦截，两人距离较近容易全抢网换位；即使靠近中点发球也同样可以变换发外角落点，虚虚实实让对方捉摸不定。但这些变化务必与网前的同伴默契配合，有时第一发球的站位与第二发球的站位也可以变化，用以扰乱对方。

②网前同伴的特殊站位。网前同伴的站位变化对接发球员的干扰与影响是很大的。因为双打与单打不同，接球员除要对付发球员强有力的发球外，他一抬头就看到网前人，还要防范网前人的抢攻，网前人站位的变化必然引起接球员的猜疑。网前同伴向外侧站，接球员不敢走直线，发球后迅速向中路抢截，可达到出其不意的效果。网前同伴的特殊站位与发球员的默契配合，虚虚实实，可以把发球局战术提高到一个新水平。

2. 发球局的优势

（1）态势上的优势

采用双上网战术时，发球员的同伴已经占据了网前进攻的有利位置，再加上强有力的发球和上网抢攻，使接发球方处于被动的地位。双上网几乎封住了接发球方所有的回击角度，一旦两人逼近网前，自上而下地截击，可以攻击不同的角度和落点，即使接发球方挑出质量较高的高球，也摆脱不了被动防守的地位，因此高水平的双搭配的发球局比单打得胜率还高，它是高水平双打的重要标志。

（2）心理上的优势

高水平双打发球员的同伴，常借助发球的威力在网前主动抢截接发球方回击的来球，直接进攻得分。他与发球员默契配合、虚虚实实，使接球方在心理上造成很大的压力，出现频频失误并处于被动地位。

正因为双打的发球局具有上述的优势，稍有水平的双打配对有时在实力上与对方虽有些差距，但只要发球局战术运用得当，把两人的技术优势充分发挥出来，密切合作，仍可以取得发球局的胜利。在双打比赛中，除非实力相差悬殊，出现 6∶0、6∶1 的比分是很少见的。在一般情况下，只要发球局战术得当，都可以一争高低，更不应将双打双方拆开以单打水平比实力。单双打是截然不同的两种战术体系，双打实力不等于两个单打实力之和，$1+1\neq2$。战术得当 $1+1>2$，反之 $1+1<2$。

3. 发球局的双上网战术

（1）发球站位与发球落点的关系

双打比赛中，发球的攻击力不仅表现在力量和速度上，准确多变的落点再配合同伴在网前的抢攻给对方的威胁不可低估。我们主张在站位不变的情况下发出不同的落点变化，这是最理想的。因为这样可以不暴露落点变化的意图，但事实上很难做到。因此为了战术的需要，变化的站位为准确刁钻的落点和提高成功率带来良好的效果，仍可以在发球局战术中运用。

不管右区或左区的发球站位，越靠近底线中点发向发球区的内角（中路）越有利。把球发向中路使接发球打不出角度，给网前同伴的抢网创造条件。如果需要全换位抢网，这样的站位最近，换位最方便。与此发球站位相反，越靠底线两侧站，甚至站在单打与双打边线的后方，将球发向外角更为有利。如果再加上些侧旋转，落点可以更斜，把对方拉出场外回击，使中间出现空当，但这样的发球，网前同伴必须有所准备，如果抢网过早过快，很容易被接发球的对方直线破网。

大多数的发球员不愿在站位上做文章，他们多采用常规站位（在中点与双打边线之间）。这样既隐蔽又可以灵活地变化落点，虽然没有变化站位来得方便，但通过平日刻苦的训练，基本上可以解决落点变化的问题。

（2）双打发球命中率与落点变化比力量更重要

一般来说，高水平双打发球的命中率总比相当水平单打的发球命中率要高，其原因如下：

①因为有网前同伴的配合进攻，即使发球力量不如单打的大，只要落点变化和网前同伴默契合作，同样可以达到进攻得分的目的。

②不管在何种场地（快速的硬地或慢速的砂地），高水平双打的发球局均采用双上网战术，命中率高的发球可以节省球员的体力。

③第一发球命中率高，就可以尽量少使用第二发球，以免对方反击。虽然高水平选手的第二发球与第一发球的攻击力差别不大，但在心理上总不如第一发球有利，第二发球使网前同伴面临接发球方的挑战，同时失去许多主动抢网的机会。

④命中率高的发球需要较多的旋转，发球员可利用球飞行的时间更快地冲向网前。一旦两人封住对方回击的角度，就可以控制场上进攻的主动权。

当然在双打比赛中并不排除发挥与单打一样的大力发球的作用。根据场上的局势与战术的需要，这样的发球也是很重要的。

（3）发球局的抢网战术配合

①所谓抢网战术是指网前队员利用发球的有力进攻在网前抢截对方接发球的战术。由于网前队员距网近，他可以抢截高于网的来球并打出大角度攻击力极强的截击球，得分率很高，对对方威胁大，使接发球方不仅要对付发球的攻击，还要承受抢网的巨大压力。发球员利用变化多端的发球与网前抢截的巧妙配合，破坏接发球的节奏和习惯，使接发球的质量下降以至频频失误，抢网战术的使用率和效果与双打发球局战术有着紧密的关系。

②抢网战术的种类。可分为一般抢网（不换位的普通抢网）、全换位抢网与特殊站位抢网。

A. 一般抢网：此种抢网是在判断来球的方向后，抢到球网中央的吊带附近（有时超过吊带）截击来球，需要与发球员交换左右的位置，抢打后仍回原侧准备。此种抢网最常用，网前队员与发球员默契配合可以抢截许多质量不高的接发球，抢截攻击的落点打在接球员同伴的脚下，如果他迫于挨打的压力退至底线防守，抢截的攻击点可打出角度或攻击中路。

B. 全换位抢网：网前队员抢网后与发球员交叉换位，即原先左区的队员换至右区，右区的队员到左区。这种抢网需要坚决果断、默契合作。网前的队员多在背后给发球的同伴做手势（暗号），让发球员为他的全抢网创造有利的条件。

C. 特殊站位抢网：这种网前队员的特殊站位虽不多用，但一旦使用会起到干扰接发球的作用。

（4）发球局前后站位战术

发球局前后站位的战术，即发球员的同伴在网前，发球员发球后不上网，形成一前一后的阵势。这种发球局的战术虽然不是很积极、很先进，但有广泛的群众基础，因此值得研究。

①发球局运用前后站位战术的主要原因

A. 发球缺乏攻击力（包括第一发球或第二发球），不能为发球后上网抢攻创造条件。

B. 发球后上网在中场的技术差（包括截击和反弹球），不但不能直接进攻对方，而且不能为近网进攻创造条件，受接发球的制约，在中场经常处于被动的局面。

C. 两人同时上网的后场保护能力差（后退高压球的攻击力差），经常被接发球方的挑高球困扰，使发球方上网有后顾之忧。

D. 由于体能有限，发球后上网有困难。

E. 发球员相信自己的底线技术和破网能力不比接发球方差，有能力在底线对抗中占有优势。

F. 出自技术上的考虑有以下几种。

· 运用大力发球突袭对方后来不及上网，而默契的同伴全力抢网进攻。

· 发球上网与底线结合使用，虚虚实实，破坏对方接发球的节奏。

· 当接发球球员利用轻击接球打到你的脚下屡屡得手后，改为发球后伺机随击上网的战术。

总之，灵活多变的战术可以扰乱对方并控制场上的主动权以达到取胜的目的。

②前后站位战术使用时应注意的几个问题

A. 提高第一发球的命中率，尽量少使用第二发球，这样可以有以下几个好处。

· 为网前同伴创造抢网的机会并力争主动。

· 减少对方抢攻第二次发球的机会，保护网前同伴不挨打或少受威胁。

· 既节省体力又减少心理上的压力。

·使突袭的大力发球更具有威力和良好的效果。

B. 底线队员的抽击应避开对方的网前队员把球打深打准，为网前同伴抢网创造条件，不要无故打对方网前的队员（除非他抢得太凶）。

C. 网前队员首先应注意保护自己半区的直线空当，因为若被直线穿越，同伴则无法补救，在保护直线一侧的空当基础上尽量抢网，在网前不要回头看你的同伴打球，抢网后切忌在中间停留（后边的同伴无法补位）。

D. 当对方挑高球过网前同伴的头后，应与同伴快速换位，并避开对方网前队员回击深处。

E. 双打比赛中挑高球是非常重要的，在后场挑高球时应呼应同伴后退下来准备防守（因为若高球挑不好可能对方会回以高压球扣杀），一旦挑过对方网前队员的头，两人可以向前准备进攻。

F. 双打比赛中尤其是底线对攻中应慎重使用轻球（放小球），因为一旦放不好，网前同伴可能遭到攻击，同时可能把对方引到网前成为双上网进攻的局面。

G. 网前的同伴抢网后应攻击的落点。

·对方空当。

·对方网前队员的脚下。

·边区小斜线。

H. 追前场小球后就不要退下来（指发球线前的球），只要两人在网前站在合理的位置，对方就很难破网和挑高球（两人既能封住对方的破网球，又能保护后场的挑高球）。

I. 网前同伴遭到攻击后千万不要因害怕就退下来，一旦退下来就完全放弃了网前进攻的阵地，两人处于底线防守的不利局面。只有坚决守住网前阵地，同时加大底线的进攻火力，才能为网前同伴的抢攻创造条件。

J. 发球局前后站位更需要默契的配合。两人共同把守住场地，从发球开始就应与网前同伴紧密配合，把球发向外角，对方跑到场外回击时，同伴在网前应警惕对方回击直线球；攻击中路两人可以放弃边区，集中中区防守，斜线回击的角度更大。

③从实际情况出发，合理地运用发球局战术

根据以上的分析，既要考虑战术的需要，又要从两人的双打配合的实际情况出发，应把发球局运用前后站位战术使用率降到最低的程度（双上网战术使用率越高越好），于是有以下几种情况。

A. 由于发球员的第一、二发球的攻击力差异较大，第一发球可坚持发球上网，第二发球可酌情上网。在不降低第一发球攻击力的同时，尽量提高命中率，使双上网比例增加。

B. 两人的实力不均，水平高技术全面的可坚持发球上网，技术较差的可暂不上网或只是第二发球不上网，这种情况在双打或混双中经常出现。随着水平的提高和默契的配合，双上网的比例会逐步增加。

C. 由于战术的需要，只要两人紧密配合，即使发球后暂缓上网，也可以取得满意的效果。当然这种比例越低越好，因为它毕竟是不积极的战术。

（二）双打的接发球局战术

1. 双打接发球局的重要性

由于发球的攻击力和双打网前战术质量不断提高，高水平的双打发球局得胜率很高。因此要取得比赛的胜利，就必须在接发球局的技战术上有所突破。无论发球方有多大的威力，都要千方百计地争抢对方的发球局，不然难以取胜。

双打比赛规则规定：双方轮换发球和接发球，参加比赛的 4 名队员取胜的机会都是相等的。因此没有理由不重视接发球局。

双打接发球局的技战术质量直接影响双打的水平。双打的默契配合不仅表现在发球局，更应重视接发球局的紧密合作。因为发球局在进攻态势上占有优势，而接发球方处于守势，只有组织好接发球方的防守反击，使对方无懈可击，才能扭转被动局面，出奇制胜。更何况在接发球局的技战术中还有许多反攻的契机值得研究。因此高水平的双打搭配，除有强劲的发球局攻势外，都非常重视接发球局的训练。具有严密的防守和反攻的能力，与发球局相辅相成，才能组成优异的双打组合。

2. 双打接发球局战术的发展趋势

现代网球双打战术正朝着积极、快速、进攻的方向发展。随着发球局战术攻击力的提高，接发球方只靠消极防守取得胜利已经不可能了。必须从接发球开始即组织强大的防守反击能力，力争主动，增强抢攻意识。除大力提高接发球和破网能力外，接发球方会千方百计地创造条件向网前反扑。抢网战术的使用率提高，4 人在网前短兵相接的对攻局面经常出现。由于接球方从接发球开始就处于被动地位、距网较远，又要避开对方的抢网，因此在快速回击时对动作的隐蔽性、应变能力和回击球的质量的要求是很高的。双打的场地宽（比单打宽 2.74 米），击球的角度大，在边区外回击球的比例加大，各种速度、旋转和落点的变化增加了击球的难度。

接发球方从站位到打法，两人在密切地配合和组织积极的反攻上都极具"挑战性"。要敢与发球方对抗抢攻，因为接发球方要抢对方的发球局，首先要在气势和信心上压倒对方，同时在接发球、破网和抢网等技战术上默契和娴熟地配合，这样才能取得接发球局的胜利。

3. 双打接发球局的站位与配合

双打比赛规则规定：接发球员的站位在该盘中不得更换。因此双打比赛中接发球局首先遇到的配合问题是谁站在右区接单数分的发球，谁站在左区接双数分的发球，即怎样的站位更为有利。一般应考虑以下几个因素。

（1）即使是高水平的双打选手，正反拍比较平均，没有明显的差距，在对付强劲的发球时，其正反拍接发球的对抗能力多少也会有些不同，只是一般人很难察觉（高水平选手之间都很了解）。至于一般水平的运动员，正反拍接发球的差别很容易发现。由于双打发球员的站位比单打靠外，发球的落点易向外侧，因此接发球方正拍强者多站在右区接发球，反拍强者则站在左区较有利。这样的站位除接发球外，对双打经常出现的大角度的两侧来球更便于防范。至于中路来球，一般多考虑由左区站位的队员来回击更为有利，因为他是用正拍。

（2）如果双打搭配正好是右手握拍与左手握拍的配合，一般的规律是正拍的攻击力强于反拍，因此大多是右手握拍者站在右区接发球，左手握拍者站在左区接发球。中路的来球两人都是反拍，共同防守，这是通常的考虑，也有与之相反的站位。右手握拍者站在左区接发球，左手握拍者站在右区接发球，这说明除了他们的正反拍接发球与破网能力比较均衡外，可能更加重视中区的来球（因为双打进攻中，中区是个很好的落点）。如果配对的两人都是左手接发球，则需根据以上原则重新考虑。

（3）在站位中很重要的一点考虑是左区的接发球员应该是技术全面、经验丰富、心理素质好的核心队员。因为左区除担负着重要的防守反击任务外，左区的接发球分占据着大多数的局点、盘点和赛点（只有局内小分 4∶1、1∶4 时在左右区出现），这都是非常重要的关键分，接发球质量的好坏直接关系到胜负。虽然高水平的双打配对两人不应有强弱之分，但"强中更有强中手"，把经验丰富、关键时刻顶得住的佼佼者安排在左区接发球实为上策。

4. 接发球局的战术指导思想

"严密防守、积极抢攻、狠巧结合、力争主动"。这是双打接发球局战术的指导思想。这一指导思想是指接发球局虽然在态势上处于防守地位，但在组织严密防守的基础上，善于抓住场上瞬息万变的战机积极抢攻，不仅回击更为果断、凶狠；同时结合多变而灵活的打法和落点、娴熟默契的配合，力争夺取场上的主动权。只有贯彻敢向发球方挑战、积极进取的指导思想，才能使接发球局打得富有生机和朝气。

（三）网球双打不同球员在场上的站位和移动

双打场上 4 名球员中的每一名都有各自的任务和职责。因此每个球员的站位、击球方式和移动都不相同。下文的表对每对选手和每个选手的基本站位、击球方式和移动做了精简的概括。

1. 发球员（表 11-1）

表 11-1　发球员的站位、发球和移动

站位	发球	移动
·比单打比赛中更靠近单打线，在中线和双打线的中间 ·发球后根据同伴的位置，站位前移	·一发达到 80％ 的成功率（稳一些、多些旋转） ·发出的球要深 ·变换发球以保持发球的突然性 ·每一分发球前与你的同伴商定发球的落地 ·每次发球时力求发球上网截击 ·第一截击最后打中路或斜线截击至接球员脚下	·发球后角落在场内，用几步冲刺上网，接着用一横跨步（接发球手触球的同时）产生向前的动量，为跨步打第一截击做准备 ·保持进攻的姿势 ·在发球线内快速移动准备截击 ·向本半场中央移动 ·如果第一截击是斜线截击，向中心移动封住击球的角度 ·在其他的截击中，朝来球方向移动

2. 发球员的搭档（表 11-2）

表 11-2　发球员搭档的站位、发球和移动

站位	发球	移动
·不要过分地防直线球。站在发球区的中央 ·动态姿势：前倾，处于动态，准备移动策应同伴	·对手截击时补位 ·不要追求打角度，它会使同伴被动挨打 ·打对方的中路	·听到发球的击球声时，开始向前移动 ·根据发球的方向（应该事先知道）移动 ·如果发的是外角球，移动防直线球 ·如果回球是斜线球，可以抢打

站位	发球	移动
• 根据发球情况向前移动	• 可能时要抢（现在不抢，你永远也不会抢！） • 采用抢打的三部曲（反应、判断和发暗号） • 发球手必须了解口语、暗号，手脚以便配合	• 如果回球击向发球手，应稍后退 • 如果回球是过顶高球，应换位至相反一侧的发球线 • 使用封网假动作，作为一种变换的打法迷惑接发球一方

注：发球方应力求避免出现发球手被迫打"内侧截击"的情形，例如，当发球发向正手一侧时，用反手截击。由于这是从这一姿势打出的第一截击，他就处于完全防守的状态。正确的打法是，发球手的同伴应力求抢打所有回球并击向中路

3. 发球方双上网：两人的移动（表11-3）

表11-3　发球方双上网时的站位、发球和移动

站位	发球	移动
• 回击大力击球时封住角度 • 尽量靠近网前 • 根据对方的击球动作站位	• 站在斜线方向的选手将球击向中路 • 每个选手应防守自己的高球 • 如果是打向中路的高球，由正手击球的选手扣杀，同伴移向一侧，让他打高压球 • 如果接发球选手站在后场，打一深的截击；如果接发球选手上网，打一短的截击	• 打保险球的移动，打角度、打落点、挑高球等 • 像"挡风玻璃上的刮水器"一样移动。两人像被一根2.5米长的绳子捆在一起向左或向右移动 • 不可单独地侧向移动，准备两人同时上网或后撤救高吊球 • 如果一个选手追赶同伴身后的高球，两人都应回到底线

4. 接发球员（表11-4）

表11-4　接发球员的站位、发球和移动

站位	发球	移动
• 靠近底线，提前准备回球。根据一发或二发的质量决定站位靠前还是靠后 • 如果能提前判断发球，改变站位（如跑动侧身吓唬发球手） • 如果你想接发球后上网，站位稍靠近发球线	• 每次接发球应注意成功率 • 现代的双打风格：接发球时大力击球（击球的上部） • 球路的选择：斜线球（大力击球或打角度）、直线球（大力击球）、打单双打线区（求稳）、挑高球（中路或直线） • 接发球后打第二拍时，同上述球路可供选择 • 如果接发球质量高，力求上网得分 • 如果要上网，接发球时打斜线 • 如果发球手留在后场，接发球时打深 • 接发球时变换球路 • 力求使对方向上截击 • 最有效的区域是打对方两人之间的中路（此处的球网稍低，对方两人可能混乱，此处截击的角度小） • 比赛中，为防止对方抢打，打发球手的同伴或提前打直线，足以迷惑对方 • 感到别扭时朝中路打高而深的高吊球	• 向前移并作一横跨步 • 移动接外角球时，记住，此时的回位并非像单打中那样重要 • 如果要上网，向发球区的中央移动 • 如果接发球质量不高，发球方抢打成功或发球手快速上网并在截击时打直线成功，可两人守后场

5. 接发球员的搭档（表 11-5）

表 11-5　接发球员搭档的站位、发球和移动

站位	发球	移动
·在接发球后给发球手的第一截击制造压力时，这个选手应承担更多的进攻的任务 ·第二次发球时，这个选手可站在发球线以内，站位甚至可更靠前	·如接发球不好，应拦击第一截击或防守 ·第一截击不可打短吊球，要攻击对方的截击球（不进攻，必失败！） ·如果是过顶高吊球，追上它，用高压或高空截击 ·截击时在身前击球而不是在身后击球 ·截击时避打轻吊球或短吊截击球 ·打高压球别扭时，打深，打中路	·接发球的质量高时，向前移动 ·射线拦截抢打（同伴应移动封住对方的回球） ·利用假动作作为变换的打法，迫使发球手截击时打直线 ·打斜线球时，呈对角线向网前移动，而不要与网平行地移动 ·当同伴救高吊球时，另一选手也应后撤至底线 ·当同伴被逼向场外时，另一选手应采用单打时的站位迎击来球 ·接发球质量不高时，向后移动，或用几步调整站位，及时做出反应

第十二章　当代大学生游泳运动技能的培养研究

第一节　游泳运动的基本理论

一、游泳运动的起源与发展

（一）游泳运动的起源

游泳是人类在与大自然斗争中产生和发展而来的。在 5000 年前远古时代陶器的雕绘图案上，我们就可以看到祖先潜在水中猎取水鸟的泳姿。随着社会的发展，游泳逐渐成为人们增强体质以及生产、生活、军事的需要，并逐渐发展成为体育运动的比赛项目。现代游泳运动起源于英国。

19 世纪中期和 20 世纪初期，近代游泳运动在英国和澳大利亚等国出现，并逐渐发展起来。1828 年，在利物浦乔治码头修建了世界上第一座室内游泳池。1837 年，在英国伦敦成立了第一个游泳协会。1869 年 1 月，在伦敦成立了大城市游泳俱乐部联合会（现英国业余游泳协会前身），并把游泳作为一个专门的运动项目正式固定下来。游泳随之传入各英殖民地，继而传遍全世界。1896 年，在希腊雅典举行第 1 届现代奥林匹克运动会时，游泳被列为竞赛项目。1908 年，国际业余游泳联合会成立，并制定了国际游泳比赛规则。1971 年，世界游泳锦标赛的比赛项目包括游泳、跳水、水球、花样游泳等。1979 年 9 月初在日本东京举行了第 1 届世界杯花样游泳赛。

（二）我国游泳运动的发展

我国游泳运动源远流长，在 2500 年前，我国史料中就已经有了关于游泳运动的记载。

19 世纪末 20 世纪初，近代游泳运动从我国沿海的广东、福建、上海、青岛、大连等地发展起来。1913 年，中国游泳运动员开始参加国际性游泳比赛。1915 年第 2 届远东运动会上，我国游泳运动员在 9 个比赛项目中获得 5 项冠军。

中华人民共和国成立后，我国游泳运动技术水平迅速提高。1953 年，在第 4 届青年学生联欢节的游泳比赛中，我国选手吴传玉获得男子 100 米仰泳冠军，中华人民共和国的五星红旗第一次在国际游泳运动赛场上空飘扬。

1957～1960 年，我国著名游泳运动员戚烈云、穆祥雄、莫国雄三人，先后 5 次打破男子 100 米蛙泳世界纪录。

在 1983 年第 5 届全国运动会上，有 4 队 16 人 30 次打破 14 项全国纪录。

1988 年，在韩国汉城（今称首尔）举行的第 24 届奥运会上，我国游泳选手取得新突破，共获 3 枚银牌、1 枚铜牌。

第 25 届奥运会上，我国游泳女队一举夺得 4 枚金牌和 5 枚银牌，奖牌和积分跃居世界四强之列，震撼世界。在第 26 届奥运会上，乐静宜再次获得 100 米自由泳冠军。在第 28 届雅典奥运会上，罗雪娟获得 100 米蛙泳金牌。

2008 年，第 29 届奥运会在北京举行，中国游泳队获得一金两银三铜的成绩。女子 200 米蝶泳刘子歌获金牌。"好运北京" 2008 年中国游泳公开赛中，我国男、女选手获得了 12 枚金牌，9 枚银牌，6 枚铜牌。

2012 年，在伦敦举行的第 30 届奥运会上，我国游泳队获五金，分别是男子 400 米自由泳和男子 1500 米自由泳项目的孙杨，女子 400 米混合泳和女子 200 米混合泳项目的叶诗文，女子 200 米蝶泳项目的焦刘洋。

2016 年里约奥运会上，中国游泳队获 1 枚金牌，2 枚银牌，3 枚铜牌。

2021 年东京奥运会上，中国游泳队取得了 3 枚金牌，2 枚银牌，1 枚铜牌的好成绩。

二、游泳运动的特点

（一）项目特点

游泳是一项在水中借助自身的力量，采用肢体动作同水作用产生的推进力，使身体向前游进的水中活动技能。竞技游泳包括蝶泳、仰泳、蛙泳、自由泳四种姿势。由于水比空气密度大 800 多倍，同时物体所受的阻力与物体运动速度的平方成正比，游速越高，阻力越大，因此游泳运动员水平越高，在水中减少阻力比提高推动力对成绩的影响更重要。游泳是一项以技术为主，以体能为基础的周期性项目。游泳训练动作重复、姿势持续，因此神经、肌肉系统经常承受重复单一的刺激，容易疲劳；训练中运动员的心率较快，心肺系统要不停地、高强度地工作，负担较大。

（二）形态特点

良好的身体形态对游泳项目来说是有利的。身长、腿长、臂长、肩宽的游泳运动员在水中受到的阻力较小。肢体长，划水路线长，作用于水的面积大，产生的推进力大；大量的肌肉参与运动，能加快游进的速度，但同时也会产生较大的阻力。因此，优秀的游泳运动员形态特点是：四肢修长，肌肉发达、匀称、弹性良好，肩部和胸部较宽，而腰部和臀部较窄，呈"倒三角"形。

（三）供能特点

游泳大致分为短、中、长三种距离。不同距离项目的供能特征如下：短距离项目主要是磷酸原系统和糖酵解系统供能；中距离项目主要是糖酵解系统和有氧代谢系统混合供能；长距离项目主要是有氧代谢系统和糖酵解系统供能。同时，应注意不能将游泳比赛和训练中的能量代谢系统单独划分，任何比赛和训练都是三种系统同时供能，只是根据游泳距离和时间的长短各供能系统所占的比例不同而已。

游泳运动员的训练主要在水中进行，通常池水温度远低于身体温度，导致运动员热量散失过快，能量消耗较大。另外，游泳运动员的体脂百分比并不是很低，这是因为游泳运动员在水中游泳属于冷暴露，可以刺激脂肪的贮存。脂肪可以减少自身在水中的阻力，并且有助于保持体温、保护内脏器官等。因此，游泳运动员的体脂含量应该适宜，可以比跑步运动员稍高一些，但也不宜太高。

三、游泳运动的分类

随着游泳运动的发展，游泳的分类和内容越来越细。如根据目的和功能来分，游泳运动可分为竞技游泳、实用游泳和大众游泳，如图 12-1 所示。

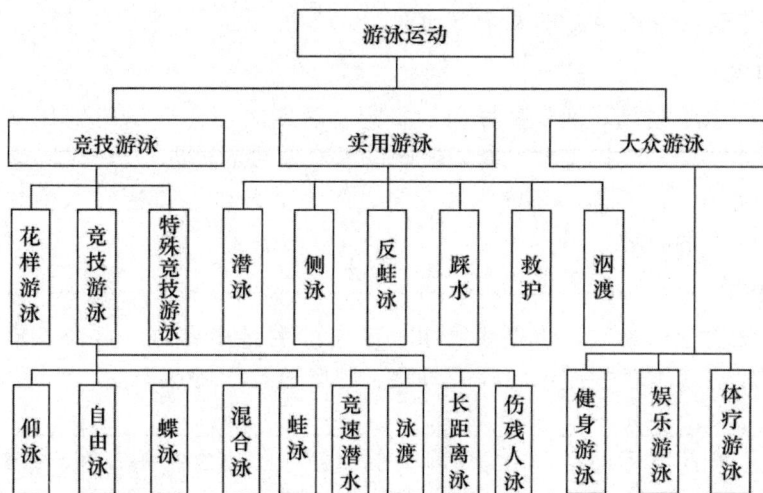

图 12-1　游泳分类

（一）竞技游泳

竞技游泳是指有特定技术要求，按游泳竞赛规则规定进行竞赛的游泳运动项目。随着游泳运动的不断发展，竞技游泳的内容和形式也不断丰富。目前，竞技游泳分为游泳池比赛和公开水域比赛两大类。

（二）实用游泳

实用游泳是指为了生产、国防建设和生活需要进行的游泳活动。它的技术有许多，确切地说应该叫实用游泳姿势。因为实用游泳姿势不像竞技游泳技术那样有严格的要求，技术上不存在对与错，只有姿势合理或者不合理、省力或者不省力，而不能说姿势错了或者犯规。

（三）大众游泳

大众游泳是一种以增强体质为宗旨，以丰富人们文化生活为目的的游泳活动。这种以健身、实用、娱乐为目标的游泳项目，由于它不追求严格的技术和速度，形式简便、多样，已被越来越多的人所重视，发展相当迅速。国家体育总局推出的"全民游泳锻炼等级标准"和举办成人分龄游泳比赛都对大众游泳的发展起到了促进作用。

第二节　游泳运动的技术训练

一、游泳运动中熟悉水性

熟悉水性是学习各种游泳姿势的一个重要练习，其目的是使初学者通过身体的感官感知水的浮力、压力和阻力等，逐步适应水的特性和环境，消除对水的恐惧，并掌握水中行走、呼吸、漂浮和滑行等一些游泳基本的动作，为今后学习和掌握各种游泳技术打下良好的基础。熟悉水性练习中的呼吸和滑行是最为重要的两个方面。

（一）水中行走

一般在齐腰深的水中进行，做各种方向的行走、跳跃练习。开始时动作不宜过大，速度不宜过快，要保持身体协调，维持身体平衡，最好按练习方法依次进行，如图 12-2 所示。

水中行走可以使初学者了解水环境中的浮力、阻力等特性，以便在水中站立或行走时能维持身体平衡，消除怕水的心理。

（二）水中呼吸

呼吸练习是游泳教学的难点，也是熟悉水性阶段的关键内容，应贯穿于整个练习过程的始终。该练习可使初学者基本掌握游泳的呼吸方法、呼吸过程、呼吸节奏，以适应头入水的刺激，消除怕水的心理。

深呼吸后闭气，稍闭气后即在水中用嘴和鼻同时呼气，继之抬头；在嘴接近、露出水面时，用力把气呼完；随即用嘴迅速吸气，吸气后头部又立即浸入水中，如图 12-3 所示。

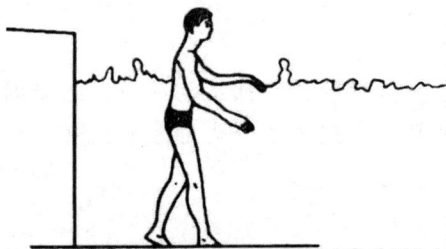

图 12-2　水中行走　　　　　　　　　　　　图 12-3　水中呼吸

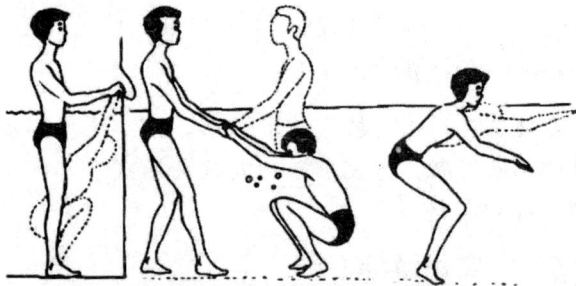

在水中练习呼吸，可以通过水中憋气、水中呼气和韵律呼吸等方式进行。

（三）水中漂浮

练习水中漂浮时，要尽量深吸气，在水中闭气的时间应尽量长，并且身体要放松。

1. 扶固定物团身漂浮练习

在水中两手扶住池边、水线或抓住同伴的手，先深吸一口气，然后把头没入水中憋气，同时团身，使身体尽量放松，自然地漂浮于水中；呼气后，站立用嘴吸气。在此基础上，两人或多人手拉手可同时做团身漂浮练习。

2. 扶固定物展体漂浮练习

在水中两手扶住池边、水线或同伴的手，先吸气后把头没入水中憋气，同时团身，全身放松，使身体自然漂浮于水上，然后展开身体；呼气后，站立用嘴吸气。在此基础上，两人或多人手拉手可同时做团身再展开漂浮练习。

3. 抱膝漂浮练习

站立水中，深吸气后，下蹲憋气，低头抱膝，大腿尽量靠近胸部，成低头抱膝团身姿势，身体要尽量放松，自然地漂浮于水中；呼气后，两臂前伸向下按水并抬头，同时两腿伸直向下踩，转为站立状，如图 12-4 所示。

4. 展体漂浮练习

站立水中，深吸气后，下蹲憋气，低头抱膝，放松漂浮于水中后，展开身体；或两臂放松向前伸直，深吸气后身体前倒并低头，两脚轻轻蹬离水底，成俯卧姿势漂浮于水面，臂、腿自然分开，全身放松，身体充分展开。呼气后，两臂前伸向下按水并抬头，同时两腿伸直向下踩，转为站立状，如图 12-5 所示。

图 12-4 抱膝漂浮练习　　　　　图 12-5 展体漂浮练习

（四）水中滑行

在水中滑行时，臂和腿自然伸直，身体放松呈流线型，要尽量延长闭气时间和滑行距离。

1. 同伴扶手滑行练习

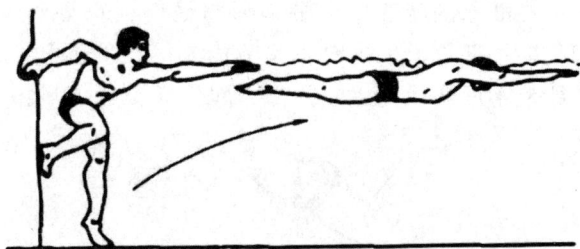

手臂放松扶住同伴的手，没入水中憋气，身体展开漂浮在水面，全身放松，同伴拉练习者的手倒退走，使其体会滑行动作。在此练习基础上，可放开练习者的手，使其自己滑行漂浮，但要注意保护，如图 12-6 所示。

2. 蹬池壁滑行练习

背向池壁，双臂伸直并拢贴近双耳，或一手扶池边缘，一臂前伸，一脚站立，另一脚触抵池壁。深吸气后低头，上体前倾做俯卧状，支撑腿迅速屈膝上提将脚贴在池壁上，臀部尽量提高并靠近池壁，双脚用力蹬壁，全身充分伸展、放松，呈流线型向前滑行，如图 12-7 所示。在此基础上可做蹬池底滑行练习，体会在滑行中如何保持身体平衡。

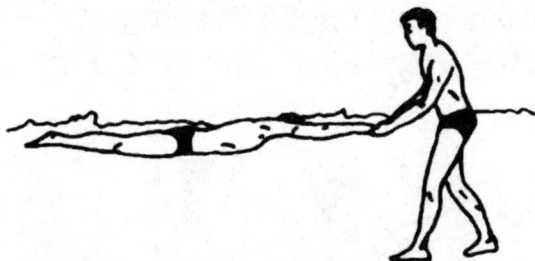

图 12-6 同伴扶手滑行练习　　　　　图 12-7 蹬池壁滑行练习

二、游泳运动技术科学指导

游泳的基本技术有四种：蛙泳、自由泳、蝶泳和仰泳。本节重点讲述蛙泳技术和自由泳技术。

（一）蛙泳

蛙泳是古老的游泳姿势之一，因其动作结构模仿青蛙而得名。蛙泳有很多优点，如呼吸节奏容易掌握，游动声音小，容易观察和判断游动方向，每个动作周期结束后都有短暂的滑行放松时间。

但是，蛙泳的臂、腿变化方向较多，其内部技术结构是四种泳姿中最为复杂的。由于运动员在水下移臂和收腿都会给前进带来很大的阻力，使行进速度下降，所以它是四种泳姿中速度最慢的一种。

1. 基本技术

（1）身体姿势

蛙泳在游进过程中，身体不是固定在一个位置上，而是随着手、腿的动作在不断地变化。当一个动作周期结束后，应展胸，稍收腹，微塌腰，两腿并拢，两臂尽量伸直，颈部稍紧张，头置于两臂之间，眼睛注视前下方。整个身体应以身体的横轴为轴做上下起伏的动作，如图 12-8 所示。

图 12-8　身体姿势

（2）腿部动作

蛙泳时，腿部的技术动作可分为收腿、翻腿、蹬夹腿和滑行四个紧密相连的阶段。

①收腿

收腿是为翻脚、蹬夹水提供有利的位置，同时既要减少阻力，又要考虑到手腿配合因素的需要。开始收腿时，两腿随着吸气的动作自然放下，同时两膝自然逐渐分开，小腿向前回收。回收时两脚放松，脚跟向臀部靠拢，边收边分。收腿时力量要小，两脚和小腿回收时要收在大腿的投影截面内，以减小回收时的阻力。收腿结束后，大腿与躯干成 120 度～140 度，两膝内侧大约与髋关节同宽。大腿与小腿之间的角度为 40 度～45 度，使小腿尽量呈垂直姿势，这样能为翻脚、蹬水做好充分的准备，如图 12-9 所示。

②翻脚

在蛙泳的腿部技术中，翻脚动作很重要，它能够直接影响蹬水的效果。收腿即将结束时，脚仍向臀部靠近，这时膝关节内扣，同时两脚向外侧翻开，使脚和小腿内侧对好蹬水方向，这样能使水面压力加大，并为大腿发挥更大力量做好积极准备，如图 12-10 所示。

图 12-9　收腿

图 12-10　翻脚

③蹬夹水

蛙泳腿部动作效果的好坏，完全取决于蹬夹水技术正确与否。蹬水应由大腿发力，先伸髋关节，这样使小腿尽量保持垂直对水的有利位置，向后做蹬夹水的动作，其次是伸膝关节和踝关节，如图 12-11 所示。

④滑行

蹬夹水结束后，脚处于水平面的最低点，这时身体随着蹬水的动力向前滑行，腰部下压，双脚接近水面，准备做下一个循环动作，如图 12-12 所示。

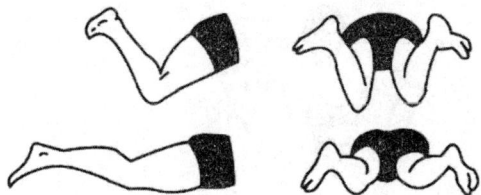

图 12-11　蹬夹水　　　　　　　　　　　　　　　　图 12-12　滑行

（3）手臂动作

①开始姿势

蹬水动作结束时，两臂应保持一定的紧张，自然向前伸直，并与水面平行，掌心向下，使两臂与身体成一条直线，形成较好的流线型，如图 12-13 所示。

图 12-13　开始姿势

②滑下（抓水）

两肩和手臂前伸，手腕向前、向外、向下方勾手，应能感觉到水对前臂和手腕的压力。抓水结束时，两臂分开约成 45 度角，如图 12-14 所示。抓水动作一方面能给划水创造有利条件，另一方面还能造成身体上浮和前进的作用力。抓水的速度，取决于个人的水平，水平较高者抓水较快，反之则慢。

图 12-14　滑下（抓水）

③划水

当两手完成抓水动作、两臂分开成 40 度～45 度角时，手腕开始逐渐弯曲，这时两臂两手逐渐积极地做向侧下后方的屈臂划水动作。划水时，手的运动应该分为两个部分：前一部分，手向外、向下、向后运动，水流从大拇指流向小拇指一边；后一部分，手向内、向下、向后运动，水流从小拇指流向大拇指一边，如图 12-15 所示。整个划水过程应加速并始终保持高肘姿势完成，肘关节弯曲的角度随划水的进行不断减小，到划水即将结束时，肘关节弯曲约90度，手位于肩的前下方。

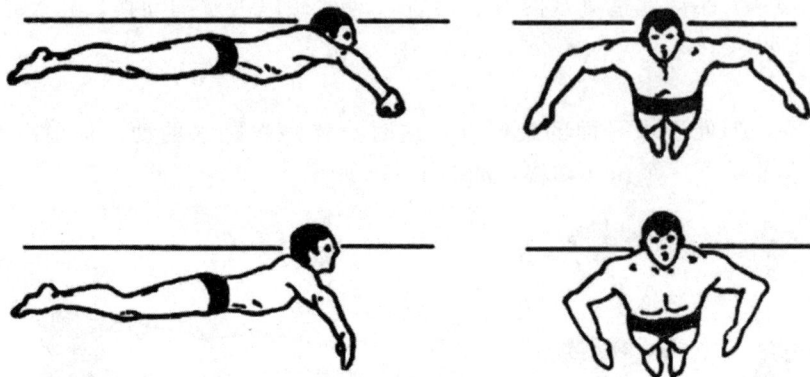

图 12-15　划水

④收手

收手是划水阶段的继续。收手时，手的运动方向为向内、向上、向前。手的迎角大致为45度。由于前臂外旋，掌心逐渐转向内，收手动作应有利于做快速向前的伸手动作，并且肘关节要有意识地做向内夹的动作。当手收至头前下方时，两手掌心是由后转向内、向上的姿势，这要求大臂不能超过两肩的横向延长线，如图12-16所示。在整个收手动作过程中，手的动作应积极、快速、圆滑，收手结束时，肘关节应低于手，大、小臂的角度要小于90度。

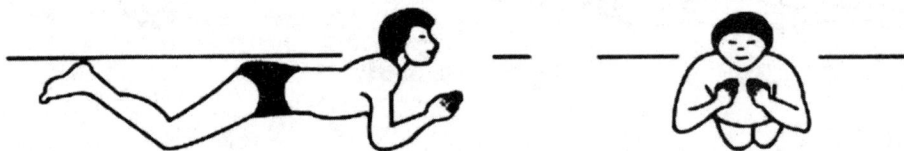

图 12-16　收手

⑤向前伸臂

向前伸臂是由伸直肘关节、肩关节来完成的，掌心由开始的向上逐渐转向内，双掌合在一起向前伸出，在最后结束前逐渐转向下方。由于先伸肩关节，继而伸肘关节，所以两手不是完全沿直线向前移动，而是先向上，再向前伸，如图12-17所示。

整个手臂部动作，如图12-18所示。

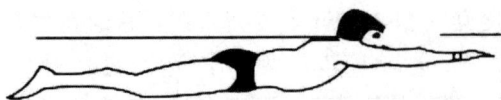

图 12-17　向前伸臂

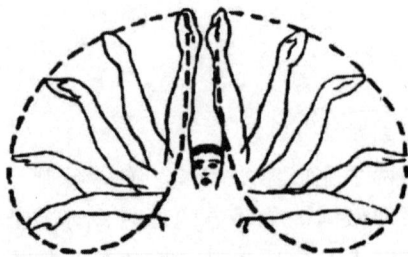

图 12-18　整个手臂部动作示意图

（4）呼吸

呼吸要和臂的动作协调配合，划水结束时，抬头用鼻和口呼气，手臂划水时用口吸气，收手低头闭气，伸臂时徐徐呼气。

（5）完整动作配合

蛙泳在一个动作周期中，一般采用一次呼吸，一次划水，一次腿的配合。臂开始划水时，腿伸直不动，划水将结束，两腿自然放松，并在收手时开始收腿。手臂开始前伸时，收腿结束并做好翻脚动作，手臂接近伸直时，开始向后蹬腿。伸臂蹬腿结束后，身体伸直向前滑行，如图 12-19 所示。

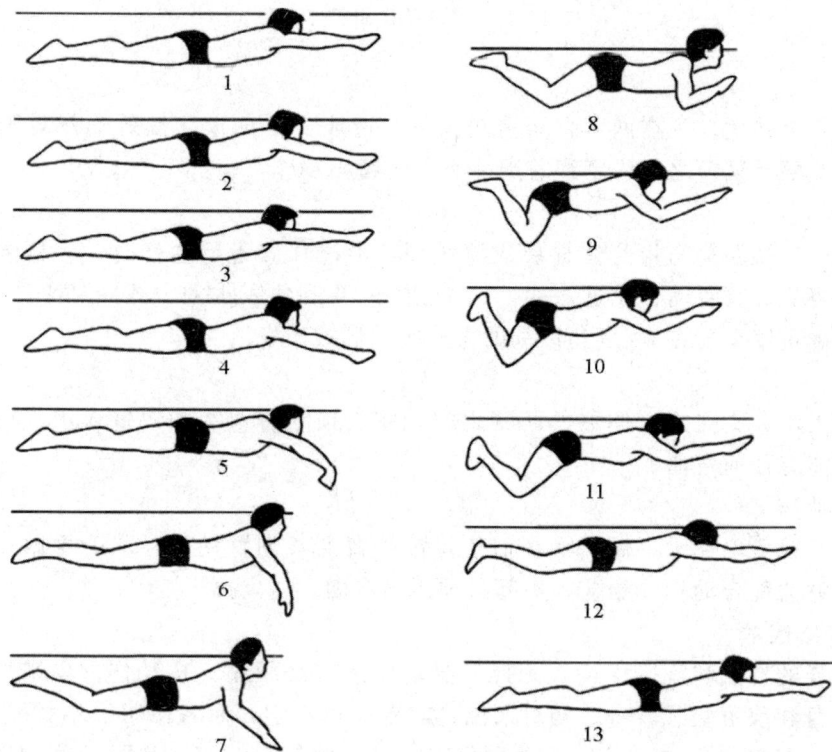

图 12-19　完整动作配合

2. 蛙泳的出发技术

游泳的出发技术包括站在台上出发（如图 12-20 所示）与水中出发，前者主要包含蝶泳出发、蛙泳出发和爬泳出发，后者为仰泳出发。台上出发的几种方式在台上的动作基本相同，它们的主要区别是在入水之后的动作。从起跳的准备动作到入水这一时间段的技术有许多种：根据手臂的放置位置可分为"抓台式"和"摆臂式"；根据两脚所站的位置可分为"一般式"和"蹲踞式"；根据腾空的高度和入水的角度可以分为"平式出发"和"洞式出发"。

（1）准备姿势

双脚分开，与肩同宽，脚趾抠住跳台边缘（双脚扣住或一脚扣住，一脚在后，呈"蹲踞式出发"）。双手放在身体两侧的方式叫"摆臂式出发"；两手抓住出发台的边缘（前沿或后沿）的方式叫"抓台式出发"。

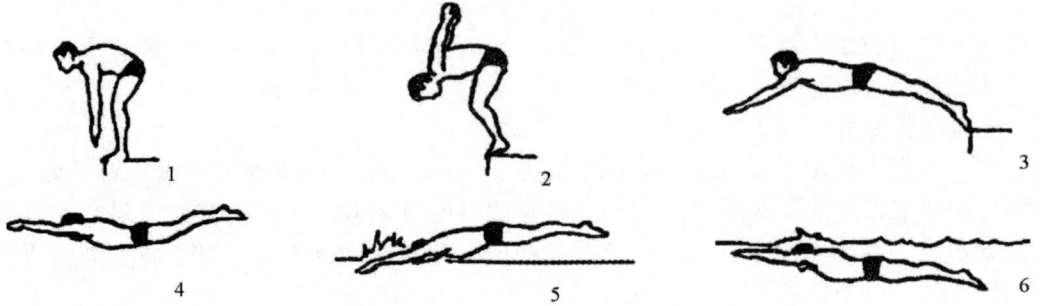

图 12-20　游泳的出发技术

（2）起跳

向前摆手，双手并拢，头在两臂之间稍微向下，造成身体前滚。摆臂动作对于保证跳得远和动作有力十分重要，摆臂之后应紧跟着腿部有力的蹬出动作。

（3）腾空

一旦离开池边，就要努力将身体伸展成流线型。不过在做飞行动作时，应稍微弯曲身体以获得良好的入水姿势。腾空动作贴近水面，以 15 度～20 度角入水的方式叫"平式出发"；腾空动作比较高，入水角度至少在 30 度角以上的方式叫"洞式出发"。

（4）入水

手指应首先入水，头保持在伸展的两臂之间，使头顶随着双手和双臂入水，在此阶段身体应呈流线型，不能有任何弯曲。

（5）入水后动作

入水之后，双臂可以在水下做一次类似于蝶泳手臂的长划臂动作，双腿可做一次蛙泳腿的动作。在第二个蛙泳配合动作开始前，头部必须露出水面。

3. 蛙泳的转身技术

由于各种泳姿的特点和规则不同，因此转身动作的方法很多。按动作形象来划分，可归纳为两种：平式转身和前滚翻式转身。相对来说，前者简单易学，后者由于手不触壁，较难掌握。每种泳姿都有其特定的转身方式，蛙泳通常采用的是平式转身，其动作可分为触壁、转身、蹬壁及滑行四个阶段。下面以左转身为例，介绍蛙泳转身动作要领，如图 12-21 所示。

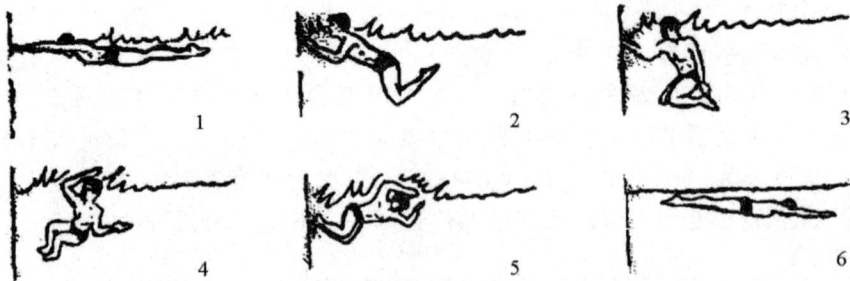

图 12-21　游泳的转身技术

（1）触壁

练习者在最后一次蹬腿结束时不减速地游近池壁，两臂前伸，在正前方高于身体重心的地方触壁。

（2）转身

触壁后，全手掌压池壁，随着惯性屈肘、屈膝、团身，同时身体沿纵轴向左侧转动，并抬头吸气，左手离开池壁在水中随着身体向左侧转动并逐渐向左前伸。当身体转至侧对池壁时，头向前进方向甩，并低头入水，右臂推离池壁，从空中摆臂，同时提臂使两脚触壁，两手经颏下，前伸两腿，弯曲准备蹬壁。

（3）蹬壁

两脚掌贴在水面下约 40 厘米处，两臂向前伸直，头夹在两臂之间，然后用力蹬离池壁。

（4）滑行和一次潜泳动作

蹬壁后，身体呈流线型滑行，当速度减慢到正常游泳速度时，两手开始长划臂至大腿两侧稍停；滑行速度稍慢时，开始收腿和两手贴近腹、胸、颏下前伸，当两臂伸直夹头时，蹬腿、滑行。两臂开始第二次划水时，头露出水面。

4. 蛙泳的练习方法

（1）腿部动作练习

陆上模仿练习：

①坐在地上或凳上，躯干后仰，双手撑地（凳）。双腿并拢伸直，稍抬起双腿，深吸一口气，屏息。将双腿慢慢收回，膝关节同时外分，收腿开始时脚掌稍外翻。屈髋、屈膝，双腿收紧靠近臀部，接着不停顿地向后方蹬腿、并拢，同时口、鼻呼气，蹬水时用力点落在分开的双脚脚掌上。蹬水时前半部脚掌与身体纵轴垂直，结束时两脚掌像鞭打一样快速伸直，双腿伸直后间歇一下。呼气要快，动作要连续。

②俯卧在长凳上，中速和慢速模仿蛙泳腿部动作。

水中练习：

①池边抓扶手或扶同伴做蛙泳腿部动作。

②抬头出水学习腿部动作：蹬池壁或池底滑行，双臂前伸，抬头使口露出水面，做蛙泳腿部动作。注意双臂前伸不要过深，腿部动作要做得平稳。

③双臂前伸扶板做腿部练习。

④入水，水深齐腰，深吸一口气，俯卧于水中，脸入水，臂前伸。收腿同时两膝分开与肩同宽，脚掌沿水面回收。接着双脚应对称有力地向后下方做半圆形的加速蹬水至动作结束，两腿并拢。做这个动作时，脚掌和脚内侧向后蹬夹水，蹬水结束后，双腿动作稍停，练习者靠加速度在水面滑行。

（2）手臂动作练习

陆上模仿练习：

体前屈，双脚分开与肩同宽，抬头，双臂前伸。两臂对称外分，稍向下划水，手掌外转，手腕微屈，这便于手掌更早对水。双臂一开始划水，头顺势抬高。深吸气。抬头动作不要过猛，划臂动作不要超过肩线。屈肘，双手做一圆形经胸下前伸，转为预备姿势，伸手同时用口、鼻做深呼气。

水中练习：

①站立在齐腰深的水中，俯卧，臂前伸。吸气后屏气。稍屈腕，手掌向外、向下用力划水，对水有支撑感。屈肘继续划水，双手划至胸前逐渐接近，手掌转向躯干，然后双臂前伸，转为划水开始姿势。注意划水过程中双臂不要露出水面。

②头在水面上学习臂部动作。蹬边滑行，屏息抬头前视。连续做几次划臂动作，注意不要屈腿。

③蹬边滑行，进一步改进臂部动作。

（3）手臂、腿部与呼吸的配合练习

①水中臂腿配合动作。蹬边滑行，脸入水，屏息，臂划水。开始划水时收腿，然后双臂前伸、并拢、脚蹬水。臂、腿伸直后在水面滑行3～4秒后再重复上述动作。做2～3次后，休息片刻，继续练习。

②重复上一练习，但头要抬出水面。

③重复上一练习，要交替做抬、低头动作。划水时头抬出水面，收手、蹬腿时头入水。

④臂的动作与呼吸配合。双臂前伸滑行，头略抬出水面。臂前伸时脸入水，口、鼻均匀、用力吐气，之后慢抬头，开始划臂，利用划臂产生的作用力抬头，大张嘴，快吸气。注意吸气不要太晚，在划臂阶段完成吸气。

⑤蛙泳完整动作配合。滑行，双腿伸直，双臂前伸，呼气入水之后开始向后下方划水，抬头快吸气，双臂接近肩线时开始收腿。臂前伸，蹬水时屏息，双臂结束前伸，腿并拢时呼气入水。连续练习，尽量远游。

（二）自由泳

自由泳也叫爬泳，它是四种竞技游泳技术中速度最快的一种泳姿。

1. 基本技术

（1）身体姿势

自由泳时身体俯卧在水面，呈流线型，背部和臀部的肌肉保持适当的紧张度，在游进中保持头部平稳，躯干围绕身体纵轴有节奏地自然转动35度～45度，如图12-22所示。

（2）腿部动作

自由泳腿部动作虽有一定的推进力，但主要是起平衡作用，保持身体的稳定和协调，双臂做有力的划水动作。两腿自然并拢，脚掌稍内旋，踝关节自然放松，以髋关节为轴，由大腿带动小腿和脚掌，两腿交替做鞭打动作，两脚尖上下最大幅度30～40厘米，膝关节最大屈度约160度，如图12-23所示。

图 12-22　身体姿势　　　　　　　　图 12-23　腿部动作

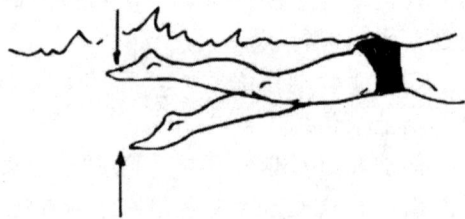

（3）手臂动作

自由泳时，两臂划水是推动身体前进的主要动力，要充分重视两臂的划水效果，增加臂部力量的训练，在游进中注意两臂的频率和动作的连贯性。臂部动作分为入水、抱水、划水、出水和空中移臂。

①入水

手的入水点一般在身体纵轴和肩关节的前后延长线之间。入水时，手指自然伸直并拢，手臂内旋使肘关节抬高处于最高点，手掌斜向外下方，使手指首先触水，然后是小臂，最后是大臂自然插入水中，如图 12-24 所示。

图 12-24　入水

②抱水

手臂入水后，在积极向下方插入的过程中，手掌从向斜外下方转向斜内后方并开始屈腕、屈肘，肘高于手，以便能迅速过渡到较好的划水位置。抱水结束，手掌和小臂已经接近垂直水平面，肘关节屈至 150 度左右，整个手臂像抱着一个大圆球似的为划水做准备，如图 12-25 所示。

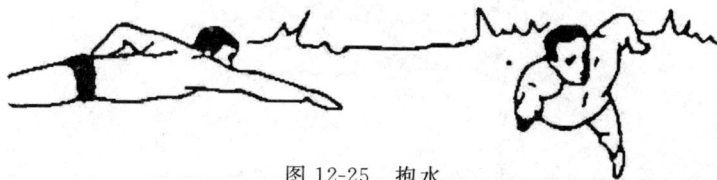

图 12-25　抱水

③划水

划水是发挥最大推进作用的主要阶段，其动作过程可分为拉水和推水两个部分。紧接抱水阶段进入拉水，这时要保持高肘，并使大臂内旋。同时继续屈肘，使手的动作迅速赶上身体的前进速度。同时，也使主要肌肉群在良好的工作条件下进入推水动作，拉水至肩的垂直平面后，即进入推水部分，这时肘的屈度约 100 度左右。大臂保持内旋姿势，带动小臂，用力向后推水。同时，肩部后移，以加长有效的划水路线。向后推水有一个从屈臂到伸臂的加速过程，手掌从内向上，从下向上的动作路线加速划至大腿旁。整个划水动作，手的轨迹始于肩前，继之到腹下，最后到大腿旁，呈"S"形，如图 12-26 所示。

图 12-26　划水

④出水

划水结束时，掌心转向大腿，出水时小指向上，手臂放松，微屈肘。由上臂带动肘部向外上方提拉带前臂和手出水面，掌心转向后上方，如图 12-27 所示。出水动作必须迅速连贯，同时前臂和手应尽量放松。

图 12-27　出水

⑤空中移臂

紧接出水不停顿地进入空中移臂，移臂时，肘高于手。移臂开始时，手掌几乎完全向后提肘向上，手腕放松，手落后肘关节。当手前摆过肩时，应与肘成一直线。这时手和前臂逐渐向前伸出，掌心也从后上方转向前方，接着做准备入水的动作，如图 12-28 所示。

图 12-28　空中移臂

（4）呼吸与动作配合

右臂入水后闭气，划水时呼气，推水即将结束时头转向右侧，把余气呼出，并在嘴露出水面时立即张嘴吸气；当右肘提出水面至肩部，吸气结束，继而转头复原。总之，一般是两臂各划水一次，做完一次呼吸。

（5）完整动作配合

主要是腿、臂动作和呼吸的协调配合，一般采用两腿各打水 3 次（共 6 次），两臂轮流各划一次水（共 2 次），配合一次呼吸的完整动作，即 6：2：1 的配合。一次完整的自由泳动作，如图 12-29 所示。

2. 自由泳的出发技术

自由泳出发的台上技术与蛙泳基本相同（参见蛙泳的出发技术）。不同之处在于入水之后的技术，一般出发之后，都做快速的爬腿或蝶腿的打水动作，然后迅速出水做爬泳的配合游。

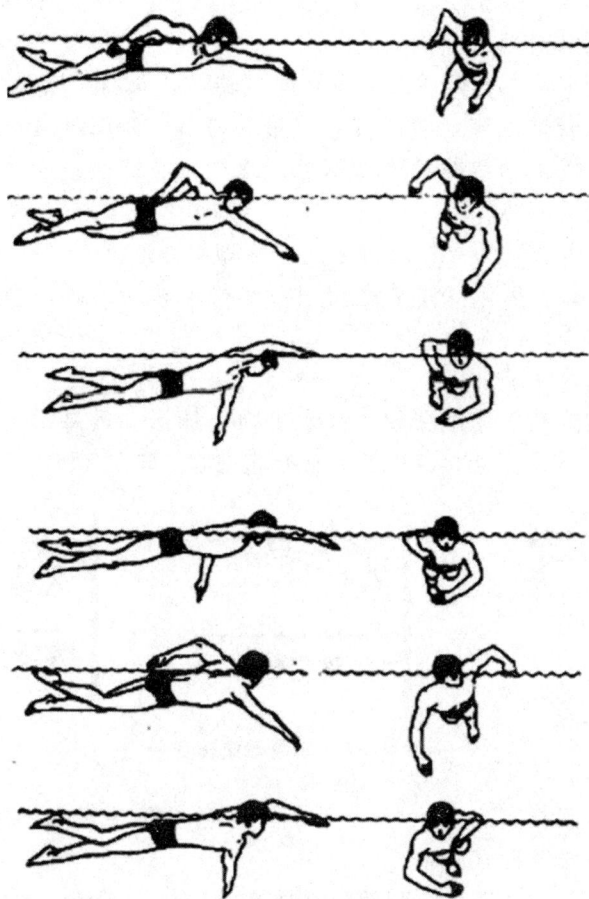

图 12-29 完整动作配合

3. 自由泳的转身技术

游泳规则规定，自由泳转身时，可用身体任何部位触池壁。目前，常见的有摆动式转身和前滚翻转身两种。

（1）摆动式转身

这种转身速度不如前滚翻转身快，但简单易学、省力，能保证呼吸节奏，常为初学者和训练水平低的运动员采用，如图 12-30 所示。

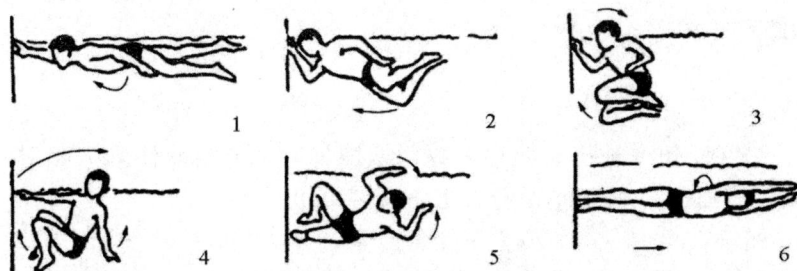

图 12-30 摆动式转身

①触壁：以右手触壁为例，游近池壁时，随着左臂最后一次划水动作，右臂向前伸，手掌在高于身体重心的水面上触壁。

②转身：随着游进的惯性，右臂屈肘，身体向左转，并向前屈膝收腿，使头和肩露出水面，两腿向池壁靠近。然后右臂推池壁，向回转方向甩头摆臂，两腿继续靠近池壁，形成力偶。转动中左臂在水中由下向上拨水，帮助身体迅速沉入水中。右臂从空中回摆切入水中，两脚贴着池壁，身体转为侧卧的蹬壁姿势。

③蹬壁：转身后两臂伸直，头夹在两臂之间，两脚用力蹬出。

④滑行与开始游泳：蹬壁后，身体呈流线型在滑行中转为俯卧，当感觉到速度下降时，开始打腿并接着划水升到水面。

（2）前滚翻式转身

前滚翻式转身较平转式动作速度更快，高水平自由泳运动员基本均采用此种转身技术。但因手不触壁，其难度较平摆式转身大，初学者掌握起来有一定的困难，如图 12-31 所示。

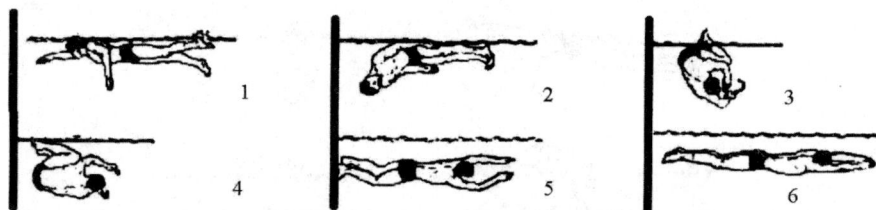

图 12-31　前滚翻式转身

①游近池壁：当游近到头离池壁 1.5～2 米时（以游速的快慢和身材的高矮而定），以强有力的最后一次划水动作为转身做好准备。

②转身：利用划臂所获得的速度，两臂停在体侧，低头、压肩、并腿向下打水，掌心朝下，随着头继续向下，两手向下方拨水、提臀、收腹、屈髋，由于头和背受到阻力不再向前，而身体重心高于头和肩没有受到这个阻力，使下半身和腿继续向前运动，形成力偶，身体向前滚翻。当臀部越过头部时，左手向头部方向拨水，使身体绕纵轴转动，同时腿屈膝加速翻转，使两脚甩向池壁，身体呈侧卧姿势，完成转身。在滚翻过程中，应保持微呼气，以避免鼻腔呛水。

③蹬壁：转身后，身体在侧卧姿势下立即蹬壁。蹬壁时，两臂前伸，身体绕纵轴向俯卧方向转动。

④滑行与开始游泳：蹬离池壁后，身体保持流线型姿势向前滑行，并继续转为俯卧，当感觉速度下降时立即打腿并划水，升到水面游泳。

4. 自由泳的练习方法

（1）腿部动作练习

陆地模仿练习：

①坐姿打水：坐在池边或地上，两手后撑，两腿伸直，腿内旋使脚尖相对，脚跟分开成八字，两腿放松，以髋为轴，大腿带动小腿，上下交替打水。

②卧姿打水：俯卧在凳上，做两腿上下交替打水，要求同上。

水中练习：

①俯卧打水：手握池槽，或由同伴托其腹部，呈水平姿势，两腿伸直，做直腿或屈腿打水。

②仰卧打水：仰卧姿势，手握池槽，或由同伴帮助托其背部，做两腿交替打水，注意膝盖不要露出水面。

③滑行打水：练习时要求闭气，两臂伸直并拢，头夹于两臂之间。

④扶板打水：练习时两臂伸直，手扶扶板，肩浸入水中，手不要用力压板，呼吸自然。

（2）手臂与呼吸配合练习

陆上模仿练习：

①两脚开立，上体前屈，做臂划水的模仿练习。

②同上练习，结合呼吸配合。

水中练习：

①站立水中，上体前倾，肩浸入水中，做臂划水，边做边走，同时转头呼吸。

②蹬边滑行后闭气，做两臂配合动作。

③腿夹打水板，蹬边滑行后，做两臂划水，结合转头呼吸。

（3）手臂、腿和呼吸的配合练习

①站立水中，上体前倾做划臂与呼吸配合的练习，借助用力划水向前移动，然后蹬离池底，两腿打水形成完整配合。

②蹬边滑行打水漂浮 5～10 米，做自由泳臂划水与呼吸配合练习。

第三节　游泳运动的救护与安全

一、游泳救护

（一）自我救护

自我救护是指在水中遇到意外险情而进行的自我保护措施。

1. 抽筋

在水中自我解救抽筋部位的方法，主要是拉长抽筋的肌肉，使收缩的肌肉松弛并伸展。常发生抽筋的部位有大腿、小腿、手指、脚趾、腹肌抽筋。自救通常采用如下方法：

（1）大腿、小腿或脚趾抽筋

保持镇静，先吸一口气仰浮在水面上，用抽筋肢体对侧的手握住抽筋肢体的脚趾，同时用力拉向身体，并用同侧手掌压在抽筋肢体的膝盖上，帮助抽筋腿伸直。

（2）手指抽筋

将手握拳，随后用力张开，反复几次，直到抽筋症状消除为止。

（3）胃部抽筋

先吸口气，仰浮水中，迅速弯曲两大腿，向胸部靠近，双手抱膝，随即向前伸直，保持身体平衡，动作要自然。

2. 被长藤植物缠住

可采取仰卧姿势进行解脱，再从原路游出。

3. 被旋涡吸住

可平卧水面，从旋涡外沿全速游出。

4. 头晕

游泳时产生头晕的原因有初学游泳者下水后心跳加快、头晕眼花、耳道进水、血液重新分配和空腹游泳。出现头晕现象后要镇静，要坚持锻炼，逐渐熟悉水性，下水前应适当补充能量，从而克服头晕现象。

5. 呛水

呛水是指水从鼻孔或口腔吸入呼吸道，出现此种情况十分危险。呛水时，应保持镇定，在水中多练呼吸动作。

6. 耳中进水

在水中可用吸引法。将头偏向有水一侧，用手掌紧压有水的耳朵，闭气，快速提起手掌，反复几次即可；也可在岸上将头偏向有水一侧，手扯耳朵，原地单足连跳几次即可。

（二）水上救护

水上救护是指采取各种有效措施，将溺水者救上岸的过程，可分为间接救护和直接救护。

直接救护是指救护者下水对溺水者进行救护的方法。当发现溺水者时，救护者要沉着、冷静，入水时应观察周围环境，辨别水流方向、水面宽窄，选择入水地点。对熟悉水域可以跳入水，但对不熟悉水域应脚先入水，以最快速度接近溺水者。无论救护者采取什么泳姿，头必须露出水面，以便观察溺水者情况。当救护者游到距溺水者2～3米时，要深呼吸潜入水中游近溺水者，两手按住其髋部，使其背向自己，然后抬高。

另一方法是正面接近溺水者后，救护者用左（右）手握住其右（左）手，迅速用力向左（右）边拉，借助惯性使溺水者身体转至背向自己，然后进行拖运。如溺水者背向自己，可直接游近，用手拖起腋下，使其口鼻露出水面后进行拖运。拖运采用侧泳或仰泳进行。

拖运一般采用侧泳和反蛙泳两种方式，但被拖运者的口、鼻必须露出水面，夹带臂不可贴近溺水者的喉部。

1. 侧泳拖运法

让溺水者仰卧水中，一手托住溺水者的后脑，另一手在体侧划水，两腿做侧泳蹬剪水的动作拖运，游向岸边，如图12-32（1）所示；另一种是一手经溺水者胸前抱住对侧腋下，同侧髋部靠紧溺水者的背部，用上述动作进行拖运，如图12-32（2）所示。

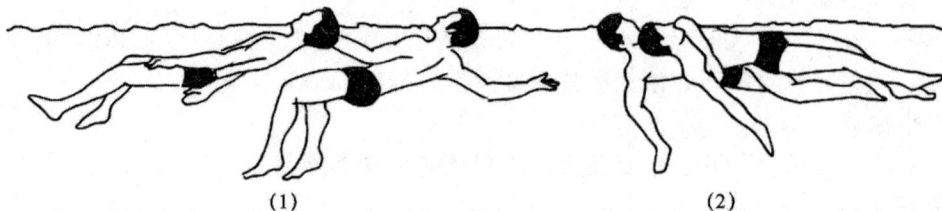

(1)   (2)

图 12-32 侧泳拖运法

2. 反蛙泳拖运法

一种是仰卧水面，两臂伸直扶住溺水者的两颊，腿做反蛙泳动作进行拖运，如图12-33（1）所示。另一种是仰卧水面，两臂伸直，用两手的四指挟住溺水者的两侧腋下，大拇指放在肩胛骨上，用反蛙泳的蹬腿动作前进，如图 12-33（2）所示。

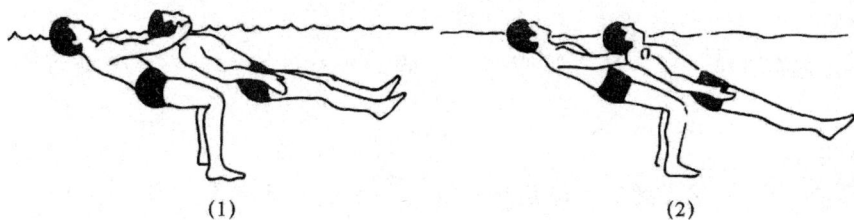

（1）   （2）

图 12-33　反蛙泳拖运法

（三）上岸

当遇到处于昏迷状态的溺水者时，应先将他拖运到岸边，扶他上岸以待抢救。下面介绍两种上岸的方法。

一种是池边上岸：救护者用右手握住溺水者的右臂，将其右手放在岸上，并用左手将溺水者的右手压在岸边，自己先上岸，随后用两手握住溺水者的两手腕，将他往水中一沉，借助水的浮力把他提拉上岸，如图 12-34 所示。

另一种是扶梯上岸：将溺水者拖运到梯前，搭在自己的右肩上，两手握住扶梯，稳步上岸，当溺水者臂部移到池边时，慢慢放下，右手托住其颈部，左手握住扶梯，慢慢将溺水者放下，如图 12-35 所示。

1   2   3   4

图 12-34　池边上岸

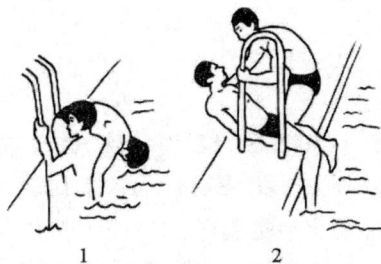

1   2

图 12-35　扶梯上岸

（四）岸上救护

救护员将溺水者拖运出水上岸后，要立即进行急救。对溺水者的急救是一套综合措施，包括搬运、检查溺水者情况、清除口鼻中异物、排出腹水、人工呼吸、心脏按压和转送医院进行医疗抢救等。

1. 观察病状

检查溺水者有无意识；是否昏迷、休克；呼吸是否微弱或停止；心脏是否跳动（有无脉搏）；喝水是否过多（过多者腹部突出）；有无骨折及其他伤害；等等。根据病状进行临时急救，可做人工呼吸或心脏按压等，再转送医院急救。

2. 清除口鼻中的异物

先将溺水者的衣服解开，清除口鼻中的淤泥、杂草、泡沫、呕吐物和假牙等杂物，使上呼吸道畅通。当溺水者牙关紧闭，应用力摩擦他腮上隆起的肌肉，使口张开。或在溺水者头后，用两手大拇指由后向前顶住溺水者的下颌关节，用力向前推，同时两手食指与中指向下扳其下颌骨，将嘴分开。

3. 检查呼吸

把脸贴在溺水者的鼻、口，感觉呼吸情况。同时观察胸腹部动态，若有呼吸，腹部的皮肤就会上下起伏。

4. 检查脉搏

一般切手腕的动脉，如无此脉，就切颈动脉。一般成人脉率为 60 次/分钟～80 次/分钟，小孩为 80 次/分钟～100 次/分钟。当脉搏只有 30 次/分钟左右时（无脉或微跳时），即做心脏按压。

5. 空　水

如溺水者喝水过多，应进行空水，其方法是：救护者一腿跪地，另一腿屈膝，将溺水者腹部放在屈膝的大腿上，使他的头垂下，用一手扶住溺水者的头，使他的嘴向下，将进入溺水者呼吸道、肺部和腹中的水排出，如图 12-36 所示。

图 12-36　空水

6. 人工呼吸（口对口吹气法）

这种方法简便易行，效果比较好。操作方法是：使溺水者仰卧，救护者在他的身旁，用一手捏住溺水者的鼻子，另一手托住他的下颌，深吸一口气，然后用嘴对准溺水者的嘴吹气。吹完一口气后，离开溺水者的嘴，同时松开捏鼻子的手，并用手压一下他的胸部，帮他呼气，如图 12-37 所示。如此有规律地进行，每分钟做 15～20 次。开始稍慢些，以后可适当加快，直至溺水者呼吸正常。

图 12-37　人工呼吸（口对口吹气法）

7. 心脏按压

心脏按压方法很多，这里仅介绍常用的仰卧举臂压胸法和俯卧压背法两种。

（1）仰卧举臂压胸法：此法优点是既可做人工呼吸又能起到压放心脏的作用，因此遇溺水者呼吸、心脏均停止时可采用此法。将溺水者仰卧，肩下垫毛巾或衣服，头稍后仰，救护者跪于溺水者头部上方，握其两手腕。做呼气动作时，救护者上体前倾，以便增加压力，并将溺水者的双臂弯曲，用其两前臂压迫双肋处，通出肺部空气，如图 12-38 所示。操作吸气动作时，将溺水者双手提起，向左右两侧做伸展动作，此时胸腔扩展，空气便会进入肺里，如图 12-39 所示。这样再继续将溺水者的两臂经头上，恢复到呼气的手势。

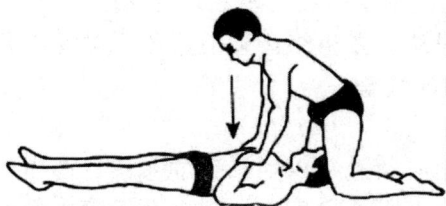

图 12-38　仰卧举臂压胸法

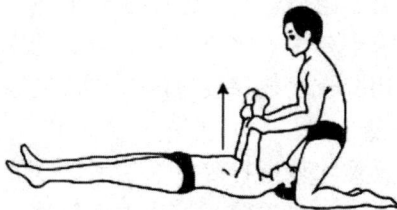

图 12-39　操作吸气动作过程

　　（2）俯卧压背法：此法特点是溺水者为俯卧位置，可减少呼吸道的阻塞，方法简便易行，容易掌握。方法是：将溺水者俯卧在平板或平地上，一臂前伸，另一臂弯曲垫于头下，脸向侧，使口鼻呼吸畅通。救护者两腿跪在溺水者大腿两侧，两手按住溺水者后背的重要部位。操作时拇指相对，靠近脊柱，四指稍分开，俯身向前下方推压，将溺水者肺内空气压出，形成呼气。然后，救护者身体还原，同时两手放松，让其胸廓扩张，使空气进入肺内，形成吸气，如图 12-40 所示。按上述方法进行，每分钟做 18 次左右，直至溺水者呼吸恢复正常为止。

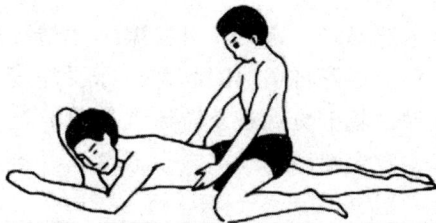

图 12-40　俯卧压背法

二、游泳安全

　　游泳时，如果不熟悉水性，很容易呛水或失去平衡，以至溺水而危及生命。有的人虽然掌握了一定的游泳技术，但可能因准备活动不充分、身体不适、不熟悉水情等原因而出现各种意外事故。因此，进行游泳教学或开展群众性游泳活动时，必须把安全摆在首位，要认真考虑并落实安全措施，做好充分的准备，保证万无一失。

（一）强化安全教育

　　安全教育必须贯彻于游泳活动的全过程。首先，要强调游泳安全的意义，树立安全意识，克服麻痹思想。要让大家明白，只有保证安全，才能真正发挥游泳对于增进身心健康的作用。对于游泳活动的组织者来说，更要清醒地认识到这一点，不能由于自身的疏忽大意而造成他人的不幸。其次，要加强组织纪律教育，要求学生严格遵守有关纪律和制度，一切行动听指挥，做到令行禁止。对少年儿童，一般要求在会游泳的教师、家长或其他成人的带领下学习游泳。不会游泳者不应私自跑去"玩水"。此外，还要进行有关安全知识与一般救生常识的教育，使学生懂得一些基本的应急措施，以防不测。安全教育要结合实际，采取多种形式有针对性地进行，经常讲，反复讲，以引起每个人的充分重视。

（二）选择安全的游泳场所

　　选择好游泳场所是保证游泳者生命安全极其重要的方面。游泳场所一般分为两类：一类是人工修建的游泳池、馆；另一类是江河湖海等天然水域。不论是带领学生到游泳池、馆，还是到天然水域进行游泳活动，教师都应认真做好实地考察和必要的布置工作。

1. 游泳池、馆

到游泳池、馆进行游泳活动前，教师应事先熟悉池、馆环境，包括池的大小、深浅区划分、水质、水温、附属建筑等。一般要求池、馆结构合理，深浅区有明显标志，深度适合学生水平，水质符合卫生要求，水温适宜，有休息处，有救生设施。在组织活动前，还要对场所做必要的布置，如用分道线把深浅区隔开，或划定学生的活动区域等。

2. 天然水域

利用天然水域进行游泳教学或开展游泳活动，则必须进行更加细致的考察、选择和布置工作。一般应选择水质较好、浅水区较宽、水温适宜、水底平坦无淤泥、水下无障碍物、水流平缓、河岸开阔、下水起水方便的水域。凡被生活或工业废水污染的水域、有暗流旋涡的水域、有暗礁乱石的水域、有血吸虫的水域、有鲨鱼出没的水域，以及杂草丛生的河湖港汊、河流急弯处或桥墩附近、船只来往频繁的码头附近、靠近主航道处、有木排停放处等，都不宜作为游泳活动的场所。

选择好场所后，可根据具体情况进行必要的布置，如在游泳场所周围打上木桩，然后用绳子穿上浮筒将场地围起来，标明深浅区等。在深水区还可用封闭的汽油桶和木板做成浮台，供教师、救生员观察及游泳者休息。这种游泳场花钱少，既简便又实用。游泳场所还应备有救生船、救生圈和绳子等救生器材，并准备一些必要的药品和急救用具。这项工作做得越仔细，安全就越有保障。

（三）加强游泳活动的组织工作

加强游泳活动的组织工作是进行游泳教学和开展群众性游泳活动时确保安全的重要措施。尤其是到江河湖海游泳，由于水域宽，环境复杂，容易出现意外事故，组织工作更加显得重要。

一般来说，开展游泳活动时必须建立安全救护小组，设安全监督岗。安全救护小组由安全观念强、认真负责、具有较高游泳技能的师生组成，并准备好必要的安全救护器材。在游泳活动的过程中，担任安全监督岗的人员必须全面仔细地观察学生情况，如果发现险情，应立即发出救援信号并组织抢救。

开展游泳活动一般都要编组，每组以5~8人为宜。编组时对水平高低要适当搭配，可选择责任感强、水性好的学生担任组长。每个小组要坚持做到"三个一"，即一起下水，一起活动，一起上岸。小组成员要互相关心、互相帮助，坚决禁止个人单独行动，如果出现险情应及时向安全监督岗报告并立即组织抢救。在游泳活动中，教师要将全面观察与重点照顾相结合，对水性差或个性强的学生应多加注意。

在进行游泳教学或开展群众性游泳活动时，一定要做好人数的检查。下水前要准确清点人数，活动过程中应适时进行检查，起水后要再次认真清点人数。人数不符时应迅速查找，不可马虎了事。学生中途离开游泳场所一定要向教师请假并得到准许，不得私自离去，归队时也必须向教师报告。

在进行游泳教学或开展群众性游泳活动时，应提出严格的纪律要求。学生应在教师指定的区域内活动，不要在岸边或水中嬉戏打闹，不要在水中横冲直撞，不搞恶作剧。严禁学生在没有教师指导的情况下乱跳水和潜水，以消除潜在的不安全因素，避免外伤和溺水事故的发生。

参考文献

[1] 宋绪丽. 青少年体育运动理论与实践研究 [M]. 北京：北京工业大学出版社，2018.

[2] 叶蓁，庞志斌，杜峰. 体育运动理论基础与实用性训练 [M]. 北京：现代教育出版社，2012.

[3] 郭斌，颜彤丹，刘翔. 体育运动训练理论与实践指导 [M]. 北京：人民日报出版社，2017.

[4] 李明，曹勇. 体育运动心理训练理论与实践 [M]. 武汉：中国地质大学出版社，2015.

[5] 马鹏涛. 高校体育教学改革创新与科学化训练研究 [M]. 北京：新华出版社，2018.

[6] 叶应满，王洪，韩学民. 现代运动训练的理论分析与科学方法研究 [M]. 成都：电子科技大学出版社，2017.

[7] 田麦久，孙志安，于仙贵. 当代运动训练理论的研究状况及发展趋势 [J]. 北京体育学院学报，1993（2）.

[8] 陈熹. 高校体育运动训练现状及其发展策略研究 [J]. 当代体育科技，2018（17）.

[9] 文丽妮. 试论普通高校体育理论教学与终身健身意识的培养 [J]. 体育科技，2000（4）.

[10] 贺光. 体育锻炼的自我身体监督 [J]. 中国学校体育，2003（2）.

[11] 柴华. 学生课外体育锻炼如何进行自我监督 [J]. 中国学校体育，2008（3）.

[12] 吴自强. 体育教学中学生自我锻炼能力的培养 [J]. 体育时空，2012（3）.

[13] 陈潇可. 体育运动训练管理的探讨 [J]. 才智，2014（7）.

[14] 张路遥. 大学生体育锻炼行为与个人发展关系的研究 [J]. 教育探索，2014（5）.

[15] 王森. 高校运动训练和体育教学的发展趋势 [J]. 考试周刊，2012，000（60）.

[16] 许谏，刘晶. 高校运动训练和体育教学的发展趋势 [J]. 长春师范学院学报（自然科学版），2006（12）.

[17] 罗峰，赵亮，辛阳. 大学体育拓展训练对大学生社会适应及心理健康的作用 [J]. 教育与职业，2011（3）.

[18] 季景盛，覃阳，杜雷. 高校体育教学中运用拓展训练提高大学生心理健康水平的研究 [J]. 齐齐哈尔大学学报，2007（3）.

[19] 刘永峰. 运动处方与心理健康 [J]. 体育学刊，2002（4）.

[20] 李林，陈丽娟，季浏. 运动处方与锻炼的心理效应 [J]. 体育与科学，1998（2）.

[21] 周李莉，郭福江，尹亚晶. 体育运动训练与健身实践研究 [M]. 北京：人民日报出版社，2016.

［22］居向阳，朱舰，王克权．大学体育运动与训练教程［M］．北京：现代教育出版社，2012.

［23］张达成．现代体育运动科学训练理论与方法探索［M］．北京：中国纺织出版社，2017.

［24］张瑞林．足球运动［M］．北京：高等教育出版社，2010.

［25］董勤广．大学生体育理论与实践教程［M］．哈尔滨：哈尔滨工业大学出版社，2013.

［26］张瑞林，许斌．网球运动［M］．北京：高等教育出版社，2010.

［27］盖洋．中国竞技排球技战术发展特征及体能训练理论体系与实证研究［D］．北京：北京体育大学，2008.

［28］陈家鸣．乒乓球比赛战术的博弈分析［D］．北京：北京体育大学，2008.

［29］吴卫兵．我国优秀羽毛球运动员运动训练机能监控及其决策支持系统研究［D］．上海：上海体育学院，2009.

［30］郭锋．健身走跑在全民健身中的运用的方法探索［J］．安徽电子信息职业技术学院学报，2010（5）.

［31］王强．浅析有氧健身跑的锻炼价值［J］．思茅师范高等专科学校学报，2009（3）.

［32］任忠芳，孙志伟．大学体育［M］．北京：人民邮电出版社，2019.

［33］唐进松，陈芳芳，薛良磊．现代体育运动训练理论与方法探索［M］．北京：中国商务出版社，2019.

［34］张红玲．高校学术文库体育研究论著丛刊 乒乓球教学与训练［M］．北京：中国书籍出版社，2019.

［35］王建永．高校学术文库体育研究论著丛刊 学校篮球运动理论与发展体系研究［M］．北京：中国书籍出版社，2019.

［36］姜文晋，唐晶，李秀奇．创新教育背景下高校公共体育创新路径和科学管理研究［M］．徐州：中国矿业大学出版社，2018.

［37］吴芳．大数据应用背景下高校体育教学评价体系构建探索［D］．太原：中北大学，2019.